Vormärzliteratur in europäischer Perspektive II

Politische Revolution — Industrielle Revolution — Ästhetische Revolution

Herausgegeben von
Martina Lauster und Günter Oesterle

in Verbindung mit
Siegfried Gröf

AISTHESIS VERLAG

Bielefeld 1998

Abbildung auf dem Umschlag:
John Bull (unidentifizierte Vormärz-Karikatur)

Gedruckt mit freundlicher Unterstützung
der Justus-Liebig-Universität Gießen

Die Deutsche Bibliothek — CIP-Einheitsaufnahme

Vormärzliteratur in europäischer Perspektive: /
Martina Lauster/Günter Oesterle (Hgg.). - Bielefeld :
Aisthesis Verl.
Bd. 1 hrsg. von Helmut Koopmann und Martina Lauster
NE: Koopmann, Helmut [Hrsg.]; Lauster, Martina [Hrsg.]
2. Politische Revolution, industrielle Revolution,
ästhetische Revolution. - 1998
(Studien zur Literatur des Vormärz ; Bd. 2)
ISBN 3-89528-171-9
NE: GT

Postfach 10 04 27, D-33504 Bielefeld
Druck: Weihert-Druck GmbH, Darmstadt
Umschlag und Bindearbeiten: AJZ-Druck GmbH, Bielefeld

ISBN 3-89528-171-9

Inhalt

Zur Einführung

Programmatische Äußerungen, die historische Einschnitte behaupten, sind selten frei von Illusionen. Valmy, das Goethe mit seinem "Hier und Heute"-Diktum[1] zu einer epochalen Wende hochstilisiert hatte, ist kriegs- und revolutionsgeschichtlich kein einschneidendes Ereignis gewesen. Wohl aber hatte Goethe mit Blick auf die Erfolge der "levée en masse" einen sich anbahnenden geschichtlichen Wandel seismographisch erfaßt und ihm eine klassische Wendung gegeben.

Für den Zusammenhang von politischer, ästhetischer und industrieller Revolution hat Heinrich Heine am Ende seiner Schrift über die Gemäldeausstellung in Paris 1831, die er unter dem Titel *Französische Maler* publizierte, die treffendste Formulierung gefunden.

Nachdem er, angesichts der erfolgreichen Julirevolution, das "Ende der Kunstperiode, die bei der Wiege Goethes anfing und bei seinem Sarge aufhören wird", erneut und mit entschiedenem Nachdruck proklamiert hatte, fügte er prognostizierend hinzu:

> Indessen, die neue Zeit wird auch eine neue Kunst gebären, die mit ihr selbst in begeistertem Einklang sein wird, die nicht aus der verblichenen Vergangenheit ihre Symbolik zu borgen braucht, und die sogar eine neue Technik, die von der seitherigen verschieden, hervorbringen muß. [2]

Mit der Trias *Neue Zeit – Neue Kunst – Neue Technik* sind die Leitideen vormärzlicher Kunsttheorie und -praxis präzis umschrieben. Zunächst schien es so, daß mit der neuen Zeit, dem in der Julirevolution sichtbar gewordenen Bündnis von König und Volk eine "schöne, bedeutungsvolle Zeit" anbrechen würde, wie ein die Pariser Ereignisse mitprotokollierender Briefschreiber in Theodor Mundts Novelle *Madelon oder die Romantiker in Paris* zu hoffen wagte.

Dieser Enthusiasmus sollte allerdings nicht lange anhalten. An die Stelle der Schönheit trat bekanntlich die Karikatur des Bürgerkönigs, an die Stelle des Pathos die Farce, an die Stelle von Geist das Geld, ein Umstand, der freilich nicht auf Frankreich beschränkt blieb und der Egon Friedell dazu verleitete, in seiner *Kulturgeschichte der Neuzeit* zu behaupten: Zwischen Juli- und Februarrevolution "wird Europa zum erstenmal häßlich."[3]

Gemeint waren hier vornehmlich die Folgen der Industrialisierung, wie sie Karl Immermann in seinem Roman *Die Epigonen* (1836) beschrieben hat-

---

1 "Von hier und heute geht eine neue Epoche der Weltgeschichte aus, und ihr könnt sagen, ihr seid dabei gewesen" (Johann Wolfgang Goethe, *Sämtliche Werke* [Weimarer Ausgabe] 1/33, S. 75).

2 Heinrich Heine, *Französische Maler. Gemäldeausstellung in Paris 1831*, in: ders., *Historisch-kritische Gesamtausgabe der Werke* 12/1, hg. v. Jean-René Derré / Christiane Giesen, Hamburg 1980, S. 47.

3 Egon Friedell, *Kulturgeschichte der Neuzeit* 3, München 1954 [zuerst: 1931], S. 86.

te. Karl Immermann hatte sich über die Julirevolution euphorisch geäußert, indem er betonte, "nie" habe "ein Faktum so gewaltig und erschütternd" auf ihn gewirkt; "es berührt mich wie ein Wunder". Angesichts der Tatsache, daß "die Rittergüter [...] in die Hände der Bürgerlichen über[gingen]" und "das Geld [...] gesiegt" hatte, schrieb er dann ernüchtert über die durch das Fabrikwesen geprägte moderne Lebensweise:

> Der Sinn für Schönheit fehlte hier ganz. Die Stunde regierte und die Glocke, nach deren Schlage füllten und leerten sich die Arbeitsplätze, traten die Träger ihre täglichen Wege immer in der nämlichen Richtung an.[4]

Entsprechend bedrohlich empfand der Protagonist des Romans die radikale Umgestaltung der gesamten Gegend in kürzester Zeit:

> Die mannigfaltigen Gewerbevorrichtungen, welche er nun im einzelnen musterte, berührten seine Augen noch unangenehmer, als tages zuvor. Diese anmutige Hügel- und Waldnatur schien ihm durch sie entstellt und zerfetzt zu sein. Das freie Erdreich mit Bäumen und Wasser, welches die Seele sonst von jedem Drucke zu erlösen pflegt, lastete auf der seinigen mit stumpfem Gewichte [...]. Um alle Sinne aus der Fassung zu bringen, lagerte sich über der ganzen Gegend ein mit widerlichen Gerüchen geschwängerter Dunst, welcher von den vielen Färbereien und Bleichen herrührte.[5]

Aber war das "überhandnehmende Maschinenwesen", das "wie ein Gewitter langsam, langsam" und unaufhaltsam "seine Richtung genommen" hatte, wirklich nur quälend, ängstlich, häßlich und unpoetisch, wie es der Held in Goethes Roman *Wilhelm Meisters Wanderjahre* empfunden hatte? Boten die verschiedenartigsten epochenprägenden Erfindungen und Entdeckungen, die Schnellpresse und die Litfaßsäule, die Eisenbahn und der Kokshochofen nicht ganz eigene 'poetogene Situationen' und Motivfelder? Immerhin gab es eine den Vormärz charakterisierende, heftige Kontroverse um das Ende der Poesie in "dampfestoller" Zeit (J. Kerner) oder die Chance einer "Poesie des Dampfes" (A. Grün), an der sich Schriftsteller wie Adalbert von Chamisso, Anastasius Grün, Justinus Kerner, Gottfried Keller, Emanuel Geibel, Theodor Fontane und viele andere beteiligten! Ernüchternd ist freilich festzustellen, daß dieser meistenteils in poetischer Form ausgetragene Streit uninspiriert und mit traditionellen ästhetischen Mitteln geführt wurde. In dem Zusammenhang war keine Rede von einer "neuen Technik", die "nicht von der verblichenen Vergangenheit ihre Symbolik zu borgen" brauche, wie Heine hoffnungsvoll verheißen hatte. Im Gegenteil! Da wird von Grün bis Grillparzer die "Dampfkarosse" noch traditionell "vorgespannt"; selbst ein so großartiger Schriftsteller wie Gottfried Keller weiß zur Verteidigung moderner Tech-

---

4 Karl Immermann, *Die Epigonen. Familienmemoiren in neun Büchern 1823-1835*, in: ders., *Werke* 2, hg. v. Benno von Wiese, Frankfurt/M. 1971, S. 421.

5 Ebd., S. 413.

nik nur die seit der Antike bekannten "Elemente" aufzubieten, deren Realisierung nun in "Land und Stadt" "stahlschimmernd" zu bewundern sei. Das Problem der Epoche, das Epigonentum, schlägt hier um in Überlagerung, ja Überlastung durch historisches Bildungswissen. Selbst die Darstellung technischer Innovationen wird von diesem Trend erfaßt, indem beispielsweise Fabrikgebäuden eine sakrale Gewandung angelegt wird.

Die vormärzliche Science-fiction kommt auf diese Weise schnell zu einem König-von-Thule-Tourismus herab, wenn Gottfried Keller auf den sich vom "Dampfer" und "Dampfwagen" abwendenden, in den noch unberührten "blauen Himmel" fliehenden Blick von Justinus Kerner nur zu antworten weiß:

Und wenn vielleicht, nach fünfzig Jahren,
Ein Luftschiff voller Griechenwein
Durch's Morgenroth käm' hergefahren –
Wer möchte da nicht Fährmann sein?

Dann bög' ich mich, ein sel'ger Zecher,
Wohl über Bord, von Kränzen schwer,
Und gösse langsam meinen Becher
Hinab in das verlassne Meer! [6]

Ästhetische Innovation ist also zunächst kaum durch einen motivorientierten Bezug auf eine technisch veränderte Welt zu erwarten, sondern eher durch eine neuartige Funktionsbestimmung der Kunst. Eben diese leistete Heinrich Heine in seiner eingangs erwähnten Schrift *Französische Maler*. Heines Prognose einer neuen Kunst durch neue Technik bezieht sich nämlich auf eine im Umfeld des Saint-Simonismus in Frankreich geführte Diskussion um die Möglichkeit einer neuartigen Verbindung von Kunst, Wissenschaft und Industrie.[7] Angesichts einer sich rasant entwickelnden Gesellschaft und einer damit einhergehenden Verselbständigung von Politik, Wissenschaft und Industrie bedarf es positiver Kapazitäten ("capacités positives") der Vermittlung, um die sich zunehmend isolierenden Teilsysteme in ständiger Interaktion zu erhalten. Damit ist die neuartige Aufgabe der neuen sozialen Kunst, die im "Einklang mit ihrer Zeit" stünde, beschrieben.

Heinrich Heine greift diese, von einer "dynamischen Wirkungsmacht der Kunst" ausgehende, französische Avantgardetheorie in seiner Schrift *Französische Maler* auf. Die "neue Kunst" finde weder zu einer "neuen Technik", ist sein Gedanke, indem sie – wie in der Aufklärung – nur neue Terrains des Wissens zu erschließen versuche, noch, indem sie das vorhandene Wissen nur beschleunigt zirkulieren lasse. Der einzige Weg führe über qualitative

---

6 Gottfried Keller, *Erwiderung auf Justinus Kerner's Lied "Unter dem Himmel"*, in: ders., *Sämtliche Werke* 1, hg. v. Kai Kauffmann, Frankfurt/M. 1995, S. 156f.

7 Sie ist von Helmut Pfeiffer präzis beschrieben worden: *Der soziale Nutzen der Kunst*, München 1988, S. 72ff.

Änderungen, indem die Kunst die neuen wahrnehmungstheoretischen Möglichkeiten moderner Industrie aufgreife und sich ästhetisch zunutze mache.[8] Nur eine solche, die anderen Teilsysteme der Gesellschaft interpenetrierende Kunst und Kritik vermag, wie Karl Gutzkow in seinen *Deutschen Blättern für Leben, Kunst und Wissenschaft* formuliert, "die Herzschläge der Zeit zu zählen, und überall zu seyn, wo eine neue Erscheinung des Jahrhunderts aus ihrer Knospenhülle hervorbricht".

***

Die Teilnehmer des Forschungsprojekts zur *Vormärzliteratur in europäischer Perspektive* haben sich bei ihrem zweiten Treffen (3.-5. Mai 1996), wie weiland Joseph Eichendorff im Vorwort zu *Erlebtes* es vorexerziert hatte, aus dem "fliegenden Kasten" "durch irgendeine Verzauberung" mitten ins "Schloß und in den Park" von Rauischholzhausen versetzen lassen. Sie danken dem British Council, dem DAAD, der hessischen Staatssekretärin und Ministerin für Justiz und für Europaangelegenheiten, Kristiane Weber-Hassemer, sowie der Hochschulgesellschaft der Justus-Liebig-Universität Gießen für die Finanzierung der Tagung. Die Herausgeber bedanken sich bei dem Präsidenten der Justus-Liebig-Universität, Prof. Dr. Heinz Bauer, vor allem für den mit Herrn Christian Schotenröhr selbst gestalteten Abend "Lieder im Vormärz", bei dem Kanzler der Justus-Liebig-Universität, Dr. Michael Breitbach, für die kundige und den Rahmen präzis absteckende Einführung, beim Dekan des Fachbereichs Germanistik, Prof. Dr. Heinz Ramge, für die spritzig vormärzliche Begrüßung, bei Frau Prof. Dr. Christine Lubkoll für die gelungene Diskussionsleitung, bei Peter Kurzeck für die Lesung des Paris-Kapitels aus seinem im Entstehen begriffenen, neuen Roman, bei Dörthe Schilken und Dr. Harald Schmidt für Organisation und Betreuung und, last but not least, bei Ralph Bingel für die erhaltene Unterstützung. Ohne sie alle wären, wie Goethe es unüberbietbar altväterlich-modern zu formulieren wußte, die "Fazilitäten der Kommunikation" schwerlich gelungen.

Günter Oesterle

8 Heine denkt zunächst an die in der französischen Zeitschrift *Le Globe* geführte Diskussion um die Möglichkeiten des Diaramas und des Panoramas, später bekanntlich des Daguerrotyps.

I. Politische Revolution: Jüdische, deutsche, österreichische Ambivalenzen und Verluste

Zusammenfassung

Das Revolutionsbewußtsein des Vormärz entstammt der Überzeugung, daß der 1789 in Gang gesetzte Prozeß unaufhaltsam und für ganz Europa gültig ist. Durch den Erfolg der Julirevolution und ihr europäisches Echo wird die Erwartung weiterer politischer Explosionen geschürt. Die 'Kettenreaktion' von 1848 zeugt viel eher von der Gespanntheit und Schlagkraft dieses europäischen Revolutionsbewußtseins als von der Parallelität politischer und gesellschaftlicher Bedingungen, denn diese sind in den einzelnen Ländern und Nationen höchst unterschiedlich. Es gehört zur 'Signatur' der Zeit von 1830 bis 1848, daß Liberale, Konservative und Radikale gleichermaßen revolutionsbewußt sind und sich nur in ihrer Wertung des Phänomens 'Revolution' unterscheiden. Der hier vorliegende Teil des Bandes, der sich auf Deutschland und Österreich beschränkt, untersucht ein weites Spektrum an Einstellungen zur Revolution, wobei ein besonderes Interesse den jüdischen Schriftstellern gilt.

Die Prominenz jüdischer Intellektueller (bzw. Intellektueller jüdischer Herkunft) in den Reihen der deutschen und österreichischen Vormärzliberalen scheint auf eine enge Verknüpfung der Emanzipationsbestrebungen einer Minderheit mit den allgemeinen Forderungen des Liberalismus hinzuweisen. Genauere Analyse ergibt jedoch ein höchst unterschiedliches und teilweise widersprüchliches Bild. Jürgen Eders Beitrag zeigt, daß jüdische Revolutionsreflexionen auf der 'linken' Seite des politischen Spektrums gar keine spezifisch jüdischen sind: Weder bei Moses Hess noch bei Börne oder Heine wird das Thema 'Revolution' in den dreißiger und vierziger Jahren direkt mit dem jüdischer Kultur, Identität oder Befreiung verbunden. Zwar stellt Marx diesen Bezug in seiner Schrift *Zur Judenfrage* her, aber nur, um die jüdischen Emanzipationsforderungen als borniert zu bezichtigen und die Aufhebung des Judentums (wie aller Religionen) durch eine radikale soziale Umwälzung in Aussicht zu stellen. Die Attraktivität revolutionären Denkens für jüdische Vormärz-Intellektuelle kann also kaum aus ihren Texten erklärt werden. Eine psychologische Erklärung liefert allerdings der von Eder zitierte Riesser, und auch Börne gibt sie in einer von Anita Bunyan zitierten Passage: Wem Unrecht geschehen ist, der handelt gegen das Unrecht. Bunyan bietet eine mentalitätsgeschichtliche Erklärung, indem sie, gestützt auf Buber und Zunz, die jüdische Hoffnung auf Revolution als säkularisierten Messianismus betrachtet. Wie Hubert Lengauers Beitrag verdeutlicht, findet sich Messianisches auch bei den österreichisch-jüdischen Vormärzradikalen Moritz Hartmann und Heinrich Landesmann (Hieronymus Lorm), deren 'Erlösungs'-Erwartung so weit über die Revolutionshoffnungen des Liberalismus hinausgeht, daß sie in Melancholie umschlägt. Schließlich bliebe noch eine historisch-geographische Erklärung, von Eder und Bunyan angedeutet: Die Juden der preußischen Rheinprovinz, aus der Heine, Hess und Marx stammen, fühlen sich in ihrem staatsbürgerlichen Selbstverständnis ganz besonders gegen die preußische Staatsmacht herausgefordert.

Während Eder die Übereinstimmung des gemäßigten und 'rechten' jüdischen Flügels mit nationalliberalem Denken betont, weist Bunyan hier auf Abweichungen hin. Sowohl Gabriel Riesser als auch Berthold Auerbach, die revolutionäres jüdisches Engagement ablehnen und alles daransetzen, die 'vaterländische Einheit' auf friedliche Weise zu erreichen, bestehen auf ihrer deutschen Identität *als Juden*. Den Befürwortern der Judenemanzipation unter nichtjüdischen Liberalen, so Bunyan, sei es in erster Linie um national-kulturelle Assimilation der Juden gegangen, während Riessers Reform-Programm auf eine Bewahrung der kulturellen Identität des Judentums zielte. Bunyan verdeutlicht, daß die Crux der deutschen Judenemanzipation im Vormärz in einer heimlichen Kollaboration zwischen preußischer Staatsideologie und nationalistischem bürgerlichem Denken liegt. Die ausschließende Praxis des christlich-monarchischen Staates, die Friedrich Wilhelm IV. zum Markenzeichen seiner Regierung macht und deren Ideologie von dem konvertierten Juden Friedrich Julius Stahl stammt, steht in uneingestandenem Bündnis mit dem integrationsfeindlichen Begriff des 'deutschen Volkes', der nach 1840 wieder Boden gewinnt. Auch die Juden Österreichs erfahren in den vierziger Jahren, wie labil die revolutionäre Solidarität ist, als Emanzipationsforderungen zunehmend im nationalen Sinn, d.h. mit deutlich antisemitischer Tendenz, zum Ausdruck gebracht werden. Es ist nur zu verständlich, daß Juden in Deutschland und Österreich sowohl ihre staatskonforme Haltung als auch ihre 'Deutschheit' überbetonen. Wenn jüdische Emanzipation unter diesem doppelten Anpassungsdruck aber trotzdem im Sinne einer Identitätsbewahrung gefordert wird, ist dies bemerkenswert. In diesem Zusammenhang erscheint auch das Plädoyer Riessers, des stellvertretenden Vorsitzenden der Paulskirchen-Versammlung, für ein *ius soli* anstelle eines *ius sanguinis* als Grundlage deutscher Staatsbürgerschaft in besonderem Licht.

Wie weit die Revolutionserwartung Heines über den Horizont des demokratischen Liberalismus hinausgreift, macht Michael Perraudins Studie deutlich. Das 'Volk' bleibt zwar zeitlebens im Zentrum von Heines Reflexionen über Revolution, aber nicht im bloß gesellschaftlichen, und schon gar nicht im engen politischen Sinn. Von den *Reisebildern* über *Geschichte der Religion und Philosophie in Deutschland* bis hin zu *Lutetia* und den *Zeitgedichten* läßt sich zeigen, daß das 'Volk' für Heine der Träger einer Kulturrevolution ist, durch die der Sensualismus sein Recht gegenüber dem Spiritualismus durchsetzt. Dies führt gelegentlich zu einer theoretischen Identifikation des Schriftstellers, des dithyrambischen Sängers der Revolution, mit dem Volk. Andererseits ist es gerade der Mangel an 'Zivilisation' bei den unteren Schichten, der Heine oft genug zu Distanzierungen veranlaßt. Seine schillernde Ambivalenz im persönlichen Verhältnis zum revolutionären Volk ist zwar sehr oft Selbststilisierung, hat aber durchaus einen authentischen Kern. Bei Heines subjektiv-metaphorischer Denkweise muß die Identifikation mit dem Volk theoretisch bleiben, während sie sich etwa im Realismus Büchners, Droste-Hülshoffs oder später George Eliots ethisch und ästhetisch verwirklicht.

Daß revolutionäres jüdisches Denken der deutschen Geistesgeschichte nach 1848 kaum zugute kommen konnte, wird schon daran deutlich, daß seine führenden Vertreter längst vor der Revolution Deutschland den Rücken gekehrt haben. Die deutsche Heine-Rezeption spricht wiederum für sich. Aber selbst jener jüdisch-deutsche Humanismus, der dem revolutionären Engagement ambivalent oder ablehnend gegenübersteht, wird nach 1870 ausgegrenzt durch den Nationalismus so mancher, die im Vormärz liberale Weggenossen der Juden gewesen waren. So zeigt die dubiose Umdefinierung des Begriffs 'Revolution', wie sie der Österreicher Kürnberger im Sinne der Bismarckschen Reichsgründung vornimmt, die "Kehrseite" der angestrebten "Modernisierung zum homogenen Nationalstaat", nämlich die "ethnische Säuberung" (Lengauer). Wenn Antisemitismus auch nicht zur Regierungspolitik wird, so bringt er es sowohl im Deutschen Reich als auch in der Donaumonarchie immerhin zur Kanzel-, Katheder- und Salonfähigkeit. Auerbachs bittere Klage, vergebens gelebt und gearbeitet zu haben, mag symptomatisch für die Lage derjenigen sein, die auf ihre Integration als Deutsche jüdischen Glaubens in einem konstitutionellen Nationalstaat gesetzt hatten.

Was die gescheiterte Revolution von 1848/49 außerdem an Verlusten bedeutet hat, läßt sich z.B. an der Tatsache ermessen, daß die deutsche und besonders die österreichische Literaturgeschichtsschreibung lange Zeit von 'Revolution' als "epochalem Leitbegriff" (Lengauer) für das 19. Jahrhundert nichts wissen wollte. In Österreich wurde so das von Kürnberger kritisierte Selbstbild von der 'unrevolutionären Nation' befestigt. Nicht nur wurde damit die Tradition oppositionellen und überhaupt politischen Schreibens ausgeklammert oder abgewertet, sondern auch die eminent wichtige Rolle des Revolutionsbewußtseins selbst bei so 'unrevolutionären' Dichtern wie Grillparzer oder Stifter. Genau das 'verkappt Revolutionäre' an Grillparzer möchte Lengauer aufweisen. Andererseits sind gerade bei prominenten revolutionären Österreichern, nicht nur bei Hartmann und Landesmann, sondern auch bei Nestroy, eine handlungslähmende Ambivalenz, eine melancholische oder skeptische Ironie zu bemerken. Die Beiträge von Eduard Beutner und Helga Brandes verdeutlichen, wie sehr besonders der österreichische Liberalismus unter Zensurbedingungen und im Rahmen mangelnder politischer Institutionen auf Ausweichmöglichkeiten, z.B. auf das Thema des technischen Fortschritts oder auf die Bühnentradition, angewiesen war, um *politische* Revolutionshoffnungen zu artikulieren. Im deutschen und österreichischen Kontext ist es zugleich faszinierend und bedenklich, daß Hoffnungen auf einen allumfassenden Befreiungsschub mit dem unaufhaltsamen Fortschritt der Technik, besonders der Eisenbahn, verknüpft werden, der den Zeitgenossen ein revolutionäres politisches Engagement fast überflüssig zu machen scheint. Die österreichische Revolutionskomödie nutzt die Tradition des Volkstheaters - ein Vorteil gegenüber dem protestantischen deutschen Norden in den Jahren der expandierenden Öffentlichkeit -, um in der Verkleidung des harmlos-humoristischen Familien- und Konversationsstücks und der Provinzposse Ideen der Revolution unters Volk zu bringen. Wie bei der Eisenbahnlyrik besteht auch hier die Gefahr, daß das literarische Medium und das Sujet die politische Aussage pervertieren oder zumindest versöhnend entschärfen. Den zahlreichen Revolutionskomödien, die sich dagegen der aristophanischen Tradition anschließen und ihren politischen Witz zu höchster allegorischer Schärfe spitzen - in Erinnerung gerufen vor allem durch Helmut Koopmanns Ausführungen -, bleibt jedoch die gewünschte öffentliche Wirksamkeit versagt, von 'Volksnähe' ganz zu schweigen. Dies trifft z.B. auf Robert Prutz' reines Lesedrama *Die politische Wochenstube* von 1845 zu.

Schließlich zeigt Eoin Bourke am Beispiel des Rheinländers Carl Schurz, in welchem Maß sich ein junger deutscher Bildungsbürger aus dem unteren Mittelstand durch die Ereignisse von 1848/49 politisieren ließ. Dieser Beitrag läßt erahnen, welches undogmatische, streitbar humanistische Potential - vor allem aus dem Rheinland und aus Baden - dem deutschen Liberalismus nach 1849 verlorenging. Nicht nur das; es wird auch möglich einzusehen, welchem Verdrängungsprozeß Namen wie Schurz und die revolutionäre Kultur der Zeit von 1830 bis 1848 zum Opfer gefallen sind.

Summary

Due to a widespread awareness that '1789' marked the beginning of an unstoppable process still continuing throughout Europe, the *Vormärz* period is above all characterized by a revolutionary consciousness. The successful Parisian revolution of 1830 and its European reverberations gave rise to expectations of further political explosions. The 'chain reaction' of 1848 testifies to the acuteness, ubiquity and practical force of this revolutionary awareness in Europe, rather than to any uniformity of social and political conditions which in fact differed markedly between individual states and nations. It is one of the characteristic signs of the times that the revolutionary awareness is shared by liberals, conservatives and radicals alike, however much they disagree in their views of the phenomenon of revolution itself. The present section of this volume, restricting itself to German and Austrian writing, examines a wide spectrum of attitudes towards revolution, focusing particularly on those of Jewish writers.

The prominence of Jewish intellectuals (or intellectuals of Jewish descent) among German and Austrian *Vormärz* liberals seems to indicate that the demands for emancipation made by the Jewish minority were part and parcel of the general demands of liberalism. Closer scrutiny, however, reveals a much more complex and partly contradictory picture. Jürgen Eder's contribution shows that, with regard to the 'left' of the political spectrum, Jewish reflections on revolution are not concerned with matters Jewish at all. In their writings of the 1830s and 40s neither Moses Hess, nor Börne, nor Heine makes specific reference to Jewish culture, identity or liberation when discussing revolution. Although Marx, in *Zur Judenfrage*, does precisely that, his purpose is to denounce Jewish emancipation as a particularist cause, and to assert the datedness of specifically Jewish problems (in fact of any issues pertaining to religion) in the face of an impending social revolution. The question as to why revolutionary thinking should have been attractive to Jewish *Vormärz* intellectuals can therefore hardly be answered from their texts. Yet Gabriel Riesser, in a passage quoted by Eder, and Börne who is quoted by Anita Bunyan, do offer the psychological explanation that those who have suffered injustice will tend to fight against injustice. Bunyan points to a particular aspect of Jewish religious and intellectual tradition as a possible explanation, considering Jewish hopes for revolution as secularized Messianism – an observation she bases on comments by Martin Buber and Leopold Zunz. Messianic traits are also clearly discernible in Austrian Jewish thoughts on revolution, as becomes clear from Hubert Lengauer's study. The redemptive expectations of Jewish radicals such as Moritz Hartmann and Heinrich Landesmann (pseud. Hieronymus Lorm) exceed the revolutionary hopes of mainstream liberals to such a degree that they can end in their opposite: melancholy resignation. Finally, Jewish revolutionary commitment may also be explained as a result of historico-geographical conditions, as both Eder and Bunyan imply: Jews from the more liberal Prussian Rhineland, home of Heine, Hess and Marx, see the anti-emancipatory policy of the Prussian state as a particular challenge to their self-esteem as German citizens.

Eder stresses the agreement of the moderate and 'right-wing' Jewish intellectuals with German 'national liberalism', whereas Bunyan points to differences between the two. Both Gabriel Riesser and Berthold Auerbach, while criticizing the revolutionary involvement of German Jews and committing themselves wholeheartedly to the peaceful unification of their 'fatherland', insist on their Germanness *as Jews*. This is in marked contrast to the general assumption of German liberals who, as Bunyan argues, supported Jewish emancipation mainly for the sake of national and cultural assimilation. Riesser's programme of Jewish reform, on the other hand, clearly aimed at maintaining the cultural identity of German Jewry. Bunyan points out that the crucial obstacle to Jewish emancipation in the *Vormärz* lay in a collusion between the ideology of the Prussian state and middle-class nationalist thinking. The exclusionary ideology of the Christian-Monarchical state, devised by the Jewish convert Friedrich Julius Stahl, and practised in Frederick William IV's "monarchical project" (Bunyan), formed an undeclared alliance with the anti-French and anti-Jewish implications of the idea of the *deutsche Volk* which, dating from the Napoleonic Wars, saw a revival after 1840.

During the 1840s, a time of increasing nationalist and anti-Semitic tendencies within the movements for 'emancipation', Austrian Jews, too, realized how tenuous revolutionary solidarity could be. It is only too understandable, therefore, that many German and Austrian Jews over-emphasized their 'Germanness' as well as their loyalty towards the Christian-Monarchical state. In the face of this dual pressure to conform, any demands for emancipation that nonetheless insisted on the preservation of a Jewish identity are all the more remarkable. In this context, Riesser's plea, as Deputy Speaker of the Frankfurt National Assembly, for a *ius soli* rather than a *ius sanguinis* as a basis for German citizenship also appears in a particular light.

Michael Perraudin's study shows how far Heine's expectations of revolution go beyond the horizons of democratic liberalism. Although the concept of the *Volk* remains central to Heine's reflections on revolution throughout his life, its meaning is never restricted to social categories, let alone narrowly political ones. As Perraudin demonstrates, from *Reisebilder* via *Geschichte der Religion und Philosophie in Deutschland*, right up to *Lutetia* and the *Zeitgedichte*, Heine sees 'the people' as a culturally revolutionary force asserting the rights of sensualism against those of spiritualism. This occasionally leads to an identification of the writer, the dithyrambic singer of the Revolution, with 'the people'. On the other hand, it is precisely the lower classes' lack of 'civilization' that, more often than not, makes Heine distance himself from the people. True, the multi-faceted ambivalence of his personal relationship to the *Volk* can very often be mere self-stylization, but it does point to an authentic problem. Given the subjective and metaphorical nature of Heine's thought, any identification with the people must remain theoretical, in contrast to the realism of, say, Büchner, Droste-Hülshoff or, later, George Eliot, where it is ethically and aesthetically realized.

Considering that the leading (ex-)Jewish representatives of revolutionary German thought had already turned their backs on Germany long before 1848, it is obvious that their ideas could hardly be expected to exert a positive influence on intellectual developments in Germany after the failed revolution. For its part, the German reception of Heine is correspondingly negative. But even that type of Jewish-German humanism which rejected, or was at least ambivalent towards, revolutionary involvement, was ousted after 1870 by the nationalism of many who had shared the Jews' liberal cause in the *Vormärz*. Thus the Austrian Kürnberger's dubious redefinition of 'revolution' in terms of Bismarck's foundation of the Empire reveals, in Lengauer's words, the ugly reverse side of the much-desired 'modernization towards a homogenous nation state', i.e. 'ethnic cleansing'. Although anti-Semitism did not become official policy after 1870, it did succeed in penetrating the public sphere both in the German and Austrian Empires. Auerbach's bitter complaint about having lived and worked for nothing may be symptomatic of the situation of all those who had, as 'Germans of Jewish faith', pinned their hopes on integration into a constitutional nation state.

What else the failed revolution of 1848/49 entailed in the way of losses may be gleaned, for example, from the fact that German, and particularly Austrian, literary historians were for a long time disinclined to accept 'revolution' as the defining concept of the epoch. In Austria the self-image of the 'unrevolutionary nation', criticized by Kürnberger, was thus cemented. Not only was the German and Austrian tradition of oppositional writing, or even of political writing in general, ignored or devalued, but also the eminently significant role of revolutionary awareness even in writers as 'unrevolutionary' as Grillparzer or Stifter. It is precisely the 'veiled revolutionary' in Grillparzer that Lengauer sets out to unveil. On the other hand, it is possible to detect paralyzing ambivalence and melancholic or sceptical irony even in prominent Austrian revolutionaries, not only in Hartmann and Landesmann, but also in Nestroy. Eduard Beutner and Helga Brandes show to what degree German, and particularly Austrian liberalism was forced, by censorship and the lack of political institutions, to depend on substitutes such as the subject of technological progress or the institution of the theatre in order to give 'veiled' expression to hopes for *political* revolution. It seems fascinating, yet at the same time somewhat ominous in the German and Austrian context, that hopes for a push towards universal liberation should have attached to the unstoppable progress of technology, particularly that of the railways, which, in the eyes of many contemporaries, almost seemed to render any revolutionary politics superfluous. Exploiting the tradition of Austrian popular drama, – an advantage Austrian writers have over their counterparts in Protestant north Germany in the age of an expanding public sphere, – Austrian revolution comedies seek to popularize ideas of (the) Revolution in the guise of harmlessly humorous domestic plays, conversation dramas or satires on provincial life. The danger is the same as in the case of railway poetry, i.e. the literary medium and the nature of the subject have a tendency to pervert, or at least to take the edge off, the political message. On the other hand, the numerous revolution comedies written in the tradition of Aristophanes, where political wit is sharpened to highly allegorical poignancy – referred to, above all, in Helmut Koopmann's comments – fail to achieve the desired public effectiveness, let alone popularity. One example is Robert Prutz's *Die politische Wochenstube* of 1845, a play suitable for reading only.

Finally, Eoin Bourke's contribution on the Rhinelander Carl Schurz shows to what extent an educated young German from the lower middle class could be politicized by the events of 1848/49. This allows a glimpse of the political reservoir of undogmatic, combative humanism mainly from the Rhineland and Baden that was lost to German liberalism after 1849. Not only that; Bourke also sheds light on the process in which individuals like Schurz, and indeed the revolutionary culture of 1830-1848, have been suppressed.

Martina Lauster

Jürgen Eder

Jüdische Revolutionsreflexionen zwischen Gabriel Riesser und Karl Marx

Im März 1848 veröffentlichten die jüdischen Einwohner Dresdens einen Aufruf an ihre "Christlichen Mitbürger und Nachbarn". Nach einigen allgemeinen Bemerkungen liest man dort:

> Auch wir nehmen Theil, lebhaften Antheil an dem Kampf um die heiligsten Güter des Menschen, denn wir fühlen uns vor Allem, mit nicht minderm Enthusiasmus denn unsere christlichen Brüder, als Deutsche und als Sachsen. Wir nehmen Theil an dem friedlichen Kampf auf gesetzlichem Wege, wie unzählige Israeliten im Jahre 1813 ihr Leben für die Befreiung Deutschlands vom Joche der Fremdherrschaft eingesetzt haben.[1]

Dieser Aufruf ist für die nachfolgenden Betrachtungen aus mehreren Gründen interessant: Die Petitenden betonen mehrfach den nationalen Aspekt ihrer Aktion, die Befreiungskriege sollen deren Legitimation unterstreichen; der Begriff der "Fremdherrschaft" wendet sich immerhin gegen eine Ordnung, die zumindest den rechtsrheinischen Juden eine Art Emanzipation beschert hatte und kausal das Edikt über die Juden von 1812 mitbedingte; schließlich bedeuten die Begriffe "friedlich" und "auf gesetzlichem Wege" eine Vorstellung, die allenfalls auf eine systemkonforme Revolution abzielt. Daß die Revolution den Umschlag ideeller Voraussetzungen in materielle Bewegung, Handlung bedeutet, ist so etwas wie revolutionstheoretischer Konsens im Denken über das Phänomen der Revolution seit 1789. Die "heiligsten Güter des Menschen" hoben sich, im Sinne Hegels, von der geistigen Forderung in den verfassungsstaatlichen Anspruch.

Die Frage für die folgenden Überlegungen wird sein: Ist der Ton jener Dresdner Proklamation symptomatisch für die Haltung deutscher Juden gegenüber den Revolutionen von 1789, 1830 und 1848? Anita Bunyans Feststellung, daß die Frage der Judenemanzipation "eine der umstrittensten Fragen" war, "die progressive und konservative Kräfte im Vormärz beschäftigt hat"[2], ist um einen Aspekt zu erweitern: Welche Rolle sollten die 'Revolutionen' in diesem Prozeß spielen, und was wollte man auf jüdischer Seite überhaupt unter 'Revolution' verstanden wissen? Für Teile der öffentlichen Bewe-

---

1 Abgedruckt in: Ruth Gay, *Geschichte der Juden in Deutschland. Von der Römerzeit bis zum Zweiten Weltkrieg*, München 1993, S. 147.

2 Anita Bunyan, *Reaktionen auf die britische Judenemanzipation im Deutschland des Vormärz*, in: Helmut Koopmann / Martina Lauster (Hgg.): *Vormärzliteratur in europäischer Perspektive I: Öffentlichkeit und nationale Identität*, Bielefeld 1996, S. 147-158, hier: S. 147.

gungen war es 1830 und 1848 klar: die Juden seien Initiatoren, Träger und Gewinner der Revolution. Stefan Rohrbacher hat in seiner Studie über *Gewalt im Biedermeier* detailliert nachgewiesen, daß Juden praktisch doppelt mit der Revolution in Verbindung gebracht wurden: die einen rechneten sie auf die Seite der Herrschenden, wofür insbesondere der Name 'Rothschild' symptomatisch wurde, die anderen sahen in den Juden die 'Zersetzer', Umstürzler des christlich-monarchischen Staates.[3]

Wolfgang Menzels Attacken auf die Jungdeutschen operierten mit einer Demagogie, die genau jene Vorurteile *aller* Seiten ausbeuten konnte. Jakob Weil (wie viele andere jüdische Beobachter auch) verwahrte sich gegen diesen 'Denunzianten' in satirisch-gereizter Art mit seinem Artikel *Das junge Deutschland und die Juden*:

> In den, noch nicht lange verflossenen, finsteren Zeiten wurde jedes Unrecht, das *ein* Jude begangen hatte, allen zugeschrieben. Die Zeit ist fortgeschritten, die finsteren Ansichten früherer Jahrhunderte herrschen nicht mehr - und nun wird den Juden zugeschrieben - Was Keiner von ihnen begangen hat. [...] Der Herzog von Modena hält sie hart, wegen ihrer revolutionairen Gesinnungen - nicht mehr als billig! Herr v. Rotteck ist ihnen ungünstig, wegen ihrer servilen Denkungsart - das ist ganz consequent! Ein reicher, um den Credit der Staaten verdienter Banquier *ist* ein Jude - Grund genug für *eine* Partey, ein geistreicher, aber in revolutionairen Ideen befangener Schriftsteller *war* ein Jude - Grund genug für die *andere* Partey, sie zu hassen. Das Alles mag nun wohl Unsinn seyn, aber es hat, wie Polonius sagt, doch Methode. Aber das "junge Deutschland" zählt zu seiner Schule *nicht einen einzigen Juden* - [...] Gutzkow ist kein Jude, Wienbarg ist keiner, Laube eben so wenig, Mundt ganz und gar nicht. Thut nichts, das junge Deutschland besteht doch aus Juden, wenigstens sind Juden dessen Väter *in nuce*. Das beweist Heine.[4]

Leider wird es in dem begrenzten Rahmen dieses Aufsatzes kaum möglich sein, das komplizierte Verhältnis 'deutsche Juden und die Revolution' adäquat darzustellen. Aber ich will versuchen, die Vielfalt der Positionen anhand einiger ausgewählter Beispiele grob zu schematisieren. Die Spannweite liegt dabei zwischen dem Hamburger Gabriel Riesser, stellvertretendem Vorsitzenden der Frankfurter Paulskirche und Mitglied der Delegation, die Friedrich Wilhelm IV. die deutsche Kaiserkrone antrug, und dem Trierer Konvertiten Karl Marx, der im Exil und im Zusammenhang der Ergebnisse von 1830 und 1848 sein Konzept der proletarischen Revolution entwickelte. Bei ihnen wie bei Eduard Gans oder Moses Hess ist zu fragen, inwieweit das eigene Judentum in Verbindung gebracht wird mit der Einstellung zur Revolution. Neben solchen Stimmen aus dem Lager der praktischen und theoreti-

---

3 Vgl. Stefan Rohrbacher, *Gewalt im Biedermeier. Antijüdische Ausschreitungen in Vormärz und Revolution (1815-1848/49)*, Frankfurt/M. u.a. 1993.

4 Zit. n. Alfred Estermann (Hg.), *Politische Avantgarde 1830-1840. Eine Dokumentation zum 'Jungen Deutschland'* 1, Frankfurt/M. 1972, S. 297.

schen Politik soll diese Frage auch verschiedenen Schriftstellern der Epoche vorgelegt werden: Ludwig Börne besonders, daneben Berthold Auerbach und Michael Beer. Heinrich Heine, zu dessen Revolutions-Verständnis schon so viel gesagt und geschrieben wurde, soll für dieses Mal nur am Rande in den Blick geraten. Die Liste derer, die hier nicht betrachtet werden können, ist länger: August Lewald, Moritz Gottlieb Saphir, Ludwig Phillipson, Ludwig Robert, Heinrich Graetz, Alexander Weill u.v.a.m. Einen Abriß der Entwicklung im rechtlichen Status der Juden in Deutschland zwischen 1789 und 1848 muß ich hier aussparen, verweise aber wiederum auf die Ausführungen von Anita Bunyan.[5] Allenfalls ist festzuhalten, daß die jüdische Emanzipation trotz des Edikts von 1812 und lokaler bzw. regionaler Fortschritte in der Vormärz-Zeit keine entscheidenden und dauerhaften Fortschritte erreicht hatte. Erst der Verfassungsentwurf der Frankfurter Versammlung bringt die umfassende rechtliche Gleichstellung der Juden mit den christlichen Bürgern. Durch die Erfahrungen von 1789ff. schienen ja zunächst noch beide Ansätze möglich: Emanzipation durch Volksrevolutionen, wo 'egalité' und 'fraternité' im Sinne der Gleichstellung zu verstehen wären, oder durch 'Revolution von oben', wie sie Napoleon, aber auch die preußischen Reformer anboten.[6]

Die bald wieder kassierten Ziele und Erfolge des Edikts von 1812 waren die Richtlinien für Gabriel Riesser in seinen Aktivitäten für die Gleichstellung der Juden in Deutschland. Riesser, 1806 in Hamburg geboren, erlebte als Kind in Lübeck schon, was der Wechsel vom französischen ins restaurierte System bedeutete. Intensiviert wurde diese Erfahrung durch den Ausschluß von angestrebten Ämtern: von dem des Privatdozenten in Heidelberg und des Advokaten in Hamburg. Anders als zahlreiche Juden seiner Zeit wollte er das Entreebillet zum Deutschtum *nicht* durch eine Konversion lösen, sondern *als* Jude. Dabei war Riesser der jüdischen Orthodoxie sicher genau so entfremdet und fern wie ein Gans, Börne, Heine, eine Rahel Varnhagen. Aber er verweigerte die Kapitulation der in seinen Augen unverzichtbaren moralischen Grundlagen: Wahrheit und Gerechtigkeit. "Menschenfreunde aller Confessionen" will er dafür gewinnen, den a priori vorhandenen "guten Willen" der "zerstreuten Kräfte [...] zu gemeinsamer Wirksamkeit vereinigen."[7] Riessers Programm entspricht dem des politischen Libera-

---

5 Vgl. Bunyan (s. Fußnote 2).

6 Vgl. zum gesamten Komplex u.a. Wanda Kampmann, *Deutsche und Juden. Die Geschichte der Juden in Deutschland vom Mittelalter bis zum Beginn des Ersten Weltkrieges*, Frankfurt/M. 1989, S. 140-224; Friedrich Battenberg, *Das europäische Zeitalter der Juden. Zur Entwicklung einer Minderheit in der nichtjüdischen Umwelt Europas* 2: *Von 1650 bis 1945*, Darmstadt 1990, S. 110-154; Jacob Katz, *Aus dem Ghetto in die bürgerliche Gesellschaft. Jüdische Emanzipation 1770-1870*, Frankfurt/M. 1986, S. 211-249; Haim Hillel Ben-Sasson (Hg.), *Geschichte des jüdischen Volkes* 3: Shmuel Ettinger, *Vom 17. Jahrhundert bis zur Gegenwart. Die Neuzeit*, München 1980, S. 94-134; Walter Grab, *Der deutsche Weg der Judenemanzipation 1789-1938*, München 1991.

7 Gabriel Riesser, *Vorrede (Hamburg, im December 1830)*, in: *Gabriel Riesser's Gesammelte Schriften* 2, hg. im Auftrag des Comité der Riesser-Stiftung von M. Isler, Frankfurt/M. / Leipzig 1867, S. 3.

lismus im Vormärz, und er formuliert nahezu prototypisch, was sich im 19. Jahrhundert als Konzept 'deutscher Staatsbürger jüdischen Glaubens' entwickelte. Berühmt geworden ist seine kategorische Feststellung: "Wir sind entweder Deutsche oder sind heimatlos"[8], eine Formulierung, die seinen Weg ins nationalliberale Lager der Paulskirche prädestinierte. Dort richtet er sich gegen die "Partei der Zerstörung", die für eine Fortführung der Revolution bis zur Konstitution der deutschen Republik arbeitete. Realpolitisch argumentierend - "Die Constituirung einer Republik in Deutschland würde die Sache auf eine - besonders Preußen gegenüber - für die Freiheit gefährliche Spitze treiben"[9] - befürchtet Riesser außerdem, daß die bereits in der Versammlung diskutierte rechtliche Gleichstellung der Juden durch eine Radikalisierung nur Schaden nehmen könnte. Von der fatalen Interdependenz revolutionärer Aktionen und einer Verweigerungshaltung wenigstens Minoritäten gegenüber bei den einzelstaatlichen Exekutiven sprach er bereits in einem Brief an den Bruder vom 14. März 1848. Riesser erinnerte sich gewiß auch der nationalistischen Wende in Deutschland seit 1806, in der Juden und jüdische Salons plötzlich als 'französisch' und 'antideutsch' denunziert und abgedrängt wurden. Einer Wiederholung wollte er vorbeugen - und dies schien ihm wie anderen führenden Liberalen nur als Kompromiß zwischen der herrschenden Ordnung, ihren Mächten und dem gemäßigten Bürgertum möglich. Schon 1848, die antirevolutionäre Gegenbewegung hatte noch nicht eingesetzt, schrieb er in seinem *Wort über die Zukunft Deutschlands*:

> Bei der gegenwärtigen Lage Deutschlands [...] erscheint es als die Pflicht jedes Vaterlandsfreundes, sich der Meinung anzuschließen, welche die ausgedehnteste Freiheit in der Form der constitutionellen Monarchie begründen will.[10]

Zwar finden sich private Briefe Riessers, die über den Verzicht auf Fortsetzung der Revolution *auch* mit gewaltsamen Mitteln mehr Zweifel verrieten[11];

---

8 Zit. n. Kampmann (s. Fußnote 6), S. 174.

9 So in dem langen Brief an den Bruder, 14. März 1848, der Riessers Haltung und Reflexionen über die Möglichkeiten der revolutionären Ereignisse vorzüglich widerspiegelt. In: *Gabriel Riesser's Leben nebst Mittheilungen aus seinen Briefen* von M. Isler, Frankfurt/M. / Leipzig 1867 (*Gabriel Riesser's Gesammelte Schriften* 1, s. Fußnote 7), S. 550.

10 *Gesammelte Schriften* 4 (s. Fußnote 7), Frankfurt/M. / Leipzig 1868, S. 399. Die Eingangspassage dieses Aufsatzes zeigt viel von dem patriotischen Enthusiasmus eines deutschen Juden: "Was unsere Jugend geträumt, was unsere Dichter gesungen, was unsere Weisen gesonnen, es steht in naher, leuchtender, lebensfrischer Aussicht vor unseren Augen. Ein *freies*, ein *einiges*, ein *großes* und *mächtiges* Deutschland - das ist das Losungswort, dem alle Herzen entgegenschlagen, das Panier, um das sich alle deutsche Männer schaaren" (S. 391).

11 Z.B. an die Senatorin Haller in Hamburg, 13. Mai 1849: "Wie weit man gehen müsse mit der Sache, die man für die rechte hält, auch auf dem Wege der Gewalt, ist eine Frage, die dem Gewissen schwer zu entscheiden wird, und harte innere Kämpfe gehen den äußeren, die vielleicht folgen, voran." *Gabriel Riesser's Leben nebst Mittheilungen* (s. Fußnote 9), S. 572.

öffentlich und als namhaftester Repräsentant der deutschen Juden hatte er sich jedoch auf den Kurs der Emanzipation durch Kompromiß festgelegt.

In seiner Schrift *Börne und die Juden* aus dem Jahre 1832 verteidigte er den Verfasser der *Briefe aus Paris* zwar gegen antisemitische Attacken eines Dr. Eduard Meyer, zog aber genau so klar seine Grenzen gegenüber Börnes "grämliche[m] Enthusiasmus", seiner Haltung, die "mehr Haß als Liebe" verrate, seiner Akzeptanz der Gewalt als Mittel politischen Fortschritts. Aber bei Börne wie bei Heine sieht er die jüdische Kränkung, die frühzeitige und fortgesetzte Verletzung, gegen die keine Konversion panzert, als Ursache radikaler Entwicklungen. Riesser psychologisiert die politische Entwicklung der beiden, natürlich ohne die Konzeptionen von 'Emanzipation' und 'Revolution', wie sie Heine und Börne unterschiedlich bei aller Gemeinsamkeit entwickelten, schon ausreichend vor sich zu haben. Dennoch dürfte Riesser mit den folgenden Worten auch über eine allgemeinere Haltung der Juden zur Revolution, über einen radikal neuen Weg zur bürgerlichen Gleichstellung reflektiert haben:

> Sie, die trefflichsten Naturen, mit gewaltigem Verstande und regsamen Gefühlen begabt, in eine [sic] Umgebung voll Lieblosigkeit und Mißgunst, wie sie der Jude so oft bei seinem Eintritt in die Welt findet, laßt sie fühlen, wie man ihnen ihre Vorzüge beneidet und ihre Fehler belauert, um Vorwände des Hasses zu finden; laßt sie gequält werden von jener dummen Gemeinheit des Gewohnheitshasses, [...]; ihre Seele wird lange und langsam bluten an diesen Schmerzen und ist das Gefühl bei ihnen überwiegend, so wird sie nie zu bluten aufhören; ist aber der Verstand mächtiger, und sind sie sich [sic] allein in der Welt voll Haß mit dem herrschenden Verstande, und dem leidenden Herzen, so wird ihre Stärke sie aufrecht halten; aber sie werden sich dann starr und stolz in das Bewußtsein ihrer Kraft hüllen, und werden kalt und [...] lieblos werden, wie die Welt, die sie verachten.[12]

Eduard Gans, von Heine mit wenig schmeichelhaften Worten als jüdischer Opportunist angegangen, hat nach seiner via Konversion erfolgten Bestallung an der Berliner Universität und als *der* Hegel-Schüler schlechthin revolutionstheoretische Überlegungen angestellt, die später sogar von Engels gelobt wurden. 1789 war für Gans 'die Revolution überhaupt' und die entscheidende Schwelle ins bürgerliche Zeitalter. Die Juli-Revolution von 1830 - von Hegel vehement verworfen - konnte die Fortsetzung jener historischen *gloire* sein, und Gans reiste nach Paris, wie Börne, wie Heine, wie viele andere, um die Ereignisse und Möglichkeiten dieser französischen 'Wiederholung' unmittelbar beurteilen zu können. Sein Aufsatz *Paris im Jahre 1830* legte nach der Rückkehr Zeugnis davon ab - und auch hier war es eine Enttäuschung, freilich mit interessanten Folgerungen. Sympathien mit dem Saint-

12 Gabriel Riesser, *Börne und die Juden. Ein Wort der Erwiderung auf die Flugschrift des Herrn Dr. Eduard Meyer gegen Börne* (1832), in: *Gesammelte Schriften* 2 (s. Fußnote 7), S. 326.

Simonismus, der mit seiner Gesellschaftslehre viele Intellektuelle anziehen mußte, zeigen Gans auf der Seite einer Rahel Varnhagen, eines Heinrich Heine. In welcher Weise und in welchem Maße diese Lehre insbesondere für jüdische Intellektuelle reizvoll war, ist bislang nicht ausreichend untersucht worden. Das messianisch-utopische Element mag eine maßgebliche Rolle spielen, wie ja verschiedentlich – u.a. von Manès Sperber – die Affinität jüdischer Lehre und revolutionärer Hoffnungen in Verbindung gebracht wurde. Doch es ist der Rechtsphilosoph Gans, der seinen Vorbehalt gegen einen Punkt des Saint-Simonismus anmeldet: die Eigentums-Frage. Weitergehend als ein Riesser, freilich ohne jede Verknüpfung der jüdischen Frage mit der Revolution, ging Gans davon aus, daß die Juli-Revolution 1830 "Zustimmung selbst bei solchen Männern finden [könne], die der rohen Gewalt als politischen Heilmittel sonst wohl nicht gewogen sein möchten."[13] Gans formuliert so etwas wie einen Verfassungs-Notstand, aus dem ein Widerstands- bzw. Revolutions-Recht der Staatsbürger entspringe. Aber wie Riesser tastet auch er die Eigentumsordnung nicht an; sie ist so etwas wie die *magna charta* der bürgerlichen Gesellschaft und ihres wie auch immer zugeschnittenen Staates:

> Das Eigentum, welches die einzelnen nur im Namen des Staates je nach ihrer Fähigkeit genießen sollen, das Erbrecht, welches durch diese Bestimmung wegfällt, wird auch dem Individuum die Basis seiner Individualität und Besonderheit nehmen. In dem fehlenden Erbrecht wird sogar die moralische Seite des Eigentums verlorengehen, die dieses nicht entbehren kann.[14]

Gans sieht für diesen Fall nichts als "eine andre Sklaverei"[15] voraus. Hier war die Trennungslinie zwischen dem Hegelianer Gans und dem Hegelianer Marx gezogen; die Frage der Besitzverhältnisse trennte zwischen 1830 und 1848 zunehmend die Parteien der Opposition. Aus der von beiden, Gans und Marx, wahrgenommenen Zunahme des sozialen Elends eines neuerstandenen Proletariats werden unterschiedliche Folgerungen gezogen.

Karl Marx war es, der in seinen bis heute provozierenden und umstrittenen Thesen *Zur Judenfrage* den Komplex der revolutionären Umgestaltung mit dem der jüdischen Emanzipation in unmittelbaren Zusammenhang brachte, mit dem vielfach als antisemitisch gescholtenen 'Ergebnissatz': "Die *gesellschaftliche* Emanzipation des Juden ist die *Emanzipation der Gesellschaft vom Judentum.*"[16] Natürlich laden pointiert-polemische Formulierungen wie die folgende förmlich dazu ein, in Marx einen Vorläufer des vielbeschworenen 'Jüdischen Selbsthasses' zu sehen:

---

13 Eduard Gans, *Paris im Jahre 1830*, in: ders., *Philosophische Schriften*, hg. v. Horst Schröder, Glashütten im Taunus 1971, S. 187.

14 Ebd., S. 216.

15 Ebd., S. 217.

16 Karl Marx, *Zur Judenfrage*, in: ders., *Die Frühschriften*, hg. v. Siegfried Landshut, Stuttgart 1971 (Kröners Taschenausgabe 209), S. 207.

> Welches ist der weltliche Grund des Judentums? Das *praktische* Bedürfnis, der *Eigennutz*. Welches ist der weltliche Kultus des Juden? Der *Schacher*. Welches ist sein weltlicher Gott? Das *Geld*. Nun wohl! Die Emanzipation vom *Schacher* und vom *Geld* also vom praktischen, realen Judentum wäre die Selbstemanzipation unserer Zeit.[17]

Allein mir schiene es eine fatale Verkürzung des Textes von Marx - der ja eine Doppelrezension von Bruno Bauers Schriften zur Judenfrage war -, ihn auf diese zugegeben brisanten Stellen zu reduzieren. Ich will kurz zu zeigen versuchen, warum Marxens Schrift durchaus mehr Potential im Diskurs der Emanzipations-Frage anbietet, als es zunächst scheint. Leider ist es mir dabei nicht möglich, ausreichend auch auf die *Kritik der Hegelschen Rechtsphilosophie* einzugehen, die in engem Zusammenhang mit *Zur Judenfrage* steht. Dort fordert Marx die "Emanzipation des Deutschen" als "Emanzipation des Menschen": "In Deutschland kann *keine* Art der Knechtschaft gebrochen werden, ohne *jede* Art der Knechtschaft zu brechen."[18] Juden und Christen sind gleichermaßen damit gemeint; für Marx sind dies ohnehin aufgehobene Kategorien, denn "die *Kritik der Religion* [ist] im wesentlichen beendigt".[19] Das ist auch der Ausgangs- und Zielpunkt seiner Kontroverse mit Bauer: eine religiöse Basis der Frage nach politischer Emanzipation sei anachronistisch und für die Zukunft irrelevant. Die Frage sei vor einem anderen Hintergrund zu stellen: dem der Spaltung des Menschen in 'Privat' und 'Allgemein', dem 'politischen Staat' und der 'bürgerlichen Gesellschaft'; dies und nicht religiöse Ableitungen müßten reflektiert und womöglich revolutioniert werden. Das Jude-Sein ist für Marx dann wie das Christ-Sein nur *ein* Ausdruck des Widerspruchs zwischen politischem Staat und bürgerlicher Gesellschaft. Ein längeres Zitat von Marx sei an dieser Stelle angeführt, um deutlich zu machen, wie eingebunden für Karl Marx die jüdische Frage in den übergreifenden Prozeß der 'menschlichen Emanzipation' bleibt, und um deutlich zu machen, wie einseitig die oben angeführten Textstellen seinen Ansatz erscheinen lassen müssen:

> Wir sagen also nicht mit Bauer den Juden: Ihr könnt nicht politisch emanzipiert werden, ohne euch radikal vom Judentum zu emanzipieren. Wir sagen ihnen vielmehr: Weil ihr politisch emanzipiert werden könnt, ohne euch vollständig und widerspruchslos vom Judentum loszusagen, darum ist die *politische Emanzipation* selbst nicht die *menschliche* Emanzipation. Wenn ihr Juden politisch emanzipiert werden wollt, ohne euch selbst menschlich zu emanzipieren, so liegt die Halbheit und der Widerspruch nicht nur in euch, sie liegt in dem *Wesen* und der *Kategorie* der politischen Emanzipation. Wenn ihr in dieser Kategorie befangen seid, so teilt ihr eine allgemeine Befangenheit. Wie der Staat *evangelisiert*, wenn er, obschon Staat, sich christ-

---

17 Ebd., S. 201.
18 Karl Marx, *Zur Kritik der Hegelschen Rechtsphilosophie. Einleitung*, in: ebd., S. 224.
19 Ebd., S. 207.

> lich zu dem Juden verhält, so *politisiert* der Jude, wenn er, obschon Jude, Staatsbürgerrechte verlangt.[20]

Die Französische Revolution von 1789 habe sich, im direkten Widerspruch zum Selbstverständnis, auf die "Freiheit des egoistischen Menschen"[21] verstanden, jede nur politische Revolution löse das bürgerliche Leben nur in seine egoistischen Privat-Interessen auf. Noch wird hier nicht deutlich gemacht, wer Träger dieser andersgearteten Revolution sein, welcher Formen, Mittel sie sich bedienen wird, in was sie 'enden' soll. Dies ist nicht Teil der hier skizzierten Fragestellung. Es kommt vielmehr darauf an, daß sich Marx eben nicht in einer Art Privat-Ranküne oder im Gefolge der verbreiteten Rothschild-Hysterie den Juden in konkretum zum antirevolutionären Sündenbock auserkor, sondern seine Befreiung als *Jude* für eine humanitär sekundäre Tat hielt. Marxens gelegentliche Ausfälle gegen Juden sollte man so viel und so wenig wie seine Ausfälle gegen Arbeiter ("die Knoten") oder mißliebige Konkurrenten innerhalb der sozialistischen Bewegung bewerten. Für Marx wird im Kommunistischen Manifest die Befreiung des Proletariats zur universellen Befreiung, also auch der der Juden. Die neue Linie verläuft zwischen Bourgeoisie und Proletariat, Besitz und Besitzlosen, ob nun "Christ, Jude oder Muselmann".[22]

Moses Hess war für lange Zeit ein enger Weggefährte von Marx und entstammte wie er und Heine der für Juden freieren Rheinprovinz. Nach einer als einengend und hemmend empfundenen streng orthodoxen Erziehung geriet Hess schon früh in kritische Distanz zum eigenen Judentum. Spinoza und Rousseau wurden ihm zu Förderern einer Gesellschaft, in der der Mensch mit seinem "Kunstfleiße", seiner "Wißbegierde" und seinem "Schöpfergeist" in freier Entfaltung leben sollte.[23] Hess ist ein weiteres Beispiel dafür, wie Gedanken der deutschen Aufklärung gerade für dissentierende Juden zur neuen geistigen Ersatz-Heimat wurden. Doch führten seine Überlegungen über Riesser hinaus, bis in die Nähe Marxscher Gedanken. Nachdem Hess die

---

20 Marx, *Zur Judenfrage* (s. Fußnote 16), S. 189.

21 Ebd., S. 190ff.

22 Das Verhältnis von Marx zum Judentum ist in keiner größeren Darstellung analysiert worden; so ist man auf einzelne Kapitel und Abschnitte in anderen Arbeiten bzw. Gesamtdarstellungen angewiesen. U.a. seien hier genannt, weil ich ihnen wichtige Anregungen verdanke: Richard Friedenthal, *Karl Marx. Sein Leben und seine Zeit*, München / Zürich 1981; Christoph Schefold, *Die Rechtsphilosophie des jungen Marx von 1842. Mit einer Interpretation der 'Pariser Schriften' von 1844*, München 1970; Erich Thier, *Das Menschenbild des jungen Marx*, Göttingen 1957; Arnold Künzli, *Karl Marx. Eine Psychographie*, Wien 1966.

23 Vgl. dazu besonders Horst Lademacher, *Moses Heß in seiner Zeit*, Bonn 1977, v.a. Kapitel 2, *Ausbruch und Aufbruch*. Daneben Shlomo Na'aman, *Emanzipation und Messianismus. Leben und Werk des Moses Heß*, Frankfurt/M. / New York 1982 (Quellen und Studien zur Sozialgeschichte 3), und hier v.a. Kapitel 14, *Das neunzehnte Jahrhundert des Moses Heß*.

Revolution von 1830 noch als "auf jeden Fall nur nachteilig"[24] rezipiert hatte, entwickelte er in seiner 'Philosophie der Tat' das Konzept einer Revolution, die radikal auf die soziale und geistige Wende setzt:

> Die Lüge der Religion und Politik muß mit Einem Schlage und schonungslos entlarvt, die Schlupfwinkel, Verschanzungen, Esels- und Teufelsbrücken der Gegner müssen zumal verbrannt und vernichtet werden. – Wir wissen wohl, daß es zahme und lahme Philosophen gibt, die, weil ihnen der Zornmuth der That abhanden gekommen ist, in dem Lügendreckhaufen der Religion und Politik mit ihrer Diogeneslaterne umherstöbern, um wo möglich noch einige brauchbare Gegenstände hier aufzugabeln.[25]

Man wollte in diesem Gestus alttestamentarische Vorstellungen von Fluch, Umkehr, Mission usw. erkennen – allein Hess' Schriften und Reden der Jahre zwischen 1830 und 1848 lassen jedenfalls explizit keinen Rekurs auf das Thema 'Judentum' oder 'jüdische Emanzipation' entdecken. Wie für Marx sind religiöse oder staatsbürgerliche Sonderformen nur noch Akzidentelles im Vergleich mit den Anforderungen der sozialen Revolution. Richtig ist allerdings, daß Hess sich dabei einer Sprache und Bildlichkeit bedient, die seine jüdische Herkunft deutlich machen. Hess' Idee der 'permanenten Revolution' hatte auch noch Bestand, als er sich später wieder stärker dem Judentum zuwandte; die Revolution wurde gewissermaßen theologisiert. In *Das neue Jerusalem und die letzten Zeiten* wird geträumt vom "heiligen Bunde" der Religion und Politik, in dem soziale Unterschiede aufgehoben wären – es gelte die Rückkehr zu den Ursprüngen: "Die Juden kannten keinen Unterschied zwischen religiösen und politischen Geboten [...] Die und andere Gegensätze fielen weg vor einem Gesetze, das weder für den Leib, noch für den Geist allein, sondern für beide sorgte."[26] Eine Rückkehr zum Ur-Judentum, wenn man so will: aus der proletarischen Revolution wird die der religiös-jüdischen Kommune. Hier setzte sich Hess nicht nur in Gegensatz zu Marx, sondern auch zu Heine, der ja das Judentum historisch mit in Haft nahm für die Ausbreitung des Nazarenertums.

Im Februar 1845 schreibt Hess einen Brief an Berthold Auerbach, der wiederum eine Art innerjüdischen Konflikts deutlich macht. Der Noch-Revolutionär Hess kritisiert den bürgerlichen Erfolgsautor, der sich so ganz zum Sprachrohr deutsch-bäuerlicher Welt machte. Auerbach, der zu Beginn mit Hess noch gemeinsam zu wirken hoffte, muß Tiraden wie die folgende lesen:

> O, wenn wir zusammen geblieben wären, dann hättest Du nicht in dieser Clique der Honeks und Andrés zum sentimentalen Ästhetiker des Schwarzwaldes

---

24 *Brief an einen Unbekannten* vom Juli 1830, in: Moses Hess, *Briefwechsel*, hg. v. Edmund Silberner, 's-Gravenhage 1959, S. 43.

25 Moses Hess, *Philosophische und sozialistische Schriften 1837-1850. Eine Auswahl*, hg. v. Wolfgang Mönke, 2. Aufl., Vaduz 1980, S. 214.

26 Ebd., S. 71.

> und Podex der Salonliteratur werden sollen! Du hättest Dich nicht aus dem Elende des Lebens in Deine Vorhaut zurückziehen dürfen, um mit Deiner eignen Gemütlichkeit zu kokettieren, derweil die Menschen vertieren, verelenden und verhungern![27]

Auerbach, 1812 als Moses Baruch Auerbach im württembergischen Nordstetten geboren und gläubig erzogen, wollte zunächst Rabbiner werden. In München 1833 als Mitglied einer Burschenschaft verhaftet und für einige Zeit ins Gefängnis gesetzt, blieb er seinen jüdischen Traditionen zunächst treu. Für die *Galerie der ausgezeichnetsten Israeliten aller Jahrhunderte* schrieb er die Beiträge über Gabriel Riesser, Rothschild und Michael Beer. Auch sein Spinoza-Roman ist noch unter dieser Art Traditions-Wirkung zu sehen. Doch parallel dazu regt sich auch schon der Wunsch, aus der jüdischen inneren wie äußeren Begrenzung auszubrechen: davon zeugt nicht nur die Mitgliedschaft in einer Verbindung namens *Germania*, sondern auch seine Darstellung über Friedrich den Großen. Mit seinen Dorfgeschichten fühlt er sich auch ohne Konversion als Deutscher; der Erfolg des Unternehmens scheint es zu bestätigen.[28] Ferdinand Freiligrath schreibt er 1843: "Ich glaube, ich bin ein Deutscher, ich glaube es bewiesen zu haben, wer mich einen Fremden heißt, mordet mich zehnfach."[29] Um so entsetzter erlebte dieser deutsch-nationale jüdische Schriftsteller Ende der 1870er Jahre das Wiederaufflackern des Antisemitismus: "Vergebens gelebt und gearbeitet!" schreibt er 1880 an den Bruder.[30] Doch 1836 formuliert er in einem Essay *Das Judentum und die neuere Literatur* u.a. gegen Heine, gegen Börne eine Position, in der auf Revolution gar nicht, auf nationale Einsicht so gut wie alles gesetzt wird:

> Erprobet uns in der Feuerprobe der Gefahr, und ihr werdet uns rein finden, rein von allen Schlacken des Egoismus und raffinirter Unsitte; gebt uns das Vaterland, [...] und freudig legen wir Glut und Blut auf seinen Altar, vergesset und lasset uns vergessen der finsteren Scheidewand, die uns trennte, und ersparet uns die schmerzliche Mühe, gegen euch in die Schranken zu treten [...].[31]

Die letzte Bemerkung kann man als Hinweis lesen, daß in aussichtsloser Situation die Juden eben *gezwungen* sein möchten, sich ihre 'Revolutionen' zu suchen – gewollt, a priori bejaht, gar aktiv unterstützt dürfen sie aus der Sicht Berthold Auerbachs nicht werden. Damit tritt er noch hinter die Forde-

---

27 Hess, *Briefwechsel* (s. Fußnote 24), S. 111.
28 Vgl. zum biographischen und werkgeschichtlichen Hintergrund den Ausstellungskatalog, der als *Marbacher Magazin* 36 (1985), *Sonderheft* erschien und von Ulrich Ott herausgegeben wurde.
29 Ebd., S. 49.
30 Brief vom 23. November an Jakob Auerbach; abgedruckt ebd., S. 97.
31 Abgedruckt in Estermann (s. Fußnote 4), S. 328f.

rungen Riessers zurück, den er ansonsten immer wieder zustimmend zitiert.[32] Als Pendant bzw. Komplement zu Auerbach ist übrigens Michael Beer zu sehen, der Autor von *Struensee*, dem in Ludwig von Bayern dazu noch die Personifikation deutscher Größe und Toleranz begegnen wollte. Von monarchischer Aufgeklärtheit versprach er sich viel, von der "lichtlosen Wildniß der revolutionären Politik des Tages"[33] nichts, auch wenn er in Paris kurze Zeit mit der Revolution von 1830 liebäugelte, sehr zum Mißfallen seines christlichen Freundes und Nachlaßverwalters Eduard von Schenk. Beer und Auerbach sind schreibende Repräsentanten derjenigen Juden, die sich vollkommen dem Programm einer 'Reform von oben' verschrieben hatten und von der 'Revolution von unten' nicht das Geringste erwarteten. Beers persönlich gefärbter Monarchismus verweigert sich dabei der Idee jeder Art von jüdischem 'Selbsthelfertum' noch konsequenter.

Den "Doktor Ludwig Börne", dem die "Stralen der Juliussonne" "leider auch ins Hirn gedrungen" seien, schildert Heine zu Beginn des Dritten Buches seiner Börne-Denkschrift.[34] Das *portrait intime* ist bekannt: ein abtrünniger, extremistischer Jude, der zur Revolution und zum Katholizismus konvertiert sei, Haß gegen Rothschild wie Metternich, gegen Heine wie Goethe im Herzen. Revolution sei bei Börne nur noch der terroristische Ausdruck nazarenischer Lebensunlust; mit Politik habe das alles nichts mehr zu tun. Wir wissen, daß Marx diese Auffassung teilte und sich Heine im Kampf gegen Börne und die 'Börneaner' als Waffengefährten anbot.[35] Ist Börnes Nachdenken über die Revolutionen natürlich mit solchen Vergröberungen nicht beizukommen, geht es hier darum zu sehen, ob Börne die jüdische Frage noch mit der der Revolutionen verband. Dabei gilt es gleichzeitig über

---

32 Etwa in einem Brief vom 22. Januar 1839, an Jakob Auerbach: "ich erkenne in Riesser eine echte Tribunengestalt, wie ich mir sie bei den Alten denke, mit unendlicher persönlicher Einnehmbarkeit, deren Leutseligkeit und Herablassung das Vergöttertwerden nicht ausschließt, ja sogar in sich schließt. Er vergibt sich nie und gibt sich doch Allen, dabei hat er etwas Goethe'sches, eine gewisse Naturvornehmigkeit und jovische Ruhe [...]." In: Berthold Auerbach, *Briefe an seinen Freund Jakob Auerbach* 1, hg. v. Jakob Auerbach, Frankfurt/M. 1884, S. 35.

33 So der Herausgeber in seiner biographischen Einleitung zu *Sämtliche Werke von Michael Beer*, hg. v. Eduard von Schenk, Leipzig 1835, S. XXI. In der Dedikation für den bayerischen König anläßlich der *Struensee*-Drucklegung liest man bei Beer u.a.: "In ihres Volkes Herzen ruht das Vertrauen auf die Redlichkeit seines großsinnigen Königs – in des Königs Brust der Glaube an die Treue seines Volkes. In dem Staate, wo diese Wechselwellen friedlich zu einander strömen, sind gewaltsame Umwälzungen unmöglich. Dort darf die Muse von ihnen erzählen. Wo das Leben sie nie erzeugen wird, darf das Lied von ihnen singen" (S. 288).

34 Heinrich Heine, *Historisch-kritische Gesamtausgabe der Werke* 11: *Ludwig Börne. Eine Denkschrift und Kleinere politische Schriften*, hg. v. Helmut Koopmann, Hamburg 1978, S. 59.

35 Vgl. dazu u.a. Leo Kreutzer, *Heine und der Kommunismus*, Göttingen 1970; Nigel Reeves, *Heine and the Young Marx*, in: *Oxford German Studies* 7 (1972/73), S. 44-97; Fritz Mende, *Heine und Marx. Historie einer Begegnung*, in: *Impulse* 11 (1988), S. 169-191.

Heines böses Porträt eines pervertierten Judentums bei Börne hinauszukommen. Ich stütze mich im folgenden einmal nicht auf die immer wieder herangezogenen *Briefe aus Paris*, sondern auf die Sammlung der Aphorismen und Miszellen sowie die Notizen zum geplanten Buch über die Revolution von 1789. Daß in Börnes "Bruchstücken einer großen Revolution" - so Reich-Ranicki[36] - in der Frühzeit immer wieder Schriften konkret auf die jüdische Mißhandlung sich beziehen, sollte bekannt sein.[37] Am interessantesten und autobiographisch relevant ist dabei die eigenwillige Auslegung der Shylock-Figur bei Shakespeare: "Den Geldteufel in Shylock verabscheuen wir, den geplagten Mann bedauern wir, aber den Rächer unmenschlicher Verfolgung lieben und bewundern wir."[38] Drei Varianten jüdischer Emanzipationsversuche spiegeln sich gewissermaßen in einem Satz: via Besitz, der Fall Rothschild, die Konvertiten ohne Widerstand, was Börne wohl an Heine u.a. sieht, und schließlich die Transformation in eine Art Gegen-Gewalt, sein eigener Fall. Das Frankfurter Ghetto, der 'Juif de Francfort' hat ihn nie verlassen. Auch wenn er später selten unmittelbar zur Judenfrage Stellung bezieht: die Reflexionen zur Revolution denken bzw. fühlen diese 'Wunde Frankfurt' mit.[39]

In Börnes Revolutionsverständnis spielt "eine Umgestaltung der öffentlichen Meinung"[40] im Vorfeld eine entscheidende Rolle; den Schriftstellern kommt es zu, dies auszusprechen. Der Autor wird von der Geschichte getrieben, und *dadurch* treibt er Geschichte, wenn er nicht passiv sich verweigert: "In Revolutionen sind die Schweigenden gefährlicher als die Redenden", heißt es in einem Aphorismus dazu.[41] Die ideelle Basis der Revolution wird demnach bei Börne insofern modifiziert, als sie mit der materiellen in einem dialektischen Verhältnis steht: die Verhältnisse schaffen sich ihr Denken, und dieses wirkt verändernd auf die Verhältnisse zurück. Anders als für Heine oder Riesser gehen bei ihm die geistigen 'Revolutionen' den realen zwar voraus, aber nicht im Sinne der monokausalen Verursachung. Hier steht er einem Marx doch wohl näher, als dieser wahrhaben wollte.

Und die Juden? Entweder, und davon ist in seinen Texten nach 1820 eigentlich meist die Rede, gehören sie zum Typus Rothschild - "Wäre der Jude mit der Schöpfung beauftragt gewesen, er hätte den Weinstöcken statt Trauben Louisdore gegeben und die Bäume statt mit Blättern mit Staatspapie-

---

36 Vgl. Marcel Reich-Ranicki, *Über Ruhestörer. Juden in der deutschen Literatur.* Abermals erweiterte Neuausgabe, München 1993, S. 61-77.

37 Gesammelt in dem Band *Ludwig Börne zum zweihundertsten Geburtstag. Für die Juden*, hg. vom Archiv Bibliographia Judaica e.V., Frankfurt/M. 1986.

38 Ebd., S. 62.

39 Vgl. zum Komplex insgesamt Willi Jasper: *Keinem Vaterland geboren. Ludwig Börne. Eine Biographie*, Hamburg 1989.

40 Ludwig Börne, *Sämtliche Schriften* 2, hg. v. Inge u. Peter Rippmann, Düsseldorf 1964, S. 268, auch 310.

41 Ebd., S. 311.

ren behängt"[42] –, wieder ein Bild, das sich bei Marx als Auseinandersetzung mit dem Eigentums-Fetischismus der bürgerlichen Gesellschaft ähnlich findet. Die andere Seite aber, der Rekurs auf das 'auserwählte Volk', die Verbindung von altem und neuem Jerusalem, wie sie sich bei Moses Hess fand, auch sie bleibt unterschwellig präsent und gelegentlich ausformuliert. Im erwähnten Konvolut der Notizen zu *Geschichte und Menschen der Französischen Revolution* findet sich folgende aufschlußreiche Passage:

> Wie die Vorsehung den blinden und ungläubigen Juden die Sendung des Lichtes und des wahren Glaubens anvertraute, so übertrug sie den unfreien und lieblosen Franzosen die Verbreitung der wahren Freiheit und der allgemeinen Menschenliebe.[43]

Von den Juden der Gegenwart als Förderer der Revolution erwartete Börne wenig, im Gegenteil: wo sie wirkten, wirkten sie für ihn antirevolutionär (Rothschild, Heine, Périer etc.). Aber für Börne existiert, wenn auch verschüttet, eine Tradition jüdischen 'Anfangens', ein Gründungs-Mythos, der fruchtbar zu machen wäre für neue Mentalitäten, deren Revolutionen bedürfen.

Für Heine war dies nichts als "politischer Wahnsinn"[44] – zumindest öffentlich. Daß er sich dem Exulanten Börne, dem innerlich exilierten *Juden* Börne weit verwandter fühlte, ist im Börne-Buch nicht nur zwischen den Zeilen zu lesen. Hier ist es überflüssig, Heines Revolutions-Reflexionen zu rekapitulieren; das ist mehrfach geschehen: Grab, Hinck, Koopmann, Reich-Ranicki[45] u.a.m. Heine konnte sich der Revolutions-Hoffnung nicht gänzlich überlassen, denn er sah weiter als Börne: die 'Doktoren der Revolution' hatte er kennengelernt, ihre Lehren zumindest ansatzweise verstanden. Das war kein Saint-Simonismus mehr, in dem seine poetische Existenz noch einzubringen war; in diesem System schien die Parole zu lauten: Ich kenne keine Dichter mehr, nur noch Parteien. Die Zeugnisse Heines dafür sind bekannt, ob die *Geständnisse* oder verschiedene Gedichte. Aber hatte Heine je auf die Revolution als Katalysator jüdischer Selbst-Befreiung gesetzt? Ich glaube es nicht. Zunächst hat er in universeller Perspektive gedacht; als die "große Aufgabe" seiner Zeit empfand er nicht bloß die Emanzipation der "Irländer, Griechen, Frankfurter Juden" – sondern "die Emanzipazion der

---

42 Börne im Tagebuch vom 28. August 1828/29, in: ebd., S. 714.

43 Ebd., S. 1114.

44 Heinrich Heine, *Ludwig Börne* (s. Fußnote 34), S. 65.

45 Vgl. Walter Grab, *Heinrich Heine als politischer Dichter*, Heidelberg 1982; Walter Hinck: *Die Wunde Deutschland. Heinrich Heines Dichtung im Widerstreit von Nationalidee, Judentum und Antisemitismus*, Frankfurt/M. 1990; Helmut Koopmann, *Freiheitssonne und Götterdämmerung. Die Revolution als Signatur der Moderne und Heinrich Heines Denkschrift über Ludwig Börne*, in: ders., *Freiheitssonne und Revolutionsgewitter. Reflexe der Französischen Revolution im literarischen Deutschland zwischen 1789 und 1840*, Tübingen 1989, S. 203-231; Marcel Reich-Ranicki, *Heinrich Heine, das Genie der Haßliebe*, in: ders., *Über Ruhestörer* (s. Fußnote 36), S. 78-91.

ganzen Welt".[46] Später, nach den Erfahrungen von 1830 und 1848 (die auch '1789' etwas verblassen ließen), wurde er zum Revolutions-Pessimisten. Die immer stärkere Idealisierung von historisch-politischen Prozessen bei Heine, etwa in *Zur Geschichte der Religion und Philosophie*, hat hier eine Ursache. Das Jüdische, die Juden seiner *Romanzero*-Welt, Jehuda ben Halevy und all die anderen, stehen außerhalb konkreter politischer Zusammenhänge. Judentum als Seelengeschichte und nicht als Revolutionsgeschichte - Thomas Mann wiederholte das Modell als *deutsche* Geschichte in seinem *Doktor Faustus*.

* * *

Der Exulant, der den *Doktor Faustus* schrieb, sah die deutsche Revolution von 1918/19 als eine Veranstaltung von "jüdischen Literaten "[47], und Toller, Landauer, Eisner, Mühsam in München als "Typus des russischen Juden"[48], wie er in obskurer Übersetzung dann in die Naphta-Figur einging. Trotzdem verweist ein solcher Zerrspiegel auf die Tatsache, daß jüdische Intellektuelle am Ende des Ersten Weltkrieges auf die Revolution setzten und an ihr mitentscheidend partizipierten. Aber vergleicht man dies mit der Situation im Vormärz, so wird man eine Art paradoxer Normalität feststellen. 1830 und 1848 besorgte viele Juden die Gefahr, bereits Erreichtes wieder zu verlieren bzw. Forderungen durch Revolutionen eher zu gefährden, denn zu fördern. 'Emanzipation', so fragil und immer wieder bedroht sie auch blieb, schien im Rahmen geordneter Entwicklungen möglich; viele deutsche Juden glaubten durchaus, mehr verlieren zu können als ihre 'Ketten'. Wo man auf die Revolution setzte, wie bei Marx oder Jacoby, da geschah es nicht um der jüdischen Gleichberechtigung willen. Dieses dezidierte Absehen vom Zusammenhang Judentum / Revolution setzte sich bei den Aktivisten der Revolution 1918/19 fort. Man soll mit historischen Analogie-Schlüssen vorsichtig sein, aber für den hier diskutierten Fall würde ich eine Ausnahme von der Regel vermuten.

---

46 Heinrich Heine, *Reise von Müchen nach Genua*, in: ders., *Historisch-kritische Gesamtausgabe der Werke* 7/1, hg. v. Alfred Opitz, Hamburg 1986, S. 69.

47 Thomas Mann, *Tagebücher 1918-1921*, hg. v. Peter de Mendelssohn, Frankfurt/M. 1979, S. 63.

48 Ebd., S. 223.

Anita Bunyan

Jewish reflections on revolution

A response to Jürgen Eder

In the *Vormärz*, German Jews who came to support the principle of revolutionary change were undoubtedly motivated by the vision of political emancipation for themselves and others. In his remarkably perceptive *Briefe aus Paris*, Ludwig Börne described this reciprocal relationship between the experience of oppression and the desire for revolutionary freedom:

> Ja, weil ich als Knecht geboren, darum liebe ich die Freiheit mehr als ihr. Ja, weil ich die Sklaverei gelernt, darum versteh ich die Freiheit besser als ihr.[1]

It remains a difficult task, however, to establish which features of the Jewish religious, social and political experience may have determined the attitude of German Jews to revolutionary theory and practice.

Eder's contribution raises several points that can usefully be developed to deepen our understanding of this relationship. The Messianic hope, for example, alluded to by Eder, clearly informed the position some Jews adopted towards the authority of the state. In 1933 the religious philosopher Martin Buber ruminated retrospectively on this complex relationship between Messianic hopes and attitudes to secular authority:

> Vom messianischen Glauben her ist für Israel jedes Staatswesen, wie immer es geartet ist, eine Vorwegnahme, ein problematisches Modell des Gottesreiches, das aber auf dessen wahre Gestalt hinweist. Zugleich aber spürt Israel, da es eben in seinem messianischen Glauben um die Fragwürdigkeit der Realisierungen weiß, je und je die andere Seite des Staates [...] Diese doppelte Schau Israels ergibt sein doppeltes Verhältnis zum Staat. Israel kann sich nie vom Staat abwenden, es kann ihn nie verleugnen, es muß ihn annehmen, und es muß Sehnsucht nach der Erfüllung des Staates haben, die von seiner jeweiligen Erscheinung so unzulänglich angezeigt wird. Die konservative und die revolutionäre jüdische Haltung gründen in der gleichen Urgesinnung.[2]

Similar conclusions about the relationship between Messianic and revolutionary hopes were drawn by some Jews in the *Vormärz*. The revolution of 1848, for example, appears to have fulfilled - if only temporarily - the Messianic hopes of the Jewish democrat, Leopold Zunz. In an emotional letter to his

---

1 Ludwig Börne, *Briefe aus Paris. Vierundsiebzigster Brief*, in: idem, *Sämtliche Schriften* 3, ed. by Inge u. Peter Rippmann, Düsseldorf 1964, p. 511.

2 Martin Buber, *Kirche, Staat, Volk, Judentum*, in: idem, *Der Jude und sein Judentum. Gesammelte Aufsätze und Reden*, Köln 1963, p. 568f.

friend Philipp Ehrenberg, Zunz reveals his vision of the revolutionary approach of the Day of Judgement:

> Also das Weltgericht nahet blutig für die Unterdrücker so vieler Völker, für die, die ungestraft eine ganze Hoffnungsgeneration hingemordet [...]. Die Geldaristokratie, die Bureaukratie, die schwarze Pfaffengendarmerie, die Metternich-Diplomatie, alle schüttelt das Fieber, denn der Tag des Herrn nahet.[3]

This belief in the coming of a Messiah who would relieve the world of misery and sin can perhaps be regarded as the inspiration for a specifically Jewish social and political optimism. After all, the Jewish religious reform movement in Germany, which received its impetus in the *Vormärz*, was in the process of transforming the concept of a personal Messiah into the abstract concept of a Messianic age, symbolizing in general terms faith in the moral progress of humanity and in the victory of universal justice and fraternity. The reform movement was also turning its back on the deeply-rooted belief in the return of the Jewish people to the promised land. This belief was too particularist for Jews who were increasingly coming to regard themselves as Germans of Jewish persuasion, and the reinterpretation of the Messianic hope allowed a new generation of liberal German Jews to reconcile their faith in the coming of a Messianic age with their growing commitment to German nationalism. Even non-believing Jews appear to have been inspired by a secular faith in the advent of a Messianic utopia.

It is perhaps easier to analyse the extent to which the attitude of German Jews towards revolution in the *Vormärz* was coloured by their social and political experience. Eder rightly notes that the Jews were repeatedly denounced as 'Zersetzer' or 'Umstürzler des christlich-monarchischen Staates'. Indeed, this anti-revolutionary ideology of the Christian-Monarchical State presented a political challenge to German Jews that is frequently underestimated. In Prussia the political struggle for Jewish emancipation threatened to undermine the ideology of the Christian State which lay at the heart of King Frederick William IV's monarchical project.[4] According to Friedrich Julius Stahl, the legal philosopher and Jewish convert responsible for elucidating a theory of the Christian State in the *Vormärz*, the state embodied the moral and therefore Christian spirit of the nation.[5] Political rights would therefore be restricted to members of the officially recognized Christian churches. Jews, by contrast, could only be granted limited corporate rights in

3 Quotation from: Nahum N. Glatzer, *Leopold Zunz and the Revolution of 1848. With the Publication of Four Letters by Zunz*, in: *Yearbook of the Leo Baeck Institute* 5 (1960), p. 129f.

4 Cf. David E. Barclay, *Frederick William IV and the Prussian Monarchy 1840-1861*, Oxford 1995, pp. 50, 90.

5 Cf. Friedrich Julius Stahl, *Der christliche Staat und sein Verhältniß zu Deismus und Judenthum*, Berlin 1847, p. 7.

a Christian state. From the 1830s on, as Wulf Wülfing has already highlighted, Prussia's rulers in particular knew how to exploit an exclusivist nationalist discourse for their own power-political purposes.[6] The anti-revolutionary ideology of the Christian-Monarchical State was yet another feature of the struggle waged by those in power against more inclusive models of political participation. It sought to justify the suppression of calls for political emancipation and to underpin the attempts of the Prussian King to preserve, and indeed recreate, the corporative state to which he was passionately committed. Naturally, this exclusivist ideology posed a particular challenge to the Jews, believers and non-believers alike. Indeed, it seems to have driven some into the arms of revolution. Even converted Jews such as Karl Marx - who, despite his family's conversion, was perceived as Jewish by many contemporaries - felt challenged by the ideology of the Christian State. As he wrote to Arnold Ruge in 1843:

> Es gilt soviel Löcher in den christlichen Staat zu stoßen als möglich und das Vernünftige, soviel an uns, einzuschmuggeln.[7]

However, Jews who looked to the liberal movement for support in their struggle against the ideology of the Christian State found themselves confronted with obstacles of a different nature. Although many liberals were prepared to champion Jewish emancipation, they did so in the cause of assimilation. According to their calculations, emancipated Jews would soon become assimilated members of German society, devoid of any vestiges of their Jewish heritage. Karl Gutzkow's observations may serve as a typical example of this conviction:

> wenn ich [...] immer und überall für die Emancipatian [sic] stimmen werde, so sollte man doch darum noch keine wankende Anhänglichkeit an das Christenthum oder auch nur eine mehr als zur Sache gehörige Neigung für das Judenthum selbst, voraussetzen.[8]

Eder's contention that Gabriel Riesser's aims corresponded to those of German liberals in the *Vormärz* should therefore be qualified, in this respect at least. For Riesser remained firmly convinced that, far from being pressurized into abandoning their identity, Jews should be emancipated as Jews.

---

6 Cf. Wulf Wülfing, *'Das europäische Panorama' findet nicht statt. Bemerkungen zu einem diskursiven Streit um Öffentlichkeit im Vormärz*, in: Helmut Koopmann / Martina Lauster (eds.), *Vormärzliteratur in europäischer Perspektive I: Öffentlichkeit und nationale Identität*, Bielefeld 1996, pp. 41-53.

7 Quoted in: Helmut Hirsch, *Karl Marx zur 'Judenfrage' und zu Juden - eine weiterführende Metakritik?*, in: Walter Grab / Julius Schoeps (eds.), *Juden im Vormärz und in der Revolution von 1848*, Stuttgart / Bonn 1983, p. 204.

8 *Aus Gutzkow's Schriften*, in: *Der Israelit des neunzehnten Jahrhunderts. Eine Wochenschrift für die Kenntnis und Reform des Israelitischen Lebens* 5/27 (7 July, 1844), p. 219.

It has also been highlighted that Riesser was keenly aware of the fatal interdependence between revolutionary action and the denial of rights. Minority groups, tempted to engage in political action against the state, were fully aware that subversive political activity could set their struggle for emancipation back by many years. Indeed, this fact was particularly pertinent in the case of the Jewish community in Germany. Here the denial of emancipation on supposedly moral grounds constituted a fundamental feature of contemporary emancipatory discourse. 'Jewish emancipation', which had established itself as a political slogan in the course of the *Vormärz*, was a complex and indeed ambiguous term. It referred not only to the singular, legal act of emancipation but also to an historical process. In contrast to France where the Jews had been emancipated in one stroke in 1791, the German variant of the term emancipation had tutelary implications. The Jews were exhorted by the authorities to embark on a course of moral reform, thereby transforming themselves into honourable citizens and rendering themselves worthy of emancipation.[9] Thus threatened by the denial, and indeed the revocation, of their political rights and shaped by the mentality of this moral and pedagogical emancipation process, many German Jews came to the conclusion that revolutionary activity was a luxury in which they simply could not afford to indulge.

Many such Jews developed alternatives to political revolution, however, and placed their revolutionary hopes in the transformative power of public debate (*Öffentlichkeit*) and education (*Bildung*). Eder demonstrated in his Augsburg contribution that in the *Vormärz*, a comparatively anonymous press and publishing industry rather than the cultivation of exclusive contacts granted writers access to the literary public sphere.[10] Indeed, the rapid expansion of the German-Jewish press in the *Vormärz* testifies to the fact that many Jews were fully aware of the possibilities which this form of public discourse offered to minority groups who could now, increasingly, exchange ideas with a non-Jewish public. "Was die öffentliche Meinung ernst fordert, versagt ihr keiner", Ludwig Börne asserted and indeed, the public exchange of ideas was increasingly regarded by German Jews as a vehicle of religious and political modernization.[11] The Jewish journal *Der Israelit des neunzehnten Jahrhunderts*, for example, placed much emphasis on the public exchange of ideas and commented in 1844 that the public debate about Jewish emancipation in the German press had transformed the issue from "ein hu-

---

9 Cf. Karl Martin Grass / Reinhart Koselleck, art. *Emanzipation*, in: Otto Brunner / Werner Conze / Reinhart Koselleck (eds.), *Geschichtliche Grundbegriffe. Historisches Lexikon zur politisch-sozialen Sprache in Deutschland* 2, Stuttgart 1975, pp. 182ff.

10 Cf. Jürgen Eder, *Kaffeter und Republikaner. Entwicklungsformen des literarischen Salons zwischen Biedermeier und Revolution*, in: *Vormärzliteratur in europäischer Perspektive I* (see n. 6), pp. 227-245.

11 Ludwig Börne, *Ankündigung der Wage (1818)*, in: idem, *Sämtliche Schriften* 1 (see n. 1), p. 684.

moristisches Problem der Stubenphilosophen" into "ein drängendes Axiom der Gegenwart".[12]

This reformist rather than revolutionary approach also manifested itself in the commitment of German Jews to the transformative power of 'Bildung'. That spiritual and intellectual revolution would render material revolution superfluous was the firm belief of Berthold Auerbach whose approach can best be described as a commitment to simultaneous reform from above and below (rather than purely as 'Reform von oben', as Eder suggests). In contrast to Heine, whose ambivalent relationship to the common people Michael Perraudin explores in his contribution to the present volume[13], Auerbach placed his hopes in the power of national education for all (*Volksbildung*) and argued for the adoption of education as a strategy which would promote the emancipation of the German Jews and, indeed, the German people as a whole:

> wie heute die nach innerer und äußerer Emanzipation vorstrebenden Juden die innere Veredlung ihrer Glaubensgenossen und zugleich die gerechte äußere Stellung derselben zu erringen trachten – ähnlich stellt sich die Aufgabe des Volksschriftstellers. Wir müssen das Ueberlebte und Abgestandene in den Gemüthern zu entfernen und dafür das schlummernde Gute zu erwecken trachten; wir müssen dagegen andrerseits die äußeren Hindernisse wegzuräumen und dafür die entsprechenden Lebensformen an die Stelle zu setzen suchen.[14]

---

12 *Der Israelit* 5/4 (28 Jan., 1844), p. 29.

13 Cf. pp. 41-55.

14 Berthold Auerbach, *Schrift und Volk. Grundzüge der volksthümlichen Literatur angeschlossen an eine Charakteristik J.P. Hebel's*, Leipzig 1846, p. 359.

Michael Perraudin

Heine und das revolutionäre Volk

Eine Frage der Identität

Bekanntlich war Heines Verhältnis zum Volk - oder zu dem, was sich unter der Kategorie 'Volk' verstehen ließ - kompliziert und schwierig. Er selbst war geneigt, seine Einstellung dazu - wie zu den meisten Fragen der Welt - als ambivalent und widersprüchlich zu bezeichnen.[1] Vielleicht charakteristisch und auf jeden Fall denkwürdig ist sein Urteil in den *Geständnissen* (1854), wo er von seinem Gefühl spricht, daß das "Gesamtinteresse des leidenden und unterdrückten Volkes" (11,467)[2] moralisch vorrangig sei (ja, "die Emanzipation des Volkes war die große Aufgabe [meines] Lebens"; 11,468), dies aber mit Ausdrücken physischen Ekels gegenüber dem "häßlichen", "schmutzigen" und schlechtriechenden Volk in seiner konkreten Wirklichkeit verbindet: "die reinliche, sensitive Natur des Dichters sträubt sich gegen jede persönlich nahe Berührung mit dem Volke" (11,468). Eine ähnliche Haltung wird unter anderem in *Ludwig Börne. Eine Denkschrift* (1840) eingenommen, wo es heißt: "Ich bin der Sohn der Revolution [...]. Ich bin ganz Freude und Gesang, ganz Schwert und Flamme!" (7,53), aber auch, "daß ich, wenn mir das Volk die Hand gedrückt, sie nachher waschen werde."[3] Die hier implizierte Position ist die, die am deutlichsten in der Vorrede zu *Lutetia* zum Ausdruck gebracht wird, aber auch an mehreren anderen Stellen (vor allem ab den späten dreißiger Jahren): Der Dichter als 'Tribun' hat ein tiefes moralisches Engagement für eine Revolution des Volkes - und wird sogar eine bedeutende intellektuelle Ursache einer solchen Revolution sein, wenn sie stattfindet; aber als Künstler und Ästhet scheut er sich vor ihrer Realität ("Sie gefiele [...] mir vielleicht, / Wenn ich andre Ohren hätte!", wie es in *Atta Troll* heißt; 7,570).

Die Texte, in denen diese Erklärungen vorkommen, sind alle als Selbstdarstellungen konzipiert (anders etwa als die Korrespondentenberichte, die den Hauptteil der *Lutetia* ausmachen). Es sind zentrale Beispiele jenes "beständigen Konstatierens meiner Persönlichkeit", von dem Heine in *Ludwig Börne* sprach und das zu seinen stärksten schriftstellerischen Impulsen

1 Und viele Kommentatoren haben dieses Urteil wiederholt. Vgl. etwa Walter Grab, *Heinrich Heine als politischer Dichter*, Heidelberg 1982, der auf Heines "ambivalente Einstellung zu den Volksmassen" hinweist (S. 45).

2 Die im Text angegebenen Band- und Seitenzahlen beziehen sich auf: Heinrich Heine, *Sämtliche Schriften in zwölf Bänden*, hg. v. Klaus Briegleb, München 1976.

3 Vgl. auch: "Man muß in wirklichen Revolutionszeiten das Volk mit eignen Augen gesehen, mit eigner Nase gerochen haben [...], um zu begreifen, was Mirabeau andeuten will mit den Worten: 'Man macht keine Revolution mit Lavendelöl'" (7,75).

gehörte (7,128). Ein so häufig festgestelltes dissonantes Selbst mutet nicht ganz authentisch an. Selbstcharakterisierungen sind grundsätzlich suspekt, könnte man sagen, und erst recht hoch schematische, ständig wiederholte, vonseiten einer solchen narzißtisch veranlagten Persönlichkeit. Es handelt sich in gewissem Sinne um eine Pose, die mindestens so viel mit Heines Verständnis der geistesgeschichtlichen Spannungen des Zeitalters und seinem Wunsch nach einer eigenen paradigmatischen Funktion in bezug darauf zu tun hat als mit irgendwelchen grundlegenden Empfindungen, die er gehabt haben mag. Das ist der Dichter, der - wie er 1830 prinzipiell bekundete - eine fundamental zerrissene Welt durch die Zerrissenheit seines eigenen Herzens widerspiegelte und vermittelte (3,405). Gelegentlich verrät sich - relativiert sich - die Pose in aufschlußreicher Weise, wie etwa in seinem Bericht in *Ludwig Börne* über eine republikanische Volksversammlung in Paris, wo der Ton auf einmal ironisch ins Aristokratische umschlägt: "Ein verwachsener, krummbeinigter Schustergeselle trat auf und behauptete, alle Menschen seien gleich ... Ich ärgerte mich nicht wenig über diese Impertinenz" (7,74).[4] Und dennoch, es läßt sich am Ende nicht sagen, daß Heines behauptete Identität - als ein zwischen politischem Radikalismus und feinfühligem Ästhetentum Zerrissener - wie auch sein Verhältnis zum Volk zwischen Engagement und Ekel schlicht unwahr sind. In gewissem Sinne bedeuten Stellen wie die eben zitierte bloß eine Verfeinerung der Ambivalenz. Hinter all den problematischen selbstdarstellerischen Aussagen liegt tatsächlich ein Verhältnis, das verschlungen, etwas gefühlsbetont und auf subtile Weise unerfüllt ist.

Es ist klar, daß sich Heines Volksbild mit der Zeit verändert. Das 'Volk', mit dem er sich in einer Reihe von Werken der 1820er Jahre befaßt, ist vornehmlich ländlich: Silberbergbaugemeinden des Harz (in *Die Harzreise*), Fischervolk der Nordsee (*Die Nordsee* III), die jüdische Dorfbevölkerung Polens (*Über Polen*). Erst gegen Ende des Jahrzehnts wird der Fokus städtischer: die Londoner Armen (kurz) in *Englische Fragmente* und die in Mailand erlebten Italiener in *Reise von München nach Genua* (3,542f., 371f.). Und nach 1830 ist sein 'Volk' nie ländlich. In den zwanziger Jahren hat seine Beschäftigung auch eine starke nationale Komponente. Der Glaube, daß "Nationalerinnerungen [...] tiefer in der Menschen Brust [liegen], als man gewöhnlich glaubt" - wie es in *Die Nordsee* III heißt - und der "Schmerz über den Verlust der National-Besonderheiten die in der Allgemeinheit neuerer Kultur verloren gehen" (3,236) sind starke motivierende Elemente in seiner Sicht der zwanziger Jahre. Ein Volk besitzt eine distinktive kulturelle Identi-

4 Vergleichbar in ihrer Ironie sind Passagen wie das 7. Caput des *Atta Troll*, wo die Stimme des Bären auch auf einmal eine aristokratische wird: "Mich verletzte stets am meisten / Jenes sauersüße Zucken / Um das Maul - ganz unerträglich / Wirkt auf mich dies Menschenlächeln! / [...] / Weit impertinenter noch / Als durch Worte offenbart sich / Durch das Lächeln eines Menschen / Seiner Seele tiefste Frechheit" (7,512) - oder wie das Gedicht *Die Wanderratten*, wo die Perspektive auf die Rattenrevolutionäre sich von anfänglicher Neutralität allmählich in die der politischen Machthaber verwandelt ("Die radikale Rotte / Weiß nichts von einem Gotte", etc.; 11,306).

tät und ein tiefes gemeinsames Bewußtsein, die auf Generationen kollektiver Erfahrung basieren – im Effekt eine Stammeserinnerung. Die Italiener mit ihrem versunkenen klassischen Erbe, ihren christlichen Traditionen und ihrer neueren Geschichte als Opfer der Unterdrückung haben eine solche Identität; auf andere, weniger bewundernswerte Art haben das auch die Engländer mit ihrer Kultur und Geschichte des banalen Materialismus (*Reise von München nach Genua*, 3,371). Bezeichnenderweise haben die Juden es ebenso: Heines Teilnahme am Berliner *Verein für Kultur und Wissenschaft der Juden* in den frühen zwanziger Jahren hatte gerade mit der Bewußtwerdung solcher kulturellen Identität zu tun, und verschiedene seiner Werke dieser Zeit spielen darauf an. Und die Deutschen haben auch eine solche Identität. Das Harzer Landvolk steht – im Gegensatz zu den gebildeten Klassen – durch seine Volkslieder, Märchen und animistische Naturmythologie noch in engstem Kontakt mit ihr (3,118-120); sie schlummert aber sozusagen in jeder deutschen Brust.

Die Wurzeln dieser Konzepte liegen natürlich vor allem bei Herder. Damit sind sowohl Herders antiuniversalistischer Kosmopolitismus gemeint (wie er theoretisch in den *Ideen zur Philosophie der Geschichte der Menschheit* und praktisch in seiner multinationalen Volksliedsammlung *Stimmen der Völker* zum Ausdruck gebracht wird) wie auch das irrationalistische Element in seinem Denken – besonders im *Auszug aus einem Briefwechsel über Ossian und die Lieder alter Völker*. Heines Schriften der zwanziger Jahre nehmen die eher deutsch-nationalistische Produktion der romantischen Volkskundler, der *Wunderhorn*-Herausgeber Arnim und Brentano und der Brüder Grimm mit ihren *Kinder- und Hausmärchen*, stark zur Kenntnis, stellen aber politisch vielmehr eine (bewußte) Rückkehr zu Herder dar. Und gleichzeitig betonen Heines Schriften zum Volk wiederholt die Harmonie und Intuition des Volksbewußtseins, seinen kollektiven Charakter, seine Naturnähe, vorintellektuelle Intensität und Tiefe, auf eine Art, die damals nicht ungebräuchlich war, aber auch wieder hauptsächlich auf Herder zurückgeht.

Das neue Element, das Heine aber im Vergleich zu all seinen Vorgängern hinzufügt – schon in den zwanziger Jahren –, ist das der politischen Emanzipation und Revolte. Das Volk, das Heine darstellt, ist nicht offenkundig eine revolutionäre Klasse. Generell ist es nicht nur unterdrückt, sondern auch ignorant und abergläubisch. Doch es hat die Keime der Emanzipation im eigenen Bewußtsein. In *Die Nordsee* III ähnelt (oder entspricht) die Intuition des primitiven Fischervolks von Norderney dem "synthetischen [...] Verstand" (3,234), den der Text an den Großen Männern der Geschichte rühmt. Dies sind die Individuen, die vermittels solchen Bewußtseins den historischen Prozeß voranbringen – darunter Napoleon, der "Mann der neuen Zeit" (3,237) und 'Inkarnation' der Französischen Revolution (3,664; vgl. auch 7, 201). Und der nächste historische Held, so besagt der Text – oder sogar der wirkliche Held, den Napoleon symbolisierte –, ist ein kollektiver: "Frankreichs Heldenjugend ist der schöne Heros, der früh dahinsinkt" (3,239) oder, wie es wenig später heißt: "Die Völker selbst sind die Helden der neuern Zeit" (3,590; vgl. auch 5,219). Daneben hat auch der Dichter Momente solchen Bewußtseins in den Flügen seiner romantisch-poetischen Imagination; doch diese sind gelegentlich, unsicher und ambivalent. Im Gedicht *Bergidylle* der *Harzreise* verkündet der Dichter einem Volksmädchen in bombastischem Ton seine Rolle als Emanzipator, Herold des Dritten Zeitalters der Menschheit. Aber unterschwellig und potentiell sind es sie und ihre Genossen - in instinktiver Gemeinschaft mit der Natur und sich selbst auf eine Art, die der Dichter nur sehr lückenhaft nachahmen kann -, die Macht und Kraft besitzen (3,130-137). In der *Reise von München nach Genua* schließlich begegnen wir einem Volk, das der politischen Bewußtheit näher ist, mit einem Wissen um seine Unterdrückung und einem esoterischen "Befreiungsgedanken", welche in seinen charakteristischen kulturellen Erzeugnissen, der Musik und der 'Opera Buffa', zum Ausdruck kommen (3,353f.).

Nach 1830 war Heines Welt anders. In Paris begegnete er einem neuen, massenhaften Volksleben. Außerdem hatte die Julirevolution stattgefunden. Für Heine, aber nicht nur für ihn, war sie ein wesentlicher Einschnitt.[5] Sie war der Moment, der Konservativen wie Radikalen bewies, was sie befürchtet oder gehofft hatten: daß der Geist der Französischen Revolution noch in Europa umging. In der Literatur erzeugte sie frappierende Veränderungen des politischen Tons, besonders in Darstellungen des Volkes. Man denke unter vielen anderen Beispielen an den fundamentalen Wandel in Eichendorffs Sicht des Volkes, von Verniedlichung im *Taugenichts* (1826) zur Dämonisierung der revolutionären Massen in *Schloß Dürande* (1837); oder die sich verändernde Darstellung der Handwerkerarmut in der österreichischen Volkskomödie zwischen Raimunds *Der Alpenkönig und der Menschenfeind* (1828) und Nestroys *Lumpazivagabundus* (1833): von Passivität zu anarchischer Auflehnung. Das Volk war mächtig und bedrohlich geworden. Vor der Julirevolution war Heines Volk ätherisch und leidend gewesen (*Reise von München nach Genua*, *Englische Fragmente*), oder leicht komisch (*Die Harzreise*), oder übelriechend, sehr häßlich und sogar grotesk (*Die Nordsee* III, *Über Polen*), aber nie aggressiv oder aktiv gefährlich. Nach 1830 hatte für Heine der Begriff 'Volk', ob positiv oder negativ, immer die Konnotation der Macht.[6]

---

5 Vgl. Fritz Mende, *Heine und die Folgen der Julirevolution*, in: ders., *Heinrich Heine. Studien zu seinem Leben und Werk*, Berlin 1983, S. 44: "Die Pariser Julirevolution ist das politische Ereignis, das Heines Leben am nachhaltigsten beeeinflußt hat". Vgl. auch Helmut Koopmann, *Heines politische Metaphorik*, in: Raymond Immerwahr (Hg.), *Heinrich Heine. Dimensionen seines Wirkens*, Bonn 1979, S. 68-83.

6 Man könnte sogar sagen, daß Heines neue Welt der dreißiger Jahre auch eine terminologische Veränderung herbeiführte. Das Wort 'Volk' war für ihn vor 1830 immer sowohl national als auch sozial gewesen, indem es eine Identität als Nation signalisierte, an der das vorzivilisierte 'gemeine' Landvolk in vollstem Maße teilhatte. In den dreißiger Jahren - wohl am auffälligsten in seinem Journalismus der ersten Jahrzehnthälfte - ähnelt sein Gebrauch in seiner Bedeutungsskala vielmehr dem französischen 'peuple' - weniger

Das Volk, das Heine in den frühen Jahren der Julimonarchie hauptsächlich erlebte, war also das von Paris. Die Berichte darüber in den *Französischen Zuständen* - die nicht vorbedachte Darstellungen eines sich wandelnden Geistes sind wie die meisten seiner belletristischen Texte, sondern Ausdrücke eines sich wirklich wandelnden Geistes - sind sowohl in ihren Einstellungen als auch terminologisch sehr vielfältig. Manchmal ist 'Volk' dasjenige, das die Julirevolution erzeugt und Louis Philippe unterstützt hatte, von Idealen "bürgerlicher Gleichheit" geleitet (5,156f.).[7] Als Heine elegisch von dem Aufstand in der Rue Saint-Martin im Juni 1832 berichtet, nennt er die Rebellen tatsächlich "Volk", während er zugleich behauptet, die "unteren Volksklassen [...] oder gar [der] Pöbel" seien nicht darunter gewesen (5,220). Bei anderen Gelegenheiten, insbesondere in seiner Beschreibung der Cholera-Epidemie vom Frühjahr 1832, schließt 'Volk' jedoch die Ärmsten ein (5, 168ff.). Heines Vorstellung vom Geist des Volkes variiert auch: von gefährlichem Aberglauben und Blutrünstigkeit (der "Volkszorn, [der] nach Blut lechzt", 5,173, vgl. auch 170f.) über Naivität und Manipulierbarkeit (wie sie etwa im Bonapartismus des Volkes zu beobachten sind, 5,161)[8] bis hin zu instinktivem Scharfsinn und intelligenter Einsicht ("Ich hatte tief hinabgeschaut in das Herz des Volkes; es kennt seine Leute", 5,175; "Das Volk ließ sich nicht [...] täuschen", 5,178, vgl. auch 160) sowie Erhabenheit und Würde.

Schließlich gibt es in den *Französischen Zuständen* und anderen Schriften der dreißiger Jahre auch ein deutsches Volk: ein trauriger Riese, "treu und unterwürfig" (5,104), "schlummersüchtig, träumend" (7,120), doch potentiell gewalttätig und zerstörerisch, oder aber wie Gulliver, von den Lilliputanern am Boden festgebunden, aber nahe daran, seine Fesseln zu sprengen (5,105) - dieselbe Figur, die in 'Zeitgedichten' der beginnenden vierziger Jahre über den 'deutschen Michel' anzutreffen ist (*Deutschland!*, *Erleuchtung*, *Verheißung* u.a.m., 7,454, 430f., 424).

Auffällig an den Schriften dieser Zeit ist die Art, wie das Volk dort verbildlicht, aber relativ selten wirklich beschrieben wird. Das 'Börne-Buch' sprach von der Berührung schmutziger plebejischer Hände und dem Geruch von "schlechtem Knasterqualm" (7,75), aber die Urheber dieser sinnlichen Anschläge auf den Dichter werden kaum gesehen. Eine Menschenmenge, die über den Fall von Warschau protestiert, zieht vorbei, als "mißtönender Lärm [...], sinnenverwirrendes Getöse" wahrgenommen, und stört die Ruhe des

stark national, im wesentlichen nichtländlich, vornehmlich sozial, aber in seinen sozialen Bedeutungen wandelbar.

7 Benno von Wiese zufolge hat Heine "immer wieder klare Trennungsschranken errichtet [...] zwischen dem Volk als einem positiven Begriff und der Masse bzw. dem Pöbel als negativem". Vgl. Benno von Wiese, *Signaturen. Zu Heinrich Heine und seinem Werk*, Berlin 1976, S. 143 (4. Kapitel, *Zum Problem der politischen Dichtung Heinrich Heines*). Dies ist eine Übertreibung und Vereinfachung; daß aber 'Volk' bei Heine gelegentlich geradezu im Gegensatz zu den Massen steht oder stehen kann, ist tatsächlich der Fall.

8 Vgl. auch Heines berühmten Ausspruch in *Ludwig Börne. Eine Denkschrift*: "Armes Volk! Armer Hund!" (7,60).

Dichters (5,69). Zweimal wird der Anblick eines Verhungernden auf einer Pariser Straße vorübergehend erwähnt (5,71, 151). Das Bacchanal des Pariser Karnevals - mit seinem realen Potential für soziale Unruhe - zieht die Aufmerksamkeit des Dichters auf sich (5,151). Aber die einzige ausgedehnte Beachtung des Volkslebens findet in der Choleraepidemie statt, wo ihn bezeichnenderweise die unvermeidbare Wirklichkeit der Pest mitten in einer Passage theoretischer Überlegungen zum Thema Revolution gewaltsam unterbricht (5,167f.).

Es handelt sich hier um eine verwickelte, sich wandelnde Situation. Heines Wechselhaftigkeit oder Unsicherheit widerspiegelt zum Teil den allgemein experimentellen und provisorischen Stand sozialistischen Denkens in den dreißiger Jahren. Aber die Unklarheit wird vielleicht auch durch unsere eigenen Annahmen verstärkt. Unser Verständnis des revolutionären Volks ist unausweichlich von Marxschen Begriffen proletarischer Revolution beeinflußt, und es erfordert ein gewisses Umdenken, um einzusehen, daß Revolution für Heine in den dreißiger Jahren vor allem ein Prozeß nach dem Muster von 1789 ist: Ihre Urheber sind nicht unbedingt proletarisch und können bürgerlich sein; die Idee, daß ihre Hauptinitiatoren politische Führer - Große Männer - sind[9], hat nichts Befremdliches, und das Volk kann in seinem Denken sehr leicht rückständig sein, ja sich sogar im Konflikt zu revolutionären Positionen befinden. Sehr aufschlußreich in diesem Zusammenhang ist Heines starke Zustimmung zu einer Rede von Louis Philippes Premierminister Guizot in den frühen vierziger Jahren über dessen Wunsch, die Revolution (d.h. die Julirevolution) zu konsolidieren, indem das Volk auf das Bildungsniveau erhoben würde, das die bestehenden Gesetze und Institutionen des Staates - der revolutionären Julimonarchie - schon verkörperten.[10]

Um den Anfang der vierziger Jahre jedoch hatte sich Heines Volksverständnis in eine uns geläufigere Richtung zu wandeln begonnen - als mutmaßliche Reaktion sowohl auf die sich entwickelnde politische Theorie der Zeit[11] als auch auf die Wirklichkeit sozialen Konflikts. In Heines Werken der vierziger Jahre erscheint das Volk des Kommunismus, das "wilde Heer des Proletariats, das alles Nationalitätenwesen vertilgen will, um einen gemeinschaftlichen Zweck in ganz Europa zu verfolgen, die Verwirklichung der wahren Demokratie" (9,185). Ihre Utopie - Gleichheit und Brot - ist nicht gerade die des Dichters; dies geht unter anderem aus der Kölner Dom-Epi-

---

9 Vgl. auch Büchners zeitgenössisches Drama *Dantons Tod* (1835), in dem die Rolle des großen Individuums ausdrücklich in Frage gestellt wird, aber die Art der Infragestellung darauf hinzudeuten scheint, daß der Autor um eine Unterwanderung damals vorherrschender Einstellungen bemüht ist.

10 Zitiert bei Fritz Mende, *Heine und die 'Volkwerdung der Freiheit'*, in: ders., *Heinrich Heine. Studien* (s. Fußnote 5), S. 64f. Vgl. 9,461, *Lutetia*.

11 Vgl. u.a. Leo Kreutzer, *Heine und der Kommunismus*, Göttingen 1970; Jean Pierre Lefebvre, *Marx und Heine*, in: Karl-Wolfgang Becker (Hg.), *Heinrich Heine. Streitbarer Humanist und volksverbundener Dichter. Internationale wissenschaftliche Konferenz, Weimar 1972*, Weimar 1973, S. 41-61.

sode in *Deutschland. Ein Wintermärchen* hervor (7,593-595), aus dem 'Kommunistenkapitel' und dem Schluß von *Atta Troll* (7,517-519, 570), sowie aus vielen Passagen in *Lutetia* (etwa 9,224, 232, 324f., 336f., 394f., 406f., 497). Dieses Volk ist aber eine Klasse, die zum Bewußtsein gelangt ist, zu einem akkuraten Verständnis der Art und der Quellen ihrer eigenen Unterdrückung. Das ist die Bedeutung des Gedichts *Die Schlesischen Weber*, in dem die Stimme des Volkes die Mythen, die seine Knechtschaft unterstützen, systematisch verflucht (7,455). Das signalisieren auch wiederholt die Parisberichte in *Lutetia*. Dieses Volk der "unteren Klassen" ist "wütend" und "zerstörend" (9,324, 375, 395), aber frei von Aberglauben und Illusion (von den "Skeletten des Aberglaubens", um mit *Deutschland. Ein Wintermärchen* zu sprechen; 7,595). Heine stellt das Volk in diesen Texten ähnlich dar wie in einigen Werken der zwanziger Jahre, z.B. *Die Nordsee* III und *Über Polen*: in grausigen, grotesken kleinen Szenen des Elends - aber mit dem Unterschied eines realisierten, nicht mehr nur entfernt potentiellen emanzipatorischen Bewußtseins, voller Erbitterung und Drohung. Besonders interessant ist die Beschreibung, die er in *Lutetia* von seinem Besuch in Metallwerkstätten eines Pariser Vorortes gibt: Hier verbildlicht die Arbeit der 'Ouvriers' - unter Feuer und Hammerschlägen - die revolutionäre Stimmung, die sich auch in ihrer politischen Lektüre und ihren Liedern ausdrückt (9,251).

Selbst zu dieser Zeit jedoch sind Aspekte von Heines Einstellung variabel oder obskur. An einer Stelle in *Lutetia* wird dem Angriff des Volkes auf die Eigentumsidee anscheinend beigestimmt (9,421f.); in Berichten am Anfang der Revolution von 1848 wird es für seine angebliche Respektierung des Eigentums euphorisch gelobt (9,208f.). Generell ist der Grad von Heines Sympathie für die Kommunisten schwer fixierbar (und ist wahrscheinlich auch so beabsichtigt). In *Lutetia* wird sogar gelegentlich behauptet, daß die kommunistische Herrschaft in der Tat kommen muß, aber nur von kurzer Dauer sein wird, da sich dann, so die Implikation, irgendein latenter Monarchismus geltend machen wird (9,373f., 405). Allgemein bieten Heines Werke eine Flut divergenter Voraussagen ("Bin voller schlechten Profezeihungen", wie er einmal sagte[12] - die hier gemeinte gehört allerdings zu seinen eher zutreffenden). Es ist aber auch zu vermuten, daß dieser Ton mit der deutschen Leserschaft seines Journalismus zu tun hatte, für die Erwähnungen proletarischer Revolution nur in sehr gemilderter Form zu tolerieren waren. Sehr viele Faktoren, so kann man sagen, tragen dazu bei, sogar synchron die Identifizierung einer einheitlichen Einstellung des Autors zu erschweren.

Nach der 48er Revolution und Heines körperlichem Zusammenbruch verändert sich die Position wieder etwas, obwohl weniger als vielleicht anzu-

---

12 Brief vom 1. April 1831, in: Heinrich Heine, *Säkularausgabe. Werke. Briefwechsel. Lebenszeugnisse* 20: *Briefe 1815-1831*, hg. v. Fritz H. Eisner, Berlin / Paris 1970, S. 435.

nehmen wäre.[13] Die selbstdarstellerische Prosa der fünfziger Jahre - die Vorrede zu *Lutetia* und die *Geständnisse* - spricht von dem Verlust des eigenen Utopismus. Aber das proletarische Volk, dem moralisches Recht und die Zukunft gehören, bleibt mehr oder weniger erhalten. In den *Geständnissen* wird das Volk ausdrücklich dem 'Pöbel' gleichgesetzt (11,467); und vernehmbar ist eine gewisse Rückkehr zur Vorstellung vom geistig beschränkten Volk früherer Jahre -, das nicht nur als "häßlich", sondern auch als "dumm" und unwissend erscheint (11,467f.). Aber in der *Lutetia*-Vorrede von 1855 wird Heines berühmte prospektive Verzweiflung über die Verwandlung seines *Buch der Lieder* in Tabaktüten für alte Weiber zugleich von einer Bekundung rationalen wie emotionalen Engagements für die Sache des proletarisch-revolutionären Volks begleitet, die zu den stärksten innerhalb seines Werkes überhaupt gehört (9,232f.).

Es gibt in diesen Jahren schließlich auch Darstellungen des Volkes in Versform, in denen sich dieselbe Divergenz widerspiegelt. Ideologisch unterscheidet sich das Gedicht *Die Wanderratten* kaum von *Die schlesischen Weber*. *Das Sklavenschiff* internationalisiert die Frage der unterdrückten Opfer des Kapitalismus und stellt außerdem ein Volk dar, wie in Heines frühen Schriften, das einen noch ungeformten, vorbewußten Sinn für sein eigenes Freiheitspotential hat. Und *Jammertal* zeigt in seinen verhungernden Protagonisten einen Stoizismus gegenüber dem eigenen Leiden, der das Gedicht vor allem in die Nähe von Heines gleichzeitiger, persönlicher Lyrik der Matratzengrufterfahrung rückt (11,194ff., 305ff.).

* * *

Die Schwierigkeit mit dem Volk war für Heine wohl immer, daß er einfach nicht auf es verzichten konnte. Das gilt allerdings nicht für das Niveau persönlicher Erfahrung: hier gelang es ihm mit Ausnahme der Choleraepidemie von 1832 ganz gut, dem Volk auszuweichen. Ästhetisch und philosophisch aber ist es der absolute Kern seiner Präokkupationen. Der volkstümliche Fokus seiner Verspoetik liegt auf der Hand: Unter den Dichtern seiner im allgemeinen sehr eklektisch veranlagten Generation war er wahrscheinlich derjenige, der in seiner Form- und Tonwahl am ausschließlichsten auf Volksliedmuster rekurrierte - und das trotz äußerst gegenwartsbezogener thematischer Interessen. Der Hintergrund dieser Vorliebe ist aber selbst philosophisch. Wie bereits angemerkt, betonte Heines Einstellung der frühen und mittleren zwanziger Jahre - unter Einfluß Herders und seiner romantischen Erben - die Beschränkungen des Rationalen und idealisierte - mit einiger

---

13 Viele Kommentatoren sehen hier eine grundlegende Wende in Heines Haltung. Vgl. etwa Dolf Sternberger, *Heinrich Heine und die Abschaffung der Sünde*, Hamburg 1972, S. 26f. Dagegen Michel Espagne, *Heine als Gesellschaftskritiker in Bezug auf Karl Marx*, in: Antoon van den Braembussche (Hg.), *Rose und Kartoffel. Ein Heinrich Heine-Symposium*, Amsterdam 1988, S. 55-68, bes. S. 60.

Ambivalenz - intuitive, instinktive, sogar quasi-mystische Formen der Erkenntnis, die eine Art holistisches Erfassen der Wahrheiten der Welt ermöglichten. Über diese verfügten die Großen Männer (Napoleon, Goethe etc.), das Volk (mit seinem 'tiefen Anschauungsleben', 'synthetischen Verstand') und gelegentlich und zweideutig auch der Dichter in seinen Phasen romantisch-poetischer Begeisterung, wie dem 'dithyrambischen' Ausguß am Ende der *Harzreise* (3,164ff.). Es werden aber andere Elemente in seinem Denken dieser Zeit, über solche recht romantisch anmutenden Konzeptionen hinaus, signalisiert, die in seiner Philosophie der dreißiger Jahre, in *Zur Geschichte der Religion und Philosophie in Deutschland*, voll ausgestaltet werden. Dort befürwortet und prädiziert er ein Millennium, das durch die revolutionäre Erweckung eines jahrhundertelang - seit Ende der Antike - unterdrückten oder verdrängten Sensualismus in der europäischen Kultur herbeizuführen wäre. Aber dieser Sensualismus hat durch all die vom christlich-spiritualistischen Prinzip dominierten Jahrhunderte hindurch unterschwellig fortgelebt in der pantheistischen Kultur des (vor allem deutschen) Volkes, das die Erinnerung daran in seinen Märchen, Liedern und besonders seinen Mythologien der Elementargeister bewahrt hat. Nun findet ein allmählicher Prozeß der Bewußtwerdung statt: die Renaissance, Luthers Reformation, Lessing und die Aufklärung, Kant und Hegel, der Saint-Simonismus, sogar Aspekte der von Heine schelmisch als animistisch und krypto-pantheistisch gekennzeichneten deutschen Romantik. Doch die letzte Etappe wird das Zusammenkommen dieser intellektuellen Entwicklung mit dem revolutionierten Volk selbst sein. Eine Revolution und Emanzipation werden erfolgen, die nicht nur politische Strukturen und Herrschaftsverhältnisse, sondern auch das Bewußtsein betreffen, und in denen Freude und Genuß, die Befriedigung der Sinne, zu den realisierbaren Zielen des Lebens werden. Jetzt werden die Franzosen als Vorhut der Revolution von den Deutschen ersetzt, die nicht nur die philosophische Tradition mit sich bringen, sondern in deren unterschwellig pantheistischem Volk auch das sensualistisch-emanzipatorische Potential am stärksten ist (vgl. z.B. 5,589ff., 636-641). Um aus verschiedenen Stellen des letzten Abschnitts von *Zur Geschichte der Religion und Philosophie* zu zitieren: "Durch diese Doktrinen haben sich revolutionäre Kräfte entwickelt, die nur des Tages harren, wo sie hervorbrechen [...] können"; "die dämonischen Kräfte des altgermanischen Pantheismus [werden] beschwör[t]", "jene [...] germanische Kampflust [...] rasselt wieder empor"; "Es wird ein Stück aufgeführt werden in Deutschland, wogegen die französische Revolution nur wie eine harmlose Idylle erscheinen möchte" (5,638ff.).[14]

---

14 Heines ideale Revolution - so wäre hinzuzufügen - war immer eine Revolution des Bewußtseins. Seine Begeisterung für Guizot im Jahre 1843 war eine Reaktion auf dessen Plädoyer für eine Konsolidierung der Revolution durch eine Humanisierung des Volkes: Eine "Volkwerdung der Freiheit", wie Heine es bezeichnete, solle herbeigeführt werden, das Volk müsse und solle einen Erziehungsprozeß durchlaufen, der es der (im Ursprung mittelständischen) Revolution würdig machen werde (*Lutetia*, 9,461; vgl. auch Mende [s. Fußnote 5]). Und sein Enthusiasmus für die relativ unblutig ausgegangene Julirevolution

Bei diesen Gedankengängen gibt es für Heine *ein* zentrales verbindendes Bild, das durch sein ganzes Werk hindurch immer wieder vorkommt, nämlich das des Bacchanals. Der sensualistisch-pantheistische Impuls drückt sich für ihn sowohl metaphorisch als auch konkret im bacchantischen Fest aus.[15] Seine kulturhistorische Allegorie *Die Göttin Diana* (1846) stellt den endgültigen Sieg über den Spiritualismus in Form eines buchstäblichen Bacchanals dar, in dem der von Bacchus erweckte Tannhäuser mit ihm, Diana und Venus herumtollt (11,435f.). *Die Götter im Exil* (1853), Heines Aufsatz über die Dämonisierung der klassischen Götter durch das Christentum, verwendet Szenen heimlicher Dionysien, um das dauerhafte tiefe Verlangen der Menschheit nach einer sinnlichen Emanzipation zu verbildlichen. Bacchus ist die zentrale Gottheit in Heines Kosmologie, der "Heiland der Sinnenlust" (11, 404ff.). Und diese Auffassung kommt an vielen anderen Stellen seiner Werke zum Ausdruck. Nun war der Aspekt des Volkes, der Heine am stärksten und nachhaltigsten interessierte, seine Feste - mit ihrem Gesang und Tanz, ihrer Berauschung, sexuellen Lust und sozialen Unruhe; und eine bacchantische Assoziation war ihm dabei immer präsent. Schon in den *Briefen aus Berlin* (1822) beschreibt er die "allen Ständen gemeinsamen" winterlichen Maskenbälle in Berlin, auf denen "ein bacchantischer Geist [...] mein ganzes Wesen ergriffen [habe]" (3,44-47). In Paris werden wiederholt entsprechende - aber plebejischere, chaotischere - Feste erwähnt und beschrieben: in *Französische Zustände* der 'Mardi-gras' von 1832 (5,151ff.), das Fest des 'Demi-Carême', das mit dem Choleraausbruch koinzidierte (5,170), in *Lutetia* der rasende, revolutionsnahe Karneval von 1840 ("dämonische Lust", "satanischer Spektakel", "wütendes Heer", "Tempeldienst der Heiden"; 9,395, 391).

Außerdem zeigt sich dieser bacchantische Impuls des Volkes, Ausdruck seines Triebes nach Befreiung und Befriedigung der Sinne wie seines Gedächtnisses einer freieren Vergangenheit, nicht nur in seinen Feiern und Festlichkeiten, sondern auch - wie schon angedeutet - im anderen kulturellen Bereich seiner Mythen, vor allem der Mythen des 'pantheistischen' deutschen Volkes. Daher rühren Heines Anspielungen in zahlreichen, literarischen wie theoretischen Werken auf die Quasi-Bacchanale des deutschen mythischen Kalenders: Walpurgisnacht und Hexensabbat (*Die Harzreise*, *Der Doktor Faust*, *Lutetia*), die mittwinterliche Sonnenwende (*Deutschland. Ein*

---

zwölf Jahre früher war entsprechend: Er sah in ihr (zeitweilig) eine "Volkwerdung [... der] Revolution" - "die Revolution [...] als ganzes Volk [...] wiedergeboren" -, insofern dort das Volk nicht mehr als unmündiger Mob gehandelt, sondern sich erstmals als geistig emanzipierte, humane Kraft gezeigt habe (*Einleitung zu: Kahldorf über den Adel*, 3,664).

15 Vgl. u.a. Lia Secci, *Die dionysische Sprache des Tanzes im Werk Heines*, in: Luciano Zagari / Paolo Chiarini (Hgg.), *Zu Heinrich Heine*, Stuttgart 1981, S. 89-101; Burghard Dedner, *Politisches Theater und karnevalistische Revolution. Zu einem Metaphernkomplex bei Heinrich Heine*, in: Rolf Hosfeld (Hg.), *Signaturen - Heinrich Heine und das neunzehnte Jahrhundert*, Berlin 1986, S. 131-161, bes. S. 149-155.

Wintermärchen), Johannisnacht und die Wilde Jagd (*Atta Troll*) usw. All dies sind demnach weitere Ausbrüche verdrängten volkstümlichen Erinnerns und Verlangens. Am allerspezifischsten sind die *Erläuterungen* zu *Doktor Faust*, in denen Bacchanal, Hexensabbat und Pariser Volkstanz ausdrücklich miteinander in Verbindung gebracht werden (11,395).

Der konzentrierteste Ausdruck dieses Impulses ist der Tanz. Dieses Motiv taucht in Heines Werken bekanntlich immer wieder auf[16], und fast immer mit politisch emanzipatorischem Unterton: der Tanz der Laurence in *Florentinische Nächte*, des Bären in *Atta Troll*, der Sklaven in *Das Sklavenschiff*, der Cancan des Pariser Volks in *Lutetia* (1,592ff., 7,499f., 11,197f., 9,394f.) und viele andere. Letzteres ist Heines expliziteste und gleichsam fortgeschrittenste Darstellung des Komplexes, wo dieser "dämonische", erotische, walpurgishafte "Tanz des Volks[17] [...] jede Art von Begeisterung, die Vaterlandsliebe, die Treue, die Familiengefühle, den Heroismus, die Gottheit", kurz, die Werte der bürgerlichen Gesellschaft, verspottet und aggressiv den Willen zur Revolution bekundet (9,395). Aber es zeigt auch das Element der Ambivalenz, das Heines Einstellung zum Volksbacchanal in dessen realen sozialen Manifestationen kennzeichnenderweise bekundet. Seine Reaktion besteht hauptsächlich aus Faszination, Sympathie und ideologischer Zuwendung. Aber das bacchantische Volk ist auch furchterregend und entsetzlich. Heines moralisches Wettern gegen den Cancan mag wie andere Aspekte von *Lutetia* ein Zugeständnis gegenüber seinen Lesern sein. Aber der bacchantische Mob etwa der Choleraepidemie, der in "heidnischem, dämonischem" Zorn die Leute abschlachtet, die er abergläubisch für die Epidemie verantwortlich macht (5,173), ist für ihn unter keinen Umständen schön. In solchen Momenten neigt Heine tatsächlich dazu, die Perspektive seiner Klasse zu teilen (darunter auch der Pariser Polizei, die die Volksfeste – 'Mardi-gras' u.ä. – mit Recht als Zeiten höchster revolutionärer Gefahr ansah; z.B. 9,246, 393).

Eine solche Ambivalenz bei Heine wäre vielleicht nicht problematisch, wenn es nicht eine weitere äußerst wichtige Dimension seiner Philosophie des Volkes gäbe, nämlich seine eigene direkte theoretische Identifikation mit dem Volk in dessen bacchantischem Aspekt. In Heines komplizierter, imaginativer, pseudo-mythischer Denkweise war nicht nur Napoleon Symbol, 'Inkarnation' und historische treibende Kraft der Revolution des Volkes (oder umgekehrt das Volk war Kaiser; 3,604), sondern in gewissem Sinne war es auch der Dichter selbst. Als "Tribun und Apostel" (3,468) ist es seine Rolle, was sie ihn auch kosten mag, das Volk zum revolutionären Bewußtsein zu bringen – wie unter anderem die Kölner Dom-Episode in *Deutschland. Ein Wintermärchen* besagt (7,593ff.). Das ist das Ziel der soeben erörterten

---

16 Vgl. z.B. Barker Fairley, *Heinrich Heine. An Interpretation*, Oxford 1954, S. 24-46; Benno von Wiese, *Signaturen* (s. Fußnote 7), S. 67-133 (3. Kapitel, *Das tanzende Universum*).

17 Vgl. auch *Die Götter im Exil*, 11,406: "Bacchuszug [...] Cancan der antiken Welt".

Theorie. Aber die Rolle als Herold verwandelt sich in Identität. "Ich selber bin Volk", sagt er in *Zur Geschichte der Religion und Philosophie* (5,515). Und er ist vor allem eins mit dem bacchantischen Volk. In den frühen Werken sahen wir, daß das instinktive Bewußtsein des Volkes - das ja später, in Texten der dreißiger Jahre, ausdrücklich als dionysisches Bewußtsein identifiziert wurde - etwas war, wozu der Dichter selbst eine Art Zugang hatte, in den (allerdings zweideutigen) Momenten 'mystischer' Erkenntnis in *Die Nordsee* III, *Die Harzreise* und anderswo. Und diese Momente, Ausbrüche poetischer Begeisterung und imaginativer Expansion, sind als bacchantisch konzipiert. Das Wort 'Dithyrambe' - bacchantische Hymne -, mit dem der enthusiastische Schluß der *Harzreise* gekennzeichnet wird, ist präzise gemeint und kein Zufall. In *Geständnisse* spricht er von den von ihm geschriebenen "kühnsten Dithyramben zur Verherrlichung des Kaisers [Napoleon]", die "durch die ansteckende Gewalt der Begeistrung [...] einen heitrern Kultus [schuf]. [...] Ich schwang davor das lachende Weihrauchfaß", etc. (11, 511). Hiermit bezieht er sich insbesondere auf *Reise von München nach Genua*. Und in diesem Werk - in gerade einer solchen dithyrambischen Passage - erzählt der Dichter, wie er, von den "Freiheitsgefühlen" eines "neuen Frühlings" erfüllt, vom "jungen Frühlingsgott" Bacchus selbst nach Italien gelockt wurde (3,326). Für Heine ist Bacchus interessanterweise der Gott sowohl der Poesie als auch der Freiheit; und der Dichter ist, wie er sagte, 'Volk', jedenfalls in seinen bacchantischen Augenblicken.

Die Schwierigkeit bei Heines Behauptung einer Identität mit dem Volk ist die offenkundige Kluft zwischen diesem Anspruch und den schon diskutierten Darstellungen des Volkes in seinen Werken, die eigentlich eine außerordentliche Distanz zu signalisieren scheinen. Wir finden das Volk durch seine kulturellen Produkte, seine Volkslieder und Märchen, sozusagen vermittelt, z.B. in *Die Harzreise*, wo das Harzer Bergvolk mit zum Teil aus den Brüdern Grimm bezogenen Bildern dargestellt und in bezug auf seine eigene Affinität mit den Märchen betrachtet wird; oder in *Reise von München nach Genua*, wo aus der Darstellung der Italiener bald eine Charakteristik der Commedia dell'Arte wird. Die Stellung des Volkes in den bereits erörterten Argumenten Heines von der Unzulänglichkeit rationalen Bewußtseins kommt auf jeden Fall einer Instrumentalisierung gleich (in *Die Nordsee* III, *Die Harzreise* usw.). Wo das Volk tatsächlich beschrieben wird, wird es einerseits auf untermenschliche Primitivität reduziert - wie bei den "Eingeborenen" Norderneys, "geistesniedrig [in] ihren kleinen Hütten [...] herumkauern[d]" (3,213) - und andererseits in die Poesie erhoben wie die Italiener, "diese blassen, elegischen Gesichter [...]" (3,349).[18] Es wird mythisch vorgestellt, manchmal durch seine (angeblich) eigenen Mythen (Walpurgis-

18 Vgl. auch das Gedicht *Wir saßen am Fischerhause* von 1823/24, in dem diese beiden Extreme gegeneinander gehalten und als Utopien thematisiert werden - die "schmutzigen Leute" Lapplands, "plattköpfig, breitmäulig und klein", vis-à-vis den "schönen, stillen Menschen" des Ganges (*Buch der Lieder: Die Heimkehr* VII, 1,111).

nacht, Johannisnacht usw.), meist aber durch Heines immer wiederkehrende bacchantische Bildlichkeit. Vor allem ist in den eigentlich nichtpoetischen Kontexten seines Pariser Journalismus auffällig, wie gewohnheitsmäßig und unweigerlich sich die mythischen Identifizierungen aufdrängen - wie rasch z.B. sogar seine Beschreibung der Choleraepidemie, der gewaltigsten Wirklichkeit des Volkslebens, die ihm je begegnete, solche mythischen Resonanzen annimmt (5,170-173).

Schließlich sind auch Heines zahlreiche andere metaphorische Darstellungen des Volkes zu beachten, vor allem in seinen Versen: die wiederholte Personifizierung des deutschen Volkes als Michel (*Erleuchtung*, *Verheißung*, *Das Kind*, *Deutschland!*, *Michel nach dem März*; 7,430f., 423f., 454; 11,270) und vor allem seine Tiermetaphorik, in der das Volk (oder verschiedene Versionen des Volkes) als Hund auftaucht (*Ludwig Börne*, 7,60; *Der tugendhafte Hund*, 11,291ff.), als Bär (*Atta Troll*, 7,509ff., 517ff.), als Wolf (*Deutschland. Ein Wintermärchen*, 7,603f.), als Pferd (*Pferd und Esel*, 11, 293-295), und am häufigsten als Ratte (*Ludwig Börne*, 7,75, 100f.; *Lutetia*, 9,413; *Die Wanderratten*, 11,306f.).[19] Natürlich ist sein berühmtes Gedicht *Die Wanderratten*, in dem proletarische Revolte mit Bildern des Rattenfängers von Hameln dargestellt wird, vornehmlich ein ironischer Ausdruck zeitgenössischer bürgerlicher Ängste. Aber das Volk wird dort immerhin animalisiert.

Der Grund für solche Repräsentationsweisen ist zum Teil ästhetisch. Heine lebte in einem Zeitalter des Realismus und teilte dessen ethische Imperative, nämlich das Gefühl, daß ein Künstler verpflichtet sei, über die materielle - soziale und politische - Welt zu schreiben und ihre zentralen Wirklichkeiten widerzuspiegeln (seines ist kein "weitabgelegenes Winkelherz"; 3,405). Aber seine Imagination war nicht realistisch, sondern symbolisch: die Art von Imagination, die sein Buch *Die Romantische Schule* ausdrücklich mit der romantisch-spiritualistischen Tradition identifizierte (5,366-370). *Deutschland. Ein Wintermärchen* liefert vielleicht die frappanteste Illustration dieses Prinzips, indem es sich mit den spezifischsten politischen Phänomenen der Zeit befaßt, dabei aber ständig Symbole wahrnimmt und interpretiert - den Rhein, den preußischen Adler, die Pickelhaube, den Kölner Dom, den Kyffhäuserberg u.a.m. Einmal rühmte sich Heine, daß er "die Signatur aller Erscheinungen so leicht begreif[e]" (1,593) (und an anderer Stelle: "Das Erscheinende überhaupt [ist...] nur Symbol [...] der Idee"; "In der Kunst bin ich Supernaturalist", 5,45f.). Die Suche nach Signaturen bringt aber auch eine Art Unfähigkeit mit sich, bei den Erscheinungen selbst stehenzubleiben, die nicht nur sein auktoriales Verhältnis zum Volke kennzeichnet.

19 Zu Heines 'Volk-Hund'-Metapher vgl. Klaus Briegleb, *Opfer Heine? Versuche über Schriftzüge der Revolution*, Frankfurt/M. 1986, S. 88-100. Vgl. auch u.a. Fairley (s. Fußnote 16), S. 112-134; Alfred Opitz, *'Adler' und 'Ratte': schriftstellerisches Selbstverständnis und politisches Bewußtsein in der Tiermetaphorik Heines*, in: *Heine-Jahrbuch* 20 (1981), S. 22-54.

Doch wie dem auch sei, es ist klar, daß Heines Haltung zum Volk äußerst theoretisch, nicht-empirisch und vor allem wenig empathisch ist. Dies ist sogar der Fall bei den poetischen Darstellungen des Volkes, die am wenigsten metaphorisch und mythisch (und damit auch atypisch) erscheinen, etwa den Gedichten *Die schlesischen Weber* und *Jammertal* (7,455, 11,305). *Die schlesischen Weber* ist in Heines Werk eine Ausnahme, insofern dem Volk ohne Einmischung der dichterischen Person eine direkte Stimme verliehen wird. Aber es handelt sich um eine sehr systematische, theoretische Art des Sprechens; die Weber selbst erscheinen am Ende leicht tierisch, sowie auch dämonisch und geisterhaft - und gänzlich unindividuell. Vielleicht nur bei *Jammertal*, mit den beiden in ihrer Dachstube verhungernden "armen Seelen", ließe sich von einer unvermittelten Evokation der Erfahrungen des leidenden Volkes reden - wenn nur die Leidenden selbst sich nicht mit Ausdrücken ansprechen würden, die so stark an Heines frühe Liebesgedichte anklingen.

Heines Behandlung des Volkes ist natürlich eines unter vielen auf das Volk gerichteten 'Projekten' im Vormärz, wie auch davor und danach. Vereinfacht ausgedrückt besteht sein Ansatz darin, die romantische reaktionäre Instrumentalisierung des Volkes im Detail zu übernehmen, ihre Auffassungen aber der modernen Welt und einem fortschrittlichen, mehr oder weniger revolutionären Programm anzupassen. Wie Lukács gesagt hat und auch Heine selbst implizierte, war die Tätigkeit von Kulturwissenschaftlern wie den *Wunderhorn*-Herausgebern selbst unwissentlich revolutionär[20], und Heines Bestreben war es, diese Tendenzen an die Oberfläche zu bringen. Aber sein Weg war sicherlich nicht der einzige zu einer nachromantischen Realisierung des Volkes. Schon in den späten zwanziger Jahren war der Dichter Wilhelm Müller dabei, anstelle von sentimentalen Imitationen der *Wunderhorn*-Lyrik sich zu einer auf detaillierten ethnographischen Forschungen basierenden Poesie hinzuwenden, in der Volksgemeinschaften angeblich ihren eigenen kulturellen Charakter artikulieren.[21] In den dreißiger und vierziger Jahren sind weitere Konservatismen zu beobachten wie etwa Gotthelfs antirevolutionäre, antistädtische schweizerische Volksfiktion, oder die schon in dieser Konferenzreihe beschriebene Literatur Auerbachs[22], und viele andere. Am interessantesten aber in Verbindung mit Heine ist der Fall Büchners in der

---

20 Vgl. Georg Lukács, *Heine und die ideologische Vorbereitung der 48er Revolution*, in: Heinz Ludwig Arnold (Hg.), *Text und Kritik* 18/19: *Heinrich Heine*, 1. Ausg., 2. Aufl., München 1971, S. 31-47, bes. S. 38.

21 Vgl. Wilhelm Müller, *Werke. Tagebücher. Briefe* 2, hg. v. Maria Verena Leistner, Berlin 1994, S. 55-69. Vgl. auch Michael Perraudin, *Wilhelm Müller und seine Zeitgenossen. Zum Charakter nachromantischer Poesie*, in: Ute Bredemeyer / Christiane Lange (Hgg.), *Kunst kann die Zeit nicht formen: Dokumentation der 1. internationalen wissenschaftlichen Konferenz aus Anlaß des 200. Geburtstages von Wilhelm Müller (1794-1827)*, Berlin 1996, S. 312-327, bes. S. 324f.

22 Vgl. Anita Bunyan, *'Volksliteratur' und nationale Identität. Zu kritischen Schriften Berthold Auerbachs*, in: Martina Lauster (Hg.), *Deutschland und der europäische Zeitgeist. Kosmopolitische Dimensionen in der Literatur des Vormärz*, Bielefeld 1994, S. 63-89.

Mitte der dreißiger Jahre. In der Entwicklung von *Dantons Tod* zu *Woyzeck* kreierte Büchner eine Literatur, die dem Volk erstens eine zentrale Rolle in einem umfassenden intellektuellen System der Geschichte zuschreibt (wie auch Heine es tut), die aber zweitens (wie es bei Heine wirklich nicht der Fall ist) auf eine Art von Äußerung hinarbeitet, in der sich das verarmte Volk der modernen Welt ausdrückt, sowohl kollektiv (in Lebensart, Gebräuchen, Sprache, Einstellungen und kulturellen Erzeugnissen) als auch individuell-subjektiv, auf dem Niveau tragischen Erlebnisses.[23] Welche Komplexitäten und Schönheiten Heines Volksprojekt auch haben mag, ihm fehlt das empathische Element - ein realistisches Vermögen, das Sehen und Empfinden des Volks zu teilen und wiederzugeben -, das Büchner besitzt, und ohne das ein solches Projekt doch in gewissem Sinne unvollkommen bleibt.

23 Vgl. Michael Perraudin, *Towards a New Cultural Life. Büchner and the 'Volk'*, in: *Modern Language Review* 86 (1991), S. 627-644.

Hubert Lengauer

Revolution auf Umkehr

Modernisierungsdruck und Fortschrittsskepsis in der österreichischen Literatur des Vormärz

1. Österreich und die Revolutionen: Geschichte eines wachsenden Defizits

"Es ist in seiner Poesie etwas, wie eine reuige Revolution, wie eine Revolution auf Umkehr. Seine Poesie fängt an mit deutschem Verständnisse der Zeit und endet mit österreichischer Abwendung von der Zeit."[1] So kennzeichnet Ferdinand Kürnberger im Jänner 1871 Franz Grillparzer im Feuilleton zum achtzigsten Geburtstag des Dichters. Aus dem Psychogramm des einzelnen wird, im voluntaristischen Sprung der Argumentation, der Grundriß einer österreichischen Literaturgeschichte entworfen. Berufen, ein großer deutscher Dichter zu werden, sei er "nur Oesterreichs Grillparzer" geworden: "In der literarischen Culturgeschichte bedeutet er die Scheidung Oesterreichs von Deutschland."[2]

Läßt man jenes "nur" einmal beiseite, so sind in Kürnbergers Diktum zwei wesentliche Annahmen auch gegenwärtiger Literaturgeschichtsschreibung enthalten: Zum einen ist 'Revolution' der zentrale begriffliche Parameter für die Literatur der Epoche; zum andern ist die 'österreichische' Literatur von der deutschen getrennt, oder jedenfalls: getrennt zu betrachten. Nach Kürnberger ist eben die je unterschiedliche Rolle der Revolution das Kriterium der Trennung: "Deutschland war ja auch von der Revolution angesteckt, wie Metternich vierzig Jahre lang sagen durfte; aber sein Staat, der nicht alt bleiben und nicht modern werden kann, spürt es in allen Gliedern, wie sehr er leider - nicht angesteckt worden."[3]

Hans Höller hat eine gründliche Quellenkritik zu Kürnbergers Grillparzer-Feuilletons geschrieben und damit auch grundsätzliche Einwände gegen die darin enthaltenen literaturgeschichtlichen Prämissen erhoben.[4] Von diesen Prämissen kann jene eine als literarhistorisch abdingbar beiseite gelassen werden, die dem Dichter Größe und Heroismus im Sinne Thomas Carlyles

---

1 Ferdinand Kürnberger, *Österreichs Grillparzer*, in: ders., *Gesammelte Werke* 2: *Literarische Herzenssachen*, hg. v. Otto E. Deutsch, München 1910, S. 263.

2 Ebd., S. 262.

3 Ebd.

4 Vgl. Hans Höller, *Die Rolle der Gewalt in der Literaturgeschichte. Zu Ferdinand Kürnbergers Grillparzer-Essays aus den Jahren 1871 und 1872*, in: Hanna Schnedl-Bubenicek (Hg.), *Vormärz: Wendepunkt und Herausforderung. Beiträge zur Literaturwissenschaft und Kulturpolitik in Österreich*, Salzburg 1983, S. 105-121.

abfordert, unter welcher Forderung Grillparzer freilich versagt und das Prädikat eines 'deutschen' Dichters (im Sinne Kürnbergers) verwirkt. Wie die andern Prämissen steht aber auch diese unter dem Druck der 'großen' Zeit, in der Kürnberger schreibt, unter dem Eindruck des preußischen Siegs, der die Akzeptanz von Gewalt als Mittel der Geschichte erhöht hat. Unter diesem Aspekt wird das Österreichische defizient, die Tatenlosigkeit Grillparzers antizipiert die Neutralität des Habsburgerreichs im Deutsch-Französischen Krieg 1870/71 und jene Schwerpunktsverlagerung nach Osten, die Bismarck den Österreichern angeraten hat. "Es war möglich, das josefinische Österreich auf die Wege der Reaktion zu führen. Es war möglich, Österreich aus dem Kulturgarten Deutschlands heraus und in die Steppen 'Kleinrußlands' zu führen", behauptet Kürnberger für die Metternich-Ära und macht die Revolutionsphobie dafür verantwortlich; aktuell gemeint oder mitgemeint ist aber der Trennungsschmerz von 1848, 1866 und 1870, der die Deutschsprachigen der Habsburgermonarchie nach ihren Ängsten zur Minderheit machte.

Das brachte die Leitbegriffe ins Wanken. Den Krieg von 1866 hatte schon Heinrich von Treitschke zur 'Revolution' gegen ein slawisch dominiertes Österreich und dessen Rassenhaß gegen die Deutschen erklärt[5], Kürnberger nimmt zur Jahreswende 1870/71 das abgelaufene Jahr in die Reihe der großen Umwälzungen auf und stellt es den andern 'Revolutionen' des Jahrhunderts an die Seite. Durch diese Bilanzerstreckung hat sich das österreichische Defizit vergrößert: Es besteht nicht nur in Relation zu 1789, sondern, und das erst recht, in Relation zur Deutschen Einigung von 1870, hinter der, nach Meinung Kürnbergers, das östlich-slawisch-katholische Chaos zurückbleibt.[6]

2. *Trotz alledem*

Angesichts dieses Verlaufsschemas mag die Verwendung des Revolutionsbegriffs als eines Parameters der literarischen Entwicklung im Österreich des 19. Jahrhunderts fragwürdig erscheinen. Hans Höller scheint denn auch geneigt, angesichts der Zahlenreihe 1789 - 1830 - 1848 - 1870 und der unterstellten Gleichsetzung als 'Revolutionen' (was nur unter einem flachen Begriff politischen Umschwungs möglich ist), diesen Begriff und die genannten historischen Eckdaten überhaupt aus der literarhistorischen Argumentation, zumal der über österreichische Literatur, zu entlassen, als bloße Epiphäno-

5 Vgl. Heinrich von Treitschke, *Der Krieg und die Bundesreform*, in: *Preußische Jahrbücher* 17 (1866), S. 683f., zit. n. Reinhart Koselleck, Art. *Revolution. Rebellion, Aufruhr, Bürgerkrieg*, in: Otto Brunner / Werner Conze / Reinhart Koselleck (Hgg.), *Geschichtliche Grundbegriffe. Historisches Lexikon zur politisch-sozialen Sprache in Deutschland* 5, Stuttgart 1984, S. 653-788, Zit. S. 748.

6 Zur deutsch-nationalen Kritik an den zentralen Parolen der Französischen Revolution vgl. Ferdinand Kürnberger, *Redensarten III, Freiheit, Gleichheit und Brüderlichkeit*, in: ders., *Gesammelte Werke* (s. Fußnote 1) 1: *Siegelringe*, S. 126-132.

mene einer umfassenderen, nicht immer geräuschvollen Entwicklung der kapitalistischen Warengesellschaft, welche dann, anders als die genannten Ereignisse, sehr wohl ihren Niederschlag in den Werken Grillparzers und Stifters gefunden hätte. Eben dieser letzte Punkt, die Berufung auf die Entwicklung der kapitalistischen Gesellschaft ist es, der Höllers Betrachtung aus der Verdopplung des Biedermeier in der Literaturgeschichtsschreibung heraushebt.

Demgegenüber möchte ich am begrifflichen Bezugspunkt der Revolution im Vormärz dezidiert festhalten. Ich folge damit Kosellecks Einschätzung der Rolle dieses epochalen Leitbegriffs, "der den grundsätzlich notwendigen Zwang zum Wandel oder zur Anpassung ausübte. [...] Revolution blieb entweder die erhoffte oder die gefürchtete und zu vermeidende Herausforderung. Der Zwang zum Wandel gewann - entgegen aller vorrevolutionären Zeit - eine erhöhte Beweiskraft und wurde durch die temporal auseinandergezogenen Gegenbegriffe zum semantischen Grundmuster von Erfahrung und Erwartung."[7] Es ist keine Frage, daß der öffentliche Gebrauch dieser Semantik ein reduktiv-schematisierender ist und als solcher dem literarischen Diskurs grundsätzlich fremd gegenübersteht. Es ist aber auch keine Frage, daß er das Sozialsystem Literatur, das literarische Leben, in hohem Maße bestimmt, und damit auch die Selbstreflexion der Literatur in ihrem Verhältnis zu einem Staat, der als 'reaktionärer', wie in Österreich, die Opposition provozierte. "Von der semantischen Struktur her", so stellt Koselleck für den öffentlichen Sprachgebrauch der Zeit fest, "wird durch 'Reaktion' eine dauerhafte Zwangsalternative formuliert, die der Revolution indirekt ein größeres Legitimationspotential zumißt. Im Unterschied zu Evolution und Reform bleibt der Reaktion eine entwicklungswidrige, antiprogressive, antidemokratische und antisoziale Macht zugewiesen, die auf der temporalen Wertskala nur dem Untergang geweiht sein kann."[8]

Gerade wenn Literaturgeschichte nicht unter der methodischen Prämisse der Repräsentanz 'großer' Figuren (wie Grillparzer und Stifter) oder 'großer Werke' gesehen wird, kann auf die soziale und politische Semantik der Zeit nicht verzichtet werden. Die Tradition politisch-oppositioneller Schriftstellerei, die sich darauf bezieht, fiele aus der Betrachtung heraus, und dies ist in der 'österreichischen' Literaturgeschichtsschreibung lange genug geschehen. Gerade dieser Tradition ist aber auch Kürnberger durch seine frühe Karriere im Jahr 1848 verbunden, wenngleich er sie später häufig ignoriert oder kompromittiert. Sein eigener Weg in die siebziger Jahre des vorigen Jahrhunderts ist der einer "Revolution auf Umkehr", und das mag, bei aller Kritik, auch seine geheime Sympathie für Grillparzer (oder zumindest sein ambivalentes Verhältnis zu ihm) begründen.

---

7 Koselleck, (s. Fußnote 5), S. 759.
8 Ebd., S. 760.

3. Verkappte Revolution

Und so besteht auch jene andere Behauptung über Grillparzer nicht zu Unrecht: er sei zeitlebens "wie ein verkappter Revolutionär angesehen" worden. "Er war niemals persona grata. War er doch gleichzeitig mit der Marseillaise geboren! War er doch im Schoße des Josefinismus geboren! Der Mann geht herum wie unser böses Gewissen. Seine Zeit haben wir begraben, aber er *lebt*. Mag er seine Kräfte mäßigen und herabstimmen, wie er will; genug, er hat sie. Das allein ist Revolution."[9]

Es ist aber weniger populärer Irrtum oder Ironie in dieser Unterstellung, als es Kürnberger möchte. Französische Revolution und Josephinismus sind in der Tat für Grillparzer als Modelle geschichtlicher Veränderung grundlegend: und zwar im Falle der Französischen Revolution nicht als das Kindheitstrauma, das ihm Kürnberger unterstellt ("An meiner Wiege stand das Schaffot der Maria Antoinette")[10]; nicht als Thema des dramatischen Werks, für das Kürnberger spielerisch ein Interpretationsmodell aus der Französischen Revolution appliziert ("Medea, Ottokar, seine bedeutendsten Typen, fangen an wie leidenschaftliche Jakobiner und enden wie willensschwache Girondisten")[11], jedoch in der grundsätzlichen Opposition zum veralteten, voraufklärerischen Regime, das dem Schriftsteller in der Form von Zensur und Reglementierung gegenübertritt und das Freiheitsversprechen der Literatur negiert. In den Gedichten, Glossen und Tagebuchäußerungen zur Politik tritt das 'verkappte' revolutionäre Moment zutage, oder vielmehr: es ist da, wird aber zu seiner Zeit nicht oder nur selten öffentlich. Wesentliche Dramenkonzepte Grillparzers entstehen in der Phase von etwa 1817/18 bis 1822/23 (*Das goldene Vließ*, *König Ottokars Glück und Ende*, *Libussa*, *Der Traum ein Leben*), einer Phase, in der sich sein grundlegendes Geschichtskonzept abklärt und als sich auch, durch Rousseau-Lektüre befördert, die genaue psychologische Introspektion ausbildet, welche die Grundlage für seine Figurengestaltung ist. In diesem Konzept ist, verkürzt und auf das Ganze des Geschichtsprozesses gesehen, die 'bürgerliche Freiheit' der Französischen Revolution als Ziel vorausgesetzt, selbst wenn (wie im folgenden Zitat) das historische Ereignis nicht explizit genannt wird, sondern nur die 'Mittelglieder', die dazu hinführen, indem sie die Rolle der Aristokratie vermindern. Selbst Joseph II., scheinbar unbestrittener geschichtlicher Heros für Grillparzer, rangiert als ein solches despotisches Mittelglied:

> Der Despotismus Richelieus, Ludwig XIV, Friedrich II und Joseph II ist, mit Rücksicht aufs Ganze, bei weitem nicht von so verderblichen Folgen, als man

---

9 Kürnberger, *Grillparzer* (s. Fußnote 1), S. 264.

10 Kürnberger, *Grillparzers Lebensmaske*, in: ders., *Gesammelte Werke* (s. Fußnote 1) 2, S. 271-275, Zit. S. 274. Marie Antoinette hat Grillparzer, entgegen dieser Unterstellung, gänzlich illusionslos und nicht mythisierend gesehen; vgl. in: Franz Grillparzer, *Sämtliche Werke*, hg. v. Peter Frank / Karl Pörnbacher, München 1960-1965, 3,1001.

11 Kürnberger, *Grillparzer* (s. Fußnote 1), S. 262f.

> sich gewöhnlich einbildet. Er ist dadurch ein notwendiges Mittelglied in dem seit Luther begonnenen Fortschreiten der Emanzipation der Menschheit, daß er fürs erste die Aristokratie gesprengt hat, welche, bei der Nähe und Unmittelbarkeit ihrer Ketten, der bürgerlichen Freiheit zu sprengen nie gelungen hätte [=wäre] (3,987).[12]

Dem Burke-Übersetzer Friedrich Gentz, der die österreichische Staatsdoktrin der Revolutionsfeindschaft personifizierte, begegnet Grillparzer mit Widerwillen und kennzeichnet ihn als vorrevolutionär-sybaritisches Relikt (vgl. 4,125).

Die Julirevolution hat dann, als europäisches Signal, die Erwartungen neu gespannt; Grillparzers Äußerungen dazu zeigen deutlich die Koinzidenz schriftstellerischer und revolutionärer Interessen, wenn auch nur in vorübergehender Emphase, gleich wieder eingebremst durch jenes andere Moment in Grillparzers politischem Denken, der, wie er eingesteht, 'kindischen' Loyalität zum bestehenden Staat. Die kritische Prüfung europäischer Umsturzbewegungen im Gedicht *Warschau* (1831) verweist dennoch deutlich auf das ursprüngliche Modell Frankreich, "der Freiheit Bräutgam", den ein Gott auf diesen Platz in der Geschichte hingestellt habe, der aber nun, in der Tragödie Polens, die historische Verantwortung für die durch die Revolution in die Welt gesetzten Erwartungen vermissen lasse:

> Auf Polens Flur erschlägt man Frankreichs Kinder,
> In Warschaus Angeln klirrt die Pforte von Paris (1,201).

In Lektürenotizen aus dem Jahr 1834 kommentiert Grillparzer ein Zitat aus Talleyrands Adresse in der Nationalversammlung am 10. Februar 1790 als "eine der praktisch tiefsten Äußerungen, die je ein Staatsmann getan" habe. Sie handelt von der Notwendigkeit eines totalen Umsturzes:

> Entzieht es sich unserer Kenntnis, daß man sich durch Angriff auf alle Mißstände und deren Beseitigung eine endgültige Befreiung von ihnen erhoffen kann; daß dann, und nur dann, jeder einzelne an der Herstellung der Ordnung interessiert ist; daß langsame und teilweise durchgeführte Reformen am Ende nie etwas geändert haben; endlich, daß der Mißstand, den man bewahrt, zur Stütze und bald zum Neubegründer sämtlicher Ungebühr wird, die man vernichtet glaubte (3,788).[13]

Noch 1844, anläßlich von Überlegungen zur Preußischen Konstitution, wird die Französische Revolution als eines der möglichen Modelle zur Erlangung einer Verfassung genannt und nicht in dem vernunftbestimmten Ziel, sondern in der radikal abkürzenden Methode zurückgewiesen. "Die Vernunft allein

---

12 Band- und Seitenzahlen in Klammern nach Grillparzer-Zitaten beziehen sich auf *Sämtliche Werke* (s. Fußnote 10).

13 Vgl. auch später: "überdies war Talleyrand zu klug um nicht zu wissen, daß diese Subversion keine andere als eine totale sein könne" (3,988).

genügt bei derlei praktischen Dingen nicht, das hat die französische Revolution der neunziger Jahre gezeigt" (3,1074).

Überlagert werden die Reflexionen zur Revolution freilich seit je durch solche zu Napoleon, die in ihrer Mischung von Faszination und Ablehnung immer auch ambivalente Selbstzuschreibungen sind:

> Eines plagte Napoleon, so wie es mich plagt: eine ungeheuer bewegliche, den Erfolgen ewig zuvoreilende, und sie sodann zurücklassende Phantasie. Das trieb ihn zu immer neuen Entwürfen, zu Planen, die oft an den Wahnsinn zu grenzen scheinen, und ließ ihn doch immer leer. Sein ganzes Leben war ein Ringen, einen Punkt zu finden, auf dem er vergnügt hätte sein können. Das geht auch aus den Memoiren Josephinens hervor (3,990 [1822]).

Äußerungen dieser Art finden sich nicht nur in der zeitlichen Umgebung des Napoleon-Epitaphs, sondern noch zehn Jahre danach:

> Er hat aber bei großen Unglücksfällen öfter (namentlich bei beiden Abdankungen, beim Rückzug aus Rußland) obgleich immer nur für kurze Zeit ein Hinter-sich-selbst-Zurückbleiben gezeigt, das merkwürdig genug ist. Napoleon wußte den Erfolg zu erschaffen, er hatte ihn aber zugleich notwendig um der zu sein der er war. Der Hintergrund seines Wesens, bei aller Verstandesschärfe, war eine riesenhafte Phantasie, die seinen sämtlichen Fakultäten jene alles mit sich reißende Gewalt gab. Wenn diese vis motrix durch ein starkes Désappointment außer Wirksamkeit gesetzt wurde, brauchte er immer einige Zeit, sich wieder zu steigern. Er war, trotz seiner scheinbaren Kälte, der Mann des Enthusiasmus, und ein roter Faden von erhabenem Wahnsinn geht durch alle seine Plane. [...] Ja, ja, ja! zugleich der Wahnsinn Alexanders und die berechnende Klugheit Cäsars war in diesem Mann! Er war der verständigste Wahnsinnige der je gelebt hat (3,1002f. [1832]).

Als nachnapoleonische Zeit fällt die nachrevolutionäre Epoche auseinander, in eine Herrschaft der Schreiber, Krämer und der Pfaffen, wie Grillparzer das im *Napoleon*-Epitaph von 1821 feststellt, während das umfassende Freiheits- und Zukunftsversprechen der Französischen Revolution uneingelöst bleibt.

4. Umgemünzte Freiheit: Reform

Während das pfäffische Moment ihn lebenslang begleitete und irritierte, von der Zensurierung des *Campo vaccino*-Gedichts und der, wie er meinte, nachhaltigen Schädigung ("die Geschichte mit dem Papste", 4,378), bis zum Votum für die Zivilehe, für das er sein Mandat im Parlament gebrauchte, bleibt das merkantile, ökonomische Moment eher peripher für Grillparzer. Er hat sich aber der Reformnotwendigkeit auf diesem Feld nicht ganz verschlossen. 1838 findet sich ein Eintrag, der entschieden gegen die patriarchalische Herrschaft argumentiert und Reformen im Sinne des Liberalismus einfordert:

> In manchen Ländern Europas faselt man noch von der Möglichkeit einer patriarchalischen Regierung, einem blindgläubigen Zusammenleben der Staatsbürger, einer unbewußt zufriedenen Selbstbeschränkung der Ansprüche der einzelnen. Die Möglichkeit läßt sich nicht ableugnen. Zahlt eure Staatsschulden, reduziert eure stehenden Heere auf das Drittel und eure Abgaben auf das Fünftel, mischt euch nicht in die Weltangelegenheiten, dann könnt ihr zu Hause allerdings einen solchen Versuch machen. Die bisherigen gesteigerten öffentlichen Zustände aber bildet euch nicht ein mit herabgestimmten Mitteln, die ungeheure Last, die ihr euch selber aufbürdet, mit schlaffen Hebeln emporhalten zu können. Ihr wollt euern durch Bildung großgewordenen Nachbarn gleichstehen und doch in der Bildung zurückbleiben, ihr wollt tüchtige Beamte, aber keine Kenntnisse; Staatsmänner, aber keine Geschichte; Erfinder, aber keine Eigentümlichkeit; Krieger aber keine Charakterstärke; Handel, aber keine Freiheit; Kredit aber keine Wahl des Zutrauens. Vom Stumpfsinn fordert ihr die Früchte der Weisheit (3,1007).

Damit sind in den Grundzügen Forderungen der reformerischen Literatur, etwa in Ignaz Kurandas *Grenzboten* oder in den Broschüren Viktor Franz von Andrians (*Österreich und dessen Zukunft*, Hamburg 1843; zweiter Teil 1847) vorweggenommen. Die Gründung des Deutschen Zollvereins und seine erfolgreiche Ausgestaltung in den Jahren 1834-35 hatte die wirtschaftliche und politische Position Österreichs gegenüber Preußen entscheidend geschwächt; die österreichische Regierung war so in Zugzwang geraten und mußte, da ein Anschluß an den Zollverein die rückständige österreichische Industrie einer aussichtslosen Konkurrenz ausgesetzt hätte, interne wirtschaftliche Reformen zulassen oder sogar befördern. An diesem Reformschub nahm auch die Literatur Anteil, als Trittbrettfahrer des beginnenden Dampfzeitalters, wenn man will. Der 1840 gegründete *Juridisch-politische Leseverein* ist die für das intellektuelle Leben der Metropole entscheidende Gründung.

> Im Vereine mündete fast alles geistige Leben der Residenz. Hier schöpften die Korrespondenten für ausländische Blätter aus den besten Quellen. Wie die Börse für die Politik, war der Verein ein Thermometer für die Stimmung in Wien. Der Verein wurde von allen bedeutenden Fremden fast aller Nationen Europas besucht, die lebendiger als Bücher und Journale vermittelten, was sich namentlich in Deutschland, England und Frankreich begab und nicht aufhörte, die heimischen Geister zu bewegen. Diese fort und fort zuströmenden Gäste ersetzten manches strengst verbotene Buch, manch verpönteste Broschüre.[14]

Grillparzer, selbst Mitglied, sieht in einem mißmutigen Rückblick auf die Revolution von 1848 im Verein die "Pulvermühle für eine künftige Explosion" (4,215). Unter den 'Autoren' der Revolution werden "der juridisch-politische Leseverein und sämtliche schlechte Schriftsteller, die das aktive

14 Ludwig August Frankl, *Erinnerungen*, hg. v. Stefan Hock, Prag 1910, S. 280; vgl. Hubert Lengauer, *Ästhetik und liberale Opposition*, Wien / Köln 1989, S. 70.

Kontingent stellten" (4,216) genannt. Sich selbst hatte Grillparzer aus dem Öffentlichkeitsschub der vierziger Jahre herausgehalten. Die literarischen Heroen dieser ökonomisch-literarischen Reformbewegung waren andere: Eduard von Bauernfeld etwa, der in einem Festbankett des (ebenfalls 1840 gegründeten) Schriftstellervereins *Concordia* zu Ehren des Ökonomen Friedrich List den Zollverein besang. Grillparzer, der selbst (und für sich selbst) von Zeit zu Zeit seine skeptischen Glossen zur neuen Entwicklung beisteuerte[15], hatte letztendlich für solche Verwendung der Poesie nur Häme übrig:

Was sonst noch des Fortschritts Bürgschaft:
Zolleinung und Eisenbahn,
Zweikammern-, Dreifelder-Wirtschaft,
Beut sich zum Besingen euch an.
Das Dasein in all seiner Blöße,
Was sonst als Prosa sich gab;
Klatscht dichtend die eigene Größe
Auf graues Löschpapier ab.
Und so, vermengend die Richtung,
Sei, alles in eines gepackt,
Ein Daguerrotyp eure Dichtung,
So ähnlich, als abgeschmackt (1,295).

Gleichzeitiges ist nicht auf derselben Ebene und direkt verrechenbar oder gegeneinander auszuspielen: eine Broschürenliteratur, die, wie etwa die Schriften Andrians oder Karl Moerings oder selbst einer (von Grillparzer verachteten) Figur wie Franz Schuselka, Reformvorschläge für den notorisch maroden Staat erstellten, mit den "Lebensdramen" (Hans Höller) Grillparzers (*Libussa*, *Ein Bruderzwist in Habsburg*, *Die Jüdin von Toledo*), mit denen der Dichter in dieser Phase beschäftigt sein mochte und für die er auf die Öffentlichkeit, die jene Prosaliteratur herstellte, verzichten konnte. Seine Prognosen für den Geschichtsverlauf fallen in diesen Dramen düster aus, Herrschaft und Gewalt greifen destruktiv in das Ich und die menschlichen Beziehungen ein.[16] Vom Verdienst der in einer Art innerer Emigration geschriebenen Dramen muß hier nicht weitläufig die Rede sein. Das Verdienst jener anderen Literatur, die für einen Teil der Schriftsteller die Emigration oder das Exil mit sich brachte, das Verdienst der Vereinsöffentlichkeit, der Broschürenprosa und auch der vielleicht läppischen Poesie der Bauernfeld und Konsorten wird allenfalls von den Historikern gewürdigt; es

15 Vgl. auch das Gedicht *Fortschritt*: "Die Zeit, sie eilt so schnell voraus, / Und ich, ich blieb zurück. / Ich schäme mich! Was kommt heraus? / Es bleibt ein Mißgeschick. // Dort stürmt sie hin unbändig jach, / Kaum reicht so fern mein Blick; / Die Bahngenossen stürmen nach, / Und ich, ich blieb zurück. // [...] Vielleicht – hat sie sich müd gerannt – / Hol ich sie doch noch ein. // Der Gang der Welt ist nicht so rasch, / Als Torheit meint und spricht; / Man weiß wohl: Flügel hat die Zeit, / Die Zeiten aber nicht" (1,259f.).

16 Vgl. Hans Höller, *Grillparzers Lebensdramen*, in: Mirko Krizman (Hg.), *Mariborer Grillparzer-Symposium*, Maribor 1992, S. 130-143.

besteht darin, ein Forum der Debatte eröffnet zu haben und zur Alphabetisierung des Landes (in einem weiteren Sinne politischer Argumentation) beigetragen zu haben.[17] Die Qualität der Schriften im einzelnen mag dabei weniger zählen als das Faktum, daß durch sie ein Rahmen aufgetan wird für künftig mögliche Debatten und die "rasche Revolution der Geister" (Viktor Franz v. Andrian-Werburg)[18], durch die eine gefürchtete reale Revolution antizipativ verhindert werden könne.

5. "Überdeutsche" und "Judenjammer"; Revolution und resignative Melancholie

Zu einem nicht geringen Teil ist Grillparzers Skepsis gegenüber dieser Art von geistiger Revolution in dem Mißtrauen gegenüber den 'deutschen', 'teutonischen' Momenten der Entwicklung seit 1840 begründet. Bauernfelds *Zollverein*-Gedicht hatte sich auf Ernst Moritz Arndts Frage nach des Deutschen Vaterland und auf die deutschen Flottenträume der Freiligrath und Herwegh berufen. Zur Herstellung der literarischen Infrastruktur, die zu einem beträchtlichen Teil von außen erfolgte (Kurandas *Grenzboten*, die Broschüren aus dem Verlagshaus Campe), wurde auch ein neuer ideologischer Marsch geblasen. Von den Geltungsansprüchen der Überdeutschen drohte Gefahr für den fragilen Zusammenhalt der Nationen in der Habsburgermonarchie, das war für Grillparzer klar, auch wenn er (als josephinischer Beamter und deutscher Dichter) nie an der 'natürlichen' kulturellen Suprematie der Deutschen in diesem Staate zweifelte.

Die Euphorie des Nationalen (als Motivation der Poesie) wird in der österreichischen Vormärzliteratur aus sehr unterschiedlichen Quellen gespeist. Geschichtliche Erinnerung, Einschätzung der aktuellen Weltlage und ein in sozialer und nationaler Hinsicht instabiler Boden sind maßgeblich.

---

17 Über Grillparzers Teilnahme an Debatten im Juridisch-politischen Leseverein berichtet L.A. Frankl: "Interessant und geistvoll war ein Vortrag Bauernfelds über Aristophanes und die Freiheit der atheniensischen Bühne schon an sich und durch den Umstand, daß derselbe den schweigsamen Grillparzer wachrief. Mit einem fast lyrisch unvermittelten Sprunge ging Grillparzer auf die politischen Zustände Deutschlands und Österreichs über und mit einer alle überraschenden, an ihm unbekannten Beredsamkeit sprach er eine, man fühlte das, aus tiefer Überzeugung hervorbrechende, fast von Zorn getragene Rede [über die notwendige Modernisierung des Staats, Pressefreiheit, Vereinsrecht, persönliche Freiheit, Lehr- und Lernfreiheit, Münz- und Gewichtsnormen etc., H.L.] Wir konnten nur die Schlagworte dieser einzigen politischen Rede Grillparzers [...] in unserem Tagebuche notieren. Es war eine vernichtende, den Poeten nicht verratende politische Rede, die alle umsomehr bewegte, als der Sprecher zu den stillsten, fast schüchternsten Persönlichkeiten gehörte. Einen gleichen Beifall haben nur die glänzendsten Szenen seiner Dramen gefunden" (4,959).

18 Viktor Franz von Andrian-Werburg, *Österreich und dessen Zukunft*, Hamburg 1843, S. 129.

> Heute lebe ich wieder! – Das Jahr 1813 war ein großes Jahr! – Da breitete Begeisterung ihren mächtigen Fittig über Deutschland und hob die Völker und die Fürsten. Ein solches Jahr sollte alle die vom Norden und Westen abschrecken von allen weiteren Versuchen und Erstern zeigen wie sehr wenig große Bücher ... nütze [sic! H.L.], wie sehr aber kleine Lieder, wie z.B. von Körner, Arndt etc. anfeuern. – Ja, mein theurer Freund! ich habe "Erinnerungen aus den Befreiungskriegen", herausgegeben von A. Forster gelesen [...] Das ist eine Begeisterung! Die Briefe fliegen wie Leuchtkugeln hin und zurück von Berlin, Dresden, Wien, aus einem Lager ins andre, daß einem ordentlich heiß wird, und überall die neuen Lieder mit, daß man glaubt alles selbst mitzumachen und jeden Augenblick in toller Wildheit aufspringt, um einen Franzmann niederzuschmettern. – [...] Ich versichere Dich mein vielgeliebter deutscher Freund, ich bin durch diese 34 Briefe ein höchst potenzierter M. Hartmann. – Wie unterscheidet sich Deutschland so himmelweit von Frankreich. – Diese fanatische, auflodernde Flamme, und jene rothe, bläuliche, tiefglühende, dieses kindliche, so ohne alle Exaltation, wie dort; dieses fromme, ja manchmal etwas lächerlich Liebenswürdige, wenn der bärtige Studios sich aus dem Fichte, aus dem Ich und Nicht-Ich begeistert und so begeistert! – So ganz deutsch ist das – – [...] Ich wollt', die Russen kämen oder die Franzosen – Lebe wohl! – –[19]

Der Adressat der Zeilen ist Alfred Meißner, der wiederum aus Karlsbad seinen Freund mit Nachrichten aus der Welt versorgt, die eine neue Revolution aussichtsreich erscheinen lassen:

> Weißt Du in Deinem Duschnik die große Geschichte von Louis Bonaparte der mit 40 Mann Frankreich invadieren wollte, und auf seinem Schiffe einen lebendigen Adler hatte, dann die Quadruple=Allianz von Öst. P. R. und Eng. gegen Frankreich, dann Cabrera's und Balmaseda's Gefangenschaft. [...] – Wir bekommen jedenfalls Krieg mit Frankreich – und alles das wegen Mehmed=Ali! Dann müssen wir Constitutionen, Pressfreiheit, öffentl. Gerichte etc. von den Königen fodern, die in der Klemme sitzen und dann wird's gehn! Doch genug für heute. Der Abend erheitert sich – ich will ausgehn ... (BV 53).

Im Briefwechsel dieser 'Dioskuren' der politischen Poesie in Österreich sind die Motivationen einer neuen Generation von Schriftstellern nachzulesen, die ab etwa 1844/45 publizistisch auf den Plan tritt. Die Briefsammlung ist insgesamt eine erstrangige Quelle für die Einschätzung der österreichischen Literaturverhältnisse im Vormärz; geprägt ist sie freilich von jugendlich-radikalen Anforderungen debütierender, in der Selbsteinschätzung stark schwankender Poeten. Die Wiener Literatur wird gering geschätzt (Hartmann an Meißner, 2. Mai 1841: "O die Wiener sind nicht die unschuldigen,

---

19 Moritz Hartmann an Adolf Meißner, 25. Aug. 1840, zit. n. Otto Wittner (Hg.), *Briefe aus dem Vormärz. Eine Sammlung aus dem Nachlaß Moritz Hartmanns*, Prag 1911, S. 56f. Im folgenden mit Seitenzahlen im Text zitiert als BV.

naturheiteren Phäaken, sondern großen Theils vor dem moralischen Untergange tanzende sardanapalische Eunuchen", BV 121), nur Lenau wird uneingeschränkt bewundert.[20] Korrespondent von Hartmann in Wien wird Hieronymus Lorm (Heinrich Landesmann), der von den literarischen Größen der Wiener Szene berichtet und Beziehungen herstellt. Der mangelnde Heroismus Grillparzers und Bauernfelds, die das "Verbrechen" an sich begangen haben, "die Kunst für das nackte Leben zu opfern, um jeden Preis ein Wiener Poet zu bleiben"[21], die risikolose Opposition in Wien, die bloß eine von Juristen verwässerte Zensurpetition zustandebringt ("Man sah ein, daß sich dem kühnen und begeisterten Wort des Dichters immer mit dem Wort des Gesetzes begegnen läßt: daß die Literaten keine anerkannte Corporation im Staate bilden und daher nicht das Recht haben, zu fordern", BV 335), stehen in schroffem Kontrast zu den Erwartungen und Hoffnungen der von Polizeischikanen heimgesuchten jüngeren Dichter und Zensurflüchtlinge. Leipzig wird zum Fluchtpunkt literarischer und, davon befördert, politischer Hoffnungen:

> Da draußen in Leipzig kocht es gewaltig, 5 Eisenbahnen bringen Reisende herbei, die Pressen knarren, die Gedanken werden leibhaft. Nun hat die Politik alles übrige Interesse absorbiert, man zählt die Stunden bis Deutschland unwillig wird und blikt über den Rhein hinüber. Wetterleuchten giebt es überall, daß es eine Lust ist. Und Jedermann scheint es erst jetzt erfahren zu haben, daß jedes Volk seinen Frühling haben soll, und der Frühling scheint bevorzustehn. Das ist eine Hast, eine Ungeduld. Alles Politik und diese Politik in Epigrammen, kurz, unentwikelt, alles in Feuilletons! Es muß bald kommen, es kann nicht anders seyn.[22]

Bemerkenswert ist allerdings, daß der in den Briefen geäußerten Revolutionserwartung dieser Autoren keine pathetisch-zukunftsgewisse Dichtung entspricht. Das Zukunftsversprechen, das die Französische Revolution selbst der Tragödie mitgeteilt hat[23], scheint hier zurückgewiesen. Norbert Alten-

---

20 Vgl. Hartmann über Bauernfeld und Lenau in Neiners Kaffeehaus: "Gott, wann wird die Zeit kommen, da ich mich an den Tisch der Dichter werde setzen dürfen und mitsprechen im Rathe der Weisen" (an Meißner, 8. März 1842, BV 174).

21 Landesmann an Hartmann, 29. Mai 1844, BV 240.

22 Meißner an Hartmann, April 1843, BV 203.

23 "Die meisten Aufstände in der Geschichte fanden statt, um eine Gerechtigkeit wiederherzustellen, die lange mißbraucht oder in Vergessenheit geraten war. Die Französische Revolution jedoch proklamierte das Weltprinzip einer besseren Zukunft. Von jenem Moment an waren alle politischen Parteien sowohl auf der Rechten wie auf der Linken verpflichtet, ein Versprechen abzugeben, demzufolge das Ausmaß des Leidens in der Welt jetzt und in Zukunft verringert werde. Auf diese Weise wurde alles Elend in bestimmtem Maße zu einer Erinnerung an eine Hoffnung. Jeder Schmerz, dessen Zeuge man wurde oder den man teilte oder erlitt, blieb natürlich Schmerz, doch ließ er sich tendenziell transzendieren, indem man ihn als Ansporn zu größerem Bemühen um eine Zukunft auffaßte, in welcher jener Schmerz nicht existieren würde. Das Elend hatte ein historisches

hofer hat in einer herausragenden Studie zu den *Bildern der Revolution* an Lenaus Albigenser-Epos die 'revolutionäre Melancholie' als eine über die Zukunftserwartung der Französischen Revolution und Hegels hinausgehende spezifische Differenz festgehalten und damit möglicherweise auch das, "was den unverwechselbaren Beitrag Österreichs zur politischen Poesie des Vormärz ausmacht: eine Optik der Negativität, in der die Bilder der Revolution eben noch als versprengte und verschüttete Fragmente einer Trümmerwelt sichtbar werden, die nur noch Heimatlose beherbergt."[24] Noch die Lyrik von Lenaus Jüngern, Hartmann und Meißner, zehrt von der Qualität dieses "gebrochene[n] Pathos der Klage und Anklage" und hebt sie, wie Altenhofer zutreffend schreibt, "über den Durchschnitt der politischen Tagesdichtung hinaus."[25]

Über die Ursprünge der pathetisch-melancholischen Wendung sogar bei den selbsternannten Fortschrittsmännern kann spekuliert werden. Wirkt innerliterarisch ein Lenauscher 'Weltschmerz' nach? Oder ist es, wie Altenhofer vermutet, Hegel-Unkenntnis, Hegel-Abstinenz und eine nicht durch Theatralik kompromittierte, zum Teil heimische Tradition christlichen Ketzer- und Rebellentums, welche Passionsbilder eher denn zukunftsgewisse, wenn auch tragische Konflikte vorgibt? Ist es eine letztlich doch ambivalente, durch Ablehnung und Anhänglichkeit gleichermaßen, und so widersprüchlich, bestimmte Beziehung zum Staat, zur fragilen Ordnung der Habsburgermonarchie (womit die Autoren näher an Grillparzer heranrückten, als sie wahrhaben wollten)?

Ich kann diese Spekulationen hier nicht abschließend entscheiden, möchte ihnen aber eine hinzufügen und mit einem Beispiel belegen, welche die andern nicht ausschließt, sondern allenfalls erweitert, und zwar um ein Moment, das bis weit in das 20. Jahrhundert die österreichische Literatur mit bestimmt. Sukkurs zur begrifflichen Bestimmung kommt dabei von unerwarteter Seite: Joseph Nadler hat in seiner abträglichen Kennzeichnung der Vormärzliteratur eine Art von *ethnic cleansing*, eine literarhistorische Säuberungsaktion, durchgeführt und Hartmanns melancholischen Vermittlungsversuch zwischen tschechischer Ketzertradition und deutsch-nationaler Opposition als seinen "Judenjammer" bezeichnet: "Und da gab sich, als Zwitter, von den Deutschen her, Moritz Hartmann [...] Hatte der Deutsche Meißner sich an den tschechischen Machttrieb verloren, der Jude Hartmann schlug in einen kreischenden völkischen Diskant um [...] Hartmann verwechselte die ingrimmigen Anklagen der Tschechen mit seinem Judenjammer."[26]

Ventil!" John Berger, *Der Mann mit dem zerzausten Haar*, in: ders., *Gute Nachrichten – schlechte Nachrichten*, Leipzig 1992, S. 43-52, Zit. S. 50.

24 Norbert Altenhofer, *Die Bilder der Revolution. Literarische Totenbeschwörung 1789-1848*, in: Kulturamt der Stadt Wien (Hg.), *Wien und Europa zwischen den Revolutionen (1789-1848). 15. Wiener Europagespräch*, Wien 1978, S. 72-99.

25 Ebd., S. 83.

26 Josef Nadler, *Literaturgeschichte der deutschen Stämme und Landschaften* 3, 3. Aufl., Regensburg 1932, S. 135-138.

Ich möchte diesen Begriff wiederaufnehmen, freilich ohne Nadlers Intentionen zu teilen. Daß auch Meißner, nach Nadlers Einteilung wohl Nicht-Jude, 1846 mit seinem *Ziska*-Epos das Hussitenthema aufgreift und in ähnlicher Melancholie bearbeitet, widerspricht dem nicht - oder nur in einem hartgesotten rassistischen Konzept; Meißner, so kann man annehmen, folgt seinem mit den *Böhmischen Elegien* (1844/45) früher erfolgreichen Freund auf ein in den Briefen erkenntliches gemeinsames Gebiet nach. Für Hartmann zeigen sowohl Passions- und Erlösungsmetaphern der *Böhmischen Elegien* wie die aktivistischen Gesten der *Deutschen Freiheitslieder* jene Sehnsüchte an, die, mit Martin Walser zu sprechen, auch 'Heines Tränen' rührten.[27] Daß den Prager Arbeiterunruhen von 1844 antisemitische Töne beigemischt waren, hat Hartmann zutiefst irritiert: "Wenn man übrigens von Revolutionen hört, wie Eure Prager eine war", schreibt er im Juli 1844 an Meißner, "ist man wirklich auf dem besten Wege, ein loyaler Bürger zu werden und seinen Band Gedichte um die Hälfte kleiner zu machen. - Pfui! ist das eine erbärmliche Emeute! Da ist keine Idee von Volksbewußtsein, von Gefühl des Proletariats, von historischer Erinnerung oder einem Blick in die Zukunft. Elender, erbärmlicher Materialismus, der Tandelmarkt ihre Bastille, das Ghetto ihr St. Denis" (BV 255f.).

In Wien war gleichzeitig Heinrich Landesmann dabei, seinen glänzenden Eintritt in die Literatur vorzubereiten. 1845 hatte er Stifter besucht und sich mit ihm über das Problem der staatlichen Gewalt und der radikalen Gegengewalt unterhalten, nicht zu seiner vollen Befriedigung, denn Stifters scheinbar politikferne Beschäftigung mit dem Umschreiben der *Mappe meines Urgroßvaters* schien ihm nicht zeitgemäß. Die Pläne (falls schon vorhanden) zur kleinen Novelle *Zuversicht* (1846), in der Stifter den Ausbruch der 'tigerartigen Anlage' des Menschen in historischen Krisensituationen diskutiert und die Revolution als 'Dämon des Vatermordes' in die seichten Revolutionsdebatten eines Wiener Salons eingeführt hatte, mochte er vor Landesmann verschwiegen haben; ebenso wie das Romanprojekt eines *Max Robespierre*, das er 1844 seinem Verleger Heckenast mitgeteilt hatte.[28] Landes-

---

27 Vgl. Martin Walser, *Heines Tränen*, Düsseldorf 1981.

28 "Künftige Woche seze ich die Mappe fort. Zugleich arbeite ich die Novelle für die Iris 1846 (damit ich ja nicht zu spät komme). Zu Ostern oder etwas später kann ich Ihnen die zwei Bändchen (oder einen Band) meines Mädchens geben. Dann, meine ich, noch den Maximilian Robespierre (historischer Roman in 3 Bänden) heraus zu geben, ehe ich die zweite Sammlung schon erschienener Novellen veranstaltete, damit ich mit ernsteren und größeren Sachen auftrete. Der lezte Stoff ist so schön und hinreißend, daß ich oft selber beim Lesen von Memoiren und beim Notizenmachen in einen Schauer komme, und das Gewicht jener furchtbaren Zeit fühle. Hätte ich Muße, ich würde mich sogleich nieder sezen, und diesen Stoff in jener einfachen, quaderartigen Größe hinzuwerfen versuchen, wie er es verdient. Ich glaube, zwischen 2 und 3 Jahren fertig zu sein. Gelingt es, so muß gerade ein solches Werk großes Aufsehen machen. Im Verbrechen und in seinem Sturze troz allerübermenschlicher Kraft (wie sie oft in Danton sichtbar wird) liegt eine erschütternde moralische Größe, und der Weltgeist schaut uns mit den ernstesten Augen an - wie schön müssen neben diesen Männern einfach schöne, sittliche Frauenkaraktere

mann selbst plant nun jedenfalls ein Versepos, *Die letzte Schlacht*, eine Traumvision, die ihren Ausgangspunkt bei der Bestattung Napoleons im Invalidendom nimmt und im Verlag Herweghs herauskommen soll.[29] Hartmann ist als 'impliziter Leser' bei der Produktion präsent, ihm, dem neuen Haupt der oppositionellen Literatur, werden die ersten Proben vorgelegt.[30] Im Traum eines alten, am Sarkophag trauernden Marschalls erscheint als Vision die letzte Schlacht der Menschheit. Der Kampf gegen die gekrönten Häupter ist ein Kampf gegen die Hydra. Doch an die Seite des Marschalls treten "finstern Augs und düstrer Stirn, begeisterten Sehern gleichend": "der verhungernde Arbeiter, 'einst Bettler, jetzt Fordrer', der vom tausendjähr'gen Netz blöden Hasses umstrickte Jude, der Dichter, der Knuten und Knebeln entsprungene Pole; sie jauchzen im Verlangen nach Rache" (BV 387). Napoleon scheint als neuer Erlöser den endgültigen Sieg herbeizuführen:

> Und plötzlich wie das Bild eines griechischen Gottes, erscheint ein Jüngling auf hohem Schlachtroß, noch unbekränzt sind seine Locken, aber wie tausendstimmiger Ruhm tönt der Jubelschrey der Völker: Napoleon! So wäre dieß der neue Erlöser?
> 'Wird er den Wein des Völkerbluts verklären,
> Und wird er sätt'gen mit der Freiheit Brot?' (BV 387f.).

Napoleon verlangt seinerseits Unterwerfung, wird zunächst abgewiesen, dann aber, "als die Kronen vom Hügel herunter noch blutiger funkeln, stürzen sie flehend vor ihm nieder" (BV 388). Die Kronen verschwinden, die Erde liegt vor dem Helden:

> 'O Wunder! eine Sclavin, reizumflossen,
> Die nichts als des Gebieters Wünsche will,
> So liegt die schöne Erde hingegossen
> Vor einem Einz'gen regungslos und still!' (BV 388).

Doch plötzlich gerät die Natur in Aufruhr, der kronentragende Held, wie von Dämonen verfolgt, scheint zu fliehen, "bis er über dem Ocean, der die Welten bindet, still steht und plötzlich im Meer versinkt" (BV 389). Das Schattenbild eines ägyptischen Traumdeuters weist schließlich den Weg aus dieser historischen Situation und gibt die Antwort auf die Frage nach der Welterlösung, und Landesmann referiert in Prosa:

---

stehen? - - Doch ich gerathe da ins Schwärmen, statt ins Briefschreiben." Adalbert Stifter, *Sämmtliche Werke* 17: *Briefwechsel* 1, 2. Aufl., Reichenberg 1929, S. 123f. (An Gustav Heckenast, 17. Juli 1844).

29 Die Napoleon-Mythisierung erinnert an manchen Stellen an Grillparzers Napoleon-Gedicht von 1821; vgl. dazu weiter Wulf Wülfing, *Zum Napoleon-Mythos in der deutschen Literatur des 19. Jahrhunderts*, in: Helmut Koopmann (Hg.), *Mythos und Mythologie in der Literatur des 19. Jahrhunderts*, Frankfurt/M. 1979, S. 81-108.

30 Vgl. Landesmann an Hartmann, 7. Feb. 1846: "Während der ganzen Arbeit dachte ich an Dich und was Du dazu sagen würdest" (BV 379).

> Wenn einst die Erde ohne mühselige Arbeit von Millionen Händen ihren Segen hervorbringen wird, das Leben nicht mehr dem Leben abzuzwingen sein wird, wenn dadurch irdische Wünsche und Leidenschaften schweigen werden und jeder nur seinen innern Gott suchen und Alle sich im eigenen Innern vollenden werden, dann wird die Welt von ihren Wehen erlöset sein (BV 390).

Das werde ewig dauern. Der einzelne jedoch kann es schon jetzt jeweils für sich erreichen, im Tod: "Des Leibes Enden sey des Geist's Vollendung!" Der einzelne könne vorwegnehmend, an sich selbst, die ganze Sendung der Menschheit vollbringen: "'Was spät der Menschheit wird als That gelingen / Der Einzelne kann's schon im Geist vollbringen!'"(BV 391).

Es bedurfte schon eines großen Ausmaßes an Selbsttäuschung (und Landesmann dürfte sie trotz seiner literaturkritischen Fähigkeiten besessen haben), dieses Werk "obwohl nicht im geringsten politische Deklamation des Tages, von einem so demokratischen Geiste durchdrungen" zu sehen, "daß es in Deutschland nicht wird gedruckt werde dürfen" und deshalb nur die Schweiz als Verlagsort in Frage komme.[31]

Landesmanns quietistische Wende im Geschichtsepos ist keine 'reuige Revolution', keine 'Revolution auf Umkehr'. Es ist eher die hochgespannte Erwartung auf die besondere Emanzipation in der allgemeinen, welche Landesmann mit vielen jüdischen zeitgenössischen Schriftstellern teilt, und die unvermittelt angeschlossene Skepsis, daß es gelingen könne. "Die Juden waren voran, aber keineswegs allein", schreibt Nadler über die "ärgsten Wühler" der Revolution von 1848.[32] Im Hintergrund mag bei Landesmann also die düstere Befürchtung geblieben sein (und das widersprüchlich-resignative Ende motiviert haben), daß schließlich doch nur individuelle Anpassung und innere Distanzierung eine 'Erlösung' aus der Unterdrückung bewirken könne. Es sollte der Zeitpunkt kommen, an dem sich diese Skepsis bestätigen sollte, wo jüdische Autoren wieder allein gelassen waren und sich verraten fühlen mußten von jenen, mit denen sie 1848 gemeinsam Revolution gemacht hatten: Spätestens mit Einsetzen des verschärften Antisemitismus der Siebzigerjahre war diese Zeit gekommen. Es sei etwa an die Klage Berthold Auerbachs erinnert, eines Bewunderers der Wiener Revolution, der spät und vergeblich seinen Anteil an der deutschen Literatur seit dem Vormärz einklagte. Die Modernisierung zum homogenen Nationalstaat zeigt ihre Kehrseite, die ethnische Säuberung. Die Habsburgermonarchie hat, obwohl ihr jene Modernisierung versagt war, diesen Regreß dennoch mitgemacht. Die Konflikte daraus bestimmen ihre Geschichte bis 1914. Ferdinand Kürnberger selbst hat, und damit kehren wir abschließend an den Ausgangspunkt zurück, mit seiner Polemik gegen den ehemaligen Gönner und Revolutionsgenossen Ludwig August Frankl keinen geringen Anteil an dieser Entwicklung. Die Pole-

---

31 Landesmann an Hartmann, 16. Dez. 1845, BV 368.

32 Nadler (s. Fußnote 26), S. 138.

mik ist so heftig, als reute ihn etwas an dieser ehemaligen revolutionären Gemeinsamkeit.

Heinrich Landesmann hat für Kürnberger trotz alledem einen großmütigen und zutreffenden Nachruf geschrieben.[33]

33 Vgl. Hieronymus Lorm, *Ferdinand Kürnberger*, in: *Westermanns illustrierte deutsche Monats-Hefte* 47 (1879/80), S. 506-512.

Eduard Beutner

Zur Technikdebatte in der österreichischen Literatur des Vormärz am Beispiel der Eisenbahn

Respons auf Hubert Lengauer

Hubert Lengauer konzentriert seine Analyse der Positionen österreichischer Vormärzdichter im Spannungsfeld zwischen Modernisierungsdruck und Fortschrittsskepsis auf ihre Auseinandersetzung mit zeitgeschichtlichen Vorgängen seit der Französischen Revolution. Dabei tritt die ambivalente bis reservierte Haltung der Autoren, die dem Druck des Metternichregimes ausgesetzt waren und zugleich um den Zusammenhalt der Monarchie bangten, augenfällig zutage. Zügige Reformen im josephinischen oder frühliberalen Geist werden revolutionären Bewegungen vorgezogen, welche nur außerhalb Österreichs mit der erhofften Signalwirkung für die Monarchie gutgeheißen werden.

Mein eigener Beitrag schließt an Lengauers Befund von der Schwächung der wirtschaftlichen und politischen Position Österreichs an, die durch die Begründung des Deutschen Zollvereins im Jahr 1834 erfolgte und die die österreichische Regierung zur Beförderung oder zumindest zur Duldung eines wirtschaftlichen Reformschubs zwang, an dem auch die Literatur gleichsam als "Trittbrettfahrer des beginnenden Dampfzeitalters" (Lengauer) ihren Anteil nahm.

Diese einen wichtigen Teilaspekt österreichischer Vormärzliteratur aufgreifende Formulierung läßt mich nun der Frage nachgehen, mit welchen Argumenten und Konnotationen österreichische Autoren dieses "beginnende Dampfzeitalter" und seinen technisch-wirtschaftlichen Fortschritt literarisch gestalten. Dabei zeigt sich vor dem Hintergrund der Beschränkung der Meinungs- und Aktionsfreiheit unter Metternich durchwegs ein enger Konnex zwischen Politik und Technik; Begrüßung oder Ablehnung des technischen und wirtschaftlichen Fortschritts stehen in Korrelation zur Haltung des Autors gegenüber politischen Reformen und revolutionären Bewegungen.

Für eine exemplarische Darstellung drängt sich die Eisenbahn als literarisches Motiv seit dem Jahr 1837 geradezu auf, manifestiert sich doch in kaum einem anderen zeitgenössischen Motivkomplex so deutlich die Ambivalenz zwischen Begeisterung, Zukunftshoffnung, Einsicht in die Notwendigkeit der Modernisierung auf der einen und Ablehnung oder zumindestens Skepsis gegenüber dem Fortschritt auf der anderen Seite. In dieser Hinsicht bildet mein Beitrag ein Pendant zu dem Wulf Wülfings[1]: Zeitgenössische Autoren gestalten das Eisenbahnmotiv als 'Realsymbol', nämlich in dem Bewußtsein,

1 Vgl. S. 131-142 des vorliegenden Bandes.

daß die Eisenbahn das sichtbare "Symbol für das sich formierende Industriesystem"[2] sei, und daß Europa mithin an der Schwelle eines neuen Zeitalters mit ebenso unwägbaren wie unentrinnbaren Veränderungen des Daseins stehe. Die Debatten angesichts der Unabwägbarkeit der neuen Technologie führten in Deutschland rasch zur Bildung einander beargwöhnender oder bekämpfender Lager. Ratlosigkeit, Verbitterung über die Veränderung oder Auflösung hergebrachter Strukturen und Zukunftsangst herrschten bei den Romantikern und Konservativen vor, während Liberale, Demokraten und Jungdeutsche die Eisenbahn als Symbol für politisch-gesellschaftliche und wirtschaftliche Fortschrittshoffnungen feierten.[3]

Heinrich Heine, der die zukunftsweisende Technologie von Paris aus im Jahr 1843 zu einem Zeitpunkt erneut kommentierte, als die wesentlichen Argumente (fundamentale Veränderung der Lebensverhältnisse, des Raum- und Zeitgefühls, Gewinnsucht der Financiers und Gesellschaften, Zerstörung der Natur, u.a.) in der zeitgenössischen Debatte bereits ausgetauscht waren, ist für keine der gegensätzlichen Positionen zu vereinnahmen. Mit dem skeptizistisch-analytischen Scharfblick des desillusionierten Spätaufklärers, der den in der Eisenbahn manifest gewordenen technischen Fortschritt zwar grundsätzlich bejaht, seine Faszination auf das Volk jedoch mit gemischten Gefühlen registriert und die Gefährdungen erahnt, beleuchtet Heine die im Bereich des Irrationalen angesiedelten psychologischen Dimensionen. Anläßlich der Eröffnung der Eisenbahnlinien nach Orleans und Rouen im Mai 1843 diagnostiziert er besorgt die Unabwägbarkeit der neuen Technologie zwischen Chance und Gefahr, Verlockung und Ängstigung, die außer Kontrolle zu geraten drohe, weil sie mit den Mitteln der Rationalität noch nicht beherrschbar erscheint:

> Die Eröffnung der beiden neuen Eisenbahnen [...] verursacht hier eine Erschütterung, die jeder mitempfindet, wenn er nicht etwa auf einem socialen Isolirschemel steht. Die ganze Bevölkerung von Paris bildet in diesem Augenblick gleichsam eine Kette, wo einer dem andern den elektrischen Schlag mittheilt. Während aber die große Menge verdutzt und betäubt die äußere Erscheinung der großen Bewegungsmächte anstarrt, erfaßt den Denker ein unheimliches Grauen, wie wir es immer empfinden, wenn das Ungeheuerste, das Unerhörteste geschieht, dessen Folgen unabsehbar und unberechenbar sind. Wir merken bloß, daß unsere ganze Existenz in neue Gleise fortgerissen, fortgeschleudert wird, daß neue Verhältnisse, Freuden und Drangsale uns erwarten, und das Unbekannte übt seinen schauerlichen Reitz, verlockend und zugleich beängstigend [...] Die Eisenbahnen sind wieder ein solches

2 Rolf Peter Sieferle: *Fortschrittsfeinde? Opposition gegen Technik und Industrie von der Romantik bis zur Gegenwart*, München 1984, S. 99.

3 Vgl. Manfred Riedel, *Vom Biedermeier zum Maschinenzeitalter. Zur Kulturgeschichte der ersten Eisenbahnen in Deutschland,* in: Harro Segeberg (Hg.), *Technik in der Literatur. Ein Forschungsüberblick und zwölf Aufsätze,* Frankfurt/M. 1987 (stw 655), S. 102-131, bes. S. 103.

> providenzielles Ereigniß, das der Menschheit einen neuen Umschwung giebt, das die Farbe und Gestalt des Lebens verändert; es beginnt ein neuer Abschnitt in der Weltgeschichte, und unsere Generazion darf sich rühmen, daß sie dabey gewesen.[4]

Für Heine verhießen die Auswirkungen der Eisenbahn am Beginn des ungewissen Industriezeitalters eine mit Vernunftbegründungen aufklärerischen Ursprungs nicht mehr zu erfassende Umwälzung der gesamten Existenz seiner Zeitgenossen. Die österreichischen Vormärzautoren der jüngeren Generation reagierten hingegen trotz der unterschiedlichen Ausprägung ihrer oppositionellen Mentalität zunächst mit einer plakativen programmatischen Gleichsetzung der Leittechnologie Eisenbahn mit der erhofften Bewegung in Politik und Kultur im geistig repressiven Klima der Metternichära. Der Lobpreis auf die Technik wurde Sprachrohr und Ventil der Fortschritts- und Aufbruchssehnsucht, was seitens der Regierung geduldet wurde. Da die franziszeische Politik unter Metternich den technischen Fortschritt zum Zweck wirtschaftlichen Aufholens in Europa nach Kräften förderte, konnte die Zensur schwer dagegen einschreiten, wenn die Autoren ihre demokratischen Freiheits- und Gleichheitshoffnungen in die Glücksverheißungen durch die neue Technik mit hinein verpackten und der Eisenbahn zutrauten, sie würde rasch zur Abschaffung der Zensur beitragen. Auf diesem Umweg gelangten etwa Anastasius Grün und Karl Beck mit pathetischen Eisenbahngedichten, die bürgerliche Freiheiten und die Vereinigung der deutschen Staaten proklamierten, zu großer Bekanntheit, indem sie von fortschrittlichen Bürgerversammlungen in Deutschland heftig akklamiert wurden.[5]

Die Radikalität der technischen Modernisierung und die Manifestation ihrer Unumkehrbarkeit nährte auch bei den österreichischen Frühliberalen die Hoffnungen auf Parallelentwicklungen in der Politik. 1837 hatte der damals einunddreißigjährige deutsch-liberal gesinnte Graf Auersperg, der sich – vom spätjosephinisch denkenden bürgerlichen Grillparzer spöttisch beargwöhnt[6] – aus Solidarität mit den Zielen des vormärzlichen Bürgertums den Dichternamen Anastasius Grün gab, als erster im gleichnamigen Gedicht die *Poesie des Dampfes* beschworen und damit für den Anschluß an die technologische Entwicklung in Westeuropa plädiert, als es in Deutschland mit Ausnahme der Linie Nürnberg–Fürth noch gar keine Eisenbahnen gab.[7] Grün repliziert zunächst auf zeitgenössische Klagen aus dem Umfeld der Romantiker, die ‘schnurgerade’ Eisenbahn würde gleich der Prosa eine Individualität und Künstlertum verkörpernde Poesie in die Flucht schlagen, mit Ironie und dem

4 Heinrich Heine, *Lutetia II*, in: ders., *Historisch-kritische Gesamtausgabe der Werke* 14/1, hg. v. Volkmar Hansen, Hamburg 1990, S. 57f.

5 Vgl. Sieferle (s. Fußnote 2), S. 103f.

6 Vgl. Franz Grillparzer, *Sämtliche Werke*, hg. v. Peter Frank / Karl Pörnbacher, München 1960-1965, 1/420 und 422. Band- und Seitenzahlen in Klammern nach Grillparzer-Zitaten beziehen sich auf diese Ausgabe.

7 Vgl. Riedel (s. Fußnote 3), S. 112.

Lob auf die Flexibilität des menschlichen Forschergeistes. Dieser habe die Knechtschaft schwerer körperlicher Arbeit zu beenden vermocht und damit die Voraussetzung für die Freiheit des Volkes geschaffen. Als Stellvertreterin des Fortschritts besitze die Eisenbahn, indem sie quer durchs Land eine als sichtbares Zukunftssymbol zu deutende geradlinige Dampfspur zieht, die Kraft, dörfliches und kleinstaatliches Patriarchentum aufzurütteln und zu entstauben.[8] Grüns mit pathetischer Rhetorik ausgestattetes Gedicht *Poesie des Dampfes,* noch vor jener seine Fortschrittsgesinnung hemmenden Unterredung mit Metternich publiziert, in der ihn dieser vor die Alternative gestellt hatte, fortan zu schweigen oder auszuwandern[9], mündet in die wohl aus Zensurrücksichten nicht näher präzisierte und in ferne Zukunft gerückte Vision von der Eisenbahn als der Vorbotin einer politischen Entwicklung für "ein glorreich Vaterland und heil'ge Rechte".[10]

Ähnlich, nur unverblümter und stürmischer feierte der einundzwanzigjährige Deutsch-Ungar Karl Beck, seit 1835 Student im freieren Leipzig, im Gedicht *Die Eisenbahn* (1838) von jungdeutschem Fortschrittspathos beseelt, die neue Technik als Symbol für politische Freiheit und faustischen Forschergeist. Die Stärke des Dichters liege im Gegensatz zu jener der Philister und der nur an der ökonomischen Rentabilität orientierten Kleinkrämer und Spekulanten in seiner Partizipation am Forscherdrang Fausts.[11] Beck deutet damit im Dienste seiner Begeisterung für den technischen Fortschritt die Faustfigur Goethes als Ingenieur in dem Sinn um, daß dieser an der Richtigkeit seiner Aufgabe, die Natur zu beherrschen, nun keine Zweifel mehr hegt.[12] Anläßlich der Eröffnung der ersten Teilstrecke Leipzig–Dresden im Jahr 1837 preist Beck die Eisenbahn als Symbol für Frieden und Menschlichkeit, da das nun gezähmte Eisen erstmals in der Geschichte nicht mehr der Vernichtung diene. Konkret und ohne die Vorsichtsmaßnahme der zeitlichen Distanzierung bei Anastasius Grün instrumentalisiert Beck die friedenstiftende Bahn für das Ziel der ersehnten Reichseinigung in der Gegenwart: "Hört ihr brausen die Karossen? / Deutsche Länder sitzen drinnen, / Halten brünstig sich umschlossen. / Wie sie kosen! Wie sie minnen". Mit unbeholfenen poetischen und rhetorischen Mitteln antizipiert Beck den hämmernden Rhythmus des beginnenden Maschinenzeitalters; die komplizierte Mechanik des kraftvollen Antriebs der Eisenbahn wird metaphorisch zum Zentrum des kämpferischen "freiheitsbrausend[en] Zeitgeist[s]".[13] Auch wenn Karl Beck im Schluß des Gedichts die Ambivalenz von 'Fluch' und 'Segen' der neuen

8 Vgl. Anastasius Grün, *Poesie des Dampfes*, in: ders., *Gesammelte Werke* 1, hg. v. Ludwig August Frankl, Berlin 1877, S. 218-221.

9 Vgl. *Deutsches Literatur-Lexikon* 6, 3. Aufl., Bern / München 1978, S. 920.

10 Grün, *Poesie des Dampfes* (s. Fußnote 8), S. 221.

11 Vgl. Karl Beck, *Die Eisenbahn,* in: Otto Rommel (Hg.), *Der österreichische Vormärz 1816-1847,* Leipzig 1931, S. 79.

12 Vgl. Harro Segeberg, *Literarische Technik-Bilder. Studien zum Verhältnis von Technik und Literaturgeschichte im 19. und frühen 20. Jahrhundert*, Tübingen 1987, S. 13.

13 Beck (s. Fußnote 11); Zitate S. 80.

Technik andeutet, ohne sie näher auszuführen, bleibt er wie Anastasius Grün ein Vertreter des von den jungdeutschen Zeitgenossen akklamierten und von Franz Grillparzer verspotteten Fortschrittspathos, mit dem auch die tiefgreifende Veränderung der Landschaft durch die Eisenbahn als zivilisatorischer Fortschritt gepriesen wurde.

Gerade dies stieß bei Nikolaus Lenau und seinem durch die Romantik sensibilisierten - in heutigem Verständnis ökologischen - Bewußtsein auf grundsätzliche Skepsis und ließ ihn die Einschätzung der Eisenbahn zwischen Heil und Unheil, zwischen erhoffter Freiheit und Symbol für Profitgier offen halten. Der zweifelnde, fragende Gestus der 'revolutionären Melancholie' des in der modernen fragmentarischen Trümmerwelt Heimatlosen, von Hubert Lengauer in Anlehnung an Norbert Altenhofer als österreichisches Spezifikum festgehalten[14], ist thematisch und stilistisch das Strukturprinzip des Gedichts *An den Frühling 1838*. Lenau ist jedoch nicht wie Friedrich Rückert ein Vertreter der romantischen Gegenaufklärung. Wie diese versagt er zwar jenen Segmenten des zeitgenössischen Fortschrittsdenkens die Zustimmung, die die Veränderung von Natur und Landschaft, ihre geometrische Abstraktion durch die Eisenbahn gerade als Reiz des Neuen begrüßt hatten. Lenaus resignativer Fragegestus bedauert die Anpassung der Landschaft an die Verkehrswege mit Tunnels, Einschnitten, Aufschüttungen und geraden Linien, welchen auch jahrhundertealte Bäume zum Opfer fielen.[15] Im Nachklang der Romantik, der auch das Ineinandergreifen der poetischen Bilder und ihre gleichzeitige Verwendung für die Bereiche Natur, Religion, Technik und Politik verpflichtet ist, wird der Eingriff in die unberührte Natur gleichgesetzt mit dem Verlust tief verwurzelter Volksfrömmigkeit, die Lenau mit einem 'Marienbild' symbolisiert, das den Begradigungen zum Opfer fällt.[16] Das lyrische Ich hält seine und des Rezipienten Zweifel ohne Versuche der Harmonisierung aufrecht. Wie in Lenaus Epos *Die Albigenser* überwiegt jedoch am Schluß des Gedichts die verhaltene Hoffnung auf die positive politisch-kulturelle Signalwirkung des mit dem Frühling ambivalent symbolisierten technischen Fortschritts:

> Doch du lächelst freudenvoll / Auf das Werk des Beils,
> Daß ich lieber glauben soll / An die Bahn des Heils.
> Amselruf und Finkenschlag / Jubeln drein so laut,
> Daß ich lieber hoffen mag / Die ersehnte Braut.[17]

In Franz Grillparzers Eisenbahngedichten und -epigrammen, die thematisch in seine lebenslange Auseinandersetzung um den kulturellen und den gesell-

---

14 Vgl. Norbert Altenhofer, *'Die Ironie der Dinge'. Zum späten Hofmannsthal*, Frankfurt/M. u.a. 1995, S. 41.

15 Vgl. Sieferle (s. Fußnote 2), S. 115.

16 Vgl. Nikolaus Lenau, *An den Frühling 1838*, in: ders., *Sämtliche Werke, Briefe*, Stuttgart 1959, S. 275f.

17 Ebd., S. 276.

schaftlich-politischen Fortschritt seiner Zeit und dessen Rückschläge eingebunden sind, spielt das romantische Motiv der Naturzerstörung beinahe keine Rolle. Auch die Symbole der Volksfrömmigkeit sind dem kirchenkritischen und gegen - aus seiner Sicht - bigotte deutsche Romantiker, die vorübergehend auch in Österreich auftraten, ins Feld ziehenden Spätjosephiner kein Anliegen. Grillparzer hatte rasch erkannt, daß die Errichtung eines überregionalen Eisenbahnsystems, das wichtige deutsche Städte und Gewerbegebiete verband, neben dem Zusammenschluß im Zollverein die materielle Voraussetzung für ein geeintes Deutschland war.[18] Sorge und Verbitterung über zunehmende Hegemonieansprüche und Überlegenheitsattitüden gegenüber Österreich sind zentrale Themen in den Gedichten und Epigrammen.

Mit den Romantikern, vor allem aber mit Heine, teilt er allerdings die Sorge, der technische Fortschritt führe zu Nivellierung, Oberflächlichkeit und Gleichschaltung. Wie Karl Beck sieht Grillparzer in Handel und Gewerbe eine Bedrohung des Geistes und befürchtet im Gleichklang mit der seit der Romantik gängigen Klage den Verlust der Poesie (vgl. *Die Schwestern*, 1,249f.). Nicht die egalitäre, sondern die elitäre Kraft des Geistes und der Dichtung gegen kulturelle Nivellierung und Universalisierung hatte Grillparzer zuvor mehrfach, etwa im Gedicht *Napoleon* von 1821 (1,144ff.) und später zeitlebens verfochten.[19] Libussa sieht in ihrer großen utopischen Vision die in weiter Ferne liegende demokratische Selbstbestimmung um den Preis der "nur noch erborgte[n] Kraft" und der nivellierenden Gleichschaltung erkauft: "Die lang gedient, sie werden endlich herrschen, / Zwar breit und weit, allein nicht hoch noch tief [...]" (2,340f.). Diese Überzeugung Grillparzers und ihre Argumentationslinien prägen in Verbindung mit der Sorge um die Auflösung des Vielvölkerstaates auch seine Ablehnung der Wiener Märzrevolution von 1848, die neben anderen das Gedicht *Der Reichstag* von 1849 artikuliert (1,325ff.).

Wie viele Zeitgenossen zweifelt Grillparzer aus Anlaß eines Unfalls an der technischen Zuverlässigkeit der neuen Eisenbahn; dennoch spiegelt das spöttische Epigramm *Eisenbahn* von 1838 die nachhaltige Schockwirkung nicht wider, die die ersten Eisenbahnunfälle auf das Publikum ausgeübt hatten.[20] Den durch Geschwindigkeit erzielten Fortschritt hält er im gleichnamigen Gedicht von 1838 ebenfalls für zweifelhaft; in selbstironischer Pose bleibt das lyrische Ich hinter den vorwärtsstürmenden 'Bahngenossen' beschämt, jedoch aus freien Stücken am Wegrand zurück, auf die enteilte Zeit wartend. Von einem traumatisierten Josephinismus geprägt und an der Über-

---

18 Vgl. Sieferle (s. Fußnote 2), S. 101.

19 Vgl. Eduard Beutner, *'Von Unsinn zu Unsinn geht der Bildungsgang der Welt...': Franz Grillparzer als Diagnostiker seiner Zeit*, in: Martina Lauster (Hg.), *Deutschland und der europäische Zeitgeist. Kosmopolitische Dimensionen in der Literatur des Vormärz*, Bielefeld 1994, S. 169-194, bes. S. 175f. und 185.

20 "Die Vivats sind gebracht / Dem Zug auf allen Strecken. // Die Vivats reisen schnell, / Allein der Zug bleibt stecken" (1,427 und 1247 [Kommentar]). Vgl. dazu auch Sieferle (s. Fußnote 2), S. 91.

zeitlichkeitskonzeption der deutschen Klassiker orientiert, erkennt Grillparzer die Postulate des Maßes, der Behutsamkeit und der Skepsis gegenüber einem modischen Zeitgeist als die Eckpfeiler eines wahren Fortschritts:

> Der Gang der Welt ist nicht so rasch, / Als Torheit meint und spricht;
> Man weiss wohl: Flügel hat die Zeit, / Die Zeiten aber nicht! (1,260).

Im Vorfeld der Märzrevolution greift Grillparzer 1847 im Gedicht *Fortschritt-Männer* das in der zeitgenössischen Debatte von Beginn an umstrittene Phänomen der Verkürzung der räumlichen Distanz durch die Eisenbahn wieder auf und erklärt unter Berufung auf das Gebot der Selbstbegrenzung die Ansicht, solche Verkürzung sei ein Fortschritt des Geistes, zum fatalen Irrtum (vgl. 1,312). In ironischer Erweiterung der gängigen Fortschrittstopik benützt Grillparzer seine Eisenbahngedichte und -epigramme zudem als kritische Spitze Feder im zeitgenössischen Poetikstreit um Wert und Unwert von Gelegenheits- und Tendenzdichtung. Anastasius Grün hatte sie im Gedicht *Poesie des Dampfes* mit dem Argument verteidigt, die herkömmlichen poetischen Formen und Gattungen seien der neuen Zeit nicht mehr angemessen.

Johann Nestroy nahm hingegen wie Grillparzer die opportunistischen Auswüchse des frühliberalen und revolutionären Zeitgeists satirisch aufs Korn. Als Konsequenz aus seinem zwiespältigen Verhältnis zur Revolution von 1848 wird der Konjunkturritter Sperling in *Freiheit in Krähwinkel* zur sprach-, literatur- und ideologiekritischen Karikatur der Freiheitsdichtung stilisiert.[21] Grillparzers bissiges Epigramm von 1839: "EISENBAHNEN, ANLEHN und Jesuiten / sind unbestritten / Die Wege, die wahren / zum Teufel zu fahren" (1,436) vereint mit treffsicherer Prägnanz die wichtigen Stränge und politisch-gesellschaftlichen Konnotationen der zeitgenössischen Modernisierungsdebatte in Österreich am Beispiel der Eisenbahn. Nach aufgeklärt-josephinischer Manier und literarischer Tradition verspottet er die später in Peter Roseggers biographischer Erzählung *Als ich das erstemal auf dem Dampfwagen saß* erinnerte, im Zeichen des volkstümlichen Aberglaubens stehende Dämonisierung der Eisenbahn als Teufelswerkzeug, als das der Pate des jugendlichen Rosegger die neue Semmeringbahn empfunden hatte.[22] Suspekt und mit seiner bürgerlichen josephinischen Staatsethik unvereinbar erscheinen dem österreichischen Beamten Grillparzer die von Heine gleichfalls beargwöhnte wirtschaftsliberale Profitgier und die Spekulation mit privaten und erst recht mit staatlichen Anleihen, die der Eisenbahnbau in Österreich nach sich gezogen hatte. Grillparzer setzt den wiedererstarkten klerikalen Feudalismus – 1836 hatten die Jesuiten ihre alten Rechte zurückerhalten – mit dem seiner Ansicht nach ins Haus stehenden Staatsbankrott gleich, den die Metternichsche Politik der Eisenbahnfinanzierung über Staatsanleihen

---

21 Vgl. Friedrich Sengle, *Biedermeierzeit* 3, Stuttgart 1980, S. 246.

22 Vgl. Peter Rosegger, *Als ich das erstemal auf dem Dampfwagen saß*, in: ders., *Waldheimat. Erinnerungen aus der Jugendzeit*, 3. Aufl., Wien u.a. 1886, S. 387-398.

fahrlässig herbeizuführen drohte. Diese Befürchtung bestätigte Grillparzer einmal mehr in seinem Verdacht, daß gerade in Österreich deklamatorisch gefeierte Symbole des Fortschritts wie die Eisenbahn, der Deutschliberalismus oder das erstarkende Selbstbewußtsein der Nationalitäten in Wahrheit den Schritt zurück in die Abkehr von Aufklärung und Humanität einzuleiten begannen.

In der Adaptierung des Eisenbahnstoffes für Komödien und Possen des Wiener Volkstheaters wird die zeitgenössische Modernisierungsdebatte in Österreich im wesentlichen mit den bei Heine bereits anzutreffenden Gesichtspunkten weitergeführt, gleichzeitig aber komödiantisch verniedlicht und damit verharmlost. Das Vergnügen einer Eisenbahnfahrt war seit der Fertigstellung der Nordbahnstrecke nach Brünn 1839 und der Südbahnstrecke zu Beginn der vierziger Jahre besonders in den Sommermonaten zur geschäftlichen Konkurrenz für das Volkstheater geworden, der es sich mit der Darstellung der Eisenbahn auf der Bühne zu stellen suchte. Nestroys Posse *Eisenbahnheirathen oder Wien, Neustadt, Brünn* von 1844 nutzt in der Bearbeitung einer keineswegs fortschrittsskeptischen französischen Vaudeville-Vorlage die wesentlichen Versatzstücke der zeitgenössischen Debatte für die Dramaturgie der Verwechslungskomödie: das erschütterte oder vernichtete Raum-Zeitgefühl und die damit verbundene Orientierungslosigkeit der Eisenbahnbenutzer, die Chancen und Gefahren des schnellen Ortswechsels. Die Intrigen und Verwicklungen erweisen sich als "äußere Zeichen einer beginnenden Entfremdung des Menschen unter dem Einfluß von Technik und Fortschritt".[23] Die Marktbedingungen des Wiener Volkstheaters und die Eingriffe der Zensur lassen Nestroy die bestehenden Gesellschafts- und Nationalitätenprobleme im Vorfeld der Revolution von 1848 ebenso verharmlosen wie den in den *Eisenbahnheirathen* zentral gestalteten Konflikt zwischen Residenz und Provinz. So kann die Posse als versöhnliche Antwort auf den zunehmenden Nationalitätenhaß zwischen Tschechen und Deutschen nur wenig wirksam werden.[24]

Die Eisenbahndichtung der österreichischen Vormärzautoren ist stets überlagert von politischen und gesellschaftlichen Konnotationen, die ihr eigentliches semantisches Feld überschreiten. Die literarische Ästhetisierung der neuen Technologie spielt dabei nur eine untergeordnete Rolle. In allen Phasen der Debatte um die Eisenbahn werden die Existenzfragen der Monarchie mit angesprochen, für deren inneren Zusammenhalt und Stärkung gegenüber Deutschland die Autoren eintreten. Unter den möglichen Reaktionen gewinnt mit der Verschärfung der Konflikte gegen das Jahr 1848 hin jene Variante die Oberhand, die dem Druck durch eine technische Modernisierung, die den Staat selbst erschüttern könnte, mit Fortschrittsskepsis begegnet.

---

23 Johann Nestroy, *Eisenbahnheirathen oder Wien, Neustadt, Brünn,* in: ders., *Sämtliche Werke. Historisch-kritische Ausgabe* 20, hg. v. Jürgen Hein, Wien 1986, Kommentar S. 87.

24 Vgl. Sengle (s. Fußnote 21), S. 243.

Helga Brandes

Revolutionskomödien im deutsch-österreichischen Vormärz

"[...] wir haben eine Menge Freiheiten gehabt, aber von Freiheit keine Spur."
(*Freiheit in Krähwinkel*)

Die um 1848 erschienenen Lustspiele, die sich mit der Revolutionsthematik befassen, können nur im weitesten Sinne als 'Revolutionskomödien' bezeichnet werden. Ein radikaler Revolutionsbegriff, der gewaltsamen Herrschaftssturz beinhaltet, liegt diesen Texten nicht zugrunde. Doch setzen sie sich für Ideen ein, die bereits 1789 zentral waren. Die Forderung nach Menschenrechten gibt ihnen ihre Signatur.[1] In den meisten Dramen erscheinen 'Freiheit' und 'Gleichheit' als hoher Wert. Utopische Züge sind dabei unverkennbar. Gleichzeitig warnen die Stücke ihr Publikum davor, diese einmal erreichten Werte wieder aufs Spiel zu setzen.

Die heitere Weltsicht der Komödie und das ernste Thema der Revolution - ein Widerspruch in sich? Wenn überhaupt, so ist es ein Widerspruch, den die Autoren m. m. produktiv zu wenden verstanden. Da die Komödien nicht als Medium der Historiographie fungieren, können sie sich (wie die Belletristik überhaupt) - ästhetisch, formal, inhaltlich - auch mehr Freiheiten erlauben. Daß diese Gattung zudem eine Schutzfunktion hatte, sollte nicht übersehen werden: So manche Komödie mit politisch brisanter Ausrichtung entging auf diese Weise der Zensur.[2] Denn im Gegensatz zu etlichen Lustspielen aus der Zeit der Französischen Revolution[3] erscheint in den Komödien des Vormärz die Revolution mit positiver Konnotation.

Die folgenden Beispiele beleuchten unterschiedliche Aspekte der Achtundvierziger Zeit: den (vorrevolutionären) Aufbruch (Eduard von Bauernfeld: *Großjährig*, 1846), das revolutionäre Ereignis (Johann Nestroy: *Freiheit in Krähwinkel*, aufgeführt 1848, gedruckt 1849) und - als Folge der Revolution - die Gründung des Parlaments (Leopold Feldmann: *Der deutsche Michel, oder Familien-Unruhen*, 1849). Alle drei Stücke erheben das Volk, in symbolisierter Form, zum Hauptakteur, was teilweise schon in der Titelgebung zum Ausdruck kommt: 'Hermann' bei v. Bauernfeld, 'Michel' bei Feldmann, die 'Krähwinkler' mit Eberhard Ultra an der Spitze bei Nestroy.

---

1 Eine repräsentative Auswahl gibt die Anthologie von Horst Denkler (Hg.), *Der deutsche Michel. Revolutionskomödien der Achtundvierziger*, Stuttgart 1979.

2 So z.B. ließ die Zensur Nestroys Posse *Freiheit in Krähwinkel* drucken.

3 Vgl. z.B. Goethes Lustspiele von 1793: *Der Bürger-General* und *Die Aufgeregten*, in denen - als Antwort auf die Terreur-Phase - die Revolution abgelehnt wird.

1. Eduard von Bauernfeld: "Großjährig"

Hermann durchläuft die Entwicklung vom Unmündigen zum Großjährigen (Volljährigen), vom abhängigen Mündel zum selbstverantwortlichen Erwachsenen. Seine Verbindung mit Auguste, die die Freiheit personifiziert, läßt keinen Zweifel mehr aufkommen: Er hat es geschafft. Er erscheint am Ende "als neuer Mensch" (II/11, 69).[4] Hermanns Entwicklung verkörpert den schwierigen Prozeß, den das unterdrückte Volk durchzumachen hat, bis es frei ist. Doch diese Idylle erhält zum Schluß noch einen 'Dämpfer': Auguste ist die Nichte Blases, eines ausgemachten Feindes der Revolution. Durch die Heirat mit Auguste gerät Hermann in verwandtschaftliche Beziehungen zu den Mächten des 'Status quo':

> *Blase*: Herr Spitz! Ist's denn wirklich? Wir sind wieder nothwendig?
> *Spitz* (händereibend): Der Status quo ist hergestellt –
> *Blase*: Es bleibt beim Alten – Blase – Blase –
> *Schmerl*: Nein, es geht vorwärts! Das hat man uns zu danken – der Dings da – der Opposition! (II/11, 70)

Bauernfeld erweist sich als ein Autor mit prognostischen Fähigkeiten. Sein Lustspiel ist ein politisches Zeitstück, das – im Gewande eines Familiendramas – die Mißstände unter Metternich auf satirische Weise verspottet: das Volk, Metternich, die Liberalen, das Juste Milieu etc.[5] Der Wiener Autor kennt die Szene. Elemente des Konversationsstücks sind unverkennbar. Diese Gattung, durch Eugène Scribe geprägt, gehörte ohnehin zu seinen bevorzugten Dramenformen.[6]

1849 übt Bauernfeld dann in dem Nachspiel zu *Großjährig*, in der 'Zeitfarce' *Ein neuer Mensch*, Kritik an den "redefreudigen, aber tatenscheuen Achtundvierzigern."[7]

2. Johann Nestroy: "Freiheit in Krähwinkel"

Nestroys Posse ist bereits stärker handlungsorientiert. Ihren politischen Gehalt bezieht sie aus der unmittelbaren Darstellung der Revolutionsereignisse. Auch Nestroy, der Wiener Schauspieler und Bühnendichter, zeichnet sich

---

4 Zit. wird nach der Ausgabe Denklers (s. Fußnote 1), S. 20-70. Die römische Zahl benennt auch im folgenden den Aufzug, die erste arabische Zahl den Auftritt, die zweite die Seite.

5 Dazu: Horst Denkler, *Restauration und Revolution. Politische Tendenzen im deutschen Drama zwischen Wiener Kongreß und Märzrevolution*, München 1973, S. 310f. – Und: ders., *Quellen, Kurzbiographien und Kommentare*, in: *Revolutionskomödien* (s. Fußnote 1), S. 437.

6 Vgl. seine frühen Stücke, z.B. *Die Bekenntnisse* (1833) und *Bürgerlich und romantisch* (1835).

7 Denkler, *Restauration* (s. Fußnote 5), S. 311.

durch Weitblick aus. Er warnt vor einer Revolutionseuphorie. Er huldigt der Idee der Freiheit bei gleichzeitiger Verspottung revolutionspathetischer Gesten. Die Posse ist vielschichtig, da satirisch-ironisch gebrochen. Sie entzieht sich der Deutung auf den ersten Blick. Eine Ambivalenz ist dem Stück eigen, die sich schon im Aufbau spiegelt.

Abb. 1: Szenenbild mit Jeanette Schmidt-Demmer als Emerenzia, Nestroy als Eberhard Ultra (als Liguorianer verkleidet), Katharina Herzog als Cecilie und Wenzel Scholz als Klaus (I,18). Kolorierter Kupferstich nach einem Aquarell von Johann Christian Schoeller, in: *Freiheit in Krähwinkel. Posse mit Gesang [...] Von Johann Nestroy. Mit drei allegorischen illuminirten Bildern*, Wien: J.B. Wallishausser 1849.

Die Posse besteht aus zwei Abteilungen: der 'Revolution' und der 'Reaktion'. Wenige Wochen nach Ausbruch der Märzrevolution hat Nestroy diese Komödie verfaßt (Mai/Juni); die Uraufführung findet bereits am 1. Juli statt. Das Stück gehört zu seinen erfolgreichsten: 1848 allein erlebte es 36 Aufführungen[8], mit Nestroy in der Rolle des Eberhard Ultra (s. Abb. 1-3).

In der zentralen Figur Eberhard Ultra, 'Mitarbeiter' der 'Krähwinkler Zeitung', artikuliert sich die revolutionäre Seite. Es sei höchste Zeit für Veränderung:

8 Vgl. Jürgen Hein, *Johann Nestroy*, Stuttgart 1990, S. 87f.

Ultra: [...]
Diese Zeit war bequem
Für das Zopfensystem
[...] (I/7, 12).[9]

Und er fährt fort:

> Recht und Freiheit sind ein paar bedeutungsvolle Worte, aber nur in der einfachen Zahl unendlich groß, drum hat man sie uns auch immer nur in der wertlosen vielfachen Zahl gegeben. [...] Und trotz all diesen unschätzbaren Rechten haben wir doch kein Recht g'habt [...] wir haben eine Menge Freiheiten gehabt, aber von Freiheit keine Spur (I/7, 13f.).

Der Sieg der Restauration ist noch nicht in Sicht, und doch bringt Nestroy schon die 'Reaktion' ins Spiel. Er entwirft 'Feindbilder' (z.B. Vertreter fremder Nationen: 'Rußland'), die die Freiheit 'bedrohen'. So könnte eine Aussage des Stücks lauten: Nur durch ständige Wachsamkeit des Volks ist die gewonnene Freiheit vor Schaden zu bewahren. Das Ende der Komödie - ganz der Gattung verpflichtet - läßt die Revolution siegen. Das Schlußtableau beschwört das Bild der triumphierenden Freiheit: Es erscheinen vor den Barrikaden "Arbeiter mit ihren Werkzeugen", "auf den Barrikaden Krähwinkler, darunter Mädchen in Studentenuniform" (Regieanweisung III/22, 72). Ermunternd ruft Ultra, mit einer Fahne in der Hand, seinen Krähwinklern zu:

> Also, wie's im großen war, so haben wir's hier im kleinen g'habt, die Reaktion ist ein Gespenst, aber G'spenster gibt es bekanntlich nur für den Furchtsamen; drum sich nicht fürchten davor, dann gibt's gar keine Reaktion! (Alles singt die erste Strophe der Volkshymne: "Was ist des Deutschen Vaterland?" Marsch von Strauß jun., während welchem ein Fackelzug über die Bühne geht, unter Jubelgeschrei fällt der Vorhang.) (III/25, 74).

Die politische Dramaturgie wird durch possenhafte, satirisch-parodistische Elemente 'entschärft' (Wortspiele, Couplets[10], Verkleidungs- und Verwandlungsszenen, Anspielungen[11], Verwechslungsmotiv u.ä.).[12] Kontrast, Hetero-

---

9 Zit. n. Johann Nestroy, *Freiheit in Krähwinkel*, hg. von Jürgen Hein, Stuttgart 1994.

10 Zum Thema der politischen Songs vgl. John R.P. McKenzie, *'Aufgeklärt Occonnelisch, wird Irrland rebellisch.' Political Songs in Nestroy's 'Freiheit in Krähwinkel'*, in: Peter Skrine / Rosemary E. Wallbank-Turner / Jonathan West (Hgg.), *Connections. Essays in Honour of Eda Sagarra on the Occasion of her 60th Birthday*, Stuttgart 1993 (Stuttgarter Arbeiten zur Germanistik 281), S. 169-178.

11 So z.B. - wie das folgende Zitat zeigt - auf das Junge Deutschland. - Ähnlich wird in Bauernfelds *Großjährig* (I/4, 30) der "jeune France" gedacht.

12 Zu Nestroys Posse im Kontext der Geschichte des Wiener Volkstheaters vgl. Eda O'Shiel de Sagarra, *'Krähwinkel', Imperial Village. An Episode in the Viennese Popular Theatre*, in: *German Life and Letters* (N.F.) 23 (1969-70), S. 310-315. - Und: Jürgen Hein, *Das*

genität, Diskrepanz zwischen Inhalt und Form gehören zum komischen Darstellungsmodus dieser Krähwinkeliade.[13] Die Diminutivform in Verbindung mit den hohen Zielen der Revolution ("Konstitution, Freiheit") läßt Ultras Krähwinkel-Utopien lächerlich, harmlos, als Bagatelle erscheinen. Im Dialog mit Pfiffspitz, dem Redakteur der Krähwinkler Zeitung, 'verkündet' er:

> *Ultra*: [...] Konstitution, Freiheit, Junges Krähwinkel, das alles schwebt über unsern Häuptern, wir dürfen nur greifen darnach.
> *Pfiffspitz*: Revolution in unserm Krähwinkel? Dahin kommt es wohl nie!
> *Ultra*: Wer sagt Ihnen das? Alle Revolutionselemente, alles Menschheitsempörende, was sie wo anders in großem haben, das haben wir Krähwinkler in kleinem. Wir haben ein absolutes Tyrannerl, wir haben ein unverantwortliches Ministeriumerl, ein Bureaukratieerl, ein Zensurerl, Staatsschulderln, weit über unsere Kräfterln, also müssen wir auch ein Revolutionerl und durchs Revolutionerl ein Konstitutionerl und endlich ein Freiheiterl krieg'n (I/8, 17).

Nestroy hat mit dieser bagatellisierenden, z.T. verniedlichenden Darstellung der Revolutionsthematik das Wiener Publikum gewiß unterhalten wollen. Daß sich darin Nestroys Absicht nicht erschöpft, zeigt die ambivalente Struktur des Stücks. Er ironisiert beide Seiten.[14] (Das hat auch in der Nestroy-Forschung immer wieder zu kontroversen Einschätzungen des Autors geführt: harmloses Unterhaltungsstück vs. 'ernste Komödie'.[15]) Einmal mehr drückt sich die desillusionierende Skepsis aus, die zur Grundhaltung Nestroys gehört.

3. Leopold Feldmann: "Der deutsche Michel, oder Familien-Unruhen"

Feldmanns 'Deutscher Michel' schließlich enthält außer den bereits genannten Topoi ein weiteres Motiv: die Konstituierung des deutschen Parlaments in der Frankfurter Paulskirche. (Die verfassunggebende Nationalversammlung war dort am 18.5.1848 zusammengetreten; der 1815 begründete Frankfurter Bundestag wurde am 13.7.1848 aufgelöst.)

Wiener Volkstheater. Raimund und Nestroy, Darmstadt 1978. – Des weiteren: Erich Joachim May, *Wiener Volkskomödie und Vormärz*, Berlin 1973.

13 Kotzebues Lustspiel *Die deutschen Kleinstädter* (1802; 1803 uraufgeführt) begründet den Typus der 'Krähwinkeliade'. Kleinstädtische Beschränktheit wird aufs Korn genommen. Die Satire ist im Unterschied zu Nestroys Posse weitgehend zeitlos; vornehmlich allgemein menschliche Schwächen (Ruhm-, Titelsucht u.ä.) werden hier verspottet. – Eine weitere 'Krähwinkeliade', die Nestroy beeinflußt hat, war Adolf Bäuerles *Die falsche Primadonna in Krähwinkel* (1818). – Dazu: Peter Pütz, *Zwei Krähwinkeliaden 1802/1848*, in: Walter Hinck (Hg.), *Die deutsche Komödie vom Mittelalter bis zur Gegenwart*, Düsseldorf 1977, S. 175ff.

14 Vgl. Roy C. Cowen, *Das deutsche Drama im 19. Jahrhundert*, Stuttgart 1988, S. 123.

15 Vgl. im einzelnen: Wolfgang Rothe, *Deutsche Revolutionsdramatik seit Goethe*, Darmstadt 1989, S. 66ff.

Die Titelfigur, der schläfrige Vetter Michel, symbolisiert das dumm gehaltene Volk. Doch Michel wirft zum Schluß "seine Schlafmütze von sich" (V/12, 287).[16] Und seine letzten Verse lassen hoffen, daß zumindest er wachsam bleiben will:

Nun, da ich die Freiheit habe,
Ist mein langes Leid belohnt,
Jetzt muß ich nur noch erfragen,
Wo die deutsche Einheit wohnt? (V/12, 289).

Abb. 2: Szenenbild mit Heinrich Moritz als Rummelpuff, Johann Baptist Lang als Nachtwachter, Nestroy als Eberhard Ultra (als russischer Fürst verkleidet), H. Swoboda als Willibald Wachs u.a. (II,4). Kolorierter Kupferstich nach einem Aquarell von Johann Christian Schoeller, in: *Freiheit in Krähwinkel. Posse mit Gesang [...] Von Johann Nestroy. Mit drei allegorischen illuminirten Bildern*, Wien: J.B. Wallishausser 1849.

Gesinnungslosigkeit und politische Inkompetenz werden in der Figur des Anton Krapf kritisiert. Wider seinen Willen wird dieser reaktionäre 'Held' auf Anordnung des Fürsten (der ihn für dessen fortschrittlich gesinnten Bruder Albert hält) als "Vorkämpfer der Linken" in die Ständekammer delegiert

16 Zit. wird nach der Ausgabe Denklers (s. Fußnote 1), S. 209-289.

(vgl. II/10, 239f.). Der Fürst selber erscheint – nicht durch Revolution und Herrschaftssturz, sondern in bester aufklärerischer Manier: aus Einsicht und Überzeugung – als liberal denkender, verantwortungsvoller Reformer. An seinen Vorbildern läßt er keinen Zweifel: "Alle großen Männer waren Liebhaber der Freiheit: Kant und Klopstock, Locke und Rousseau, Franklin und Schiller verehrten diese Göttin [...]" (II/10, 238). Als 'Parlamentarier' wird Anton – nun auf der anderen Seite stehend – zur wichtigen Person, der stolz von seinen 'Erfolgen' berichtet:

> Ja wohl, ich machte gestern in der Eröffnungs-Sitzung mein erstes Debüt als Redner, indem ich nach der Schwurformel ein: "Ich schwöre!" aussprach, was nicht ohne Sensation blieb. Die Bewegung hatte meiner Stimme ein Falset gegeben, das von den Ministern bemerkt wurde und dem Präsidenten ein kaum merkliches Lächeln entlockte (IV/3, 259f.).

Abb. 3: Szenenbild mit Nestroy als Eberhard Ultra (als Metternich verkleidet), Louis Grois als Bürgermeister und Wenzel Scholz als Klaus (III,15). Kolorierter Kupferstich nach einem Aquarell von Johann Christian Schoeller, in: *Freiheit in Krähwinkel. Posse mit Gesang [...] Von Johann Nestroy. Mit drei allegorischen illuminirten Bildern*, Wien: J.B. Wallishausser 1849.

In der Rolle des karriere-orientierten, opportunistischen, einfältigen 'Politikers' kommen ironisch-satirische Elemente zum Zuge. In Ermangelung eigener Geistesblitze sammelt Anton Formulierungen für seine Reden: "Bruder, diesen Schlußsatz notire ich mir, und lasse ihn morgen in der Kammer los" (V/10, 286).[17]

Das 'Zeitbild' des Münchner Autors Feldmann enthält einige Szenen, denen Komik und Schwung nicht abzusprechen sind (IV/8-13); doch insgesamt überwiegen die dramaturgischen Schwächen. So wirken beispielsweise die Dialoge nicht selten langatmig, unbeholfen und schwerfällig.[18]

****

Abschließend sei noch auf weitere Motive und Stilzüge hingewiesen, die alle drei Komödien aufweisen. Liebesgeschichte und Heiratstopos fehlen ebensowenig wie andere gattungstypische Mittel: das der Intrige, Täuschung und List. – Mit Vorliebe werden auch Symbole und Metaphern (z.B. die Naturmetaphorik[19]) zur Charakterisierung politischer Vorgänge und Haltungen eingesetzt. Besonders deutlich zeichnen sich dabei kontrastive Zuschreibungen ab (alt – jung, Land – Stadt etc.). – Die Schwarz-Weiß-Zeichnung bestimmt cum grano salis die Figurengestaltung (Typen). Dazu passen die sprechenden Namen, die häufig vorkommen. Überwiegend sind hier also traditionelle Elemente der Komödie (etwa der Typenkomödie des 18. Jahrhunderts) am Werk. Literarische Anspielungen, Reflexionen u.ä. betonen die 'Kunst' und vernachlässigen das 'Leben'. Der Verweisungscharakter dominiert. Eine Ausnahme stellt Nestroys Posse dar, der – wie schon erwähnt – das Moment der Handlung nicht zu kurz kommen läßt. Aber auch bei ihm wird, wie bei den anderen, der Revolutionstopos durch Ironie gebrochen, zumindest aber die Spitze der revolutionären Idee umgebogen. Feldmann redet gar nur noch einer evolutionär bedingten Veränderung das Wort.

Die Antwort der Bühnendichter des deutsch-österreichischen Vormärz auf die politische Herausforderung der Zeit ist Ausdruck ihrer literarischen Möglichkeiten und Grenzen, ihres Versuchs, eine etablierte Form der literarischen Öffentlichkeit (hier u.a. das österreichische Volkstheater) dezidiert für politische Zwecke zu nutzen, sowie eines möglicherweise spezifisch österreichischen ambivalenten Revolutionsbewußtseins. Ihre Kritik der gesellschaftlichen Zustände erscheint häufig verhüllt, sei es im Gewand des Familiendramas, der Posse oder der Allegorie.[20] Eine 'entschärfte', entpoli-

17 Das Scheitern der Revolution wird hier schon angedeutet. Die Konterrevolution und ihre Kritik wird ein Jahr später, 1850, in der einaktigen Posse *Der Reichstagsprofessor* von Reinhold Solger thematisiert. Nicht zuletzt aufgrund seiner gelungenen Komödienstruktur hebt sich dieses Stück von den anderen 'literarisierten' Lustspielen des deutschen Vormärz ab.

18 Ausführlicher zu Feldmann vgl. Denkler, *Restauration* (s. Fußnote 5), S. 348ff.

19 Die Revolution wird damit als Naturvorgang und noch nicht als geschichtlich bedingtes Ereignis beschrieben. Im Vergleich dazu: s. Büchners *Danton*.

20 Vgl. z. B. Robert Prutz, *Die politische Wochenstube* (1845) und Bauernfeld, *Die Republik der Thiere* (1848).

tisierte Komödien-Topographie oder aber eine bühnenfremde allegorische Überladung sind das Resultat. Brisante Themen, etwa im Zusammenhang der Zensur und Pressefreiheit, des Spitzelwesens usf., verlieren durch die ästhetische Vermittlung an revolutionärer Kraft. Der Hang zur Bagatellisierung, Familiarisierung, Ironisierung u.ä., die Wahl der Gattung - all das läßt auf den zeitbedingten Horizont der Autoren, ihr defizientes, besserenfalls ambivalentes oder gar skeptisches Geschichtsbewußtsein schließen.[21] Daß für das 'zahme' Profil aber auch Zensur und Publikum mitverantwortlich waren, sollte nicht übersehen werden. So mag es gerechtfertigt sein, diese Komödien als "Dramen der Enttäuschung"[22] zu lesen.

Bildnachweis: Die Abbildungen stammen aus: Johann Nestroy, *Stücke* 26/1: *Freiheit in Krähwinkel*, hg. v. John R.P. McKenzie, Wien: Dachs 1995 (jetzt im Verlag Deuticke). - Abdruck mit freundlicher Genehmigung des Verlags Deuticke und der Wiener Stadt- und Landesbibliothek.

21 Besonders aufschlußreich ist der exzessive Einsatz der Naturmetaphorik, z.B. in *Großjährig*: "Sümpfe und Moräste" (II/6, 56); in *Freiheit in Krähwinkel*: das Bild der 'Gärung' (III/22, 68).

22 Rothe (s. Fußnote 15), S. 3 und passim. (Nestroy: "Wer zählt die Grabschriften meiner Hoffnungen?" zit. n. dems., S. 83).

Helmut Koopmann

Revolutionskomödien im Vormärz

Respons auf Helga Brandes

Revolutionen sind in der Regel ernste Angelegenheiten; daß sie in der Zeit des Vormärz auf den Bühnen ins Komödiantische geraten, hat eine Reihe gattungstypischer und literarhistorischer Gründe. Sie sollen hier, den Beitrag von Helga Brandes teilweise ergänzend, zusammengestellt werden.

1. Komödien pflegen gut zu enden. Wenn Revolutionen zum Komödienstoff werden, dann sind sie jedoch alles andere als eine ebenso beliebige wie vergnügliche Unterhaltung: in der Revolutionskomödie wird als literarischer Sieg gefeiert, was im historischen Verlauf gescheitert war. Die Revolutionskomödie korrigiert also den tatsächlichen Gang der Geschichte, spiegelt als Sieg vor, was tatsächlich zu Scheitern und Untergang bestimmt war.

2. Die Komödie ist seit der Antike mit ihrer Technik der Überzeichnung von Figuren und Vorgängen ein Instrument der Entlarvung gewesen, das jedoch gleichzeitig der Zensur gegenüber die tatsächlichen Verhältnisse dadurch verschleierte, daß sie Vorgänge und Gestalten indirekt, gleichsam in doppelter Optik zeigte.

3. Revolutionen sind nur zu oft Thema der hohen Tragödie gewesen - wenn sie jetzt in Komödienform erscheinen, so nicht zuletzt deswegen, weil die Komödie ihre alte Volksnähe bewahrt hat und so die revolutionäre Botschaft auf eine Weise popularisiert werden kann, die diejenigen erreicht, für die die Revolution gedacht war, nämlich das Volk.

4. Die Revolutionskomödien des Vormärz nutzen eine literarische Strömung, die etwa seit 1820/30 aufgekommen war: die Konversationsliteratur. Die Revolutionsstücke sind teilweise sicherlich als Reaktion auf Konversationsstücke zu sehen, auch als Reaktion auf die Konversationsliteratur allgemein, wie sie etwa von Tieck in dieser Zeit geschrieben wurde. In den Revolutionskomödien werden gewissermaßen die "Basiselemente" des Witzes gegen die hochpolierte Technik der wohlabgewogenen Unterhaltungen gesetzt.

Zu diesen grundsätzlichen Voraussetzungen, die die Revolutionskomödie im Vormärz begünstigen, kommen Begründungen, die sich strenger aus der literarischen Tradition herleiten.

1. Die Revolutionskomödie des Vormärz könnte eine Antwort auf satirische Darstellungen sein, wie sie von Romantikern wie etwa Eichendorff und Tieck publiziert worden waren. Die politische Komödie ist eine publikumswirksamere, 'öffentlichere' Literaturform als die Eichendorffsche

dramatische Satire und die Literaturkomödie Tiecks, deren gewollter Anspielungsreichtum einer unmittelbaren Wirkung im Wege steht.

2. Seit Heine und Börne gibt es in Deutschland wieder ein doppeldeutiges Sprechen, vor allem im politischen Bereich, und zu diesem Sprechen gehört, daß es Camouflage und Enthüllung in einem ist. Heine hat darüber hinaus die absolutistisch regierten Staaten in Europa personalisiert und zugleich typisiert, und das Vorwissen um derartige Charakteristiken erleichtert das Verständnis der Revolutionskomödien des Vormärz. Überhaupt ist die Revolutionskomödie um 1848 nicht zuletzt deswegen möglich, weil Heine und Börne die sprachlich-ironischen Voraussetzungen dafür geschaffen haben.

3. Die Revolutionskomödien wenden sich indirekt auch gegen die klassische Abstinenz von der Komödie; Schiller hat nie eine Komödie geschrieben, Goethe hat die Revolution derart stark in ihrer Bedeutung für den Einzelnen dargestellt, daß ein Transfer auf das Grundsätzliche schwierig war. Die Revolutionskomödien des Vormärz berichtigen zumindest indirekt die Schillerschen Vorstellungen vom übermäßig hohen Rang der Tragödie.

4. In vielem schimmert durch die Revolutionskomödie des Vormärz das Modell des Familiendramas hindurch, der dominanten Dramenform im ausgehenden 18. Jahrhundert überhaupt. Diese Form wird jetzt für die Revolutionskomödien in Anspruch genommen.

5. Nationale Stoffe, zu denen die Revolution eo ipso gehört, waren noch im ausgehenden 18. Jahrhundert der Tragödie vorbehalten. Die Revolutionskomödien bringen jetzt Nationalstoffe im Familienmilieu. Das ist eine dramentypologische Neuerung, die sich bis in das 20. Jahrhundert hinein als produktiv erweisen sollte.

6. Die Revolutionskomödien als Krähwinkel-Komödien sind (auch) eine parodistische Antwort auf die große Oper. Ein weiteres satirisches Element findet sich dort, wo die Revolutionskomödie in eine dörfliche Umgebung transponiert wird. Revolutionen sind bis dahin eher Großstadtereignisse oder doch zumindest Vorgänge von nationaler Bedeutung.

Alles in allem erweisen sich die Revolutionskomödien als produktive Ausbrüche aus dem alten Kanon der Literatur, wobei sie Elemente der literarischen Tradition erfolgreich in die neuen Themen und Stoffe einbauen. Man sollte die literaturparodistischen Elemente nicht übersehen, die sich nicht zuletzt auch in der Sprache dieser Revolutionskomödien äußern. Die parodistisch-satirisch-komischen Elemente der Revolutionskomödien sind in manchem eine produktive Umkehr der Tradition; sie beenden nachdrücklich ein Zeitalter, in dem, auch literarhistorisch gesehen, die Evolution dominantes Prinzip der Veränderungen war. In der Umkehr des Bisherigen und bislang Gültigen zeigt sich literarisch gesehen das revolutionäre Potential dieser Revolutionskomödien jenseits aller politischen Zielsetzungen.

Eoin Bourke

Carl Schurz und seine Radikalisierung durch die Ereignisse von 1848 bis 1851

Gero von Wilperts *Sachwörterbuch der Literatur* behandelt Memoiren als eine literarische Untergattung und führt als deutsche Beispiele diejenigen Friedrichs des Großen, Friedrich von Gentz', Fürst Metternichs und vor allem Fürst Bismarcks an.[1] Wie fast zu erwarten, wird der weitgehend in Vergessenheit geratene Carl Schurz nicht erwähnt, obwohl er den ersten und in vieler Hinsicht faszinierenderen Band seiner *Lebenserinnerungen* in deutscher Sprache schrieb und Joachim Lindner sie zu den Meisterstücken deutscher Memoiren zählt.[2] Im *Reallexikon der deutschen Literaturgeschichte* erscheint sein Name unter der Rubrik *Selbstbiographie* im Zusammenhang mit autobiographischen Texten, die mit Geschichte und Politik zu tun haben. Die Liste der Beispiele schließt Ritter von Lang ebenso ein wie Hermann von Boyen, Bertha von Suttner, Kardinal von Retz und unvermeidlicherweise Otto von Bismarck, dessen *Gedanken und Erinnerungen* zum Paradigma deutschen Memoirenschreibens erklärt werden.[3] Damit Schurz besser in solch noble Gesellschaft paßt, wird er dort geadelt und als "Karl v. Schurz" vorgestellt. Das überflüssige "von" scheint eine Überzeugung seitens der Verfasserin des Artikels zu signalisieren, daß ein Autor, der im neunzehnten Jahrhundert eine ausreichende Übersicht über politische Ereignisse hatte und genügend Muße genoß, darüber zu schreiben, ein Aristokrat gewesen sein müsse. Oder aber die Verfasserin hatte den ersten Satz von Schurzens *Lebenserinnerungen* gelesen - "Ich bin in einer Burg geboren" -, kam jedoch nicht mehr dazu, den zweiten mitzulesen - "Dies bedeutet jedoch keineswegs, daß ich von einem adeligen Geschlecht abgestammt sei" (21).[4] Aus kleinbürgerlichen Verhältnissen stammend - Schurzens Vater war ein schlecht bezahlter Schullehrer in dem Straßendorf Liblar bei Köln -, sollte Schurz 1850 an Malwida von Meysenbug schreiben, daß in Anbetracht der bescheidenen Umstände seiner Erziehung und seines Gefühls, den untersten Schichten des Volkes nahezustehen, er "recht eigentlich als Plebejer" aufgewachsen sei.[5]

Für den linksrheinisch beheimateten Schurz war die Welt des französi-

---

1 Vgl. Gero von Wilpert, *Sachwörterbuch der Literatur*, Stuttgart 1989, S. 565.

2 Vgl. Klappentext zu Carl Schurz, *Sturmjahre. Lebenserinnerungen 1829-1852*, hg. v. Joachim Lindner, 2. Aufl., Berlin 1982.

3 Vgl. Ingrid Aichinger, Art. *Selbstbiographie*, in: *Reallexikon der deutschen Literatur* 3, 2. Aufl., Berlin / New York 1977, S. 815.

4 Seitenzahlen in Klammern beziehen sich auf Schurz, *Sturmjahre* (s. Fußnote 2).

5 Zit. n. Otto Dannehl, *Carl Schurz. Ein deutscher Kämpfer*, Berlin / Leipzig 1929, S. 117.

schen Republikanismus nie weit entfernt, zumal einer seiner Onkel in einem französischen Grenadierregiment gefochten hatte und ein anderer Freidenker französischen Stils und Voltairianer war. Das Kind Carl Schurz erlebte die ersten Auswanderungen aus seinem Dorf in die Vereinigten Staaten, die jenes neue politische Modell zum häufigen Gesprächsstoff machten:

> Da hörte ich denn zum ersten Male [...] von der jungen Republik, wo es nur freie Menschen gäbe, keine Könige, keine Grafen, keinen Militärdienst und, wie man in Liblar glaubte, keine Steuern (44).

Im Jesuitengymnasium in Köln wurde er von seinem Lehrer Wilhelm Pütz dazu angeregt, Heine zu lesen, und zwar nicht nur das *Buch der Lieder*, sondern auch die *Reisebilder*, die *Neuen Gedichte* und *Deutschland. Ein Wintermärchen* "mit ihrer ätzenden Satire, deren Witz dem Gemüt nicht wohltat, aber die Gedanken auf den Zustand des Vaterlandes lenkte" (87). Ferner las er die Gedichte der "revolutionären Himmelsstürmer" (ebd.), wie er Herwegh und Hoffmann von Fallersleben nannte. Herweghs *Reißt die Kreuze aus der Erden!* kannte er schon als Gymnasiast auswendig. Als Student in Bonn und Mitglied der Burschenschaft *Frankonia* wurde Schurz zum Kritiker der Duellierpraxis, bereits ein halbes Jahrhundert bevor diese eine hitzige Kontroverse entfachen sollte, die im Disput zwischen Albrecht von Boguslawski und Georg von Below ihren Höhepunkt erreichte.[6] Schurz durchschaute scharfsinnig die aufgeblähte Rhetorik männlichen Stolzes, die den Ehrenkodex der Duellanten begleitete, und, bürgerliche Verhaltensmuster in der Bismarckzeit sozusagen im voraus kritisierend, urteilte er darüber,

> daß die kampflustigsten Studenten, [...] echten und höheren Mutes bar, im späteren Leben die servilsten Augendiener wurden, dabei aber immer noch mit den Schmarren im Gesicht als Zeichen ihrer Tapferkeit paradierten. Es hat sich auf natürlichste Weise in dieser Klasse jenes grundsatzlose Strebertum ausgebildet, das in dem Wettbewerb um Stellung und Beförderung sich nicht auf das eigene Wissen und Können sondern auf gesellschaftliche Verbindung und die Protektion der Mächtigen verläßt, und so, was es an Erfolg gewinnt an Charakter verlieren muß (113).

Als 'Frankonianer' trat der achtzehnjährige Schurz einem politischen Kreis unter der Leitung Ludwig von Weises bei, in dem die Schriften Ludwig Feuerbachs, Arnold Ruges und Max Stirners gelesen und diskutiert wurden. Dort machte er auch die Bekanntschaft Gottfried Kinkels, damals Dozent für Kunst-, Literatur- und Kulturgeschichte, und wäre vielleicht selber Belletrist geworden – er hatte schon einige literarische "Jugendsünden", wie er sie nannte, hinter sich –, hätte nicht die Februarrevolution in Paris ihn konsequent politisiert: Eines Morgens, als er an einem Drama mit dem Titel *Ul-*

---

6 Vgl. Albrecht von Boguslawski, *Die Ehre und das Duell*, Berlin 1896, und Georg von Below, *Das Duell in Deutschland*, Kassel 1887.

rich von Hutten arbeitete, stürzte einer seiner Freunde herein mit der Nachricht, daß die Franzosen Louis-Philippe fortgejagt und die Republik proklamiert hätten, womit *Ulrich von Hutten* für immer ad acta gelegt wurde (vgl. 129).

In den Monaten unmittelbar nach den Märzrevolutionen von Wien und Berlin gab Schurz sein Debüt als universitätspolitischer Aktivist. Als Vorsitzender der Bonner Studentenversammlung sprach er sich für eine Politik aus, die in gewisser Hinsicht radikaler war als die von der 1968er Studentenbewegung geforderte Drittelparität: Er verlangte einen aus sämtlichen Lehrkräften und einer gleichen Zahl Studenten gebildeten Universitätsausschuß, aus dem eine Verwaltungsbehörde durch freie Wahl hervorginge.[7] Er selber unternahm einen Schnellkurs in politischer Bildung: Während er in den ersten Monaten seiner Mitgliedschaft in der *Frankonia* kaum Tages- und Wochenzeitungen gelesen hatte, verschlang er aktuelle Reportagen über den Verlauf der Revolution sowie zeitkritische Abhandlungen. Sein Kommilitone Friedrich Spielhagen erzählte später, wie er einmal im Sommer 1848 in der Koblenzer Chaussee in Bonn Schurz mit der Nase in Rousseaus *Du Contrat Social* erblickte. Der politisch konservativere Spielhagen nahm ihm das Buch aus der Hand, durchblätterte es und wies auf die Passage hin, wo es heißt, solange man den Gehorsam verweigern könne, ohne bestraft zu werden, sei dies legitim, und da der Mächtigere immer Recht habe, gehe es nur darum, so zu handeln, daß man selbst zum Mächtigeren werde.

> Ich zeigte ihm den Satz. Er las ihn. - Nun? fragte er. - Das ist doch was für Euch, erwiderte ich. - Gewiß. - Es fehlt nur viel, daß ihr die Stärkeren seid. - Was nicht ist, kann ja noch werden.[8]

Schurz wurde zunächst stark von Kinkels kleinbürgerlich-republikanischer Ideologie beeinflußt, trug zu dessen demokratischem Organ *Bonner Zeitung* bei und übernahm 1849 eine Zeitlang die Redaktion der nunmehr umbenannten *Neuen Bonner Zeitung*. Im Sommer desselben Jahres fuhren die beiden Freunde zu einem Kongreß demokratischer Vereine in Köln. Schurzens Porträt des damals dreißigjährigen Karl Marx entspricht Pawel Annenkows Beschreibung bei der Gelegenheit von Marxens Konfrontation mit Wilhelm Weitling im März 1846 in Brüssel, als Marx mit der Faust auf den Tisch haute, aufsprang und den Handwerkerkommunisten Weitling anschrie, niemals noch habe Unwissenheit jemandem genützt.[9] Auch Schurz muß mindestens indirekt Marxens Mißachtung für diejenigen gespürt haben, die die Lehrsätze des dialektischen Materialismus nicht begriffen:

---

7 Vgl. Artikel von Schurz in der *Bonner Zeitung*, Oktober 1848, zit. n. Dannehl (s. Fußnote 5), S. 156.

8 Friedrich Spielhagen, *Finder und Erfinder. Erinnerungen aus meinem Leben* 1, Leipzig 1890, S. 289.

9 Vgl. David McLellan, *Karl Marx. His Life and Thought*, St. Alban's 1976, S. 155ff.

> Er [Marx] besaß den Ruf eines in seinem Fache sehr bedeutenden Gelehrten, und da ich von seinen sozial-ökonomischen Entdeckungen und Theorien äußerst wenig wußte, so war ich um so begieriger, von den Lippen des berühmten Mannes Worte der Weisheit zu sammeln. Diese Erwartung wurde in einer eigentümlichen Weise enttäuscht. Was Marx sagte, war in der Tat gehaltreich, logisch und klar. Aber niemals habe ich einen Menschen gesehen von so verletzender, unerträglicher Arroganz des Auftretens. Keiner Meinung, die von der seinigen wesentlich abwich, gewährte er die Ehre einer einigermaßen respektvollen Erwägung. Jeden, der ihm widersprach, behandelte er mit kaum verhüllter Verachtung. Jedes ihm mißliebige Argument beantwortete er entweder mit beißendem Spott über die bemitleidenswerte Unwissenheit oder mit ehrenrühriger Verdächtigung der Motive dessen, der es vorgebracht. Ich erinnere mich noch wohl des schneidend höhnischen, ich möchte sagen, des ausspuckenden Tones, mit welchem er das Wort "Bourgeois" aussprach; und als Bourgeois, das heißt als ein unverkennbares Beispiel einer tiefen geistigen und sittlichen Versumpfung, denunzierte er jeden, der seinen Meinungen zu widersprechen wagte. Es war nicht zu verwundern, daß die von Marx befürworteten Anträge in der Versammlung nicht durchdrangen, daß diejenigen, deren Gefühl er durch sein Auftreten verletzt hatte, geneigt waren, für alles das zu stimmen, was er nicht wollte, und daß er nicht allein keine Anhänger gewonnen, sondern manche, die vielleicht seine Anhänger hätten werden können, zurückgestoßen hatte (158f.).

Es ist nicht ganz auszuschließen, daß Schurz – wäre Marx bei dieser Gelegenheit anders aufgetreten – zu Marxens potentiellen Anhängern gezählt hätte. Was die Theorie der Revolution betrifft, war Schurz jedoch zu diesem Zeitpunkt noch zuversichtlich, daß die erhoffte soziale Umwandlung, wie er es Ende 1848 bei einer Diskussion des Kommunistischen Manifests im *Demokratischen Verein* in Bonn ausdrückte, ohne einen vollkommenen und blutigen Bruch mit der Vergangenheit herbeigeführt werden könnte.[10] Allerdings sollte er sich in den darauffolgenden Monaten immer mehr zur Linken neigen. Ohne die Sache des Sozialismus explizit zu seiner eigenen zu machen, kam er dazu, den bürgerlichen Liberalismus als halbe Maßnahme zu betrachten. In einem Artikel zur sozialen Frage in der *Neuen Bonner Zeitung* vom 1. März 1849 verspottete er den Siegburger Abgeordneten im Frankfurter Parlament, Bleibtreu, weil dieser in politischen Fragen seine Unterstützung der Erbkaiserpartei zusicherte, in sozialen Fragen aber der Linken:

> Glaubt Herr Bleibtreu wohl, daß sich das Volk im Scherz um Pressefreiheit, um Assoziationsrecht, um das Zweikammersystem geschlagen hat? Schwerlich wohl! [...] Das Volk suchte eine Staatsform, die ihm Raum genug gebe, um seine sozialen Mißstände abstellen, seine erweiterten Freiheitsbegriffe und Freiheitsbedürfnisse fassen zu können. Das Volk fordert *Abstellung der Klassenunterschiede*, es fordert *starke Progressivsteuern*, es fordert eine *vollständige rechtliche Gleichheit aller Individuen in allen Verhältnissen*. Herr

10 Vgl. Dannehl (s. Fußnote 5), S. 293.

> Bleibtreu, der es mit dem Volke wohlmeint, wird sich diese Forderungen zu Herzen nehmen und in allen sozialen Fragen mit den Linken gehen. Abstellung aller Klassenunterschiede unter einem Königtum? Absolute rechtliche Gleichheit unter einem Königtum? Unter einem Königtum mit einem absoluten Veto? Und wenn nun Seine Majestät sich weigert, durch Dekretierung einer starken Progressivsteuer die letzte Stütze des Thrones, die Bourgeoisie, zu verfeinden, wenn er sich weigert, durch die Aufhebung aller Klassenunterschiede die Rechte der Krone als eine Inkonsequenz, eine Absurdität bloßzustellen? [...] Wenn es sich nun herausstellt, daß das Königtum diese Inkonsequenz im demokratisch organisierten Staat wirklich ist, in dem Staat, der persönliche Ausnahmen verbietet und dennoch im König eine solche Ausnahme hegt? Wenn es sich nun zeigt, daß das Königtum sich um seiner Existenz willen zu solchen sozialen Umgestaltungen nicht verstehen kann? Was wird Herr Bleibtreu tun? Herr Bleibtreu stimmt in politischen Fragen mit den Konstitutionellen.[11]

Hier wendet der noch nicht zwanzig Jahre alte Schurz sehr wirkungsvoll das rhetorische Geschick an, das er ein Jahr zuvor in Professor Kinkels Seminar mittels einer Analyse und einer anschließenden Rezitation von Marcus Antonius' Leichenrede in Shakespeares *Julius Cäsar* erworben hatte und das ihm später in Amerika sehr zustatten kommen sollte. In seinem Artikel nimmt er das Debakel vorweg, das Friedrich Wilhelm IV. auslöste, indem er sich weigerte, die Erbkaiserkrone - in seinen Worten einen "imaginären Reif, aus Dreck und Letten gebacken"[12] - aus den Händen von bloßen Bürgerlichen anzunehmen. Schurz verachtete das Liebedienern des Parlaments dem König gegenüber und schrieb am 21. März, eine Woche vor der Abstimmung zugunsten der Erbkaiseridee, das Vaterland sei in einer Gefahr, die wohl eine Republik wenden könne, nicht aber der künstlich gebraute Homunculus aus dem dumpfen Laboratorium der Frankfurter Retortenschule.[13]

Auch in seiner Eigenschaft als Studentenführer radikalisierte sich Schurz zusehends. Am 24. Februar 1849 war er in Bonn Mitorganisator eines studentischen Umzugs und Banketts zum Gedenken an die Pariser Februarrevolution, obwohl der Universitätsrichter Salomon die Versammlung mit der Begründung verboten hatte, sie gleiche einer politischen Demonstration und fände als solche zuviel Anklang und Anhang in der Stadt.[14] Mehrere Hundertschaften von Gendarmen wurden in die Stadt abkommandiert, während der Festsaal zu Wiersberg mit dem deutschen Schwarzrotgold, der französischen Trikolore und der roten Fahne des Sozialismus ausgeschmückt wurde. Schurz, den Spielhagen als das größte rednerische Genie apostrophierte, das ihm in seinem Leben begegnet sei[15], hielt eine glühende Rede, und das

---

11 Zit. n. ebd., S. 296f.
12 Brief an Bunsen, Dez. 1848, zit. n. ebd., S. 335.
13 Vgl. Dannehl (s. Fußnote 5), S. 309.
14 Vgl. ebd., S. 157.
15 Vgl. Spielhagen (s. Fußnote 8), S. 284.

Heckerlied sowie Ludwig Uhlands *Noch ist Polen nicht verloren* wurden leidenschaftlich angestimmt. Die Behörden konterten damit, daß sie zwei Mitglieder des Studentenausschusses wochenlang einkerkerten. Schurz rief eine Protestkundgebung in Wiersberg zusammen und erklärte, daß die Studenten solchen "Terrorismus" zu erwidern wüßten[16], womit er einen zur Brandmarkung von Opponenten benutzten Lieblingsbegriff der etablierten Mächte gegen diese Mächte selbst kehrte.

Zu diesem Zeitpunkt begriff Schurz die Rolle der Studentenschaft in der Revolution noch als die einer intellektuellen Führung: Als Bonner Delegierter beim Studentenkongreß zu Eisenach im September 1848 unterstützte er das Vorhaben, ein studentisches Nationalparlament zu gründen, um auf akademischem Niveau zukünftigen Bestrebungen der deutschen Duodezfürsten, ihre partikularistischen Interessen wieder zu behaupten, entgegenzutreten. Bald wurden aber die Studenten durch die massive Mobilisierung reaktionärer Kräfte im Jahre 1849 in eine militärische Rolle gedrängt. Nach der Ablehnung der Frankfurter Reichsverfassung durch die Fürsten und der Niederwerfung des Dresdner Aufstands durch preußische und sächsische Truppen bildeten Bonner Studenten Bataillone, um der Bürgerwehr in ihrem letzten Versuch, die Errungenschaften der Revolution zu sichern, beiseite zu stehen. Schurz wurde über Nacht in die Praxis gestürzt und nahm an dem - nicht zuletzt wegen seiner eigenen militärischen Unerfahrenheit - gescheiterten Versuch teil[17], das Siegburger Zeughaus zu erobern, fuhr weiter nach Elberfeld, wo er Augenzeuge der verworrenen Barrikadenkämpfe war, und durch die Pfalz, wo er die Hoffnungslosigkeit des Kampfes gegen die heranrückenden preußischen Truppen einsehen mußte. Er sollte aber später den Freiheitskämpfern ein schönes literarisches Denkmal setzen, indem er ihr einnehmend kunterbuntes Wesen pittoresk beschrieb:

> Ich erinnere mich noch des gemeinsamen Entzückens, als wir in jener Nacht bei einem Wirtshause an der Straße vorüberritten, wo einige Freischärler, bärtige Gesellen in schwarzen, befiederten Filzhüten und phantastisch ausgeschmückten Blusen, die Kugelbüchsen über die Schulter gehängt, sich bei dem matten Schein einer Kerze um die Wirtin drängten, die ihnen Wein einschenkte. Das Bild hätte eine Illustration zu Schillers "Räubern" vorstellen können. Überhaupt gab es unter unsern Kriegsvölkern malerische Effecte in Fülle. Da der bei weitem größte Teil der pfälzischen Volkswehr nicht uniformiert war und jeder Soldat mit Ausnahme von Waffen so ziemlich für seine eigene Ausstattung zu sorgen hatte, so fand der individuelle Geschmack verführerischen Spielraum. Manche der Leute bestrebten sich, als Krieger

---

16 Zit. n. Dannehl (s. Fußnote 5), S. 179.

17 Schurz, dessen Aufgabe es war, die Fähre über den Rhein für die nach Siegburg aufbrechende Bürgerwehr zu beschlagnahmen, ließ gedankenlos die Fähre zurück nach Bonn fahren und ermöglichte somit einem den Freischärlern nachstellenden preußischen Dragonerregiment, auch überzusetzen. Vgl. Schurz (s. Fußnote 2), S. 195; auch Joseph Schafer, *Carl Schurz. Militant Liberal*, Evansville, Wisconsin 1930, S. 43.

> möglichst wild und schreckhaft auszusehen, und so ließen sie nicht allein dem Bartwuchs alle erdenkliche Freiheit, sondern bedeckten ihre Hüte mit Federn, unter denen die roten besonders beliebt waren, trugen Überwürfe in schreienden Farben und steckten, wenn sie deren habhaft werden konnten, mörderisch blinkende Dolche oder Jagdmesser in ihre Gürtel. So gab es denn unter uns Wallensteins-Lager-Gestalten genug, die fürchterlich erschienen wären, hätten sie nicht gar so gutmütige Gesichter gehabt (217f.).

Diese mit Herz gezeichneten Bilder wurden Jahre nach dem Erlebnis in den Memoiren niedergeschrieben. Sie sind unschätzbar in ihrer Vermittlung eines anderen, größtenteils vergessenen Deutschland von Leuten, die abenteuerlich und demokratisch statt quietistisch und ordnungsgesinnt waren, mehr Zivilcourage als soldatische Strammheit zeigten, und eher Rebellionsgeist als Autoritätsgläubigkeit an den Tag legten. In der Zeit aber, als Schurz noch persönlich in die pfälzische Insurrektion verwickelt war, verfaßte er viel nüchternere Berichte vom Ort des Geschehens. Während seiner Reise südwärts nach Baden schickte er fortlaufend Reportagen an die *Neue Bonner Zeitung*, wie z.B. am 22. Mai 1849 die folgende wehrtechnische Analyse des Aufstandes, ein Stück Militärgeschichte von unten, die die logistischen und kriegspsychologischen Gründe für das Scheitern der Revolution schon aufdeckte, noch bevor diese endgültig erstickt wurde:

> Die Revolution hat bisher fast ausschließlich die Straßen der Städte zu ihrem Schlachtfelde gemacht, ein Terrain, das wegen seiner Beschränktheit nur einen Verteidigungskampf zuließ, keineswegs aber zur Verfolgung errungener Vorteile geeignet war. Freilich ist dies in Paris, einer Stadt, in deren Mauern das ganze Frankreich zusammengedrängt ist, anders. In Deutschland aber, wo die Zentralisation nirgends in dieser Weise ausgebildet ist, und wo Revolutionen im Bereich des ganzen Vaterlandes ausgefochten werden müssen, wenn ihr Sieg ein vollständiger genannt werden soll, sind selbst Hauptstädte nicht einmal imstande, mit einem Schlage einen für das ganze Land entscheidenden Umschwung der Dinge herbeizubringen. Der Straßenkampf also, selbst wenn er in einer Menge von Städten zugleich sollte losgebrochen sein, bietet der konterrevolutionären Militärmacht folgende Vorteile. Ist das Militär glücklich aus der Stadt getrieben, [...] so ergibt sich daraus für die siegende Stadt die Verpflichtung, [...] sich in Verteidigung zu setzen, wie dies z.B. Elberfeld getan hat. Alles ist unter Waffen. Trotzige Barrikaden sperren die Straßen, der Verkehr ist aufgehoben. Das Volk glüht vor Kampfesmut in Erwartung des Angriffs von außen. Muß das Militär sogleich angreifen? O nein. Es zieht Verstärkungen heran, zentralisiert seine Kraft und greift erst dann an, wenn es ihm gefällig ist. Das Volk in der Stadt wartet und wartet und in demselben Maße, wie das Militär Kraft und Zeit gewinnt, sinkt in den Mauern die brausende Begeisterung und eine nach dem Verkehr des Alltags sich sehnende Erschlaffung tritt an die Stelle des todesmutigen Eifers. Plötzlich macht das Militär mit verdoppelter Kraft und Schnelligkeit seinen Angriff. – Das Volk hat seine Begeisterung und seinen Kampfesmut mühsam wieder heraufbeschworen und die einfache Folge ist, daß es der in der Orga-

> nisation und den Mitteln überlegenen Militärmacht erliegen muß. [...] Wäre nun auch in 50 Städten unseres Vaterlandes der Aufstand gleichzeitig losgebrochen, so würde dieser gleichzeitig nicht etwa die Macht der Konterrevolution zersplittern, sondern das herrliche Heer würde in Masse von einem Ort zum Andern ziehen und sehr bald mit allen 50 Städten fertig geworden sein.[18]

Bei einem solchen Verständnis der Dinge muß Schurz sich völlig im klaren darüber gewesen sein, daß die Sache verloren war, als er sich Wochen später dem Aufstand in der Rastatter Festung gegen die haushoch überlegenen preußischen Belagerer anschloß, kommandiert von dem kaltblütigen "Kartätschenprinzen", wie der spätere König Wilhelm I. im Jahre 1848 vom Berliner Volk mit Erbitterung getauft wurde. Als sich die Aufständischen in Rastatt angesichts eines sonst unabwendbaren Blutbades ergaben, wußte Schurz, daß er als Rheinländer und preußischer Untertan höchstwahrscheinlich mit der Todesstrafe zu rechnen hatte. In dem Moment jedoch, als er sich zum Antreten ins Hauptquartier begab, rettete ihn die praktische Veranlagung, die für ihn so typisch war: Er erinnerte sich an einen unterirdischen Abzugskanal, der aus der Mitte der Stadt unter den Festungswerken hindurch ins Freie führte, und auf den er vor kurzem aufmerksam geworden war. Zusammen mit zwei anderen gelang es ihm nach einem zunächst fehlgeschlagenen Versuch, über den Rhein nach Frankreich und von dort in die Schweiz zu entkommen. Welches Schicksal ihm dadurch erspart blieb, lassen Johanna Kinkels *Erinnerungsblätter* erahnen, in denen von "grausamen Mißhandlungen, welche das preußische Heer an wehrlosen Gefangenen verübte", die Rede ist.[19] Über das Wagestück wird in seinen Memoiren ebenso plastisch und fesselnd erzählt, wie über seine damals fast über Nacht zur europaweiten Legende gewordene Rettung Gottfried Kinkels aus dem Spandauer Zuchthaus im November 1850, ihre gemeinsame Flucht über Strelitz und Rostock nach Warnemünde – wobei das Kleinstaatenwesen sich wegen der Vielfalt der umständlich miteinander kollaborierenden Polizeisysteme ausnahmsweise als Vorteil erwies – und von Warnemünde auf einem kleinen Schoner durch das sturmgepeitschte Skagerrak nach Leith bei Edinburgh.

In der darauffolgenden Zeit scheint Schurz einen Standpunkt links von dem seines einstigen Vorbildes Kinkel eingenommen zu haben, denn er übte zunehmend Kritik an Kinkels mangelnder Bereitschaft, als Führergestalt unter den exilierten deutschen Demokraten die Kommunisten als politische Partner anzusehen. Von Paris aus ermahnte er den älteren Freund, daß dieser mit den Arbeitern nicht nur eine oberflächliche diplomatische Verbindung pflegen, sondern eine Gemeinsamkeit der Interessen herstellen solle, um

18 Zit. n. Dannehl (s. Fußnote 5), S. 353f.

19 Johanna Kinkel, *Erinnerungsblätter*, in: *Deutsche Revue über das gesamte nationale Leben der Gegenwart* 19/2 (1894), S. 82. Vgl. auch Johanna Kinkel über die "schauderhafte Lage" der Eingesperrten, die man in den Kasematten von Raststatt hungern ließ (ebd., S. 344f.). 27 preußische Untertanen wurden wegen des Rastatter Aufstands hingerichtet. Auch Schurz wurde in seiner Abwesenheit verurteilt.

überhaupt eine erneute Revolution in Deutschland vorbereiten zu können.[20] Als sich Schurzens letzte Hoffnungen auf eine europäische Revolution mit der Konsolidierung von Louis Napoleons Machtposition in Frankreich im Dezember 1851 endgültig zerschlugen, schrieb er: "Wenn ich nicht der Bürger eines freien Deutschlands sein kann, so möchte ich wenigstens Bürger des freien Amerika sein".[21] Wie so oft in der deutschen Geschichte, vorher und vor allem nachher, ging einer der couragiertesten und progressivsten Köpfe auf immer für Deutschland verloren.

Von nun an widmete sich Schurz einer humanen Gestaltung der sozialpolitischen Kultur der jungen USA. Wenn man seine staatsmännische Laufbahn dort betrachtet, kann man sich den großen Verlust vergegenwärtigen, den sein Abschied von Deutschland bedeutete. Als erstes bekämpfte er die ethnozentrischen Betrebungen der 'Know Nothing'-Bewegung, die darauf zielten, die Vereinigten Staaten durch die Ausgrenzung von Schwarzen, Katholiken und Juden als eine weiße, angelsächsische, protestantische Nation zu etablieren. Mit Franz Sigel, August Willich und Friedrich Hecker zusammen focht er im Bürgerkrieg auf der Seite der Unionsstaaten. Es war zum großen Teil Schurzens Verdienst, daß die Regierung in Washington die Abschaffung der Sklaverei zum zentralen Streitpunkt des Krieges machte. Obwohl selbst Abolitionist, benutzte er seine einflußreiche Position als Vorsitzender des Republikanischen Nationalkonvents im Jahre 1865 dazu, daß nach Kriegsende eine Generalamnestie für die Konföderierten bewirkt wurde, ganz im Gegensatz zu den weitverbreiteten Hinrichtungen und Bestrafungen der Aufständischen in Deutschland, Österreich und Ungarn im Jahre 1849. Im Senat widersetzte er sich dem Plan des Präsidenten Grant, Santo Domingo zu annektieren. Als Innenminister kämpfte er ständig gegen politische Schiebung und Ämterpatronage und für ein festangestelltes, nach Verdiensten bewertetes Beamtentum. Er reformierte das sogenannte Indianeramt, das angeblich zum Schutz der Rechte der nordamerikanischen Indianer bestand, aber in Wirklichkeit durch die Umleitung von Vorräten und Finanzen in die Taschen der weißen Agenten erheblich zur Ausbeutung der Ureinwohner beitrug. Er hielt an seiner unpopulären Politik der humanitären Hilfe fest, selbst dann noch, als anti-indianische Ressentiments nach der Schlacht bei Little Big Horn enorm anwuchsen, und er versuchte, weiße Siedler und Bodenspekulanten daran zu hindern, in Indianerreservate vorzudringen. Als erste hohe Amtsperson in der Geschichte der USA führte er mit der Gründung von Nationalparks ein Naturschutzprogramm ein, um die Großwälder vor den Plünderungen der Holzindustrie zu retten. Mit klarem Einblick in die Geschichtsentwicklung und mit wachsender Besorgnis erkannte er den Moment, als Nordamerika anfing, sich von einer Modellrepublik und Helferin anderer republikanischer

20 Vgl. Brief an Gottfried Kinkel, Paris, 15. März 1851, in: Eberhard Kessel (Hg.), *Die Briefe von Carl Schurz an Gottfried Kinkel*, Heidelberg 1965, S. 67.

21 Zit. n. Eberhard Kessel, *Einleitung. Carl Schurz und seine Freundschaft mit Gottfried Kinkel in ihrem Briefwechsel*, in: *Briefe* (s. Fußnote 20), S. 39.

Aspiranten in eine imperialistische Macht zu verwandeln: Nach dem spanisch-amerikanischen Krieg vom Jahr 1898 übernahmen die Vereinigten Staaten das philippinische Archipel und verursachten damit einen zweiten Aufstand gegen die neue Kolonialherrschaft, der einen vierzehn Jahre dauernden blutigen Guerillakrieg nach sich zog. Darüber schrieb der amerikanische Autor Richard O'Connor im Jahre 1968, also zur Zeit des Vietnamkriegs: "It was Schurz's last crusade, the echoes of which might be listened to today as America extends her hegemony over Asia."[22]

22 Richard O'Connor, *The German-Americans*, Boston / Toronto 1968, S. 179.

II. Industrielle Revolution: Wahrnehmungsweisen, Darstellungen und Darstellbarkeit

Zusammenfassung

Alle Beiträge zu diesem Teil befassen sich mit sprachlichen oder anderen Darstellungen von Phänomenen, die auf industrielle Umwälzungsprozesse zwischen 1830 und ca. 1855 zurückzuführen sind, seien es die der Fabrik, der Eisenbahn, der Klassengesellschaft oder des bürgerlichen Selbstbewußtseins. Die rapiden Änderungen an der gesellschaftlichen Basis und ihre Greifbarkeit in der alltäglichen Erfahrung tragen wohl noch mehr als die Diskussionen um politische Emanzipation zum Revolutionsbewußtsein der Zeitgenossen bei.

Sofern der industrielle Wandel zum literarischen Thema wird, ergeben sich besonders bei deutschen Autoren Darstellungsschwierigkeiten. Diese sind möglicherweise damit zu erklären, daß das für Deutschland typische Bildungsbürgertum auf die nun auch im eigenen Land stattfindende 'Enthumanisierung' der Gesellschaft erschrocken reagiert. Hugh Ridley und Ian Hilton bieten eine interessante Kontroverse zum deutschen Industrieroman am Beispiel von Robert Prutz' *Das Engelchen* (1851). Ridley unternimmt einen 'Rettungsversuch', indem er Möglichkeiten erörtert, wie semiotische Verfahren für eine ganz neue Interpretation fruchtbar gemacht werden könnten. Die Diskussion der 1970er Jahre habe zwar zu einer 'Rehabilitation' des Vormärz geführt, sei der Rezeption des sozialen Romans aber abträglich gewesen, da sie sich auf Fragen des Inhalts und der Gattung konzentrierte und mit ideologischen und ästhetischen Maßstäben arbeitete, denen die Romane nicht genügen konnten. Stattdessen sei es nun angebracht, die Fabrik genauso als 'Aufschreibesystem' zu erfassen wie andere moderne semiotische Phänomene, z.B. die Stadt oder die Familie, die sich der Erkenntnis überhaupt erst im Akt des Schreibens und durch Literatur erschlossen hätten. Wenn es gelänge zu zeigen, daß z.B. Prutz die Fabrik nicht zu 'beschreiben', sondern sie sich und dem Leser zu 'erschreiben' versucht, wäre auch über stilistische Pannen anders zu urteilen. So gelesen, gäbe *Das Engelchen* ein Paradestück der Diskurskonkurrenz her, in dem "versucht [wird], jenseits der ideologischen Wertung etwas erzählbar zu machen" (Ridley). Interessanterweise fällt die industrielle Produktion selbst, also der Kern der Thematik, aus dem Bereich des Erzählbaren heraus. Das gilt auch für die englischen Industrieromane, deren literarischer Rang – anders als der ihrer deutschen Pendants – mittlerweile unumstritten ist, wenn er überhaupt je bezweifelt wurde.

Wie viele deutsche Schriftsteller des Vormärz steht Prutz unter dem Einfluß des französischen und englischen sozialen Romans und wertet auch die Romanform als das moderne literarische Paradigma schlechthin. Hiltons Beitrag deutet an, daß es darum vielleicht problematisch sei, die Gattungsdiskussion völlig auszuklammern. Durch einen umrißartigen Vergleich mit

Romanen von Charles Dickens, Benjamin Disraeli, Elizabeth Gaskell und Charles Kingsley relativiert Hilton den Prutzschen Versuch. Er sieht z.B. die Diskursvielfalt im *Engelchen* als nicht ganz so 'wertfrei'; Shakespeare- und Bibelzitate geben seiner Ansicht nach die Überzeugung von 'ewigen Werten' wieder, mit denen der Erzähler der Mechanisierung und Brutalisierung menschlicher Verhältnisse begegnet. Den wichtigsten Unterschied zu den englischen Industrieromanen sieht Hilton in der pädagogischen Erzählhaltung bei Prutz. Wenn er damit auch nicht direkt eine 'Hebung' und 'Veredelung' der 'niederen Klassen' durch 'Bildung' anstrebt, so entwirft er doch die Möglichkeit dazu. Besonders wichtig aber ist der Gehalt dieses Bildungsbegriffs, der bei Prutz deutlich auf eine 'Assimilation' der arbeitenden Klasse an traditionelle bildungsbürgerliche, d.h. vormoderne Werte zielt. Hier ergibt sich eine Parallele zu Beobachtungen Anita Bunyans über die erzieherischen Implikationen des Begriffs 'Judenemanzipation' in Deutschland: Von den Juden wurde erwartet, daß sie sich durch 'Bildung' auf ein akzeptables Niveau moralischer und intellektueller Assimilation 'erhoben', um sich der Emanzipation 'würdig' zu erweisen.[1] Bei aller Bürgerlichkeit der Perspektive, so Hilton, seien solche Bildungsideen in bezug auf das Proletariat den englischen Romanautoren fremd. Ihnen gehe es natürlich auch um eine 'Lösung der sozialen Frage', aber dies hindere sie weder daran, der eigenen Klasse gegenüber eine ironische Distanz zu wahren, noch daran, Entfremdung detailliert und mit Einfühlungsvermögen darzustellen – beides Elemente, die diese Literatur bis heute lebendig erhalten hätten. Gerade die realistische Drastik von Schilderungen unerlösten Elends bei Dickens sei aber in Deutschland auf empörte Ablehnung gestoßen; man vermißte die 'ideale Färbung'. Kein Wunder, daß Engels in der *Lage der arbeitenden Klasse* auf Industrieromane Englands wie auf eine Informationsquelle zurückgreifen konnte.

Ridleys Ansatz verspricht viel, wenn die 'Codierungsweisen' untersucht werden, mit denen bürgerliche Betrachter und Schreibende sich dem Industriezeitalter öffnen bzw. sich das Industriezeitalter erschließen. Dies geschieht vornehmlich durch 'Realsymbole', d.h. durch Realia, die das 'sind', was sie 'bedeuten', bzw. in denen 'Sein' und 'Schein' identisch sind. So wird z.B. die Eisenbahn, der Bahnhof, der Telegraph, die Bahnhofsuhr, die Stadt (und warum nicht auch die Fabrik?) zugleich als intensive Wirklichkeit und als konzentriertes Symbol der modernen Zeit erlebt, gesehen und beschrieben. Mehr noch, die hochgradige textuelle 'Besetzung' dieser Realia läßt auch die Grenze zwischen Objekt und Text durchlässig werden. Wulf Wülfing zeigt, daß die Zeitgenossen den Bahnhof wie ein offenes Buch 'lesen': Wer wissen will, was die neue Zeit ist, braucht sich nur durch das Bahnhofsportal zu begeben; ein Erlebnis, das dann natürlich selbst wieder – in unzähligen Reportagen und Berichten – zum Text wird. Städte ändern im Nu ihr Gesicht und werden von nun an zu lebenden 'Physiognomien', wirklich und bedeutungsvoll zugleich. Die 'Erschütterungen' ganzer Stadtteile durch den

1 Vgl. S. 38 des vorliegenden Bandes.

Zugverkehr, das Dahinschwinden von jahrhundertealten Raum- und Zeitvorstellungen auf einer einzigen Reise sind 'reale' und 'symbolische' Revolutionen, die, so Wülfing, den für die Vormärzzeit typischen Zustand der 'Aufregung' erzeugen.

Sogar das, was sich unter 'Mittelstand' verstehen läßt, ist - wie John Breuilly hervorhebt - großenteils historischen und soziologischen Texten zu verdanken. Das heutige Bewußtsein von der Willkür solch umfassender Konstruktionen habe dazu geführt, daß z.B. die Annahme eines 'deutschen Sonderwegs', die sich auf die an Westeuropa orientierte Normvorstellung des Bürgertums stützt, von Historikern zunehmend kritisch gesehen werde. Außerdem hätten die Begriffe 'middle class', 'Bürgertum' und 'Bourgeoisie' von vornherein der Imagepflege gedient, seien also schon urspünglich 'Konstrukt' gewesen, sowohl in der Selbstdarstellung als auch in der Kritik der 'revolutionären' Klasse in der ersten Hälfte des 19. Jahrhunderts. Breuilly betont aber, daß die Begriffe mehr seien als ein rein sprachliches Phänomen, denn sie hätten zuallererst einmal soziale Interessen artikulieren und mobilisieren müssen, um sich historisch durchsetzen zu können. Die Forschung nach dieser entscheidenden Verbindung von 'Text' und 'Kontext' und nach dem Grund nationaler Unterschiede könne vorerst in genau begrenzten komparatistischen Untersuchungen fruchtbar werden, die sich auf das national bedeutsame Stadtbürgertum verschiedener Nationen und entscheidender Perioden wie 1815-1850 konzentrierten. Breuilly geht es also um eine sensible Verbindung von Mikro- und Makrohistorie, die auf genauer Interpretation von Originaltexten und anderen 'Repräsentationsmedien' wie Denkmälern, Feiern und Vereinen beruht. Seine Interpretation von textuellen und anderen bürgerlichen Selbstdarstellungen in Manchester und Hamburg fördert Erstaunliches zutage: In Manchester entwerfen sozial, religiös und politisch heterogene und sich gegenseitig bekämpfende industrie- und handelsbürgerliche Kreise jeweils konkurrierende Bilder von sich selbst, die aber in ihrer Gesamtheit einen politisch-moralischen Konsens als praktische, rationale, produktive, fortschrittliche 'middle class' bezeugen. Bei aller Kritik an der Scheinheiligkeit bürgerlicher Rhetorik hängt sich dann auch der radikale Liberalismus und Chartismus an dieses betont progressive Image der 'praktischen', 'produktiven' Klasse und des 'frei geborenen Engländers', um den Arbeitern das Wahlrecht zu erkämpfen. In Hamburg identifiziert das Handelsbürgertum sein Bild mit dem der freien und republikanischen Hansestadt, aber die Homogenität des fortschrittlichen Bildes verbirgt eine strukturelle politische Rückschrittlichkeit sowie gesellschaftliche Konflikte: Nur dem grundbesitzenden und lutherischen Teil des Bürgertums stehen politische Ämter offen; Mitglieder der republikanischen Institutionen werden nicht durch Wahl berufen; der gesamte Diskurs der nationalen Freiheit und Einheit, attraktiv eher für kleinbürgerliche Schichten zur Codierung ihrer politischen Freiheitsansprüche innerhalb der 'Vaterstadt', bedeutet einen grundsätzlichen Konflikt mit der hanseatischen Bürgertradition. Da weder freie

Meinungsäußerung noch Institutionen zur Verfügung stehen, die eine offene politische Austragung von Konflikten ermöglichen wie in Manchester, ist die Darstellung von 'Bürgerlichkeit' auf codierte und oft unpolitische Formen angewiesen. Es beunruhigt dann gewissermaßen, daß das klarste Image eines fortschrittlichen, produktiven 'Mittelstandes' von kleinbürgerlich-protektionistischen Kreisen entworfen wird, die zugleich potentiell gegen die Judenemanzipation und für die nationale Einigung sind und sich mit dem 'Volk' identifizieren. Auf 'Produktivität' und soziale 'Organisation der Arbeit' setzt schließlich auch die frühe Hamburger Arbeiterbewegung, für die der Begriff 'Bildung', wenn es um 'Emanzipation' geht, ein ebensolches Zauberwort zu sein scheint wie für das liberale deutsche Bürgertum.

Wie wirkungsvoll die Images waren, in denen sich die verschiedenen Gruppierungen des Bürgertums von Manchester darstellten, läßt sich daran ermessen, daß 'Manchester man' geradezu zum Klischee des unbeugsamen bürgerlichen Utilitarismus wurde. Dies war die negative Folie, vor der britische Schriftsteller und Kritiker, von Carlyle bis zu Dickens und Arnold, ihre Vorstellungen von einem 'besseren' Bürgertum entwickelten. Das Bürgertum Hamburgs mag im deutschen Vormärz den Inbegriff staatsbürgerlicher Freiheit, Souveränität und Offenheit abgegeben haben, nach der das Bürgertum in den monarchischen Staaten des Bundes strebte. Es liegt aber eine feine Ironie darin, daß Schriftsteller wie Heine oder Gutzkow vom 'Hamburger Bürger' kaum mehr hielten als ihre britischen Kollegen vom 'Manchester man'.

Summary

All the contributions to this section are concerned with linguistic or other representations of phenomena arising from the process of industrial change between 1830 and ca. 1855, whether factories, railways, class society, or middle-class self-confidence. The rapidity of social change and its palpability in everyday experience must have contributed, to an even greater extent than debates about political emancipation, to the revolutionary awareness of contemporaries.

German authors in particular are often faced with problems of representation when they try their hand at literary depictions of industrial change. This may be due to a kind of shock reaction of the German middle class, which traditionally defined itself by its 'education', to the 'dehumanization' of society that had now begun to take place even at home. Hugh Ridley and Ian Hilton present an interesting controversy on the subject of the German industrial novel, taking Robert Prutz's *Das Engelchen* (1851) as an example. Ridley attempts to 'rescue' the genre, discussing ways in which semiological methods could be used for an entirely new appreciation. He argues that the 'rehabilitation' of the *Vormärz* in the 1970s was ultimately detrimental to the reception of social novels of the 1840s and 50s because the literary discussion of twenty years ago focused on content and genre and was dominated by ideological and aesthetic norms which the novels invariably fell short of. To break the vicious circle it might now be appropriate to look at representations of the factory much in the same way as certain critics look at modern semiotic phenomena such as the city or the family, arguing that they have only become accessible through literature and in the act of writing itself, in other words, as 'systems of writing'. If it were possible - thus Ridley - to demonstrate that Prutz's novel, for example, is not so much an attempt at 'describing' the factory, but at making it accessible through writing, both to the writer himself and to his readers, then any stylistic flaws would also have to be judged differently. Read in this way, *Das Engelchen* would appear as a prime example of the 'concurrency of discourses'; a piece of writing in which the author, 'far from making judgements, seeks to make things narratable' (Ridley). Interestingly, one central area, that of the process of industrial production, seems to defy narrative treatment. This also applies to well-known English industrial novels, although their literary quality, if it was ever doubted, is now beyond dispute - unlike that of their German counterparts.

Like many German *Vormärz* writers, Prutz is influenced by French and English social novelists, and he regards the novel as the literary paradigm of the modern age. As Hilton seems to suggest, abandoning considerations of genre may therefore seem problematical. Sketching out points of comparison with novels of Dickens, Gaskell, Disraeli and Kingsley, Hilton puts *Das Engelchen* and other works by Prutz into perspective. For example, he does not view the 'concurrency of discourses' as being quite so devoid of authorial judgement. In his eyes the frequent quotation of Shakespeare and the Bible is indicative of the narrator's belief in 'eternal values' which he pits against the mechanization and brutalization of human conditions. Where Prutz is seen to differ most significantly from English novelists is in his pedagogical stance as a narrator which, if it does not make him aim directly at 'raising' and 'civilizing' the lower classes by means of *Bildung*, at least makes him project these aims. What is more, Prutz's notion of *Bildung* very clearly implies an assimilation of the industrial working class to the pre-modern values of the *Bildungsbürgertum*. A parallel can thus be drawn to Anita Bunyan's remarks on the "tutelary implications" of the German term *Judenemanzipation*: Jews were expected to undergo moral and intellectual education, "thereby transforming themselves into honourable citizens and rendering themselves worthy of emancipation".[2] Even if one grants the decidedly middle-class perspective of English social novelists, any such educational expectations of the working class are foreign to them. Of course their ultimate concern is also to find a solution to the pressing social problems caused by industrialization, but this, as Hilton implies, does not prevent them from maintaining an ironic distance to their own class, nor from showing their empathy and detailed observation in depicting urban suffering. Both are features which have kept their works alive up to the present day. However, it was precisely the stark realism of Dickens's pictures of unassuaged misery that provoked an outrage

2 Cf. p. 38 of the present volume.

in Germany. Commentators deplored the absence of even the slightest hue of 'idealism'. Small wonder that Engels, in *Die Lage der arbeitenden Klasse in England*, was able to draw on English social novels as if they were source materials.

Ridley's approach seems promising as a method of investigating the 'ways of coding' available to middle-class observers and writers seeking to open their minds to the industrial age or, respectively, to open its secrets for themselves. Coding of this kind works primarily with 'concrete symbols', i.e. with phenomena which at once 'exist' and 'signify'; in other words, whose 'being' and 'essence' are identical. Thus, for example, railways, railway stations, station clocks, the telegraph, cities are experienced, viewed and described as intensely 'real' and, at the same time, as condensed symbols of the modern age (and there seems no reason why factories should be excluded from this range). What is more, the fact that such phenomena of everyday experience are also highly 'textual' means that there is no firm dividing line between the object viewed and the text. As Wulf Wülfing shows, *Vormärz* contemporaries 'read' the railway station like an open book. Thus, anyone wanting to find out about the modern age feels that (s)he only needs to step through the entrance of a railway station - an experience which is in turn more or less immediately textualized, in the shape of innumerable reports and accounts. Cities change their face in no time, thus becoming living 'physiognomies', real and meaningful at once. The 'tremor' communicated to entire urban quarters by passing trains, the dwindling of ancient notions of time and space during just one train journey, - all these are 'revolutions' of a 'real' as well as of a 'symbolic' kind, creating, according to Wülfing, the state of 'excitement' which is so typical of the period.

Even what is thought of as the 'middle class' is, as John Breuilly stresses, largely a creation of historical and sociological texts. Today's awareness of the arbitrary nature of such comprehensive constructions has also, for example, made historians increasingly critical of the concept of the German *Sonderweg*, based as it is on a normative idea of the *Bürgertum* which takes its model from Western Europe. Moreover, the concepts 'middle class', 'Bürgertum' or 'bourgeoisie' were 'constructs' right from the start, in that they were used to project positive self-images, - or negative pictures, as the case may be, - of the 'revolutionary' classes of the first half of the nineteenth century. However, Breuilly maintains that these concepts are more than purely linguistic phenomena, for they would have had to appeal to social interests in the first place in order to become dominant notions. In his view it is therefore essential to explore the all-important links between 'text' and 'context' as well as the reasons for national differences. For the time being, this can most successfully be done within the confines of limited comparative studies, focusing on the nationally significant city bourgeoisie of different countries and at crucial periods such as 1815-1850, - in other words, by a sensitive combination of micro-history and macro-history involving the precise interpretation of texts and other means of 'representation', e.g. monuments, celebrations and associations. Breuilly's interpretation of middle-class self-representation, textual and non-textual, in Manchester and Hamburg yields astonishing results. In Manchester, competing self-images are projected by a manufacturing and trading middle class which is socially, religiously and politically divided and highly partisan; and yet all these images together testify to a basic moral and political consensus between the factions, that of a 'middle class' which sees itself as practical, rational, productive and progressive. Even radicalism and Chartism, despite their exposure of middle-class rhetoric as hypocritical, adopt the 'modernist' image of the 'practical', 'productive' class and of the 'free-born Englishman' in their struggle for political rights for the working class. Hamburg's merchant bourgeoisie, on the other hand, identifies its own progressiveness with the republican status of the Free City. However, the homogeneity of the progressive image conceals a backwardness that is structural, as well as social conflicts. Only a small bourgeois minority, Lutheran landowners, qualify for public office; members of the city's republican institutions are not elected; and the entire discourse of national liberty and unity, appealing mainly to Hamburg's petty bourgeoisie as a coded way of demanding political influence in their *Vaterstadt*, conflicts fundamentally with the tradition of Hanseatic citizenship. As there is neither freedom of speech nor a framework of institutions which would encourage open political partisanship as in Manchester, 'modernist' middle-class representations have to be coded and are often unpolitical. Under these circumstances it is somewhat disturbing to see that the clearest image of a progressive, 'productive' *Mittelstand* is projected by petty-bourgeois, protectionist circles who are potentially against Jewish emancipation and in favour of national unification, identifying themselves with the *Volk*. The early Hamburg labour movement also adopts the 'productivist' image, concerning itself with the *Organisation der Arbeit* and making "extravagant claims [...] on behalf of education as the instrument of progress" (Breuilly). *Bildung* seems to have been the magic word once more, as it was for the liberal German middle class in all matters concerning 'emancipation'.

How effective the image-making of the various factions of the Manchester middle class was can be gleaned from the fact that 'Manchester man' became almost a cliché of hard-headed bourgeois utilitarianism. For British writers and critics, from Carlyle to Dickens and Arnold, it offered a negative foil against which ideas of a 'better' middle class could be developed. Hamburg's bourgeoisie, for its part, may have epitomized the civic liberty, independence and openness which the less fortunate middle classes in the monarchic states of the German Confederation aspired to during the *Vormärz*, but there is a subtle irony in the fact that writers such as Heine and Gutzkow were scarcely more enamoured of 'Hamburg man' than their British counterparts were of 'Manchester man'.

Martina Lauster

Hugh Ridley

Die Fabrik als Aufschreibesystem

Nach zwanzig Jahren[1] schreitet man wieder durch das literarische Fabriktor, etwas besorgt, ob die Industrielandschaft noch zu erkennen ist: neugierig auf die Haltbarkeit älterer Positionen. Bekanntermaßen bot die 'industrielle Literatur' des Vormärz in den 70er Jahren jüngeren Wissenschaftlern ein Thema an, das in mehreren politisch relevanten Diskussionen (beispielsweise zum Literaturkanon, zu ästhetischen Positionen in der Bundesrepublik, zur Klassenproblematik) aktuell werden konnte. Zur Erbschaft dieser Zeit gehört nicht nur ohnehin die Rehabilitation des ganzen Vormärz, sondern auch die Beschäftigung mit einer Literatur, die erstmalig den unmittelbaren Kontakt zur Klassenproblematik des Proletariats und zu den charakteristischen Grenzsituationen des Kapitalismus suchte. Daß mein Titel diese Konstellation auf etwas provokative Weise anspricht, liegt an der unsicheren Verortung dieser Literatursparte. Vorausschicken will ich nur, daß ich weniger von Friedrich Kittler[2] ausgehe, so dankbar ich mich seines Terminus bediene, dafür eher von der Arbeit Klaus Scherpes zu Döblin und Rolf Günter Renners zum Werk Thomas Manns. Aber die Tatsache, daß Kittlers Beitrag zur Diskussion des Verhältnisses zwischen Schriftkultur und Maschinentechnik nicht auf den ersten Blick für unsere Epoche und unser Thema relevant zu sein scheint, gehört auch zu meinem Thema. Aus Gründen der größeren Überschaubarkeit konzentriere ich die Diskussion - textbeispielmäßig - auf den 1851 erschienenen Roman von Robert Prutz: *Das Engelchen*.

Schon vor zwanzig Jahren lag ein mögliches Interpretationsverfahren vor, nämlich die industrielle Literatur, weil sie ein problematisches Verhältnis zu Maschinen hatte, in der Tradition der Romantik als Ausdruck psychischer bzw. psychopathologischer Zustände zu deuten. Diese Lesart ließ sich z.B. in der mythischen Figur des Zauberlehrlings verankern, einer Figur, die im *Engelchen* in dem Vater des Meisters exemplifiziert ist. Freuds Interesse an Hoffmanns *Sandmann* ist bekannt, wurde aber in den siebziger Jahren - weil ihm der unmittelbare Rückbezug auf die soziale Wirklichkeit fehlte - nicht weiter beachtet. Die Maschine als Modell, als Metapher, bietet zwar eine Eincodierungsmöglichkeit, aber eine sehr beschränkte. Prutz verwendet die Maschine als Interpretationsrahmen für den Fabrikherrn: eine Rechenmaschine sei der Mann (er habe es in England gelernt und mit seiner Fabrik in das Land der Dichter und Denker eingeführt). Wie viele seiner Zeitgenossen kosten ihn seine Maschinen seine Menschlichkeit, und für ihn wie für seinen Meister hat die routinemäßig eingeführte Szene der Maschinenzertrümme-

---

1 Vgl. Keith Bullivant / Hugh Ridley (Hgg.), *Industrie und deutsche Literatur 1830-1914. Eine Anthologie*, München 1976 (dtv 6035).

2 Friedrich A. Kittler, *Aufschreibesysteme 1800-1900*, 3. Aufl., München 1995.

rung einen masochistischen, selbstzerfleischenden Charakter. Interpretationen solcher Szenen, die das psychopathologische Element hervorheben, waren noch eher am Platz, als im späteren industriellen Roman die Maschine selbst zum Hauptakteur wurde, beispielsweise in Adolf von Tschabuschniggs 1854 erschienenem Roman *Die Industriellen*[3], der als Antizipation von Kafkas *Strafkolonie* heute noch faszinieren kann. Diese Faszination hat aber nichts mit der Kontinuität der Maschinen zu tun, so frappierend die Parallelen zwischen Kafkas Maschine und Tschaubuschniggs die Arbeiter richtender und beherrschender Apparatur auch sein mögen: eher aber mit inneren Strukturen, die man damals für zeitlos und gesellschaftsirrelevant - laut Karl Prümm "losgelöst von jedem Funktionszusammenhang"[4] - halten konnte.

Obwohl der Hauptakzent in den siebziger Jahren eindeutig auf der gesellschaftlichen Relevanz der industriellen Literatur lag, wurde diese unterschiedlich verstanden. Am Anfang wurde sie ähnlich rezipiert wie die Reiseliteratur und auf ihre Inhalte abgeklopft, d.h. auf Sozialgeschichtliches. In der älteren Literatur galt sie als Sozialrealismus. Es ging in der industriellen Literatur nicht so weit wie in der Reiseliteratur - es wäre undenkbar gewesen, jemandem, der einen Aufenthalt im Ruhrgebiet oder im Norden Englands zu verbringen gedachte, einen Industrieroman als Reiseführer in die Hand zu drücken. Bei der Reiseliteratur jedoch war dies eine Praxis, über die sich viele Auswanderer nach Amerika um 1840 zu beklagen hatten[5]: ein ähnlicher Anspruch auf fremdenführenden Realismus kam in der industriellen Literatur nicht zum Ausdruck, obwohl ihr ganzer Duktus (vor allem die einweihende Erzählperspektive) der anderen Gattung entlehnt war.[6]

Die sozialgeschichtliche Perspektive auf die industrielle Literatur hatte zwei Schwerpunkte. Man suchte in den Werken nach Schilderungen sonst wenig bekannter Milieus und behandelte Bericht-Texte wie Bettina von Arnims *Dies Buch gehört dem König* als den literarischen verwandt. Damit wurden Details von Sozialpraxen, Lebensmilieus und industriellen Arbeitsmethoden (im *Engelchen* z.B. die Szene der Lohnauszahlung[7]) in den Vordergrund geschoben. Andererseits aber fixierte sich das sozialgeschichtliche Interesse auf die in dieser Literatur angebotenen Lösungen sozialer Probleme: daher die vielen Untersuchungen über Karl Immermanns 'Morgenthau-

---

3 Zwickau 1854, 2. Aufl. Würzburg 1876. Vgl. hierzu Bullivant / Ridley, *Industrie* (s. Fußnote 1), S. 119f. Auch *Literatur im Industriezeitalter. Marbacher Kataloge* 42/1, Marbach 1987, S. 387.

4 Karl Prümm, *'Das Engelchen'. Experiment eines 'mittleren Romans': Unterhaltung zu den höchsten Zwecken*, in: Horst Denkler (Hg.), *Romane und Erzählungen des bürgerlichen Realismus*, Stuttgart 1980, S. 54.

5 Vgl. die Beiträge zu Lenau und Kürnberger in: Sigrid Bauschinger / Horst Denkler / Wilfried Malsch (Hgg.), *Amerika in der deutschen Literatur. Neue Welt – Nordamerika – USA*, Stuttgart 1975.

6 Auffällig ist z.B., wie Friedrich Engels die Erschließung des proletarischen Milieus ausdrücklich mit Reisen in der Südsee vergleicht: *Die Lage der arbeitenden Klasse in England* (1845), München 1973, S. 47.

7 Vgl. Heinrich Schauerte, *Die Fabrik im Roman des Vormärz*, Köln 1983, S. 84.

Plan' für die deutschen Ländereien, oder über Ernst Willkomms wechselnde Einschätzung der Segen der Industrialisierung - alles an den Schlußszenen der jeweiligen Romane abgelesen. So wurden Texte von einer einzigen Perspektive aus interpretiert, auch wenn die Fabel- und Figurengestaltung noch als Teil einer literarhistorischen Tradition verstanden wurde. Damit wurde auf eine historisch-politische Ebene vieles übertragen, was früher aus der geschichtlichen Ästhetik abzuleiten und zu erklären gewesen wäre. Dieses Verfahren erscheint typisch für die 1970er Jahre, eine "Zeit der schnellen Hochrechnung von Texten auf makrohistorische Zusammenhänge".[8] Und der Neuherausgeber von *Das Engelchen* - Erich Edler 1970 - ist für diese Tendenz typisch, indem er den *ästhetisch* mißlungenen Schluß des Romans auf die *politische* Enttäuschung von Prutz nach 1848 zurückführt.[9]

Diese Vermengung ästhetischer und politischer Kategorien (wenn das Primat bei der Realgeschichte liegt, wie sind dann überhaupt ästhetische Mängel zu kritisieren?) charakterisiert die Zeit nach 1970. Obwohl von einer 'Neutralisierung gesellschaftlich relevanter Inhalte durch die Fixierung auf die Form' wie in den fünfziger Jahren[10] nicht mehr die Rede sein konnte, war die Interpretation doch modernen ästhetischen Normen verpflichtet, denen die Form des deutschen Industrieromans nicht genügte. Früheren Literaturwissenschaftlern dagegen (beispielsweise Hohenstatter oder Hinnah, der dem Industrieroman als 'revolutionärem Aufruf' ohnehin mißtraute[11]), war kein Mißverhältnis zwischen der ästhetischen und politischen Seite des Romans aufgefallen. So wie der konventionelle Realismus im Lichte der postrealistischen Literatur herabgesetzt wurde (z.B. in der Rezeption der sog. Expressionismusdebatte), so wurde der vorrealistischen Literatur ein Mangel an Realismus vorgeworfen und (trotz der bewußten Abkehr vom "formalist plundering of the Adenauer era"[12]) als ästhetisches Defizit angekreidet. Ein ähnliches Problem trat bei Kirchner-Klemperer hervor, indem sie einerseits an Willkomm die Aufnahme der Stilmittel der Schaudergeschichte in den industriellen Roman kritisierte: es sei ein Fehler gewesen, "aber mehr einer

---

8 Holger Dainat / Hans-Martin Kruckis, *Die Ordnungen der Literatur(wissenschaft)*, in: Jürgen Fohrmann / Harro Müller (Hgg.), *Literaturwissenschaft*, München 1995, S. 140.

9 Vgl. Erich Edler, *Nachwort* zu: Robert Prutz, *Das Engelchen*, Göttingen 1970 (Nachdruck der dreibändigen Ausgabe Leipzig 1851), S. 30. Seitenzahlen in Klammern beziehen sich auf diese Ausgabe. Vgl. hierzu Jost Hermands Rezension in: *Monatshefte* 64 (1972), S. 164.

10 Vgl. Ingrid Pepperle, *Spätbürgerliche Literaturwissenschaft und Vormärz*, in: *Weimarer Beiträge* 18 (1972), S. 182.

11 Vgl. Schauerte (s. Fußnote 7), S. 123; Ernst Hohenstatter, *Über die politischen Romane von Robert Prutz*, München 1918, S. 42f. Hans Kistenmacher dagegen lehnte diese Literatur aus konventionellen ästhetischen Gründen ab (*Maschine und Dichtung*, Greifswald 1914, vgl. Schauerte [s. Fußnote 7], S. 7).

12 Gabrielle Bersier / Yvette Brazell / Robert Holub, *Reappropriation of the Democratic Bourgeois Heritage. Leftist Research on Jacobinism, Vormärz and Naturalism in the Federal Republic*, in: *Jahrbuch für Internationale Germanistik* 11/2 (1979), S. 103.

Aufforderung des Publikums folgend als eigener Neigung".[13] Andererseits aber kritisert sie Willkomms bürgerlichen Sozialismus, aus dem ihrer Ansicht nach viele der ästhetisch bemängelten Szenen abzuleiten sind. Auch sie spricht von einer "operettenhaften Lösung" der sozialen Probleme, nur mit der Entschuldigung: "Was hätte Willkomm schließlich sonst propagieren sollen?"[14] In dieser Interpretation mischen sich die Anerkennung künstlerischer Autonomie und die Feststellung politischer Determiniertheit des Ästhetischen. Mit diesem Dilemma setzte sich Georg Lukács in seinem Fontane-Aufsatz auseinander, indem er zu bestimmen versuchte, ob die ländliche Atmosphäre der wenigen Industriebilder oder die Klassenfrieden stiftende Heirat von Lene und Gideon eher Fontanes Ästhetik als seiner Ideologie zuzuschreiben seien.

Bei allen diesen Ansätzen blieb das Verhältnis zwischen Sozial- bzw. Mentalitätsgeschichte und der eigenen Ästhetik etwas dunkel. Man wollte von der Sozialgeschichte nicht weg: eine haltbare Ästhetik mußte auch historisch ableitbar sein, und eine solche lieferte Sengle mit seiner stark historisierenden Gattungsgeschichte. Sie deckte die Vielfalt an Gattungen im Vormärz auf, sowie ihre bisher ungeahnte Spezialisierung und das Überbleiben von Untergattungen, die – mit dem damals für progressiv gehaltenen Blick auf diese Periode – ohne Sengle übersehen worden wären, weil sie für rückständig galten. Man schrieb über die Zurückgebliebenheit der deutschen Literatur im Vergleich zu Nationalliteraturen, die zumindest mit bestimmten Werken Balzacs oder Eliots ihre Modernität vorzeigten.[15] Sengles historisierende Einstellung zu Gattungen hinderte ihn zwar keineswegs daran, den Industrieroman abzuwerten, weil die Verfasser "zu schlechte Erzähler" gewesen seien[16], ließ aber dem sozialgeschichtlichen Ansatz wenig Abtrag geschehen. Es war für Sengle eine Selbstverständlichkeit, daß das Leben der Gattungen kein autonomes war, sondern von der Geschichte abhing. Er zeigte das Wechselspiel von Sozialgeschichte, Literatur und Ästhetik, z.B. indem er sogar ein rein marktgesteuertes Phänomen wie das Taschenbuch als Gattung akzeptierte, mit dem Kommentar, daß "man die Gattungen [...] nicht mehr als 'Naturformen', sondern als eine dem historischen Wandel unterworfene Formenwelt betrachtet".[17] Das schien bestätigt, als Voßkamp Ende der 1970er Jahre Gattungen als "literarisch-soziale Institutionen" und 1992 gar als "Bedürfnis-

---

13 Hadwig Kirchner-Klemperer, *Der deutsche soziale Roman der vierziger Jahre des vorigen Jahrhunderts, repräsentiert durch Ernst Willkomm und Robert Prutz einerseits und Alexander Sternberg andererseits, unter besonderer Berücksichtigung seiner Beziehungen zum französischen Roman*, in: *Wissenschaftliche Zeitschrift der Humboldt-Universität zu Berlin. Gesellschafts- und sprachwissenschaftliche Reihe* 11 (1962), S. 241-280, hier: 258.

14 Ebd., S. 256.

15 Als Beispiel C.P. Magill, zit. in: Jeffrey Sammons, *Six Essays on the Young German Novel*, Chapel Hill, 1972, S. 2f.

16 Zit. n. Hans Adler, *Soziale Romane im Vormärz*, München 1980, S. 22.

17 Friedrich Sengle, *Biedermeierzeit* 2: *Die Formenwelt*, Stuttgart 1972, S. 42.

synthesen"[18] bezeichnete. Vor allem ließ sein Verständnis solche Phänomene wie den bekannten vormärzlichen Stilbruch oder die häufige Kluft zwischen den Themen und Stilmitteln der Literatur dieser Zeit erklären, z.B. wenn Willkomm als Zeichen sozialen Friedens den Rauch aus dem Schornstein seiner Fabrik zu einem Kreuz zusammenfügt. In der Reaktion auf solche Probleme, viel eher als in der Fortsetzung der Gattungsdiskussion[19], sieht man die Folgen von Sengles Arbeit.[20] Die konsequenteste Einsicht in die Unmöglichkeit, mit den Mitteln der überkommenen Ästhetik die Probleme des Industriezeitalters adäquat darzustellen, hatte Weerth, der - nachdem er das brillante *Fragment eines Romans*[21] aus den notwendigen Requisiten des damaligen konventionellen Romans zusammengebastelt hatte - einsah, daß man so nicht schreiben könne, und sein Projekt deshalb ruhen ließ. Trotz der von Sengle demonstrierten Vielfalt an Gattungen zeigte das Scheitern des Projekts, daß alle Gattungen, die Weerth damals zur Verfügung standen, seinem Stoff und seinen Ideen nicht gewachsen waren und untauglich blieben. Weerth erkannte, daß in der Romangattung über bestimmte Inhalte nicht geschrieben werden konnte, und daß allein das Schweigen, nicht das Adaptieren angebracht war.[22] Kurz gesagt: er zweifelte an der Erzählbarkeit des Themas und legitimierte damit die späte 'Hochrechnung' der Ästhetik auf makropolitische Zusammenhänge. Und in Anlehnung an diesen Fall sowie an Sengles Gattungsverständnis lehnte man jeden Versuch, die ästhetischen Unzulänglichkeiten des Romans im Vormärz auf einen Mangel an literarischem Talent zurückzuführen - so wie es u.a. Martini versuchte[23] - entschieden ab.

Statt vom zeitlosen Begriff des literarischen Talents auszugehen, lassen sich folgende Möglichkeiten anvisieren: Manche Probleme (wie beispielsweise der Weltkrieg) seien einfach nicht erzählbar, wie unter anderen Walter Benjamin behauptete; nicht wegen Gattungsschwierigkeiten, sondern weil die Realität selber unerzählbar und unüberschaubar geworden sei. Es läßt sich

---

18 Wilhelm Voßkamp, *Gattungen als literarisch-soziale Institutionen*, in: W. Hinck (Hg.), *Textsortenlehre - Gattungsgeschichte*, Heidelberg 1977, S. 27-44; u. zit. n. Dainat / Kruckis (s. Fußnote 8), S. 134.

19 Vgl. Edlers Untersuchung der Gattung 'sozialer Roman': Erich Edler, *Die Anfänge des sozialen Romans und der sozialen Novelle in Deutschland*, Frankfurt/M. 1977, S. 19f.

20 Die Gattungsproblematik tritt noch deutlicher hervor, wenn man feststellt, daß in der Naturlyrik von Prutz die Eincodierung seiner aufklärerischen Einstellung problemlos erfolgt sei. Vgl. Hartmut Kirchner, *Naturlyrik als politische Lyrik - politische Lyrik als Naturlyrik. Anmerkungen zu Gedichten zwischen Spätromantik und 48er Revolution*, in: Norbert Mecklenburg (Hg.), *Naturlyrik und Gesellschaft*, Stuttgart 1977, S. 102-125, bes. 115.

21 Georg Weerth, *Fragment eines Romans* (1843), Neue Auflage, Frankfurt/M. 1965.

22 Weerth war damit ehrlicher als der Dichter Florus im *Engelchen*, dem es auch nicht gelang, sein Buch über das Fabrikdorf zu Ende zu schreiben. Bei Florus versagt das "Musenpferd" (2,292): bei Weerth fliegt zwar das Pferd, nur findet der Autor als enger Mitarbeiter von Marx und Engels den Flug unangemessen.

23 Vgl. Fritz Martini, *Deutsche Literatur im bürgerlichen Realismus*, Stuttgart 1964, S. 405f., 737f. Weitere Diskussion bei Schauerte (s. Fußnote 7), S. 248f.

also denken, daß eine Erzählpanne eine legitime Reaktion auf die Realität darstellt - hier müßte man dann auch prinzipielle Bedenken gegen Adlers Spekulation einwenden, "welche Möglichkeiten genauerer bzw. eindringlicherer Darstellung sich bei guter Kenntnis solcher Fabrikhallen geboten hätten".[24] Wenn man diese Möglichkeiten zuläßt, so hat man wenig Grund, sich den Roman im Vormärz auf einem historischen Nebengleis vorzustellen, während der französische und englische Roman schon die europäischen Hauptstrecken befuhr. Dann darf man die Texte des Vormärz nach ihrem Beitrag zum Erzählbarmachen der Fabrik befragen[25] und sie als Werkstatt eines heute noch nicht abgeschlossenen Prozesses in der Sinn- und Diskursproduktion verstehen. Und hier bietet Klaus Scherpe ein nützliches Modell.

"In Frage", schreibt Scherpe am Anfang seiner diskursanalytischen Untersuchung von Döblins *Berlin Alexanderplatz*, "steht die Erzählbarkeit der Stadt".[26] Er identifiziert die verschiedenen Diskursebenen in Döblins Roman und vermerkt dabei, was für eine große, durch die vielen einmontierten Stellen hervorgerufene Diskursvielfalt der Text besitze. Aber Scherpes Thema - "Erzählbarkeit" - erschöpft sich keineswegs in Gattungsdefinitionen. Im Gegenteil: er kann zeigen, wie die Stadt selber nicht durch die Gattungen erzählt wird, sondern wie sich in den textkonstituierenden Gattungen ein eigentümliches Verständnis der Stadt durch eine Schriftlichkeit vermittelt, die man als 'Ordnungsform des Erlebens' (Horst Turk) zu verstehen hat. Nun kommt es mir sehr auf diese Differenz zum tradierten Gattungsverständnis an: Es ist offensichtlich möglich (anderes ist *nicht* möglich), in der Großstadt die 'Zentrierung und Verdichtung' moderner Wirtschafts- und Sozialformen zu erblicken. Die Stadt kann also interpretiert werden und ist gleichzeitig eine Interpretation: sie ist - wie Victor Hugo sagte - 'ein steinernes Buch'. Der Mensch muß nur lernen, die Sprache dieses Buches zu lesen, um seine Gesellschaft und den 'ungeheuren Vermittlungszusammenhang der bürgerlichen Gesellschaft' (Hegel) zu verstehen. So erfolgt beispielsweise die Verortung der Kirche und ihrer Symbole im Großstadtmilieu über das Stadtbild; das Verhältnis des Individuums zum Gesamtbild der Stadt erschließt sich über das Verhältnis Hauptstraße - Nebenstraße (wie bei Raabe) oder, wie Wülfing in seinem Beitrag hervorhebt, über das Bahnhofsgebäude.[27] Man könnte andere Verständnismodelle auch in der erzählt-erlebten Stadt verankern, wie z.B. Ordnung und Kriminalität, Tradition und Moderne - das wird alles in der Stadt nicht nur einsehbar, sondern auch vor allem erzählbar. Die

---

24 Hans Adler, *Soziale Romane im Vormärz. Literatursemiotische Studie*, Müchen 1980, S. 101.

25 Allein ihre Anzahl ist ein Indiz für den Bedarf an dieser Arbeit. Riehl fragte 1851, "ob diese Fülle von sozialen Romanen [...] nicht selbst ein soziales Phänomen" sei. Zit. n. Edler (s. Fußnote 19), S. 17.

26 Klaus Scherpe, *Von der erzählten Stadt zur Stadterzählung. Der Großstadtdiskurs in Alfred Döblins 'Berlin Alexanderplatz'*, in: Jürgen Fohrmann / Harro Müller (Hgg.), *Diskurstheorien und Literaturwissenschaft*, Frankfurt/M. 1988, S. 418-437.

27 Vgl. den Beitrag von Wulf Wülfing in diesem Band, S. 131-142.

Stadt geht als Gegenstand der Erfahrung in die Literatur ein, weil sie verstanden wird. Die verschiedenen Gattungen gewichten dieses Verständnis unterschiedlich, aber sie sind keine Erkenntnisinstrumente; nicht sie sind für das Verständnis verantwortlich. Wir dürfen Scherpes Argument so zusammenfassen: Die Stadt ist zum Aufschreibesystem geworden.

Renners Argument bezieht sich auf ein vielleicht weniger problematisches Objekt: die Einrichtung der bürgerlichen Familie. Ihn interessiert nicht nur, wie es der Literatur gelungen sei, für die für frühere Gattungen und Erfahrungshorizonte unbrauchbaren, aber das Familienleben konstituierenden Erfahrungen eine Sprache zu finden, sondern wie diese literarische Sprache selber zum Erkenntnisinstrument geworden sei. Den Prozeß exemplifizieren Manns Leben und Werk auf zwei Ebenen. Einmal auf der Ebene der Produktion, zum anderen auf der Erkenntnisebene. In der Produktionsfolge seiner Werke bezeichnete Thomas Mann einmal die kürzeren Prosatexte aus der Zeit 1901 bis 1914 als Musikstücke, gespielt "auf dem selbstgebauten Instrument des großen Romans".[28] Erst nachdem die Eincodierung von Manns Problemen und Weltbild in die mehr oder weniger fiktive Familienstruktur erfolgt sei, so Renner, seien dem Autor diese Themen künstlerisch produktiv geworden. Auf der anderen Ebene habe der Familienroman - als Gattung: d.h. rezipierend und produzierend - als Erkenntnisinstrument gedient; sein Erzählschema habe einer psychologischen Problematik entsprochen, "die nur in ihren Vermittlungen beschreibbar wird".[29] Für Renner - wie selbstverständlich auch für andere Literaturwissenschaftler - liefert die Identität des Freudschen Diskurses mit den von ihm untersuchten literarischen Texten den Beweis dieser Erkenntnisfunktion. Erkenntnis ist nicht nur Produkt der Gattung Psychoanalyse, wie sie Freud praktiziert: sie war das Merkmal eines am Objekt selbst gewonnen Diskurssystems. In seiner Untersuchung der Überschneidungen zwischen Hoffmann, Freud und Lacan schreibt Kittler dazu: "Daß Literatur Helden zur Sprache bringt, die Detektive und Opfer familialer Diskurse werden, ist selbst ein diskursives Ereignis".[30] Es ist eben das, was wir mit Hans-Robert Jauß als ein literarisches 'Ereignis' zu bezeichnen haben, ein Ereignis, das in Freud kulminiert. Freuds Gefühl bei der Lektüre der bürgerlichen Literatur des 19. Jahrhunderts, daß dies seine Sprache sei, eine Ergänzung und ein Pendant zu seiner Wissenschaft, bestätigt die Einsicht. Es wäre an dieser Stelle absolut verfehlt, die Gattungsspezifik zu sehr zu betonen: es mag wohl sein, daß zwischen dem großangelegten Familienroman und *Fräulein Else* Gewichtsverschiebungen aufzuspüren sind, aber die Funktion der Familie als Aufschreibesystem, als Inskriptionssystem für eige-

---

28 *Betrachtungen eines Unpolitischen*, Frankfurt/M. 1956, S. 82.

29 Rolf Günter Renner, *Lebens-Werk. Zum inneren Zusammenhang der Texte von Thomas Mann*, München 1985, S. 54.

30 Friedrich A. Kittler, *'Das Phantom unseres Ichs' und die Literaturpsychologie. E.T.A. Hoffmann – Freud – Lacan*, in: ders. / Horst Turk, *Urszenen. Literaturwissenschaft als Diskursanalyse und Diskurskritik*, Frankfurt/M. 1977, S. 162.

ne Bedürfnisse und Eigenverortung, transzendiert alle Gattungsunterschiede. Es ist auch bezeichnend, daß Freuds literarische Analysen an allen Gattungsunterschieden vorbeigehen: nicht aus literarhistorischer Ignoranz (das dürfte niemand von Freud behaupten), sondern eher aus seiner Einsicht in die tieferliegende Funktion der Familienverhältnisse als Aufschreibesystem. Und hier muß man nochmals ausdrücklich auf einem Aspekt dieses Modells beharren, der es ganz deutlich von den oben diskutierten psychopathologischen Modellen unterscheidet: nämlich auf der Realistik dieses Erzählbarmachens bei Mann und Döblin. Nicht nur Thomas Mann, auch uns, seinen Lesern, ist es gelungen, über die anhand eines andersgearteten Codes strukturierte Familiengeschichte eine andere, vielleicht sogar eigentlichere Geschichte des 19. Jahrhunderts aufzuschließen. Wenn der Familienroman als Aufschreibesystem den gleichen Diskurs ausgearbeitet hat wie Freud, so teilt er auch mit Max Weber und anderen Soziologen um 1900 einen Diskurs[31]; auch in der Bearbeitung von Familienstrukturen kann Literatur in mehreren Richtungen gleichzeitig als Erkenntnis- und Erfahrungsinstrument dienen.

Wenn das soweit klar ist, so komme ich zu meiner eigentlichen Fragestellung: Ist es legitim, auch die Fabrik als Aufschreibesystem zu betrachten und die frühen Versuche, sich mit dem Phänomen der Industrialisierung abzufinden, nicht anhand von überholten Gattungsbegriffen oder beliebig konstruierten Psychopathologien untersuchen zu wollen, sondern nach einer Antwort auf die von Renner und Kittler angeregte Frage zu suchen? Nämlich zu fragen: Wie wirkte sich die Fabrik als Erfahrungsgegenstand auf die Diskurssysteme der Literatur aus? Und wenn man vor den bis jetzt als mehr oder weniger miserabel eingestuften Erzeugnissen der deutschen industriellen Literatur steht: Kann man andere Erklärungen haben als ungebührliche ästhetische Urteile oder irrelevante politische Erwartungen? (Zu vermerken ist übrigens auch, daß es uns ohnehin an einer Rezeptionsgeschichte der industriellen Literatur fehlt.) Die Fragestellung schaltet Perspektiven wie die 'Reife' der literarischen Formen oder das Talent der Autoren aus: wir brauchen einen Fragenkatalog, der der Literaturwissenschaft der siebziger Jahre nicht zur Verfügung stand.

Einen ersten Anfang machte Hans Adler mit seinen literatursemiotischen Analysen.[32] Ihm gelang es, einerseits den eigentlichen Schwerpunkt der Handlung viel deutlicher herauszuarbeiten – z.B. die zentrale Funktion des juristischen Handlungsstrangs in *Weisse Sclaven*. Seine kritischen Bemerkungen zu Kirchner-Klemperers eher ideologisch motivierten Analysen zeigen viele sonst wenig beachtete Seiten des Romans auf; vor allem eröffnet er eine Untersuchung der Adaption, die die Romankonstruktion an die zu beschreibende neue Realität leistet. Die Erfassung der Wirklichkeit durch die "hand-

31 Hierzu unter anderem Manns Bemerkungen in den *Betrachtungen eines Unpolitischen*, 1918 (s. Fußnote 28) zu der Kongruenz von *Buddenbrooks* und Webers 1905 erschienenem Werk *Die protestantische Ethik und der Geist des Kapitalismus*, S. 137).

32 Vgl. Adler (s. Fußnote 24).

lungskonstitutiven Oppositionen" im Roman ist sein Thema, wobei seine Zusammenfassung von Willkomms Intention auch sehr deutlich auf Prutz zutrifft: für ihn ist die 'Brüchigkeit' der Form, "bedingt durch den Versuch der literarischen Signifizierung der sozialen Frage, als *Problematisierung der Form*" zu verstehen - und dadurch als "Innovation".[33] Dieser These möchte ich im folgenden nachgehen, obwohl es mir sowenig wie Adler gelingen wird, diese andere Perspektive auf den Roman im weiteren Kontext späterer Signifizierung zu verankern.

Das erste, was dann auffällt, ist, wie stark sich die industrielle Literatur als Diskurskonkurrenz verstand und gestaltete. Es mag sein, daß man ihr einen bestimmten Mangel an Sensibilität vorwerfen kann, aber gegenüber Diskursen war sie nichts weniger als unempfindlich. Dies ist noch stärker bei Prutz der Fall als bei einigen seiner Vorgänger, insofern er auf eine (wenn auch kurze) Geschichte des industriellen Romans zurückblickte. Diese Sensibilität zeigt sich an zwei Phänomenen: erstens an dem immer wieder inszenierten Kontrast zwischen verschiedenen Textsorten - bei Prutz sind es unaufhörliche Shakespeare-Anspielungen in den einführenden Kapiteln. Zweitens manifestiert sie sich in der Wahl der Figuren, z.B. in der des Landschaftsmalers als Rahmenfigur für die Einführung in die industrielle Siedlung. Hinzu kommt im *Engelchen* (wie in vielen anderen Texten) ein eindeutig regionaler Ton, erklärbar nicht nur durch die entlegenen Landschaften wie die des Weberaufstands in Schlesien, die unsere Autoren mit dem Stoff belieferten (auch Weerths Rheinland ergab ein Genrestück des Regionalismus), sondern hatte auch deutlich mit der Diskursvielfalt der Texte zu tun. *Das Engelchen* ist besonders interessant in bezug auf die Gattungsfrage. Prutz kommentiert ironisch einige Aspekte der Handlung, die eigentlich in eine andere Gattung gehörten (2,101), und führt den Dichter Florus als Figur ein, um die plötzliche Beliebtheit des industriellen Romans zu illustrieren: "alle Welt will etwas Sociales lesen", beteuert Florus in einer häufig zitierten Passage, "verhungernde Proletarier, reiche Wucherer, bleiche Weberkinder". Er hält sich in dem Fabrikdorf auf, um ein Schreibprojekt durchzuführen, das er als "socialistische Studien" bezeichnet: "einige Greulgeschichten, [...] Pest, Elend, Hungersnot, was sich so etwa als haarsträubende Dorfgeschichte oder ländliches Trauerspiel verarbeiten läßt" (1,196). Neben der Einsicht in die Beliebigkeit der Gattungsfrage machen solche Passagen deutlich, daß Prutz mit den dokumentierten Quellen anders umgeht als sein fiktionaler Gegenpart[34], weil sein Interesse eindeutig bei der Inskribierung der sozialen Probleme in die erzählte Fabrik liegt. So ist Prutz aus Erkenntnisgründen gezwungen, den tradierten Stoff anders zu organisieren. Ein frappierendes Beispiel liefert der Einsatz des Dämonischen, ein häufig vorkommendes Element in dieser Literatur, das meistens zur Charakterisierung der Maschinen oder des Fabrikherrn eingesetzt wird und durch ein tierisches Lachen oder

---

33 Ebd., S. 115, 151.

34 Vgl. Hohenstatter (s. Fußnote 11), S. 49f.

Gekreisch gekennzeichnet ist. Bei Willkomm waren es die Fabrikbesitzer, die das Dämonische vertraten – Süßlich in *Eisen, Gold und Geist* vor allem, dessen Lachen mit Hyänen und Schakalen verglichen wird. Eine solche Eincodierung widersprach aber deutlich jedem Verständnis des industriellen Prozesses. Kein Mensch ist aus Bosheit in die Industrie gegangen. So siedelt Prutz das hyänische Lachen auf den Bösewicht in dem Dorf (Sandmoll mit Namen) über und läßt seinen Fabrikbesitzer als Beispiel für Kälte und maschinelles Denken auftreten, völlig ohne Dämonik. Dieses Umcodieren kann auch an anderen Aspekten der Erzählung gesehen werden.

Die erste Eincodierung ist sehr bekannt: die Fabrik als Usurpator eines ehemaligen Klostergebäudes. (Eine andere Möglichkeit der Interpretation hätte die Mühle als Lebens- und Erzählform mit ihrer noch längeren Tradition angeboten[35], aber für Prutz war dieser Topos offensichtlich nicht mehr aktuell.) Die zweite ist auch kaum neu: der Fabrikherr als nachfeudaler Hausherr eines ehemaligen fürstlichen Schlosses. Prutz experimentiert mit anderen räumlichen Verhältnissen: der Meister, der in einer Art Lehmhütte an der Außenwand der Fabrik sein Zuhause hat, auch die hoch entwickelte Vernetzung aller Kommunikationswege innerhalb der Fabrik und nach außen hin zu den Regierungsstellen. In dem Kontrast zwischen ländlicher und neuzeitlicher Kommunikation entsteht eine weitere Diskurskonkurrenz. Auch bietet sich die – durch ihre unterschiedlich versuchte Literarisierung ironisch abgetönte – Landschaft als kontrastierendes System an. Bei der ersten Lektüre fällt vieles von dieser ironischen Neugewichtung nicht auf. Es ist möglich, die Beschreibung des Fabrikdorfs als Ideologisierung zu interpretieren.[36] Wer die Szene als Teil einer Diskurskonkurrenz liest, kann nicht übersehen, daß die Landwirtschaft als krisenbedroht geschildert wird – ein Zustand, der nicht ideologisch wie in späteren Texten, etwa Freytags *Soll und Haben*, durch einen Hinweis auf "jüdische Spekulanten" erklärt wird, sondern sachgemäß. Deutlich ist auch die Distanz zu den ideologisch wichtigen Figuren (wie z.B. dem Prediger): man sieht ihn als Schatten gegen die Gardinen, von den Zinshühnern träumend (sozialkritisch also), gestikulierend bei der Übung der Predigt, aber ungehört wie Father McKenzie (1,113). Der Kontrastpunkt zwischen dem ländlichen und dem industriellen Leben – die Glocke der Kirche und die der Fabrik – wird sorgfältig von jeder Wertung ausgeschlossen. Es wird versucht, jenseits der ideologischen Wertung etwas erzählbar zu machen: einmal war die Kirchenglocke erzählbar, jetzt ist es vielleicht die Fabrikglocke. Es geht nicht um eine Umpolung einer ideologi-

---

35 Vgl. G. Bayerl, *Herrn Pfisters und anderer Leute Mühlen. Das Verhältnis von Mensch, Technik und Umwelt im Spiegel eines literarischen Topos*, in: Harro Segeberg (Hg.), *Literarische Technik-Bilder. Studien zum Verhältnis von Technik und Literaturgeschichte im 19. und frühen 20. Jahrhundert*, Tübingen 1987, S. 51-101.

36 So Bullivant / Ridley (s. Fußnote 1), S. 96f. Adler (s. Fußnote 24) sah noch 1980 so (S. 150).

schen Wertung, sondern um die Suche nach Formen der Erzählbarkeit, die eine Umcodierung nötig machen.

Übernommen wird auch die seit den Chartisten gängige Metapher der Sklaverei. Man hat diese Metapher kritisiert, ihr den zu emphatisch ethischen Anklang vorgeworfen. Aber man kann in ihr eher einen Versuch erblicken, die Klassenverhältnisse in der Fabrik beschreibbar zu machen. Sie ist als Erkenntnisinstrument gedacht, auch wenn sie bis Hackländers *Europäisches Sclavenleben* zum Klischee entwertet wurde. Im *Engelchen* dient eine weitere Metapher dazu, die zentrale Erfahrung der Fabrik lesbar zu machen: das Thema der Menschenschinderei. Dies nicht als zeitgeschichtliches Kolorit (hier wird auf die Jenenser Anatomiegesetze angespielt[37]), sondern als Metapher für den Profitdrang der durch die Gesellschaftsstruktur sanktionierten Kapitalisten. Der Text ist ein Versuch, Metaphern auf ihre Lesbarkeit hin zu prüfen.

Interessant an dieser Interpretationsweise ist, wie ein Defizit deutlich wird. Ein Bereich wird aus der Codierung, aus dem Aufschreibesystem explizit und vollständig ausgegrenzt - der Bereich nämlich, in dem die ganze Existenzberechtigung des Fabrikwesens zu suchen ist: die Produktion. *Das Engelchen* thematisiert die Produktion lediglich negativ im Verhältnis zur um die Fabrik herum verkümmernden Handarbeit (ein sorgfältig ausgearbeiteter Handlungsstrang), aber Produktion als positive Inskription fehlt, wie auch in fast allen ähnlichen Texten. Es ist denkbar, daß Weerth sein Romanprojekt deshalb abbrach, weil die von ihm explizit begrüßte, neue Produktionskraft nicht inskribierbar war. Produktion ließ sich selbstverständlich als Kraft, als reine Dynamik beschreiben und in der Fabrikschilderung verorten, auch als Naturereignis. Die Freisetzung von Produktivkräften aber, vor allem die Entkoppelung der Produktion vom Menschen und ihre diskursmäßigen Implikationen blockierten die Phantasie. Damit gehört auch meine bescheidene 'Fabrik als Aufschreibesystem' in den Kontext des großen Paradigmenwechsels, von dem Kittler schreibt: hier (und nicht so sehr in der Literaturgeschichte) sind die Gründe für literarisches Versagen zu suchen.

37 Vgl. Adler (s. Fußnote 24), S. 165.

Ian Hilton

Robert Prutz and the writer's crisis of conscience

A response to Hugh Ridley

> The next day by noon we again emerged from the mines into daylight; then it became clear – the horror down there, the boundless injustice that human beings have to endure, performing intolerably arduous labour 700 metres underground in darkness, in thick, smouldering air, just so Krupp can add another 5 million to their 200 million a year – this needs to be said, in such a way that no one will forget it.
>
> (Kurt Weill, June 1927)[1]

It might well be rewarding to follow Hugh Ridley's suggestion that Prutz's *Engelchen* and other industrial novels of the *Vor-* and *Nachmärz* should be read in the light of recent semiological studies. On the other hand, I do not think that the older socio-historical approach, including some of the *Ideologiekritik* of the 1970s, is so unproductive, particularly when German industrial novels are interpreted comparatistically. My response will sketch out just a few important points of comparison and contrast between Prutz and some English writers of industrial novels in the mid-nineteenth century.

Spurred on by his appreciation of Sue and Dickens in particular, Prutz sought to provide with *Das Engelchen*[2] his own practical response to the undoubted current demand for the popular novel with social overtones:

> Welche Gattung ästhetischer Production hätte mehr Anspruch, von Alt und Jung und Arm und Reich, in Hütten und Palästen, in Casernen und Fabriken gelesen zu werden, als der Roman [...], dies eigentlichste poetische Abbild unseres vielbewegten, vielverflochtenen, vielirrenden modernen Lebens? [3]

The plight of the weavers around 1844 as victims of the new world order stimulated Prutz to incorporate this social theme into his novel, just as similar situations of social unrest in England led writers there to address these

1 Kurt Weill / Lotte Lenya, *Speak Low (When you Speak Love)*, ed. by L. Symonds / K. Kowalke, London 1996, p. 127.

2 Robert Prutz, *Das Engelchen*, Göttingen 1970 (reprint of the original 3-volume edition, Leipzig 1851). Page numbers in brackets refer to the reprint.

3 Robert Prutz, *Die deutsche Belletristik und das Publicum*, in: idem, *Die deutsche Literatur der Gegenwart* 2, Leipzig 1859, p. 72.

same problems in a range of novels.[4] Writers felt drawn towards a theme that both shocked and fascinated, and wanted to record their observations of a world of which most educated people knew little and which in truth they themselves would have no wish to share, even at a time of a growing bourgeois crisis of conscience. Like Prutz in Germany, so in England Disraeli, Elizabeth Gaskell, Charlotte Bronte, Dickens, Kingsley lived but on the periphery of life experienced by the underprivileged, lower social order and lacked due familiarity with the problems they sought so feelingly to portray in their fiction. They were observers and interpreters, hardly participants; amateurs certainly, not prophets and leaders of the people. That could be said even of Mrs Gaskell living in Manchester, who daily could observe that form of existence. It was true of Dickens, who even, according to his critics, seemingly relished portraying the distress of the poor in his work. Awareness of divisions of class and culture is evidenced in the very titles of Disraeli's *Sybil or The Two Nations* and Elizabeth Gaskell's *North and South*, yet the harshest realities of the workers' *Misere* were often glossed over. Disraeli writes in *Sybil* of "the absolute necessity of suppressing much that is genuine" when depicting the "Condition of the People".[5] In Kingsley's *Alton Locke* the narrator comments at the start of Chapter 10: "Those who read my story only for amusement, I advise to skip this chapter if they do not wish to learn anything about 'How folks turn Chartists'", whilst a quasi-editorial note at the bottom of that page declares: "Facts still worse than those which Mr Locke's story contains have been made public by the *Morning Chronicle* in a series of noble letters on Labour and the Poor".[6]

In the interrelationship of writer, reader and art, the requirements of the reader were still to remain the first consideration.[7] But what readership ponders Prutz with ironic overtones? For he considers the nobility ("die vornehmen Kreise") as "viel zu überreizt"; the bourgeoisie "zu beschäftigt". What, then, of the cultivation of "die rohen Sinne der Armen"?

> Die ungeheure Mehrzahl des Volkes, verdammt, mühselig, im Schweiße des Angesichts, für die Notdurft des Augenblicks zu arbeiten und dem Heute das Morgen abzuringen, ja öfters sogar umgekehrt – woher soll ihr die Bildung kommen? oder auch nur der Bildungstrieb? In ihren ärmlichen Wohnungen, in ihren niedern Hütten, zwischen ihren Webstühlen und Maschinen, die

---

4 E.g. Benjamin Disraeli, *Sybil or The Two Nations* (1845), Elizabeth Gaskell, *Mary Barton* (1848) and *North and South* (1855), Charles Dickens, *Hard Times* (1854), Charles Kingsley, *Alton Locke* (1850).

5 Benjamin Disraeli, *Sybil or The Two Nations*, ed. by Thom Braun, London 1981, p. 24.

6 Charles Kingsley, *Alton Locke*, New York 1851, p. 96.

7 Cf. Robert Prutz, *Über die Unterhaltungsliteratur, insbesondere der Deutschen*, in: idem, *Kleine Schriften zur Politik und Literatur* 2, Merseburg 1847, p. 26: "Was die Ästhetik billigt, das degoutiert das Publikum, und umgekehrt, was dem Publikum behagt, davor bekreuzt sich die Ästhetik".

glücklicher sind als sie, weil sie nicht hungern – wo soll ihnen die Idee, wo das Bedürfnis des Schönen aufgehen?[8]

The proletariat apparently saved up their pennies to buy Mrs Gaskell's *North and South* or went to the local lending-library. Workers shook Dickens as the author of *Hard Times* by the hand in recognition of a token of identification. In the novel itself Gradgrind could never understand such people as they sought "relief in wondering":

> They wondered about human nature, human passions, human hopes and fears, the struggles, triumphs and defeats, the cares and joys and sorrows, the lives and deaths, of common men and women! They sometimes, after fifteen hours work, sat down to read mere fables about men and women, more or less like themselves, and about children, more or less like their own.[9]

Interestingly, Dickens, who had hitherto proved to be one of the most popular of foreign authors among the German reading public, now experienced for the first time considerable disapproval on the appearance (in a translation by Julius Seybt) of *Hard Times* in Germany. A typical reaction was the review contained in the journal *Europa*:

> Dickens ist vollständig versunken in sein Thema; diese Hingebung an die stickichte Schwüle in der Atmosphäre des englischen Fabrikpöbels, sein Fatalitätsglaube an die Unverbesserlichkeit dieser Vertierung grenzt an Kretinismus. Wir staunen über [...] die stupide Treue des gesamten europäischen Publikums in der Bewunderung dieser poesie- und humorlosen Travestien der bürgerlichen Verwahrlosung des englischen Winkellebens.[10]

Even Gutzkow, who was not normally given to national prejudice, had responded in similar terms to *Oliver Twist*:

> Die Engländer von heute können starke Portionen *häßlicher* Naturwahrheit vertragen; wir Deutsche aber sollten Protest gegen den Unfug der deutschen Buchhändler einlegen, die uns durch ihre Übersetzungsfabriken allerhand Schmutz [...] aus dem Auslande bringen und durch solche Fratzengebilde wie diese Boziana sind, nur den geläuterten Geschmack der Nation verderben. Es weht ein Branntweingeruch durch diese pseudo-humoristischen Romane; eine stinkige, ordinäre Unfläterei; ein totaler Mangel an aller idealischen Färbung. Es ist gut, wenn der Dichter die Natur belauscht; aber vor dieser öli-

8 Robert Prutz, *Schriften zur Literatur und Politik*, ed. by Bernd Hüppauf, Tübingen 1973, p. 11.
9 Charles Dickens, *Hard Times*, ed. by Kate Flint, London 1995, p. 55.
10 *Europa* 1855/5, p. 53f.

> gen, schmierigen, steinkohlenqualmigen *englischen* Natur möge uns der Himmel bewahren![11]

Instead of realistically depicting the industrial working classes and their misery, German writers were clearly intent on cultivating the masses *via* the *Volksroman*. However, Prutz was not necessarily to be a provider of it, nor *Das Engelchen* the means. The world as presented by Prutz remains essentially that of a novelistic, romantic view of life aimed at a middle-class readership with corresponding tastes. But recognition of the inherent problem centres on the inclusion in the novel of the fictional character of Florus, the writer:

> Der Geschmack hat sich verändert, das Publicum ist von einer neuen Laune ergriffen [...] Er trug sich mit dem Plan eines großen, weitschichtigen Romans, den er ganz auf dem Boden der modernsten politischen und socialen Zustände aufbauen wollte (2,292).

To this end Prutz's *alter ego* undertakes a six-week tour to acquaint himself with the necessary factual background. His role in viewing the workers is portrayed with good-humoured satire by his creator:

> Die sociale Frage [...] es ist reine Illusion damit, ich geb' es zu, eine Art Mondschein, nichts weiter [...] das Ding ist einmal in der Mode, alle Welt will etwas Sociales lesen: verhungernde Proletarier, reiche Wucherer, bleiche Weberkinder [...], aber die Zeit will es, die Literatur verlangt es [...] Gut denn, so werd' ich mich hier sechs Wochen lang auf das Elend legen [...] Socialistische Studien will ich machen, das ist mein ganzer Zweck; was ich so socialistische Studien nenne: einige Greulgeschichten, Scandäle, Abenteuer, einige ruppige, mordverbrannte Gestalten, Pest, Elend, Hungersnot, was sich so etwa als haarsträubende Dorfgeschichte oder ländliches Trauerspiel verarbeiten läßt (1,196f.).

During this period of observation Florus tarries, we note, longer with the women workers than with the men, though rather he prefers the company of his patroness and circle and the comforts that civilised society provides. At the end of Prutz's 1300-page novel Florus, it appears, has still not written his masterpiece. Prutz, on the other hand, concludes his *magnum opus* on an unsatisfactory note. This is not the sentimental, idealistic marriage of Angelika and Reinhold (which is akin to similar unions in, for example, *Sybil* and *North and South*), but rather the naive, retrogressive step whereby the factory that has been burnt down is not restored, but replaced by an establishment in the old *Zunftweberei* tradition which, it is piously hoped, will ensure no more crime, drunkenness, gambling and prostitution and where

---

11 Karl Gutzkow, *Liberale Energie. Eine Sammlung seiner kritischen Schriften*, ed. by Peter Demetz, Frankfurt/M. 1974, p. 292.

> ein neues Geschlecht voll Arbeitsamkeit, Zucht und Sitte [...] herauf[wächst], das in seiner Gutsherrschaft die Muster jeder häuslichen und bürgerlichen Tugend verehrt (3,461).

In short, *Das Engelchen* is and remains "eine moralische Familiengeschichte" in accord with "jene höheren sittlichen Ideen, die ich ihm zu Grunde gelegt habe", as Prutz declares in his Foreword to the novel. The espousing of middle-class values and virtues was one thing, but the attempt at a pre-industrial solution no longer constituted a viable proposition in a mechanised age. Only two years after *Das Engelchen* Prutz was at least acknowledging the inevitable in his novel *Der Musikantenthurm* (1853): "Mit der Zeit werde es schon klar werden, daß Industrie und Handel die eigentlichen Mächte sind, welche die Erde beherrschten".[12] Prutz is aware of the structural change to society caused by the Industrial Revolution; he understands (though does not condone) the common people's "Leichtsinn der Verzweiflung" thereby engendered, when the reduction of man to a "Maschine unter Maschinen" leads to abandonment to bacchanalian dance and sexual desire at the expense of "Gemeinschaft der Familie" and "Segen der Bildung" (1,128ff.). The misery of the people was but one more example of a 'primitive' society under threat, for Prutz saw the encroachment of the factory like the remorseless driving-out of the Red Indian natives by the white settlers in North America. The imagery may be similarly stereotypical here as it is later when the workers want to break the machinery, but Prutz is actually posing the unspoken question: when do the people become a mob? (Not by chance does he make reference to Shakespeare as to the Bible, for they serve as exemplars of eternal values!). In the apportioning of blame, all – both rich and poor, factory owner and worker – are deemed guilty in the words of Reinhold (1,93).

In *Das Engelchen* Prutz does not permit himself a genuine progressive belief in the future – not even in the shape of utopian escapism to the New World, as, for example, Kingsley provides in *Alton Locke*. But, equally, nor does he focus on the existential crisis of the dislocated individual in social upheaval effectively, as Elizabeth Gaskell does when she sharply points the reader of *North and South*[13] to the stark bleakness facing Margaret Hale at

12 Prutz, *Der Musikantenthurm* 1, Leipzig 1853, p. 272.

13 Elizabeth Gaskell, *North and South*, ed. by Jenny Uglow, London 1993. The other side of the coin, the deliberate avoidance of the harsh realities of industrial life in Manchester, is provided in the picture *Manchester from the Cliff, Higher Broughton*, painted by William Wyld and commissioned by Queen Victoria to mark her visit to that city in 1851. The work in question depicts an idealistic scene of rural tranquillity with a couple in harmonious accord in the foreground, trees and a canal in middle ground, and with the industrial realities in the shape of buildings and smoke from the chimneys in the evening sun in the background – a far cry from the inferno of De Loutherbourg's painting *Coalbrookedale by Night* or Adolph Menzel's *Eisenwalzwerk*, or, in literary terms, Dickens' portrait of Coketown in *Hard Times*.

Milton with its "long, straight, hopeless streets of regularly-built houses"[14] and where the window of Margaret's bedroom looks out onto the blank wall of the next-door house which "loomed through the fog like a great barrier to hope".[15] It is a far remove from the little picturesque village – "like some in the Odenwald" – whose enchanting tranquillity she has recently left in her move north. Here she – and we – are directly exposed to the alienation of the Self in the modern world. Against that, the labyrinth motif encountered in Angelika's "Maschinentraum" is never subsequently developed by Prutz in *Das Engelchen* pointedly to reflect the problematic nature of life facing the individual. There, too simplistically, nature's salve is ultimately on hand effectively to offset the demonic element. In *North and South* even the village of Helstone is acknowledged to have undergone change by the end of the novel!

Could the industrial world offer the possibility of an enlightened, humane society? What role remained for religion? The 'Stadtbild' of the Middle Ages dominated by church spires had been replaced by factory chimneys. The Industrial Age was not the Age of Chivalry. In his *Lage der arbeitenden Klasse in England* (1845) Engels had already pointed out that life was a struggle for profit and bread, and where the factory owners of the day enjoyed more power and influence than had the Norman barons. The railway station was now the new cathedral of technology, the factory the new church in secular form. In *Das Engelchen* the factory is actually built on the site of an old monastery, in *North and South* the church is described as a pious brickred warehouse. In the former novel, the sound of the church bells on Sunday ("ein Hexensabbath") is 'barbarous' to the workers; in the latter, the noise of the factory is "such beautiful music" to Mrs Thornton. In the novels, clerics do have a role to play – however unavailingly – in the struggle for man's soul (the most striking example in real life of course being that of Charles Kingsley himself in his pursuit of Christian socialism). There would seem, too, to be no greater hope resting on education and cultivation, if Dickens' satirical denunciation of educational practises in *Hard Times* is regarded as the bench mark. The novel opens with the conscious stifling of the imagination, the denial of wonderment: "Facts alone are wanted in life. Plant nothing else, and root out everything else".[16] The satirical use of vocabulary of the land ('plant', 'root out'), the division of the novel into three parts entitled *Sowing*, *Reaping*, *Garnering* are salutary reminders that the Industrial Revolution did, after all, have its roots in the country. The narrator wonders if an analogy between the Gradgrind children and the Coketown people might be drawn, where the dull routine in the classroom matches the drudgery of labour in the mill and mine. But education – cultivation – must be the way forward, and Prutz does look to the way ahead in his later novel *Oberndorf*

14 Gaskell (see n. 13), p. 56.
15 Ibid., p. 64.
16 Dickens (see n. 9), p. 9.

when Anton expresses a wishful belief in the positive benefits of industrialisation:

> [...] ich gedenke an irgendeinem stillen gesegneten Fleck in Deutschland Fabriken anzulegen [...] nicht um mich zu bereichern und die Schätze zu vermehren [...] sondern um sie nützlich zu machen und unsere niederen Klassen - ein verwünschter Ausdruck, ich gebe es zu, Poet, aber wir haben doch nun keinen andern - zu heben, zu bilden und zu veredeln. [17]

"Heben", "bilden", "veredeln" are the vocabulary of the middle class, indicative of moral intent and direction, and this perspective pertains because of the continuing bourgeois disposition of the writer himself who has merely modified his original stance.

Compared to Dickens's mordant satire on bourgeois concepts of 'education', or even to George Eliot's desire, characteristically expressed through her working-class character, the radical Felix Holt, to educate the newly-enfranchised British working classes so that they will not abuse their right[18], - the wish of Prutz's middle-class character to 'civilize' the 'lower classes' in 'some blessed, remote corner of Germany' distinctly bears the mark of antimodernism.

Finally, it may be appropriate to ask why the English industrial novels mentioned have become national classics, whereas similar efforts by German writers have been forgotten. Of course the answer cannot simply be that the English novelists are better writers. In their works, there are plenty of aesthetic weaknesses and sentimental implausibilities, too. The English novelists only have better means - to use an expression Ridley has recourse to - of 'coding' their crisis of conscience because they belong to the most advanced industrial nation. Their degree of empathy with the 'Other', the stark realism of their depiction of inhuman conditions, not to mention the irony and satire they lavish on their own class, have kept their works alive.

* * *

To mark the centenary of Prutz's death, *Das Engelchen* and some of his critical writings were reprinted in West Germany in the 1970s; in East Germany he had, on the whole, met with a muted response from literary historians.[19] Prutz was too 'bourgeois' an author to serve as a model for Socialist Real-

---

17 Robert Prutz, *Oberndorf* 3, Leipzig 1862, p. 240.

18 Cf. George Eliot, *Address to Working Men, by Felix Holt*, first printed in *Blackwood's Magazine*, January 1868, in: *Essays of George Eliot*, ed. by Thomas Pinney, London 1963, pp. 415-430.

19 Cf., for example, *Literatur des Vormärz 1830-1848*, Berlin 1967 (Erläuterungen zur deutschen Literatur), p. 27.

ism.[20] However, GDR writers had by no means solved the dilemma that *Vormärz* novelists like Prutz found themselves in. The *Bitterfelder Weg* had directly served, of course, to focus on the 'middle-class' writer's ongoing crisis of conscience in a society where class distinctions were officially non-existent. In a fragment dating back to the 1970s, Franz Fühmann wrote: "Wo war der Ort eines Schriftstellers meiner nicht proletarischen Herkunft, Tradition, Mentalität und Leistung in einer Gesellschaft, deren Führung sich in ihrer staatlichen Form als Diktatur des Proletariats versteht?"[21] For him, the writing of the great 'Betriebsroman' would prove impossible. The 'Wende' complicated things further: solidarity of the people, isolation of the Self, the writer's role in society have become more rather than less central thematic issues. At the third Bitterfeld Conference in May 1992 some writers sought more guidance and new thinking; others just wanted an end to art with a social message, arguing that art could be relieved of a burden that had better be left to the newspapers. Is this the point we left *Alton Locke*?

20 Cf. Hadwig Kirchner-Klemperer's 'excuse' of Prutz's aesthetic failings in connection with his bourgeois socialism, pointed to by Ridley in his contribution to the present volume, p. 114.

21 Franz Fühmann, *Im Berg*, second edition, ed. by Ingrid Prignitz, Rostock 1993, p. 72.

Wulf Wülfing

Bahnhofsperspektiven im Vormärz

Durch die Einführung der Eisenbahn kommt es auch auf deutschsprachigem Gebiet mit der Zeit zu einer grundlegenden Veränderung fast aller Lebensbereiche. Diese wird von den Zeitgenossen intensiv erlebt und in Texten schließlich als 'Revolution' dokumentiert.

Während die erste Eisenbahnfahrt für den jeweiligen Passagier in der Regel zu einer schockartigen Erfahrung des neuen 'Elements' führt, die ihm die Sprache verschlägt[1] – die entsprechenden Texte werden dominiert vom Unsagbarkeitstopos[2] – , braucht der Prozeß der Wahrnehmung des gesamten "Ensembles"[3], das die Eisenbahn darstellt und das erst den grundlegenden Charakter jener 'Revolution' bewirkt, eine gewisse Zeit: Die Eisenbahn wird nicht an allen Orten gleichzeitig und auch am jeweiligen Ort nur allmählich eingeführt. Ideelle Projektierung der einzelnen Linien, Erwerb der Grundstücke[4], Überwindung von Problemen bei der Finanzierung[5] und beim Bau usw. usw. erstrecken sich jeweils über einen mehr oder weniger langen Zeitraum, so daß das Ausmaß der Umgestaltung der Alltagswelt erst nach und nach in das Bewußtsein und die Texte des Vormärz tritt.

Im Mittelpunkt der folgenden Betrachtung steht ein einzelner Bestandteil jenes "Ensembles", der Bahnhof; erscheint er doch als ein 'Realsymbol', an dem sich einige Folgen jenes Wandels exemplarisch aufzeigen lassen: Der

---

1 "Und es geht auch vorwärts, daß einem die Haut schaudert und die Sinne schwindeln. Was ich empfand, als ich mich zum erstenmale diesem neuen Element anvertraute, läßt sich nicht beschreiben": *Die Eisenbahn von St. Etienne nach Lyon*, in: *Morgenblatt für gebildete Stände* 157 (2. Juli 1833), S. 626.

2 Vgl. Ernst Robert Curtius, *Europäische Literatur und lateinisches Mittelalter*, 4. Aufl., Bern / München 1963, S. 168f.

3 Vgl. Wolfgang Schivelbusch, *Geschichte der Eisenbahnreise. Zur Industrialisierung von Raum und Zeit im 19. Jahrhundert*, München 1977 (auch Frankfurt/M. 1989 [Fischer TB 4414]), S. 21ff. Zu diesem "Ensemble" gehören im engeren Sinne u.a. "Rad und Schiene, Schienenweg und Fahrzeug" (ebd., S. 32), vor allem aber der Telegraph (vgl. ebd., S. 33f.). Das "Ensemble" wird jedoch sogleich mehr und mehr erweitert: "Zunächst zu Erleichterung der Vielen, welche weit vom Eisenbahnhof wohnen, ist nun auch die Einrichtung von *Omnibus* getroffen worden": *Dresden, November. (Fortsetzung.) Omnibus. Dampfschiffahrt*, in: *Morgenblatt für gebildete Leser* 289 (3. Dez. 1838), S. 1156.

4 Besonders schwierig war z.B. die Akquisition der Grundstücke zwischen Mainz und Wiesbaden; wegen der hohen Forderungen der Weinbergbesitzer. Vgl. *Korrespondenz-Nachrichten. Mainz, Mitte Oktober. Eisenbahn. Ernte*, in: *Morgenblatt für gebildete Leser* 261 (31. Okt. 1838), S. 1044.

5 Vgl. *Korrespondenz-Nachrichten. Paris, December. Eisenbahnen. Industrie*, in: *Morgenblatt für gebildete Leser* 309 (23. Dez. 1839), S. 1235: "Die schönen Träume, die man wegen der Eisenbahnen und ihrer wichtigen Folgen träumte, sind durch einen unangenehmen Vorfall, durch das starke Sinken des Werthes der Aktien, plötzlich unterbrochen worden."

Bahnhof erweist sich als das omnipräsente Eingangsvestibül zu einer neuen Welt, in der vor allem die grundlegende Veränderung des Raum- und Zeitgefühls körperlich erlebbar wird.

1. Omnipräsenz

"Unter dem mächtigen Schoppen hier stehen die Fuhrwerke". Mit diesem Satz wird den Leser(inne)n des - noch so genannten - *Morgenblatts für gebildete Stände* der Bahnhof von St. Etienne vorgestellt, am 2. Juli 1833.[6] Zu diesem Zeitpunkt gibt es in 'Deutschland', wo die erste Eisenbahnlinie erst gut zwei Jahre später in Betrieb genommen werden wird, derartige "Schoppen" noch nicht. Doch bereits ungefähr ein Jahrzehnt später spricht Eichendorff von einer "Welt, die eigentlich nur noch aus Bahnhöfen besteht".[7]

Die Berichte über den Bau dieser neuen Gebäude füllen vor allem 1838/39 die Gazetten.[8] So meldet ein Korrespondent z.B. im November 1839 im - nun so genannten - *Morgenblatt für gebildete Leser* aus Frankfurt a. M., es habe "die Schau- und Vergnügungslust unserer Freistädter ein neues Feld" gefunden:

> Die Eisenbahnstrecke von hier bis zu dem zwei Stunden entlegenen Städtchen Höchst a. M. ist [...] eröffnet. Schon der Bahnhof zieht alle Augen auf sich und dürfte nebst den schon in seiner Nähe befindlichen Neubauten bald der Mittelpunkt eines neuen, schönen und gesunden Stadtviertels werden.[9]

Unverständlich bleiben die rosigen Farben, mit denen der Frankfurter Korrespondent das zukünftige Bahnhofsviertel malt. Denn bereits knapp ein Jahr zuvor hätte er sich von einem Berliner Kollegen nachdenklich stimmen lassen können:

---

6 *Die Eisenbahn von St. Etienne nach Lyon* (s. Fußnote 1), S. 625; bereits zit. bei Manfred Riedel, *Vom Biedermeier zum Maschinenzeitalter. Zur Kulturgeschichte der ersten Eisenbahnen in Deutschland* (1961), in: Harro Segeberg (Hg.), *Technik in der Literatur. Ein Forschungsüberblick und zwölf Aufsätze*, Frankfurt/M. 1987 (stw 655), S. 102-131, hier: 104.

7 *Tröst-Einsamkeit <Einsiedler-Novelle>*, in: Joseph von Eichendorff, *Werke in sechs Bänden* 5: *Tagebücher. Autobiographische Dichtungen. Historische u. politische Schriften*, hg. v. Hartwig Schultz, Frankfurt/M. 1993 (Bibl. deutscher Klassiker 96), S. 1047; zur Datierung ("Arbeitsphase vor 1844") vgl. ebd., S. 1047.

8 Abbildungen vormärzlicher Bahnhöfe u.a. bei Ernst Eichhorn, *Ein Auftrag für die Denkmalspflege. Die Eisenbahn in Franken*, in: *Zug der Zeit – Zeit der Züge. Deutsche Eisenbahn 1835-1985*, 1, Berlin 1985, S. 351-363.

9 *Korrespondenz-Nachrichten. Frankfurt a. M., Oktober (Schluß.). Städtisches, Eisenbahn. Herbst. Lichtbilder*, in: *Morgenblatt für gebildete Leser* 268 (8. Nov. 1839), S. 1072. - Der - heutige - Frankfurter Hauptbahnhof wird erst 1888 in Betrieb genommen: vgl. Gisela Kyrielei, *Großstadt-Heimat: der Frankfurter Hauptbahnhof*, in: *Zug der Zeit* 1 (s. Fußnote 8), S. 339-349, hier: 341f.

> Es ist Alles anders gekommen, als ich Ihnen neulich schrieb. Gehen Sie die Leipziger Straße entlang, die zur Eisenbahn führt, man kennt sie nicht wieder; ein Hin- und Rückstrom von Fußgängern, Droschken, Kutschen und andern Fuhren; die festen, massiven Häuser dröhnen unter der fortwährenden Erschütterung, und Bewohner, welche vordem hier eine stille, schöne Straße, mit den Vorzügen von naher Landluft und Grün der Bäume und des Feldes gesucht, möchten wieder tiefer in die Stadt hinein, um die verlorne Ruhe zu suchen.[10]

Mit dem Bahnhof rückt dem Städter die Eisenbahn also unmittelbar auf den Pelz. Die Folge: "Erschütterungen", und zwar unausweichliche, von der eigenen Körperlichkeit registrierte, die "die Physiognomie der Stadt vollends" verändern. Denn der Korrespondent fährt fort:

> Das sind nur die Erschütterungen und Umwälzungen, veranlaßt durch den Zustrom zur Potsdamer Eisenbahn; das Kochen und Donnern und Rasseln der Lokomotiven, die Dampfwolken und das Kreischen und Pfeifen der sich entladenden Kessel verändern vor dem Thore die Physiognomie der Stadt vollends.[11]

Interessant ist, daß der Korrespondent die kulturelle Innovation, die eine Folge dieser industriellen Revolution sein könnte, vermißt:

> Daß hier noch keine musikalische Erfindung hinzugetreten ist, um diesem gräßlichen Aufkreischen, gleich dem eines sterbenden Ungeheuers, das man, ehe es die Welt gerochen hat, erstickt, melodischere Töne zu leihen! Es dringt bis tief in die Stadt, und gäbe es schon Nachtfahrten, würde man die Stunden des Abgangs und der Ankunft bis über die Spree hin hören können. Und diese unangenehme Musik wird durch die unerschöpfliche Imitationslust unserer Straßenjugend noch vermehrt. Mit den Fingern im Munde mühen sie sich ab, diese unaussprechlich widerwärtigen Töne wiederzugeben. Das sind die ersten augenfälligen Umänderungen; was außer der Stille in den Straßen und den Nachtigallen in den Bäumen noch sonst fliehen und kommen wird, steht dahin. Eine Revolution ist aber schon da, und selten pflegt sie in ihren ersten Stadien inne zu halten.[12]

---

10 *Korrespondenz-Nachrichten. Berlin, November. Die Potsdamer Eisenbahn*, in: *Morgenblatt für gebildete Leser* 294 (8. Dez. 1838), S. 1176; bereits zit. bei Riedel (s. Fußnote 6), S. 119. – Berühmt ist Adolph Menzels Ölgemälde von 1847 *Die Berlin-Potsdamer Bahn* (Nationalgalerie. Staatliche Museen zu Berlin); vgl. Claude Keisch / Marie Ursula Riemann-Reyher, *Adolph Menzel 1815-1905. Das Labyrinth der Wirklichkeit*, Berlin 1996, S. 116.

11 Ebd.

12 *Korrespondenz-Nachrichten. Berlin, November. Die Potsdamer Eisenbahn* (s. Fußnote 10), S. 1176; teilweise bereits zit. bei Riedel (s. Fußnote 6), S. 119f. – Das akustische Inferno, das die Eisenbahn darstellt, wird durch die Einführung des Omnibus noch erweitert: "Die neue Erscheinung erregte allgemeine Aufmerksamkeit, zumal wegen des Glokkenschlags, der die Ankunft dieser Wagen verkündigt, damit die zur Mitfahrt Geneigten

Der Bahnhof beginnt einerseits also zum - neuen - Zentrum zu werden, und zwar dem eines *akustischen* Infernos, andererseits aber auch zu einem *optisch* kodierten neuen "Mittelpunkt", der die Menschen magisch anlockt, massenhaft. Und genau dies wird als das "Hauptmoment" jener industriellen "Revolution" erkannt: die "plötzliche" Epiphanie der "Teilnahme" 'aller' am *Ereigniß*.[13]

> Das Hauptmoment dieser Revolution ist die plötzlich zur Erscheinung gediehene Theilnahme an dem *Ereigniß*. Die Wege und Berge sind von Neugierigen umlagert und die Felder sind schwarz von Menschen, um die abgehenden und ankommenden Wagenzüge zu betrachten. So mißtrauisch man Alles, was die Direktion gerade dieser Bahn unternahm, verfolgte, jetzt ist die Sache in's Leben getreten, ihre gedeihliche Wirksamkeit ist augenfällig und handgreiflich, zwei Residenzstädte, zu den Zeiten unserer Großväter noch durch eine beschwerliche Tagereise getrennt, sind eins geworden, nur durch den leichten Weg von ¾ Stunden getrennt. Potsdam wandert nach Berlin und Berlin nach Potsdam. Die schönen Umgegenden des leztern werden die Gartenwohnungen der Berliner werden. Schon ist die verminderte Theilnahme für das so anmuthige und beliebte Charlottenburg so merklich, daß Gartenetablissements von dort nach Potsdam überbürgern. Kurz, unser städtisches Leben steht an einem Wendepunkt.[14]

2. *Veränderung des Raumgefühls*

Das Gefühl, daß durch die Eisenbahnlinien bisher weit entfernte Städte

---

schon aus der ferne vernehmen können, daß sie sich zum Einsteigen bereit zu halten haben. Allerdings ist durch den fortdauernden Klingklang eine neue Dissonanz entstanden, die aber einmal zu der allgemeinen Harmonie des gewerblichen und andern öffentlichen Treibens kaum länger zu entbehren war": *Dresden, November. (Fortsetzung.) Omnibus* (s. Fußnote 3).

13 Vgl. Beurmann 1837: "Was mich betrifft, so halt' ich die Eisenbahnen auf dem Continente allerdings für ein *Ereigniß*; vielleicht können sie einen Abschnitt in der Weltgeschichte bezeichnen, wie die Buchdruckerkunst" (Eduard Beurmann, *Brüssel und Paris* 1, Leipzig: Theodor Fischer 1837, S. 115; Hervorhebung bei B.). Steffens 1844: "Es ist immer ein bedeutendes *Ereignis* im Leben eines Menschen, wenn er zum ersten Male von wichtigen Krisen, die eine große zukünftige Veränderung aller Lebensverhältnisse herbeizuführen versprechen, ergriffen wird. Es giebt wohl keine Krise der neuern Zeit, die in dieser Hinsicht gewaltsamer hervortritt, als die immer zunehmende Einführung der Eisenbahnen" (Henrik Steffens, *Was ich erlebte. Aus der Erinnerung niedergeschrieben* 10, Breslau 1844, S. 321; bereits [allerdings mit unrichtiger Angabe der Bandzahl] zit. bei Riedel [s. Fußnote 6], S. 107; Hervorhebung von mir, W. W.).

14 *Korrespondenz-Nachrichten. Berlin, November. Die Potsdamer Eisenbahn* (s. Fußnote 10), S. 1176; teilweise bereits zit. bei Riedel (s. Fußnote 6), S. 119f. (Hervorhebung von mir, W. W.). - Vgl. Ingrid Thienel-Sage, *Züge nach Metropolis. Die Entwicklung großstädtischer Ballungsräume unter dem Einfluß der Eisenbahn. Das Berliner Beispiel*, in: *Zug der Zeit* 1 (s. Fußnote 8), S. 325-337.

"eins" werden, der Raum, der sie bisher trennte, also 'vernichtet' wird[15], ist vielfach belegt. Es ist kein Zufall, daß man sich bei der Beschreibung dieses Gefühls durchgängig der Märchenmetaphorik bedient.[16] So berichtet z.B. jener Frankfurter Korrespondent:

> Das Städtchen Höchst ist nun mit einem Male und *wie auf Zauberwort* uns ganz nahe gerückt und zu einer Vorstadt von Frankfurt geworden. Die dortigen Gastwirthe, Bäcker, Mezger u. A. haben durch die auf der Eisenbahn fahrenden Frankfurter in den lezten Wochen mehr Geschäfte gemacht, als sonst im ganzen Jahre.[17]

Derlei Berichte beflügeln die Phantasie. So heißt es z.B. im November 1839, Erzherzog Johann habe in Triest auf der ersten "Versammlung des unlängst gegründeten Vereins zur Beförderung und Unterstützung der innerösterreichischen Industrie und Gewerbe" in "einer gehaltvollen Rede" von einem "höchst wichtigen Gegenstande" gesprochen, "der nicht nur für unsere Stadt, sondern für die ganze Monarchie vom größten Interesse" sei:

> Er legte nämlich einen, von tüchtigen Ingenieurs entworfenen und höchsten Orts bereits genehmigten Plan zur Errichtung einer Eisenbahn von Triest nach Wien vor, und äußerte, wie sehr es der Wunsch des Kaisers sey, daß dieses nationale Werk recht bald in's Leben trete.[18]

Der Schreiber schließt diesen Teil seiner Korrespondenz mit einer Vision:

> Wir dürfen uns der Hoffnung hingeben, daß die Zeit nun nicht mehr fern sey, wo wir Morgens noch an den Ufern der Adria wandern und am Abende desselben Tages in den Kunsthallen der großen Kaiserstadt unser Auge und Ohr weiden.[19]

---

15 Vgl. Schivelbusch (s. Fußnote 3), S. 16.

16 "Die Stahlmasse der Lokomotive wurde in meiner Vorstellung zum fliegenden Teppich der orientalischen Märchen" (Jean Renoir, zit. n. Ulfilas Meyer, *Der 'Mord im Orientexpress' und andere Kinozüge. Zum Zusammenhang von Eisenbahn und Film,* in: *Zug der Zeit* [s. Fußnote 8] 2, S. 617-627, hier: 622). – Die Märchenmetaphorik dominiert auch in den Berichten über ein weiteres – eng mit der Entwicklung der Eisenbahn verbundenes – Jahrhundertphänomen: die Metropolis. Vgl. Wulf Wülfing, *Medien der Moderne: Londons Straßen in den Reiseberichten von Johanna Schopenhauer bis Theodor Fontane*, in: Anne Fuchs / Theo Harden (Hgg.), *Reisen im Diskurs: Modelle literarischer Fremderfahrung von den Pilgerberichten bis zur Postmoderne. Tagungsakten des internationalen Symposions zur Reiseliteratur. University College Dublin vom 10.-12. März 1994*, Heidelberg 1995 (Neue Bremer Beiträge 8), S. 470-492, bes. 473, 483.

17 *Korrespondenz-Nachrichten. Frankfurt a. M., Oktober* (s. Fußnote 9; Hervorhebung von mir, W. W.).

18 *Korrespondenz-Nachrichten. Triest, November. Eisenbahn. Kunstverein. Theater*, in: *Morgenblatt für gebildete Leser* 281 (23. Nov. 1839), S. 1124.

19 Ebd. – Der Grundstein zum Triester Bahnhof wurde dann von Kaiser Franz Joseph I. persönlich gelegt; eine Tatsache, die mit einer Medaille gefeiert wurde. Vgl. Baron

Mit der 'Vernichtung' der Entfernung zwischen den Städten wird allerdings – gleich nachdem der Zug aus dem Bahnhof gerollt ist – auch der "Blick" auf die Städte selbst 'vernichtet':

> In unserm Fluge fanden wir gar nicht Zeit, noch einen Blick auf die merkwürdige Stadt zurückzuwerfen, die wir eben verlassen, auf St. Etienne; und wirklich, es ist Schade, wenn man so schnell wieder davon weg muß.[20]

Dieser "Wahrnehmungsverlust"[21] läßt sich interpretieren als "Verlust des 'schönen Bildes', der fixierbaren optimalen Aussicht, um derentwillen ja die touristische Reise in erster Linie unternommen wurde"[22]: "Die Gegenstände lösen sich auf, werden als horizontale Schraffen zu jenen von Victor Hugo 1837 so eindringlich beschriebenen 'Streifen'".[23] Das ist zurückzuführen auf die als immens erlebte Schnelligkeit, deren Grund die ersten Eisenbahnreisenden sofort erkennen: Die – ornamentale – *Kurve* ist außer Kraft gesetzt, weil die Schienen von der – funktionalen – *Geraden* dominiert werden. Sie ist geradezu das 'Schicksal' der Eisenbahn, dem auch Berge und Täler sich fügen müssen:[24]

> Wahrhaftig! es kommt einem vor *wie Zauberei*, so pfeilschnell fortgerissen zu werden [...]; die Eisenbahn ist unbeugsam wie das Fatum. Immer *geradaus*, nie einen Seitensprung! Sie springt über Thäler, fährt durch Berge. [...] Kaum hat man eine Meile zurückgelegt, das heißt, kaum sizt man fünf Minuten, so fährt man mit einem Male unter ein düsteres Gewölbe, das einen angähnt, wie der Schlund der Hölle. Rüstet euch, wickelt euch in eure Mäntel, es geht jetzt durch einen Berg, der nicht weniger als 1507 Meter, d. i. 4600 Fuß breit ist. Dieser Berg, den man durchbohren mußte, war das erste ernsthafte Hinderniß, auf das die Unternehmer der Bahn stießen. Lange schüttelten sie die Köpfe vor diesem Berg, lange besannen sie sich, ob man nicht mittelst schiefer Bahnen darüber wegkommen könnte, wie bei der Eisenbahn von Roanne; endlich reifte der Entschluß, ihn durch und durch zu bohren. Und was für eine Arbeit war dieß![25]

Dem *akustischen* Inferno der Eisenbahn entspricht also ein *optisches*. Wäh-

---

Ludwig Döry: *Geprägte Erinnerungen. Die Eisenbahn auf der Medaille*, in: *Zug der Zeit* 1 (s. Fußnote 8), S. 384f., hier: 385.

20 *Die Eisenbahn von St. Etienne nach Lyon* (s. Fußnote 1), S. 626.

21 Monika Wagner, *Der flüchtige Blick. Geschwindigkeitsdarstellungen im 19. Jahrhundert*, in: *Zug der Zeit* 2 (s. Fußnote 8), S. 529-535, hier: 532.

22 Ebd., S. 532f.

23 Ebd., S. 533.

24 Vgl. Riedel (s. Fußnote 6), S. 106, Abb. 12; Schivelbusch (s. Fußnote 3), S. 25ff.; *Kunstlandschaften. Brücken und Trassen für die Eisenbahn*, in: *Zug der Zeit* 1 (s. Fußnote 8), S. 206-217.

25 *Die Eisenbahn von St. Etienne nach Lyon* (s. Fußnote 1), S. 625f.; teilweise bereits zit. bei Riedel (s. Fußnote 6), S. 105 (Hervorhebungen von mir, W. W.).

rend für spätere Reisende mit dem Tunnel der "Aussichtstourismus"[26] endet, wird der vormärzliche Reisende allerdings, sofern er in offenen Eisenbahnwagen reist, durch eine mit jener "Hölle" eng verbundene optische Sensation entschädigt, die wahrhaft märchenhafte Dimensionen erreicht:

> Ist man eingefahren und sizt man vorne auf einem Wagen, so versäume man nicht, sich umzusehen gegen das Tageslicht. Vor einem herrscht tiefes Dunkel, dreht man sich aber um, so hat man das *Schauspiel* eines überraschenden Lichteffekts. *Es ist, als sähe man durch das Glas einer Zauberlaterne* weit hinein in eine unendliche Landschaft; im warmen, glänzenden Sonnenlicht liegen hinter der Oeffnung des Gewölbes, viertausend Fuß weit ab, schimmernde Hügel, saftgrüne Bäume. So lange der Tunnel unter der Themse nicht fertig ist, ist der durchbohrte Berg von St. Etienne die schönste Camera obscura auf der Welt.[27]

3. Veränderung des Zeitgefühls

Der 'Vernichtung' des traditionellen Raumgefühls entspricht die 'Vernichtung' des traditionellen Zeitgefühls.[28] Unmerklich schiebt sich die neue Zeit neben die alte. So heißt es z.B. im Dezember 1839 aus Leipzig:

> Von Leipzig und Dresden aus wird täglich zweimal, des Morgens und des Nachmittags abgefahren; selten übersteigt die Fahrzeit drei und eine halbe Stunde; ja es ist diese 28 Stunden lange Strecke schon in kaum drei Stunden zurückgelegt worden.[29]

Auch Jacob Burckhardt verwendet im März 1840 beide Zeiten, die alte und die neue, in einem einzigen Satz: "Wenn man sich etwas zu gute tun will, so setzt man sich auf die Eisenbahn und rutscht in 33 oder 35 Minuten nach dem fünf Stunden entfernten Potsdam."[30]

Wie sehr sich innerhalb relativ kurzer Zeit die Weise ändert, in der die Lebenszeit der Menschen segmentiert und damit mechanisiert wird, sei am Beispiel dreier semiotischer Systeme[31] illustriert:

---

26 Wagner (s. Fußnote 21), S. 534.

27 *Die Eisenbahn von St. Etienne nach Lyon* (s. Fußnote 1), S. 631 (Hervorhebungen von mir, W. W.); vgl. auch Jutta Tschoeke, *Tunneldurchfahrten*, in: *Zug der Zeit* 2 (s. Fußnote 8), S. 507-511.

28 Vgl. Schivelbusch (s. Fußnote 3), S. 16.

29 *Korrespondenz-Nachrichten. Leipzig, December. Aussichten für die Stadt. Eisenbahnen*, in: *Morgenblatt für gebildete Leser* 311 (28. Dez. 1839), S. 1244.

30 Zit. n. Riedel (s. Fußnote 6), S. 118.

31 Von "System" ist in Zusammenhang mit der Eisenbahn sehr früh die Rede: So wird z.B. in dem Buch *Ausflug nach Frankreich, England und Belgien zur Beobachtung der dortigen Eisenbahnen, geschrieben von Negrelli, Oberingenieur der Kaufmannschaft in Zürich* (Frauenfeld 1838), vom "System der erleichterten Communication, vermittelst Eisenbahnen", gesprochen und auch vom "Eisenbahn-System" (zit. in *Literaturblatt* 18 zum *Mor-*

a) Unter dem 28. August [!] 1797 notiert Goethe:

> Abends um 6 Uhr fuhr ich mit dem Bruder des Wirthes auf den Wartberg. Es ist, weil Heilbronn in der Tiefe liegt, eigentlich die Warte und anstatt eines Hauptthurms für dasselbe. Die eigentliche Einrichtung oben aber ist eine Glocke, wodurch den Ackerleuten und besonders Weingärtnern ihre Feyerstunde angekündigt wird.[32]

b) Am Ende des Tagebucheintrags kommt Goethe noch einmal auf diese "Warte" zu sprechen:

> Oben bey Erzählung von der Warte habe ich einer artigen alten Einrichtung zu erwähnen vergessen. Oben auf dem Thurm steht ein hohler, mit Kupferblech beschlagner, großer Knopf, der zwölf bis sechzehn Personen zur Noth fassen könnte. Diesen konnte man ehemals mannshoch in die Höhe winden und eben so wieder unmittelbar auf das Dach herablassen. So lang der Knopf in der Höhe stand, mußten die Arbeiter ihr Tagewerk verrichten; sobald er niedergelassen ward, war Mittags Ruhe oder Feyerabend. Seiner Größe nach konnte man ihn überall erkennen, und dieses dauernde sichtbare Zeichen ist sichrer als das Zeichen der Glocke, das doch verhört werden kann. Schade daß dieses Denkmal alter Sinnlichkeit außer Gebrauch gekommen ist.[33]

c) Mit der Eisenbahn tritt an die Stelle von "Knopf", "Glocke" auf der Warte und Kirchturmsuhr[34] die Bahnhofsuhr[35], die manchmal durch einen eigenen 'Campanile' sichtbar hervorgehoben wird.[36] Sie ist Teil eines semiotischen, bereits weitgehend auf *maschinelle* Weise optisch und akustisch organisierten Ensembles, das die Menschen in jenen Zustand versetzt, der seit

---

genblatt für gebildete Leser [15. Feb. 1839], S. 71f.). Der Ausdruck 'Eisenbahnsystem' wurde offenbar 1833 von Friedrich List geprägt (vgl. Johannes Mahr, *Eisenbahnen in der deutschen Dichtung. Der Wandel eines literarischen Motivs im 19. und im beginnenden 20. Jahrhundert*, München 1982, S. 25).

32 *Goethes Werke*, hg. im Auftrage der Großherzogin Sophie von Sachsen III/2: *Tagebücher* 2: 1790-1800, Weimar 1888, S. 100f.

33 Ebd., S. 103f.

34 Zur Umkodierung der Kirchturmglocke durch die Fabrikglocke vgl. die Beiträge von Hugh Ridley, bes. S. 120f., und von Ian Hilton, bes. S. 128 im vorliegenden Band.

35 "Die 'Technischen Vereinbarungen' aus der Mitte des 19. Jahrhunderts schrieben eine beleuchtete Uhr auf der Straßenseite vor. Sie tritt auf im Giebel und an Dachreitern, wo früher die Glocke war, am Gesims entsprechend dem Wappen am Schloß, sowie am Turm wie bei Rathaus und Kirche. Anbringungsort, Größe und Form der Uhr drücken auch den Stolz auf die von der Bahn heraufgeführte 'neue Zeit' und den neuen Begriff von Pünktlichkeit aus. Stets befindet sich die Uhr an einer von der Architektur vorgegebenen, leicht auffindbaren, erhöhten Stelle. Bislang waren Zeigeruhren in einer Größe von etwa ein bis zwei Metern Durchmesser üblich, die eine Sichtweite von mindestens dreihundert Metern gewährleistet und damit aus den Zufahrtsstraßen lesbar ist" (Karl Radlbeck, *Zur Zeichenfunktion des Empfangsgebäudes*, in: ders., *Bahnhof und Empfangsgebäude. Die Entwicklung vom Haus zum Verkehrswegekreuz*, Diss. TU München 1981, S. 26).

36 Nachweise ebd., Fußnote 16.

der Einführung der Dampfmaschinen hundertfach bezeugt ist und den Vormärz dominiert: in "Aufregung".[37] Am 9. November 1839 können die Leser(innen) des *Morgenblatts* durch einen Bericht aus Leipzig, dieser in besonderer Weise der Eisenbahn zugetanen Stadt[38], u.a. folgendes erfahren:

> Man muß an schönen Sommertagen die Ankunft oder Abfahrt des Dampfwagens gesehen haben, um sich einen Begriff von der ungeheuern Lebhaftigkeit, dem bunten Treiben, Wogen und Drängen machen zu können. Schon eine gute halbe Stunde vor der Ankunft des Wagens füllt sich die Promenade mit Zuschauern, und viele werden gar nicht satt, dieses täglich zwei mal sich wiederholende *Schauspiel* immer wieder mit anzusehen. Es ist Vormittags nach neun Uhr, der Zeiger der großen *Uhr am Bahnhofe* weist bald auf halb zehn; Alles ist voller Erwartung; der Wagen muß nun kommen, der *Telegraph* bei Wurzen[39] hat längst das *Zeichen* der Abfahrt gegeben, das rote *Fähnchen* am Eingange des Bahnhofs winkt, der *Wächter* steht an seinem *Posten*, die *Glocke* tönt – jezt kommt er dahergesaust, der feuersprühende Drache, und das *Pfeifen* der Lokomotive tönt furchtbar wieder im Gewölbe des Bahnhofs.[40]

---

37 Vgl. Wulf Wülfing, *Gleichzeitigkeit als 'Unendlichkeit'. Zur Zeit- und Raumerfahrung in Texten des Vormärz*, in: Lothar Ehrlich / Hartmut Steinecke / Michael Vogt (Hgg.), *Vormärz und Klassik. Internationales Symposion 9.-11. Mai 1996 in Weimar* [erscheint demnächst].

38 Bereits ein Jahr zuvor, 1838, hatte dort eine Zeitschrift zu erscheinen begonnen m. d. T. *Die Eisenbahn. Ein Unterhaltungsblatt für die gebildete Welt*. Hier wird die Eisenbahn zur "Verkörperung des neuen Zeitalters" (Keith Bullivant / Hugh Ridley [Hgg.], *Industrie und deutsche Literatur 1830-1914. Eine Anthologie*, München 1976 [dtv 6035], S. 134), zum Symbol für eine – so hofft man – republikanisch gestaltbare Zukunft: In dem im Umkreis Robert Blums erscheinenden Blatt werden Börne und Herwegh begeistert gefeiert; hier veröffentlicht der junge Fontane seine ersten kritischen Gedichte gegen die Restauration, seine ersten Übersetzungen englischer Arbeiterdichtung (vgl. Wulf Wülfing, *Fontane und die 'Eisenbahn'. Zu Fontanes 'literarischen Beziehungen' im vormärzlichen Leipzig*, in: *Theodor Fontane im literarischen Leben seiner Zeit. Beiträge zur Fontane-Konferenz vom 17. bis 20. Juni 1986 in Potsdam*. Mit einem Vorw. v. Otfried Keiler, Berlin/DDR 1987 (Beiträge aus der Deutschen Staatsbibliothek 6), S. 40-66. Für die spätere Zeit vgl. Thomas Brune / Heike Gall, *'Vorwärts, mit Dampf!' Exkurs zur Eisenbahn-Metaphorik im sozialdemokratischen 'Wahren Jacob'*, in: *Zug der Zeit* 1 (s. Fußnote 8), S. 272-275; Mihály Kubinszky, *Grüße von unterwegs. Geschichte der Eisenbahn-Bildpostkarte*, ebd., S. 386-395, hier: 394. Weitere ikonische Dokumente für Eisenbahnmetaphorik bei Jutta Tschoeke, *Zeitgeist*, ebd. 2, S. 433-437, und Alfred Gottwaldt, *Die Deutsche Reichsbahn im Dritten Reich. Chronik einer Abhängigkeit*, ebd., S. 672-681, hier: 672, 674f.

39 "Auf der ganzen Länge der Bahn [von Leipzig nach Dresden; W. W.] wurde kürzlich ein Telegraph errichtet, wo von Station zu Station die Abfahrt des Wagenzugs durch bestimmte Signale gemeldet wird; von hier bis Wurzen dauert dieses Manöver fünf Minuten, so daß man darnach das Eintreffen der Locomotive genau berechnen kann": *Korrespondenz-Nachrichten. Leipzig, December* (s. Fußnote 29).

40 *Korrespondenz-Nachrichten. Leipzig, Oktober. Messe. Eisenbahn*, in: *Morgenblatt für gebildete Leser* 269 (9. Nov. 1839), S. 1076; bereits zit. bei Riedel (s. Fußnote 6), S. 120 (Hervorhebungen von mir, W. W.).

Die neue, mechanische Zeit wird in die Stadt gepflanzt als Bahnhofsuhr, die auch die Bahnhofshallen beherrscht.[41] Die aristokratischen 'Reaktionäre' haben schon recht, wenn sie dadurch ihre 'Wahlfreiheit' bedroht sehen: "Geschwind! die Eisenbahn wartet auf Niemanden länger als fünf Minuten", so wird bereits 1833 aus St. Etienne berichtet.[42] Und bald fallen sogar diese "fünf Minuten" weg, so daß auch für die Aristokraten in der Tat nun z.B. der "Moment der Abreise" nicht mehr in ihrer Macht steht.[43]

4. Der Bahnhof – ein januskӧpfiges Eingangsvestibül

> Wie mannigfach und verschiedenartig auch sonst die Ansichten und Bestrebungen der Bewohner Leipzigs seyn mögen, in *einer* Sache finden doch alle einen Vereinigungspunkt, einen Focus, der alle Strahlen concentrirt, einen Magnet, der Alles anzieht und fesselt: es ist die Leipzig=Dresdener Eisenbahn.[44]

Zentrum dieses "Magneten" ist der Bahnhof, der gleichsam Theater ("Schauspiel")[45] und die "Elephantenmassen" bergender Zoologischer Garten zugleich ist. Im Oktober 1839 macht das *Morgenblatt* mit dem Gedicht *Dampffahrt* von O. L. B. Wolff auf, das folgendermaßen beginnt:

> Wie die Bestie schnaubt,
> Und aus den Nüstern
> Hinaussprengt den wirbelnden Rauch,
> Der, vom Winde gefaßt,
> Durchmengt mit knisternden Funken,
> Zurückzieht über die Eb'ne:
> Des gefesselten Thieres
> Lezter unbändiger Abschiedsgruß.[46]

Dieser Nummer des *Morgenblatts* sind – passend – folgende Verse von Anastasius Grün als Motto vorangestellt:

---

41 Abbildungen bei Kubinszky (s. Fußnote 38), S. 393.

42 *Die Eisenbahn von St. Etienne nach Lyon* (s. Fußnote 1), S. 625.

43 Vgl. Riedel (s. Fußnote 6), S. 126. – Mindestens ebenso folgenreich waren für den Adel die juristischen Folgen des "Großprojekts" Eisenbahn: "Der Adel verlor nicht nur seine Gerichtsrechte und Polizeibefugnisse in seinen Herrschaften, wenn die Eisenbahner kamen. Entsprechend dem bayerischen Enteignungsgesetz aus dem Jahre 1837 war er auch gezwungen, über seinen eigenen Grund und Boden und seine Grundherrschaft ein staatliches Gericht entscheiden zu lassen. Wo also die Bahn ihre Sektionsgrenzen abgesteckt hatte, wurden die Adeligen allen übrigen Untertanen des Königreiches gleichgestellt" (Manfred Jehle, *Das Ende des Privilegs*, in: *Zug der Zeit* 1 [s. Fußnote 8], S. 101).

44 *Korrespondenz-Nachrichten. Leipzig, Oktober* (s. Fußnote 40); teilweise bereits zit. bei Riedel (s. Fußnote 6), S. 120.

45 Vgl. die Zitate S. 137 und 139, auf die die Fußnoten 27 und 40 verweisen.

46 *Morgenblatt für gebildete Leser* 253 (22. Okt. 1839), S. 1009.

Die dampfgetriebnen Wagenburgen fliegen,
Wie scheugewordne Elephantenmassen
Thürm' und Geschwader tragen fort zu Siegen,
Der schwarzen Rüssel Schlötte hoch erhoben,
Dampfschnaubend, rollend wie die Wetterwolke,
Die Mannen siegestrunken, jauchzend oben,
Weitum gelichtet alle Bahn vom Volke.[47]

Zoologischer Garten oder Zirkus? Am 12. März 1842 schreibt Gutzkow aus Brüssel: "In den Bahnhöfen dampfen und schnauben die geheizten Eisenmaschinen. Funken knistern hoch in die Luft. [...] Das dampft, das schnaubt, das zischt, das hustet aus den Lokomotiven um uns her."[48]

Im Bahnhof stehen diese "Eisenmaschinen" bereit, um "die überhandnehmende Reiselust"[49] zu befriedigen. Damit ist der Bahnhof zum "Eingangsvestibül"[50] in die Landschaft geworden. Bald wird der Baedeker "für jede Exkursion den entsprechenden Bahnhof" empfehlen:

> Die Reise in eine mit der Eisenbahn erreichbare Gegend erscheint als nichts anderes denn der Besuch eines Theaters oder einer Bibliothek. Der Kauf eines Eisenbahnbillets bedeutet dasselbe wie der Erwerb einer Theaterkarte. Die Landschaft, die man mit dem Billett erwirbt, wird zur Vorstellung.[51]

Zum "Janusgesicht"[52] des Bahnhofs gehört jedoch auch die umgekehrte Perspektive: Wer von außen zum ersten Male mit dem Zug in eine fremde Stadt kommt, dem wird das Bahnhofsportal zu einem Rahmen, durch den er das Bild der Stadt auf sich wirken läßt. "Die Stadt scheint schon am Bahnhof sich herzugeben", so Walter Benjamin 1927 über Moskau.[53] Reisende im 19. Jahrhundert lassen es manchmal allerdings dabei bewenden. Im Juli 1850 berichtet Moritz Hartmann aus Dublin:

---

47 Ebd. - Die Verse stammen aus Grüns Gedicht *Poesie des Dampfes*, abgedr. u.a. bei Wolfgang Minaty (Hg.), *Die Eisenbahn. Gedichte. Prosa. Bilder*, Frankfurt/M. 1984 (insel tb 676), S. 42-45.

48 Karl Gutzkow, *Briefe aus Paris. Erster Theil*, Leipzig: Brockhaus 1842, S. 46.

49 *Korrespondenz-Nachrichten. Leipzig, December* (s. Fußnote 29). "Die Reiselust ist nun Mode und erzeugt Lustreisende. Kein Wunder, daß Eisenbahnen und Dampfschiffe für Jeden, der mehr Geld als Zeit hat, eine starke Lockung sind, den Raum schnell zu durchmessen": *Korrespondenz-Nachrichten. Stuttgart, November. Auswanderung. Reisen. Bäder*, in: *Morgenblatt für gebildete Leser* 276 (17. Nov. 1838), S. 1103f. , hier: 1104.

50 Schivelbusch (s. Fußnote 3), S. 40.

51 Ebd.

52 Ebd., S. 153. - "Der Ort der Ankunft zeigt, wo im neuen Zeitalter das Reiseerlebnis beginnt und endet" (Kubinszky [s. Fußnote 38], S. 391); vgl. auch Klaus-Jürgen Sembach, *Durchgang und Zeitlichkeit. Die transitorische Funktion der Bahnhöfe*, in: *Zug der Zeit* 2 (s. Fußnote 8), S. 537-541.

53 Walter Benjamin, *Denkbilder*, in: ders., *Gesammelte Schriften* 4/1, hg. v. Tillman Rexroth, Frankfurt/M. 1972, S. 318.

Birmingham raucht Einem schwarz entgegen wie eine Hölle. Ich habe es nur eine Stunde lang vom Bahnhof aus gesehen; doch mußte ich mich fragen, ob ich den Muth hätte, unter dieses '*sulphurous canopy*", wie Campbell sagt, zu tauchen.[54]

54 Moritz Hartmann, *Briefe aus Dublin*, in: ders., *Gesammelte Werke* 3, Stuttgart: Cotta 1873, S. 3.

John Breuilly

Middle-class politics and its representations

1. Introduction

Historical terms frequently have a double meaning, being employed both by historians and those the historians study. 'Middle class' is no exception. Before concerning myself with the meaning this category was given by middle-class representatives in the 1830s and 40s, I will briefly consider, in broad outlines, some of the meanings it has been given by historians.

From the later nineteenth century to the present, 'middle class' and cognate terms such as 'bourgeoisie' and 'Bürgertum' have tended principally to be sociological terms. Once the sociological categories have been established, these have often been given a central meaning in broader historical accounts – for example in the idea of the middle class as the dynamic agent in the first stages of the French Revolution or in the reform agitation culminating in the Reform Act of 1832.[1]

To talk of a 'middle class' implies a three-category society. In certain narratives the middle class has a progressive role to play in relation to the category above it, but a regressive one in relation to the category below it. Thus the 'progressive bourgeoisie' of the early French Revolution who led the Third Estate against the first Two Estates becomes the defender of order under Napoleon I; the *bourgeois* who brought about the downfall of the Bourbon Monarchy transform the July Monarchy into a political order in which money is equated with power; the propertied who lent a hand in the revolution of February, 1848, support the repression of the June insurgents and turn to a second Napoleon, acting against a lower category variously called the multitude, people, workers, etc. The middle class in Britain are the people who, after leading the reform agitation in 1828-32, turn their face against further franchise reform after 1832. In the case of Germany it is difficult within this framework to assign a 'progressive' moment to the *Bürgertum* as there is no equivalent to 1789, 1830, or 1832. The one possible candidate – 1848 – too quickly turned into counter-revolution. For historians who wish to retain the sociological category of the middle class, a series of special explanations is constructed to account for why the German bourgeoisie fails to play the role its English and French equivalents played. This in-

1 For a general overview of the terms, along with further references, see Reinhart Koselleck / Ulrike Spree / Willibald Steinmetz, *Drei bürgerliche Welten? Zur vergleichenden Semantik der bürgerlichen Gesellschaft in Deutschland, England und Frankreich*, in: Hans-Jürgen Puhle (ed.), *Bürger in der Gesellschaft der Neuzeit*, Göttingen 1991, pp. 14-58.

formed much of the early work of what became known as the 'critical school' of German historical writing and the notion of a German *Sonderweg*.[2]

This general framework which moves from social category to ideology/culture to politics has been sharply criticized. Negative criticism has been empirical, casting doubt upon the way in which the sociological category has been deployed. The bourgeoisie which made the revolution in France was not a new, progressive or even unified group.[3] The 1832 Reform Act was as much the product of a gentry disenchanted with the progressive measures of the Tory administration, as well as that of Whig magnates, as it was of any distinctive middle class pressure.[4] Furthermore, the heart of the new bourgeoisie – the manufacturers, merchants and financiers associated with the rapid growth of commercial and industrial capitalism – turn out, on closer examination, to be as likely to support authoritarian government, tariff protection and social privilege as not.[5]

Much of this criticism accepted the deployment of terms such as 'middle class' and 'bourgeoisie' as sociological but disagreed on either the sociological content or the connections made with politics and ideas. A different criticism has been one which stresses the way in which politics and/or discourse or language can shape social identity and collective action. ('Discourse' or 'language' are the fashionable terms, although the way in which they are used bears marked affinities both to an earlier tradition of *Ideengeschichte* and to ways in which notions of culture and ideology have been used by Marxist historians influenced by Gramsci.) Thus the discourse of natural rights, of a Third Estate which claims to be the legitimate representative of the nation as a whole, etc., have been seen as the crucial mobilizing force which actually called into being the political events that we call the French Revolution.[6] In a recent book on the use of the term 'middle class' in late 18th and early 19th-century England, Dror Wahrmann has pointed to the varied, changing, conflicting and contested meanings of the term, showing how it was often used as a political or moral construct rather than a sociological one, sometimes with negative, sometimes with positive connotations.

2 The literature is immense. For an introduction to both history and historiography, see Helga Grebing, *Der 'deutsche Sonderweg' in Europa 1806-1945*, Stuttgart 1986.

3 For a summary of the approach see T.C.W. Blanning, *The French Revolution: Aristocrats versus Bourgeois?*, London 1987.

4 See now Jonathan Parry, *The Rise and Fall of Liberal Government in Victorian Britain*, New Haven 1993.

5 For a survey of this complex field see the editor's introduction in: Jürgen Kocka (ed.), *Bürgertum im 19. Jahrhundert*, Göttingen 1988. For a broad survey in English see Pamela Pilbeam, *The middle classes in Europe 1789-1914: France, Germany, Italy and Russia*, Basingstoke 1990.

6 Cf. William H. Sewell, Jr., *A Rhetoric of Bourgeois Revolution: The Abbé Sieyes and What is the Third Estate?*, Durham, NC 1994; and Keith Baker, *Inventing the French Revolution: Essays on French Political Culture in the Eighteenth Century*, Cambridge 1990. Baker has also edited a number of volumes on the political culture of the ancien régime and of the French Revolution.

Even where the term was used as a sociological construct the stress is on its quality as *construct*, e.g., on the novelty of the discourse of political economy which distinguishes between private and public, makes economic activity a matter of virtue and treats politics as a function of economic interest.[7]

One effect of these critical and alternative approaches has been to see national differences as more than just variants on the same themes of modernization, the rise of a middle class and then of popular pressure from below on that middle class. Critical empirical work suggests that modernization was a more complex, varied, halting and incomplete process and that the middle classes lack any unitary or European quality. The positive emphasis on the autonomy of politics and the agency of language mean that we must pay attention to the different ways in which politics was organized and to the different linguistic usages associated with terms like 'the middle class'.

These criticisms can also lead to more subtle defences of the original position.[8] For example, it can be argued that a 'middle class' cannot articulate its interests publicly in class terms. Marx long ago argued that instead such a class will seek more general terms in which to frame its interests and that it will seek to persuade members of other classes to accept these terms. However, he did not seem to think that such attempts at persuasion would have much chance of success. In the twentieth century Marxists such as Gramsci came to think differently and attempted to show how particular kinds of language, related to class interests, can nevertheless shape the outlook and behaviour of other social groups. So we have to see how the term 'middle class' was used by middle-class groups (and others), but also how politicians of the middle class tried to identify their constituency with other, usually broader terms.

Another line of argument is that the bourgeoisie is a peculiarly difficult social category. Earlier elites and leading social groups were defined in terms of specific privileges (aristocrats, clergy, even professional groupings). Lower-class groups, both pre-modern peasantries and modern workers, were identified and unified by common patterns of work, residence, subordination and 'ways of life'. The modern bourgeoisie, itself divided into distinct segments such as entrepreneurs, the new professions and the growing class of

---

7 Dror Wahrmann, *Imagining the Middle Class: The Political Representation of Class in Britain, c.1780-1840*, Cambridge 1995.

8 Critical historians of the *Sonderweg* have generally given up earlier ideas such as the 'feudalisation of the bourgeoisie', accepting the dominant role of bourgeois values in culture and economics. How far one can still sustain a *Sonderweg* approach is a matter of debate. I present a modified version of that approach in *Conclusion: national peculiarities*, in: John Breuilly, *Labour and liberalism in nineteenth-century Europe: essays in comparative history*, Manchester 1992, pp. 273-295. I think one of the leading representatives of the critical school, Hans-Ulrich Wehler, continues to do so in the latest volume of his *Deutsche Gesellschaftsgeschichte*, vol. 3: *Von der 'Deutschen Doppelrevolution' bis zum Beginn des Ersten Weltkrieges, 1849-1914*, Munich 2/1995, although some reviewers have seen this modification as an abandonment.

state officials, was not so clearly constituted through institutional or social processes. Therefore the construction of unity around moral and aesthetic categories such as taste, respectability, manliness and character played an especially crucial role in the development of a bourgeoisie. To transcend and unify the myriad of interests which make up a bourgeoisie, it was necessary to develop *Bürgerlichkeit*.[9]

How can one find a way through this maze? One possibility is comparative history in order to see whether the same kinds of 'interests' are associated with the same kinds of 'discourse' in various cases. However, for this approach to work one must begin at a more specific level than that of whole states or nations. I am involved in a research project studying the three cities of Hamburg, Lyon and Manchester in which ideas and images associated with terms like 'middle class', 'bourgeoisie', and 'Bürgertum' are of central importance. In this contribution, mainly for reasons of space, I will focus on a comparison between Hamburg and Manchester.

My approach is to assume that there are, indeed, general socio-economic trends which impose limits upon political possibilities and the power of language to shape identity and action. I think some recent work on language and political culture has gone too far in uprooting this from a broader context of social practice and interest. It may be that interests can only be articulated in language, but language only has a point if and when it speaks to interests. We must pay attention to texts – that is the valuable lesson to be learnt from the new cultural history – but we must also pay attention to contexts.

Similar 'bourgeois' social practices and interests are articulated in varying and often conflicting languages, within different relationships of power and through different institutions. That leads to different ways of 'representing' the middle class, but those differences can, in turn, be used to argue for typical kinds of relationships between interests, practices, institutions and discourse.

2. Manchester

a. The conditions of discourse

So far as a middle-class clientele and politics was concerned, there was little constraint on political argument. Censorship was hardly, if at all, apparent. The stamp acts hit at a cheap press, not the kinds of newspapers read by the better-off. There were five major local newspapers: the *Manchester Guardian*, *Advertiser*, *Chronicle*, *Times* and *Courier*. In the period July-September

---

9 See Jürgen Kocka (ed.), *Bürger und Bürgerlichkeit im 19. Jahrhundert*, Göttingen 1987, for arguments to this effect. Of course the full converts to the 'linguistic turn' would argue that all social identity is constructed in these ways. Certainly the debate has extended, in British historiography, to ways in which the history of the 'working class' should be written.

1838, the liberal *Guardian*, which appeared twice weekly, had 140,000 stamps issued, which means each issue sold something like 6,000 copies. Calculating on the same evidence, the Tory paper, the *Courier*, published once a week, sold about 3,000 copies, as did the *Times*. The more radical paper, the *Advertiser*, sold about 5,000 copies, and the *Chronicle* about 1,500. So between them they had a circulation of almost 25,000 copies each week, with sales concentrating in Manchester and surrounding districts. These were, as we shall see, very partisan papers which savagely attacked opponents.

This openly partisan politics was also conducted through a range of institutions. Even before 1832 there were contested elections for the Police Commission (effectively the local government rather than the Court Leet) for which people paying rates of £16 or above were eligible to vote, as well as for poor law boards and the vestries which were concerned with parochial matters.[10] The 1832 Reform Act made Manchester a parliamentary borough returning two members, thus adding to the political process of nominating candidates, hustings and polling. (As a non-parliamentary borough Manchester would previously have been involved in county elections, but not in so central a way.) The incorporation of Manchester in 1838 added to this an elected council which eventually, after a few years of bitter struggle, replaced the Police Commission.[11] Elections to all these various institutions were associated with the circulation of pamphlet and poster literature, canvassing, and speeches.

This also meant that there were routine places, mainly open spaces, for the holding of political meetings. St. Peter's Field, of course, had an especial place in popular memory and political tradition, following Peterloo in 1819. Later a number of large buildings came to serve as venues for political meetings called by different parties - Carpenters' Hall built by Owenites, the Free Trade Hall, erected on the site of St.Peter's Field and used by the Anti-Corn Law League.

Political arguments could be and were freely expressed and highly partisan. The concern and capacity to defend specifically middle-class modes of politics must be seen in this context. Objectively, Manchester politics *was* overwhelmingly the politics of the middle classes. There was a radical and labour presence, but it was fairly weak, partly because the major manufacturing districts were located outside Manchester. Chartist leaders often came from occupations like innkeeping and bookselling. Leading Tory and Whig figures, like Hugh Birley and George Wood respectively, were respected and rich cotton merchants. The emergent radical liberal grouping, in which Richard Cobden, Thomas Potter, Absalom Watkin and George Wilson were

---

10 Cf. Arthur Redford, *The history of local government in Manchester*, London 1939-40.

11 On the struggle for incorporation see ibid. as well as V.A.C. Gatrell, *Incorporation and the pursuit of liberal hegemony in Manchester 1790-1839*, in: D. Fraser (ed.), *Municipal Reform and the Industrial City*, New York 1982, pp. 15-60.

prominent, were mainly successful textile merchants or manufacturers. There were a few professional people, like the leading Tory James Crossley, a solicitor, although such people usually turn out to have diverse sources of income. However, there were no gentry or farmers, few medical or clerical figures, and except amongst radicals, no-one from shopkeeping, petty trading or waged-labour occupations. Partisanship, therefore, was something which took place within this merchant and manufacturing class. One might expect this to fragment any notion of *the* middle class in politics, as there is no 'other' against which to define this identity. On the other hand, rhetorical attempts to transcend such divisions, both within and beyond politics, might be expected to focus on the common, middle-class nature of the political constituency.

b. The 'conservative' image

In broad social terms the leading Tories of the town were overwhelmingly Anglican, although there did not appear to be any strong bent towards a particular tendency within the established Church. Their rhetoric was full of references to Church and King, as in the many Conservative Association dinners reported in the *Courier*. The language of loyalism and Anglicanism was striking. Municipal reform, for example, was in part opposed as leading to similar measures in Ireland, with pernicious consequences. Tory rhetoric portrayed liberal politics as an infernal coalition between Catholics and Dissenters. The *Courier*, for example, describing a meeting on municipal reform at which Cobden was the chief speaker, declared:

> We noticed a popish priest, with a large body of the lower order of Irish, and a number of Salford Brothertonites, as peculiarly noisy; and along one side of the table, in front of the chairman, 8 or 10 disorderly beings, having the appearance of shopkeepers of a low grade. [10 February, 1838]. [12]

Social references clearly are built into other kinds of references – ethnic and confessional,– but more to criticize the followers of their political opponents than those opponents themselves. There was a strong commitment to using existing institutions. This was hardly surprising so long as the Tories controlled the Police Commission, which they largely did from the beginning of the century until 1839, with a short interruption in 1828-29. The Tories were not averse to receiving parliamentary representation, although they wanted it in the form of a piecemeal reform rather than as a consequence of a general

12 The reference to Brothertonites is to followers of the Salford liberal Joseph Brotherton who was a Quaker as well as a teetotaller and vegetarian. Incidentally this also demonstrates the *intimacy* of political discourse in Manchester – all readers were expected to know who all the leading political figures were, and what principal qualities – positively or negatively valued – they possessed.

enactment of the kind expressed by the Reform Act. This could be represented as the specific conservative virtue against undermining functioning institutions. Liberal and radical opponents were constantly portrayed as people who would frivolously tamper with institutions, either naively ignorant of or maliciously intent upon, the instability this could bring in its wake.

At the same time, however, the rhetoric of the Tories was thoroughly anti-traditional. For example, Tories made it clear that the Police Commission (only established in the late eighteenth century) was the real government of the city and that the traditional manorial authority embodied by Sir Oswald Mosley, the Court Leet which administered his manorial rights, and the Boroughreeve, Chief and Deputy Constables who were his principal appointed officers, could be preserved only for so long as it subordinated itself to the Police Commission. The Tories argued in terms of cheap government, but also of modern government such as led the way in establishing the Gas Works and using its revenue to fund municipal reform.

One might see this as a response to the 'modernist' rhetoric of the liberals. However, it does appear to have equal weight in both political camps. When the liberals and radical-liberals committed themselves to the incorporation of the city and the establishment of an elected council, the Tories and the Radical opponents immediately sought a modernist point of criticism. The key points of this were practicality and cheapness, which meant that the negative images to attach to the incorporation campaign were impracticality and expense. One strategy was to argue that a Manchester corporation would go the same way as traditional corporations like Liverpool. The *Courier* furnished details of the expenses of the Liverpool corporation, concluding:

> There, ye merry men of Manchester, what think ye of the cost of that tinsel dignity with which Messrs. Russell and co. have dazzled and turned the heads of your aspiring Whig "cotton lords," fent merchants and fustian dealers? But who would not be a mayor, or an alderman, to have lacqueys in flaunting liveries flying about him – *free of cost*? Who wouldn't exchange a seat in a fine carriage, for which he need pay *nothing*? Who wouldn't rather be called "your worship" for one year than plain "Mister Potter" or plain "Mr. anybody-else," from the beginning to the end of his days? And then again, the mayor of Manchester, that is to be, – if a special violation of the corporation act will be permitted by the courts of Westminster, – must have sergeants-at-mace, sword bearers, billet-masters, mace bearers, *et id genus omne*, vested with the appointed paraphernalia and gewgawgerie of their several offices. Truly, this compared with the simple and unostentatious manner in which the municipal affairs of Manchester have been conducted hitherto, – will be a new occupation for the seven senses of her Majesty's lieges here [...] [*Courier*, 17 November, 1838].

Simplicity, functionality, cheapness, plainness, transparency, lack of ceremonial, honest and upright practical men with no airs and graces getting on with business: this is Tory rhetoric. The reformers by contrast are portrayed as seeking to escape their business backgrounds at the expense of fellow townsmen. Insofar as Tories had to admit that they defended traditional institutions like the Court Leet, their argument was not to defend these institutions as such, but rather to argue that they were at worst harmless, certainly in the sense that they had not stood in the way of progress:

> The corporation faction are endeavouring to represent the opponents of the charter as enemies to the improvement of the town. The Guardian, while twaddling about "old feudal government," forgets, we suppose, that under this "feudal" system the town has reached its present prosperity. [*Courier*, 3 November, 1838].

c. The liberal reform image

The last quotation indicates that reformers also presented themselves as modern-minded men of progess. Joseph Brotherton, for example, spoke in favour of reform at a large dinner in his honour in November 1838. Here the Macaulay-type case for reform was put. He argued that the Tories wished to stay stuck in 1688, declaring:

> You might as well attempt to press a full-grown man into the petticoats of a child. [*Guardian*, 28 November, 1838].

Key phrases in his speech asserted that although the middle classes had gained power in 1832, the aristocracy were still too powerful, and more independent towns would help reduce this power. At the same time the contrast 'middle classes vs. aristocracy' was linked to other ones: such as that of 'aristocracy vs. people'. Other positive terms used were "men of liberal principle" and "public opinion". The liberals had won the parliamentary elections since 1832, and the parliamentary electorate was larger than that of the Police Commission, and so this rhetoric had some political justification. Brotherton went on to outline a broader reform programme including justice to Ireland (above all a diminution of Anglican privilege), repeal of the corn laws, the ballot, extension of the suffrage and shorter parliaments. At the same time he stressed the power of moral force and of gradual reform, in order to distance himself from the emergent Chartist movement. The reform argument and middle-class interests were combined to produce a story of steady, step-by-step progress, with the middle class representing rational and moral superiority over both Tories and Chartists.

d. The radical liberal image

However, the boldest attempt to construct a new image of middle-class interest and politics came from radical liberals, above all their chief spokesman and leader, Richard Cobden.[13] Cobden, unlike Brotherton and Wood, was new to Manchester in the 1830s, a self-made man, impatient with the Tory dominance of what he saw as antiquated institutions, but also with the conciliatory and gradualist approach of Whigs like Wood. In practical terms Cobden, for example, worked for the removal of Wood from leadership of the Manchester Chamber of Commerce and for a clear demand for the repeal, not just the reduction, of corn duties. He had little interest in franchise reform – partly because he was well aware of the vagaries of electoral corruption and contest, partly because he did not believe that the mass of the adult male population really had the capacity to make clear and correct political decisions. What Cobden wanted was an aggressively middle-class politics, building from the platform created by 1832 and subsequent Whig legislation. What he demonstrated was a genius to find the imagery to match this strategy.

Take, for example, his description of the moment when he determined upon municipal reform. He had been summoned as a 'juror' on the Court Leet to a meeting of the Court which would confirm Sir Oswald Mosley's choice of boroughreeve. One problem with this office was that few people wanted it and Manchester businessmen who lived outside the boundaries of the township could not be compelled to do the job. (This led to the suspicion that some people moved outside the township to avoid the office.) Already one person had been fined for refusing the office. At the meeting in question the reformer William Nield (later second mayor of Manchester in the new council that replaced the Court Leet) was selected but pleaded medical grounds and refused the office, which led to a fine of £200. Cobden was enraged at the whole procedure. In his pamphlet *Incorporate your Borough* he described, in an almost Dickensian manner, the cold, draughty, dirty place to which the jurors were summoned: dancing classes went on in a room above, and the jury was banished to a place below stairs while the manorial authority considered what to do about Nield's refusal. The final straw was the gracious gift of a summons to a meal with Mosley (a "soup ticket"). His political conclusion flowed naturally from the imagery of the description:

> It remains for the inhabitants of Manchester to determine whether the control over the police of the town shall remain in the hands of individuals, nominated by the irresponsible jury of an antiquated Court Leet, convened by private summons, and sitting in an obscure and dingy apartment, or huddled together in a stairs closet; or whether the municipal officers shall be chosen from amongst the best and most popular men in the borough, in open day,

13 There has recently been a revival of interest in Cobden and the causes with which he was associated. There are two recent biographies: Wendy Hinde, *Richard Cobden: a Victorian outsider*, London 1986; Nicholas Edsall, *Richard Cobden: Independent Radical*, London 1986, as well as some collections of documents and studies on the occasion of the 150th anniversary of the repeal of the corn laws.

> and in public assembly, after a full discussion of the merits of the prospective candidates by the people.[14]

Closed/open, private/public, dark/light, summoned/chosen: the imagery compellingly associates virtue and vice with two kinds of politics.

Cobden went further. He envisaged municipal reform as providing the basis for a national politics of the urban middle classes. He depicted the unincorporated towns as still under the heel of the county gentry, figures like Mosley. With the towns free and independent, being in charge of their own councils and returning members of parliament, a new politics could be launched which would express itself most clearly in the Anti-Corn Law League (henceforth ACLL).

The ACLL could be and was attacked as representing only the sectional interest of the manufacturers. Chartists argued that it simply wanted to cut wages when food prices went down (using arguments of classical political economy in their support), and that the real answer for workingmen had to be the vote. Tories argued that the ACLL was hypocritical, attacking farmers while resisting legislation to improve the hours and conditions of manufacturing workers.

Cobden's response, and that of the ACLL, was to broaden their arguments, for example in relation to wages and the interests of tenant farmers. The ACLL also used the corn laws as a metaphor for many other issues, such as religious toleration and foreign affairs. An example of Cobden's combative style and attempt to create a moral imagery of politics, which pointed up the virtues of the middle classes, can be found in the parliamentary by-election of 1839. The Tory candidate was Sir George Murray who had served in Wellington's Tory administration, and earlier under Wellington in the Peninsular War. One might expect that his military record, one that the Tories played up as that of a brave patriot, would be beyond political debate. Cobden did not see it that way. At the hustings he spoke in favour of the liberal candidate, the local manufacturer (and Unitarian) Robert Greg, emphasising his distance from local Whigs as well as Tories, and stressing the issues of the corn laws, the price of food and keeping jobs. Cobden then attacked Murray as follows:

> Did he study them [questions like corn laws] when he was fighting battles in Spain? – ("Yes."). What! Will you say that he is of the productive class, he who belongs to an order that does nothing but destroy – who makes nothing but widows. [*Manchester Guardian*, 7 September, 1839].

Having established the central image: production and destruction, Cobden

---

14 Richard Cobden, *Incorporate Your Borough* (1837). This is reprinted in full in W.E.A. Axon, *Cobden as a Citizen*, London 1907. See also Arthur Redford, *The History of Local Government in Manchester* 2: *Borough and City*, London 1940, chapter XV, *The Incorporation of the Borough*, especially p. 13f. where this particular quotation can be found.

then develops the argument with a series of puns. Murray, he says, has tried to understand the world of production, but constantly confuses this with the military world. In that world such terms as card-room, roving, and mules have quite different meanings. Along the way Cobden alludes lightly to a series of other contrasts, e.g. that between the serious world of production and the frivolous world of gambling.

Cobden sought to link the idea of the middle class to a broader social category of the 'productive classes' and to moralise those categories. Subsequently the ACLL had to try, through appropriate imagery and constant agitation, to turn their rhetoric into a 'common sense' in which were embodied contrasting forms of life. I can only give a few examples. One concerns the bazaars which from 1842 played an important role in raising funds for the ACLL. The bazaar is presented as more than just a money-making enterprise. Take, for example, the way in which the particular contribution of women to the bazaars is treated:

> Of the contributions received since our last, the largest and most valuable proportion is the direct gift, and in many instances the produce of the *manual labour* of ladies, who have in the best sense of the word, with needle, with pencil, with pen, with "gentle entreaty," and all-powerful influence, been indefatigable workers in aid of the bazaar. To them will it be in the largest measure indebted for success, to them therefore will be owing a large debt of gratitude from every opponent of the iniquitous and oppressive corn laws. But their reward will be in the consciousness of having, in their own peculiar sphere of usefulness, fulfilled their duty to the community, and of having thus, in their own quiet and modest way, entered their deliberate protest against the bread monopoly. [*Manchester Guardian*, 29 January, 1842].

Most of this passage can be analyzed in terms of gendering: virtuous women are quiet, gentle, modest and work in their own "peculiar sphere".[15] But there are other points. These particular women practise "manual labour"; they produce; their products are publicly circulated through the bazaar. In this way women are recruited to the specific imagery of the productive, competitive middle class.

The ACLL sought to introduce moral categories into apparently innocuous matters. Take, for example, the issue of donations and contributions to the bazaars. One such donation was of an autograph signature of the Duke of Buckingham and Chandos. Buckingham was a noted defender of the corn laws. Consequently, this signature of "the farmers' friend" had been framed, with a suitable motto from Hamlet and a cheeky reference to Peel, leader of the Tories at the time: – "'To what base uses we may return'. Sir Robert!" The article goes on to mock Buckingham's long title, concluding:

---

15 For the development of the idea of a 'peculiar sphere' for women see Leonore Davidoff / Catherine Hall, *Family Fortunes: Men and Women of the English Middle Class 1780-1850*, London 1987.

> [...] this handywork of a genuine aristocrat, is to be subjected to the hammer of a plebeian auctioneer, and knocked down to the highest bidder at an anti-corn law bazaar. [*Guardian*, 29 January, 1842].

The bazaars themselves were turned into model events. They raised large amounts of money because high turnover in useful articles, offered at moderate prices, with quick returns on capital

> [...] have been the distinguishing features of the fair "free-traders" mode of transacting business. Would that our merchants and manufacturers were permitted by the monopoly-interest to follow out similar principles of commercial intercourse with every country, and in every market of the world. [*Guardian*, 9 February, 1842].

One must distinguish the rhetoric from the reality. Cobden helped put together a powerful political movement and organization in Manchester which dominated local politics until the Crimean War and which was the centre of the most powerful and successful pressure group politics in modern British history.[16] Yet he was always confronted with considerable middle-class opposition, from Tories initially, later and more effectively from Palmerstonian Whigs.[17] In 1846, immediately following the repeal of the corn laws, he wrote to Peel, urging him to take the initiative in the re-shaping of the political system by placing himself at the head of a new reforming party of the middle class, breaking with both the Whigs and the Tories and bringing together Peelite Tories, liberals and other reformers.[18] Peel understood politics in a very different way from Cobden and had no intention of taking this path. The brief moment when it seemed that a hegemonic language of middle-class politics might be forged in a partisan form had passed.

e. The class image

There was always another, negative image of that middle-class politics. Tory arguments against Whig liberals and radical liberals did not use the language of class, but instead that of sectional interests, in addition to attacking reformers on such moral grounds as their opposition to the established church (fusing bourgeois Dissenters with Catholic mobs). Radicals, many of whom moved into Chartism from 1838, had no such inhibitions. For them liberals

---

16 The standard history is Norman McCord, *The Anti-Corn Law League, 1838-1846*, London 1958. There has been less attention paid to the continued dominance of the ACLL network in Manchester politics after 1846, but see Antony D. Taylor, *Modes of Political Expression and Working-Class Radicalism 1848-1880: The London and Manchester Experience*, unpublished Ph.D, University of Manchester, 1992.

17 Cf. Antony D. Taylor, *Palmerston and Radicalism 1847-1865*, in: *Journal of British Studies* 33 (1994), pp. 157-179.

18 Cf. Edsall (see n. 13), pp. 164ff.

embodied selfish middle-class interests. The high-minded character of liberal rhetoric just added insult to injury, hypocrisy to greed.

Yet radicals shared with their opponents a concern to take up a modernist, practical and critical position. Just like the Tories they opposed incorporation by mocking the useless traditions it supposedly would resurrect. The leading radical James Wroe, whose preferred reform was a Police Commission elected on the basis of a democratic franchise, made fun of Cobden and his incorporation scheme at a public meeting:

> If it was wished that their Chairman should appear with a huge horsehair wig on his head, and a silk gown on his back, with something glittering lying before him, and a man dressed like a stage player, standing by his side, in readiness to take that something away, he would say that he, at all events, was too old to be pleased with such things. [*Courier*, 13 January, 1838].

Somewhat in tension with this imagery of useless ornamentation was the more sinister depiction of the liberals as a ruthless and efficiently organized interest group. The proposal for reforms of the police force was turned into the slogan of 'Bourbon Police', conjuring up images of un-English despotism being let loose in Manchester, along with the "Bastard Begetting, Infernal New Poor Law" and its "New Poor Law Bastilles", concluding in one poster with an outcry against the "base, bloody and brutal Whigs". Patriotism, plainness, devotion to domestic virtue, defence of the liberties of the free-born Englishman were now deployed on behalf of the 'people' against the Whigs who were represented as a class of ruthless employers. This rhetoric continued into the Chartist attack on the Anti-Corn Law League.

f. Concluding remarks

There was a rich partisan political discourse in Manchester. I have focused on disputes in the period 1838-39, but could have extended the arguments back to the immediate post-1815 period (especially Peterloo), the reform crisis (1828-32), and forward to the career of the ACLL (1838-46), especially the crisis year of 1842, and finally into 1848.

Underlying this partisan abuse, however, certain kinds of consensus can be detected. The rhetoric of *every* political faction strove to establish certain common claims. They were all anti-tradition. Even the Tories defended existing institutions on rational and practical grounds, not out of sentiment or through Burkean arguments. Plainness, low costs, practicality were terms of approbation in every camp. Except for the Chartists, the addressees and implied embodiment of these qualities were the self-made men of Manchester. Cobden and the radical liberals come closest to fusing this imagery with an explicit appeal to a middle-class identity, although that has to be linked to arguments about the harmony of interest between employer and worker, manufacturer and tenant farmer. The enemy always has to be portrayed as sectional, a minority – whether above (the gentry, the large landowners, the selfish employers, the moralising dissenters) or below (the mob, the Irish Catholics).

At the same time, a non-political imagery of the middle class was being formed in other institutions. Leading figures from Tory, Whig and liberal camps cooperated in the establishment of organizations such as the *Royal Manchester Institution* [RMI], the *Mechanics Institute* [MMI] and the *Athenaeum*. Here 'culture' was given two distinct tasks. One was that of providing a transcendent good, beyond politics, on which men of taste and discernment could agree. This was quite explicit in the founding of the RMI which was also seen as a way of refuting the image of 'Manchester man' as philistine.[19] The second was that of a cultural shaping of those below the bourgeois elite. The MMI was seen as having this cultural task in relation to skilled workers, partly by appealing to the notion of self-help, but also by providing 'rational recreation'. The *Athenaeum* focused more on young clerks and merchants. The classical world was ransacked for institutes such as *Lyceums* and *Parthenons*, all with the avowed purpose of inculcating domestic virtue, respectability, a taste for good books and pictures, a desire for rational improvement. When the partisan nature of politics declined after 1846, this consensual cultural politics could be further developed. When the Free Library was opened in 1852, it is noteworthy that the distinguished guests, apart from Dickens, Bulwer-Lytton and Thackeray, included John Bright and Lord Shaftesbury, who had been at one another's throats less than a decade earlier. Another meaning of the enterprise was revealed in the speech of Thomas Potter, who pointed out that in 1842 the building had been the secularist and Owenite Hall of Science, used as a meeting place by organizers of the great strike movement of August of that year. Now middle-class rationality was available to all and had replaced the politics of class. Dickens, who was to criticize 'Manchester Man' savagely in *Hard Times*, published shortly after this ceremony, declared in his speech that he had now discovered what the true Manchester school was – not a school for utilitarian political economy, or for money-making, but a great free school for universal instruction and enlightenment.[20] It is doubtful whether these endeavours had much impact upon those at whom they were aimed, but they tell us a good deal about the

19 Cf. John Breuilly, *Civil society and the public sphere in Hamburg, Lyon and Manchester, 1815-1850*, in: Helmut Koopmann / Martina Lauster (eds.), *Vormärzliteratur in europäischer Perspektive I: Öffentlichkeit und nationale Identität*, Bielefeld 1996, pp. 15-39, esp. pp. 33ff.

20 Cf. *Report of the Proceedings at the Public Meetings held in the Library, Camp Field, Manchester, on Thursday, September 2nd, 1852, to celebrate the Opening of the Free Library*, reprint, Manchester 1903. In *Hard Times*, however, enlightenment from the 'Manchester' perspective is the opposite of what Dickens understood to be true culture.

values of the different partisan elites.[21]

One can conclude two things from this. Middle-class representations of politics in Manchester at this time were highly partisan and contentious. Yet implicitly almost all those involved pitched their appeal to an assumed middle-class constituency which was constructed as practical, modern-minded, impatient of ornamentation and tradition, utilitarian in its view of institutions. The one major attempt to construct an explicit imagery of the middle class, Cobdenite liberalism and the ACLL, built on these assumptions, but in a more militant and generalising way. By 1852, however, greater consensus had tended to marginalize that discourse and politics. That same middle-class imagery could be used by Tory-Radical and Chartist opponents, mainly drawing on support from outside Manchester, to construct a hostile image of 'Manchester Man', one that would also underlie the moral and aesthetic critique of Dickens in *Hard Times*.

To combat these images of elite division, a different level of discourse was elaborated in Manchester, namely that of 'culture'. Culture was seen as transcendent, beyond politics and confessional differences, capable of unifying the bourgeois elite, civilizing the mass of the inhabitants of the city, and making clear to outsiders that there was no contradiction between culture and commerce.[22] This double-level of discourse, which in effect separated 'culture' from 'everyday life', and was reflected in social practices (partisan conflict in politics and confessions; cooperation in cultural initiatives), also contained a double-level of consensus: implicitly, in the assumed nature of the middle-class constituency in partisan political discourse; explicitly, in assertions about the transcendence of culture.[23]

---

21 For an informed analysis of this project of cultural control, along with a sceptical evaluation of its impact at a popular level, see now Martin Hewitt, *The Emergence of Stability in the Industrial City: Manchester 1832-1867*, Aldershot 1996.

22 The *Manchester Literary Society*, a small discussion group of radical-liberals, including Cobden, debated the proposition: "Is an intimate acquaintance with literature and science incompatible with the pursuits of a tradesman?", voting against the motion five to three (minute of 4 March, 1828). On 19 October, 1830, it voted for the proposition "Would the decline of classical literature be a subject of regret?" On 5 March, 1832, it negatived the proposition: "Can any nation continue to advance in civilisation and social improvement except by increasing its commercial intercourse with other nations?" A much-cited image was the contrast between Sparta and Athens, the anti-culture of soldiers and the glorious culture of a commercial centre. Many debates and assertions to this effect could be cited. (Manchester Central Reference Library: Archive: Manchester Literary Society, Minutes 1826-1837 [MS062M3]).

23 These are necessarily rather speculative claims. In particular more work needs to be done on confessional disputes to see whether the different kinds of Nonconformists and Anglicans within the bourgeois elite really did subscribe to similar 'everyday' values.

6. Hamburg

a. The conditions of discourse

Hamburg appeared as a strongpoint of liberalism within mid-nineteenth century Germany. Its merchant elite was cosmopolitan, trading with Britain, the Americas, Africa and Asia. There was a distinct sense of superiority over much of the rest of Germany: over the smaller, more specialized trading houses of the hinterland; over the privileged societies of territorial princely states with their landed aristocracies, bureaucrats and courtiers. Although there was a censor's office, censorship in Hamburg was notoriously lax. Julius Campe, the publisher of a huge proportion of the oppositional literature of the *Vormärz*, could not have worked anywhere but in the Free City. He also financed an important 'national' paper, a kind of left-wing alternative to Germany's most important paper of the time, the *Augsburger Allgemeine Zeitung*, owned by the South German publishing magnate Cotta. The *Telegraph für Deutschland* was edited from Hamburg, between 1838 and 1843, by Karl Gutzkow who took a rather unsympathetic view of the city and its inhabitants. Both Gutzkow and Heine have left satirical portraits of what they saw as Hamburg's typical middle-class philistinism. Gutzkow's attack on the *plattdeutsch*-speaking, complacent merchant class whose only concerns are their own wealth and 'respectability' and the independence of their *Vaterstadt*, is almost as savage as Dickens's on 'Manchester man'.[24]

The typical format of a Hamburg local newspaper was a front section devoted to European news and news from the major German states, followed by a section entitled something like *Vaterstädtische Blätter*. This would provide factual information on the business of government (the *Rat* and the *Bürgerschaft*), reports on non-political events such as fairs, suicides or drownings. Sometimes there might be an essay on some matter under debate, e.g., Jewish emancipation. The rest of the newspaper typically consisted of notices, announcements and advertisements. Until some relaxation in 1842, in the aftermath of the fire in May, and then again in 1848, there was no openly partisan press.

Partly that was due to censorship, partly to the nature of 'politics'. The 'parliament' of Hamburg – the *Erbgesessene Bürgerschaft* – was not an elected, representative assembly, but an assembly of those citizens with a certain amount of real estate in the city. This might once have been an example of direct democracy, but these citizens constituted only a small part of the total body of citizens (the rest being citizens who did not own the requisite amount of real estate), who in turn only made up a minority of the adult

---

24 Cf. chapters 2 and 3 of Heine's *Schnabelewopski* and capita XXI-XXIII of *Deutschland. Ein Wintermärchen*, as well as chapters 14 and 15 of *Lucindens Jugendgeschichte*, the first part of Gutzkow's novel *Der Zauberer von Rom*. Chapter 14 bears the significant title *Respektabel*.

male population. The sheer growth of Hamburg, as well as the influx of large numbers of outsiders to work in various menial jobs had ensured this. The executive body, the *Rat*, largely made up of Senators, was a self-selecting body. The executive branches of the government, known as Deputations, also were not elective.[25]

There were neither print media nor an institutional basis for the development of a contested politics where such skills as rhetoric and electoral organization could and needed to be developed. Instead, political representation had to be made in more implicit, often coded ways, compared to the open partisanship of Manchester.

b. The 'establishment' image

The obvious way in which the city-state could project a liberal image was by conflating the autonomy of the city-state with the freedom of its citizens. This, along with a conservative defence of its republican form, was a major feature of governmental imagery.

First, and most obvious, was the constant use of the full title of the city-state: *Freie und Hansestadt Hamburg*. Second, there were the arguments used to justify the restoration of the old constitution (*Haupt-Rezess*) of 1712, once the French occupation had been removed for the second and final time. Linked to this were attempts by the government to make the freeing of the city the occasion of anniversary celebrations. In 1815 the government determined upon the date of the Russian entry into the city on 13 March 1813. In 1816 the date of 26 May was ordered to commemorate the final departure of the French in 1814. These commemorations quickly faded away. 13 March, for example, was not proclaimed a holiday and only celebrated in some style in 1838.

At the same time the government was suspicious of more wide-ranging celebrations, beginning with the first anniversary celebration in 1814 of the 'Battle of the Nations' at Leipzig. The *Senat* tried to confine this to the subject of sermons on Sunday, 16 October, but was unable to withstand demands for more widespread celebrations on the actual anniversary day, 18 October. This went on to establish itself as the major secular commemoration of a distinct event in the Hamburg calendar up to 1871, being celebrated with especial gusto in 1838 and 1863. The official view was that the celebrations were principally to be regarded as giving thanks to those who had sacrificed themselves, to collect money for the invalids and dependents who were a legacy of the battle, and that the major part of the ceremony should take

---

25 For details of Hamburg government and society, see John Breuilly, *Liberalism in mid-nineteenth century Hamburg and Manchester*, in: idem (ed.), *Labour and Liberalism* (see n. 8), pp. 197-227, and Richard Evans, *Death in Hamburg: Society and politics in the cholera years, 1830-1910*, London 1987.

place in church.[26] Official Hamburg in its announcements concerning the celebrations always juxtaposed freedom for the *Vaterland* with freedom for 'us' (meaning *Vaterstadt*). The concern throughout was that celebrations of Leipzig could be exploited by secular nationalists who opposed the present fragmentation of Germany, a fragmentation which, of course, included autonomy for the city-state of Hamburg. There was also a dislike of the romantic nationalist tendency to celebrate the 'Volk' as the *agent* rather than the *victim* of history.[27]

Although the government had returned to the 1712 constitution it did not develop any active policy of cultivating the history and traditions of the city. There was a resumption of some traditions, such as that of a special costume for the *Erste Bürgermeister*, which the French had abolished. However, this provoked criticism, ridicule and even hostility, and had been quietly abandoned by the 1840s. Such traditions would only be re-invented, in a more pompous and elaborate form than the Dutch models on which they were based, in the Second Empire.[28]

Instead, historic Hamburg was officially vandalized. The cathedral had already been demolished in 1805. Other churches and the Maria Magdalena monastery were demolished in the restoration period, without provoking much protest. There is some evidence that one sentiment involved, from the very top of society, was hostility to traditional religion. When the city-state chose to commemorate individuals it favoured Enlightenment figures, both national like Lessing, and local, like the astronomer Repsold. When it constructed new buildings, for example the *Börse*, this was not in any German 'national' style, but modelled on Italian Renaissance palazzi.[29] The reference to successful merchant princes in an independent city-state was clear. The independence of this bourgeois city was also stressed in rules which forbade Senators to accept honours from princely states. In these ways a modern, liberal image of independence was projected.

Yet at the same time as projecting this image, the government blocked the development of representative government, any extension of political rights to the majority of its citizens, and continued to uphold such practices as guild monopoly over the internal economy, Lutheran monopoly of political office, the subordination of Jews in separate ghettoes with their own communal gov-

---

26 This followed a Hamburg tradition which was that 'celebrations' were decreed and organized through the government department responsible for the established Lutheran Church, the *Ministerium*. That also applied to earlier celebrations, such as those of Napoleon's birthday or the birth of his son. Indeed, one can read the *Ministerium* files as a rhetorical chronicle of the succeeding external influences bearing down upon the city.

27 For official representations of Hamburg see Volker Plagemann, '*Vaterstadt, Vaterland, schütz Dich Gott mit starker Hand'. Denkmäler in Hamburg*, Hamburg 1986.

28 Ibid., for the 1840s; Evans (see n. 25), p. 97f. for the Second Empire.

29 Manchester merchants did the same, as the former warehouses on Whitworth Street bear witness. In both cities either this or the neo-classical style were preferred for 'public' buildings until at least the 1840s.

ernment, and the *Torsperre* (the practice of shutting the city gates every evening which continued until 1865). The representation of liberality and modernity reflected the self-image of the merchant elite which identified itself with the city-state rather than seeking to generalize that self-representation either to those below it or fellow Germans beyond the city walls.

c. The 'liberal reform' image

Some of these restrictive features of Hamburg were criticized from within the elite. Yet being members of the elite, these critics were anxious not to engage in too open a political attack upon the existing system. Rather what was demanded were gradual reforms, and often a coded image of an alternative view was projected.

The most overt criticisms before 1848 came in the immediate aftermath of 1815 and then again following the fire of 1842. In 1814-15 some of the elite assumed that a new constitution would be enacted in which at least some reforms, such as separation of administration from justice and oral proceedings in court, would be adopted. Instead, the idea that 'restoring freedom' meant 'restoration' prevailed.

One institutional as well as symbolic conflict concerned the military. Hamburg, though independent, had no real military power compared to neighbouring territorial states. During the War of Liberation patriots had formed a Hanseatic Legion which they saw as constituting the core of a civil militia in post-war Hamburg. This was justified in various ways. One was practical: the city-state would have to contribute towards a Confederal Army and the Legion could form the nucleus of that. Another was that this was preferable to a garrison of professional soldiers who would be detached from the citizen population and might even be used against them. At the same time, this militia could also help in the maintenance of internal order, replacing the old *Bürger-Wache*. The name proposed for the new formation, *Bürger-Militair*, was indicative of the connection envisaged between citizenship and military obligation.[30]

The government was hostile to such proposals, seeing them as needlessly expensive and likely to put arms into the hands of large numbers of citizens. On the other hand, the pressure was too great, both internal and external, to return to the old ways which combined diplomacy and minimal government and expenditure. The resultant compromise made it possible for many citizens to evade their military obligations. Gradually social distinctions reproduced themselves in the gulf between officers and rank-and-file; the military effectiveness of the formation tended to be neglected; the *Bürger-Militair* became primarily an agent of internal administration (e.g., taking a census

---

30 For details of this see Andreas Fahl, *Das Hamburger Bürgermilitair 1814-1868*, Hamburg 1986.

twice yearly), while at the same time ornamental military skill was displayed in what became one of the most popular of summer recreations, the excursion of the city-population to nearby open ground to watch *Bürger-Militair* manoeuvres in conjunction with units from the other contributors to the Hanseatic Corps.

Another subtle challenge came with the proposal to erect a memorial in honour of Adolf IV von Schauenburg who had supposedly helped free Hamburg from Danish domination in 1227 and then renounced his secular rule in 1239 to become a monk in the Mary Magdalen monastery. The celebration of a prince could hardly cause offence to the majority of princely states in the German Confederation. The anti-Danish, implicitly national, reference picked up on the patriotism of 1813-15, while the freeing of the city from Danish domination appealed to city-state patriotism. The renunciation of princely rule over the city appealed to republican sentiment, without making that republicanism conflict with monarchical principles, as it had been voluntary. The imagery had so many meanings that it offended no-one, and the monument went ahead. It did, however, represent the beginning of symbolic representations of Hamburg through its history (rather than simply of events or individuals).

Another example of how moderate liberals could develop some kind of a political symbolism comes with the visit of the renowned Badenese liberal Theodor Welcker to the city in 1841. The key association concerned with organising the reception for Welcker was the Gymnastic Association, which was regarded with suspicion by the government. The *Turner-Verein* obviously flaunted its nationalism, with the singing of patriotic songs and the display of black-red-gold symbols. Yet at the same time as the freedom of Germany (though one speaker emphasized that this must be a *free* Germany) was celebrated, someone raised a toast to the free city-state. Furthermore, the one point of dissent from Welcker was when he argued that Hamburg should enter the *Zollverein*, a major way forward to national liberty. Local liberals responded that the commitment of the city-state to free trade meant it could not do this. The rest of Germany had to see the principle of freedom inherent in free trade. The national cause remained an indirect way of criticizing particularism and the lack of free institutions, but these liberals, both for pragmatic and sincere reasons, were not prepared to push that criticism too far against the local *status quo* and even buttressed the liberal image of Hamburg with the point about free trade.[31]

The problem for the liberal reformers was that they were not prepared to

31 For an account of this encounter in October 1841 see Staatsarchiv Hamburg 614-1/11: *Turner-Verein 1840-1842*. This contains extracts of the minute book of the Hamburg Gymnastic Association, a most detailed description of the events, and an analysis of newspaper reports. The very existence of the file, of course, testifies to government suspicion of the *Turner-Verein*. I consider the meaning of Hamburg's commitment to free trade in more detail in *'Ein Stück Englands'? A contrast between the free trade movements in Hamburg and Manchester*, in: Andrew Marrison et al. (eds.), *Freedom and Trade*, London 1997.

engage in open politics. In particular they would not challenge fundamentally the power of the *Senat* or the basis of the *Bürgerschaft*. One can see this in 1842 when such people constituted a reform deputation which wrote a report but did nothing to mobilize wider support for the reforms demanded. In the end these liberals could not counterpose a radically different rhetoric and politics to that of the government which equated city-state independence with freedom, the dominance of the merchant elite and free entrepot trade with liberalism, and the maintenance of a corporate system as necessary for the effective maintenance of order. That was difficult to sustain, as one sees in the case of the *Grundeigentümer-Verein* (an association established to represent landlord interests) which was gradually pushed into illegal measures, such as circulating *Bürgerschaft* agenda, *Senat* proposals to the *Bürgerschaft*, and records of *Bürgerschaft* meetings. This was all deemed by the government to be an unacceptable shift towards a modern notion of 'public politics'. Once such an impasse was reached, such moderate liberals backed down. Their liberalism, as typified by the elite society, the *Patriotische Gesellschaft*, was liberalization within the given institutional framework.[32]

d. The radical liberal image

A more fundamental challenge came from radical liberals. However, beyond discussion circles it was almost impossible for these groups to develop a rhetoric or movement capable of challenging that of the establishment or the moderate reformers. The opportunity only came in the 1840s, especially after the 1842 fire.

Two rhetorical strategies are developed. One focused on the notion of citizenship. An association called the *Nicht-Grundeigentümer-Verein* (set up in response to the *Grundeigentümer-Verein*) re-founded itself after 1842 as the *Bürger-Verein* (henceforth BV), neatly drawing attention to fact that the majority of the citizens lacked political rights by virtue of their lack of real estate. This association proceeded, so far as it could under restrictive conditions, to press for political citizenship, which meant a system of parliamentary representation. The BV in its own procedures tried to project an image of a rational, debating citizenry; the members being equal amongst themselves, with an elected committee, which was a miniature version of the political demands it made, and standing orders to ensure the democratic and orderly conduct of business.

The second strategy concerned the 'social' aspect. This centred on the development of a rhetoric associated with the term *Mittelstand*. Especially in the hard years of 1844-47 this was given a defensive as well as an offensive meaning. *Mittelstand* was defined both in terms of economy and virtue – it

32 On the reform movement after the fire of 1842 see John Breuilly / Wieland Sachse, *Joachim Friedrich Martens und die deutsche Arbeiterbewegung*, Göttingen 1984, chapter 3.

consisted of those who worked, contrasted with the idle rich above and the feckless poor below. The notion was taken up by guildsmen who vested it with productivist features (aimed against the 'consumerist' emphasis of liberals preaching the virtues of the free market). These sentiments could underpin emancipatory demands for political reform but also be deployed against the idea of Jewish emancipation. Finally, the *Mittelstand* was identified as the core of the *Volk* and this, in turn, enabled this rhetoric to take up links with the discourse of German nationality.[33]

e. The class image

The fact that master guildsmen came to dominate this *Mittelstand* movement helped generate a more radical, class-based movement amongst journeymen and some small masters, particularly those concentrated into overcrowded occupations. The clearest example of this was the formation, in 1844-45, of the *Bildungsverein für Arbeiter* (henceforth BfA). The BfA also used a productivist rhetoric of those who worked and those who did not, but in a more radical way which extended to all qualified manual workers. It opposed existing corporate arrangements, in particular the privileges of the guilds. However, it also opposed pure free-trade ideas. Instead the focus was on such notions as the 'Organisation der Arbeit'. These were introduced by intellectuals and artisans who had, directly or through literature, encountered early socialist and radical democratic ideas.

Such ideas could not be preached directly, in terms of political and economic reorganisation. Instead, discourse took on an abstract and often utopian form. At the same time, extravagant claims were made on behalf of education as the instrument of progress. Partly one can see this as camouflage for what was 'really' a political programme. Partly, however, this represented a genuine belief, in a society in which the notion of conflict as an open and accepted fact of life was suppressed.[34]

f. Concluding remarks

Compared to Manchester, Hamburg's middle-class politics were less openly partisan. The dominance of the merchant elite and its equation of the autonomy of the city-state with the freedom of its inhabitants were not seriously

---

33 For the way in which this could lead Hamburg guildsmen into a national movement in 1848, see ibid., chapter 6.

34 Cf. ibid. where these ideas are explored at length. For a shorter version of some of these arguments see John Breuilly, *Kontinuität in der hamburgischen Arbeiterbewegung 1844-1863?*, in: Arno Herzig et al. (eds.), *Arbeiter in Hamburg*, Hamburg 1983, pp. 139-152; and, on the ideas involved, idem, *Weitling und die deutschen Handwerker*, in: Lothar Knatz / Hans-Arthur Marsiske (eds.), *Wilhelm Weitling. Ein deutscher Arbeiter-Kommunist,* Hamburg 1989, pp. 135-156.

challenged before 1848. Where it was criticized, this was often in coded forms. A specifically 'middle-class' representation of politics was most fully developed in radical-liberal associations where *Bürger* and *Mittelstand* were explicitly equated with one another. However, though politically reformist, this rhetoric tended to accept a corporate and hierarchical organization of society, in particular taking up the productivist values of guildsmen. That productivist ideology was in turn radicalized by dependent artisans who adopted the term *Arbeiter* in contrast to that of *Mittelstand.*

Lack of openly partisan politics in comparison with Manchester did not mean a greater consensus. In fact one could argue that the coded representations of a liberated *Mittelstand* or *Arbeiter* order, or even the moderate demands for a more public politics and closer ties with other German states, represented a more fundamental challenge to the *status quo* than arguments between Tories, Whigs and radical-liberals in Manchester.

Cultural associations played a different role compared to Manchester. In Manchester culture was appealed to as a way of creating consensus and extending control. Insofar as discussions of religion and politics were banned, as they were, for example, in the MMI and the *Athenaeum*, this was because of a desire not to introduce issues that already publicly divided people. By contrast, where such discussions were banned in Hamburg, as they were, for example, in the BfA during the 1844-48 period when it had to endure the tutelage of the establishment society, the *Patriotische Gesellschaft*, this was to prevent cultural associations being used as a way of introducing politics into the 'public' sphere. The merchant elite displayed little interest in diffusing its values to a wider audience, relying on policing and corporate controls to maintain order. Maintenance of church establishment rather than evangelical Anglicanism was the preferred policy for meeting religious challenges.

7. Conclusions

The way in which politics is or is not talked about matters. However, political discourse must be placed within a broader context of interests and institutions. In Hamburg and Manchester an elite of wealthy merchants sought to hold sway over a large, diverse and growing population. In both cases this elite projected an image of itself as both civilized and useful, meriting privileges and power by virtue of economic, but also moral and aesthetic qualities. In both cases there were challenges to this from more populist groups which explicitly drew upon the 'useful', 'productive' features of the middle classes. That in turn was challenged by a movement appealing to dependent workers which made manual work the criterion of value.

There were also major differences. The elite of Manchester was fractured by political and confessional differences which extended to divisions on a national scale, and could pursue these differences publicly through media, electoral contests and disputes over the design of institutions of municipal government. This generated an openly partisan political discourse and attempts to mobilise and organise the broad middle-class constituency. Consensus was grounded upon the shared assumptions of this discourse concerning the exclusively middle-class and predominantly utilitarian character of virtuous politics. It was also based on an appeal to 'culture' as something beyond the divides of politics and religion.

The elite of Hamburg was not fractured in these ways, but rather unified around the need to preserve the autonomous institutions of the city-state against both internal and external challenges. This created some tension between its self-image of rational cosmopolitanism and its defence of such unenlightened institutions as guilds and an established church. It also led to coded criticisms both from those within its ranks who would take 'rational reform' a little further, as well as from a broader middle class constituency that was excluded from all political participation. However, that constituency, rather than the generalising language of Cobdenite liberalism, tended to combine demands for democratic political reform with an archaic, corporate language of preserving the *Mittelstand.*

The radical labour challenge in Manchester took the form of extending the ideas of political radicalism further – the six points of the Charter.[35] By contrast, in Hamburg the radical labour challenge presented a social rather than a political programme, partly because of the attraction of ideas about 'Organisation der Arbeit', partly because of the need to code political challenges. That coding, along with the lack of opportunity to take any part in politics, in turn encouraged other non-political emphases, such as that upon the transformative potential of education.

Hamburg presented itself as the city of consensus; Manchester was perceived as the city of contention and class division. This was partly a function of real social and economic features – such as the common dependency on entrepot trade in Hamburg which meant a matter-of-fact acceptance of the free-trade principle and the dominance of trade, or the concentration of wage-earners into slum quarters in Manchester which created a concern with a new kind of social question. (Obviously these concerns had to be *talked through*, but that talk had to address real issues if it was to matter.) It was partly the function of a dominant set of institutions in Hamburg and a lack of such settled institutions in Manchester. It was partly a function of open political discourse in Manchester and restricted political discourse in Hamburg. The one discourse stressed contention; the other consensus. Yet in reality, the contrasting discourses may be seen to bear the opposite meanings, meanings which are associated with contrasting ways of representing the middle class.

---

35 For the argument that Chartism was limited by this 'pure' political language of radicalism, see Gareth Stedman Jones, *Rethinking Chartism*, in: idem, *Languages of class: Studies in English working-class history 1832-1982*, Cambridge 1984, pp. 90-178.

III. Ästhetische Revolution: Beschleunigung, Eklat und ästhetische Traditionsbildung der Moderne

Zusammenfassung

Die hier folgenden Beiträge stehen teilweise in engem Zusammenhang mit den poetologischen Überlegungen in Teil II. Sie beschäftigen sich mit Denkfiguren oder Stilarten, in denen die Moderne seit der Französischen Revolution gefaßt wird, sowie mit der untrennbaren Verbindung solcher ästhetischen Phänomene zu Lese- und Sehweisen und zur literarischen sowie politischen Öffentlichkeit.

Die Revolution des Zeitbewußtseins kommt am deutlichsten in der Denkfigur der 'Beschleunigung' zum Ausdruck, die sich vom letzten Jahrzehnt des 18. Jahrhunderts an vor allem in journalistischen Prosatexten findet. Deutsche Zeitgenossen allerdings lassen sich nur widerstrebend auf das Phänomen und die Erfahrung der beschleunigten Zeit ein, wie Ingrid Oesterle anhand von Paris-Berichten des späten 18. und frühen 19. Jahrhunderts zeigt. Eine Offenheit für großstädtisches Tempo und für die 'Gegenwärtigkeit' der Lebensweise in der Metropole läßt sich unter deutschen Schriftstellern zuerst bei Ludwig Börne nachweisen. Sowohl Ingrid Oesterle als auch Harald Schmidt verdeutlichen am Beispiel Börnes, wie sich 'Beschleunigung' zu einem Modell des Schreibens bzw. der Distribution von Geschriebenem entwickelt, an dem sich mindestens zwei Generationen von Vormärzschriftstellern orientieren. Obwohl Börne z.B. in seiner Sicht von Paris als 'Buch' noch dem enzyklopädischen Stil und der Wahr-nehmungsweise deutscher Gelehrter verbunden bleibt, gelingt ihm doch eine für die deutsche Publizistik entscheidende Aufwertung des Phänomens Großstadt und eine für die europäische Großstadtliteratur überhaupt richtungweisende Interpretation von Paris als lesbarer Text. Der ständige "Nervanreiz" der Metropole und die Diskontinuität der Eindrücke sind ihm kein Hemmnis, sondern "Inzitamente des Schreibens" (Oesterle). Die neue journalistische Schreibweise wird den jungdeutschen 'Zeitschriftstellern' geradezu zum Ersatz für das großstädtische Ambiente, das sie in Deutschland nirgends finden. Schmidts Interesse dagegen gilt der Tatsache, daß Börne und nach ihm Jungdeutsche wie Mundt eine viel ältere, aus dem 17. Jahrhundert stammende neuzeitliche Denkfigur aufgreifen, die des autonomen Kreislaufs, und sie auf den Ideenumlauf der Journale beziehen. Zwar existiert die Metapher der Ideenzirkulation, mit klaren Anspielungen auf den Geldkreislauf, schon seit der Aufklärung und verweist damit auf die Verzahnung des literarischen Marktes mit der bürgerlichen Öffentlichkeit. Jedoch ist es Börnes Leistung, sie erstens zu dynamisieren, indem er sie mit der Beschleunigung des Umlaufs durch Tagesblätter verknüpft, und sie zweitens politisch zu revolutionieren, indem er den Charakter des vermittelten Wissens und der Leserschichten 'nach unten' erweitert.

Solch demokratischer Optimismus fehlt bei Mundt, der das Aufkommen der 'literarischen Industrie', besonders der Pfennigmagazine und der Übersetzungsfabriken, bereits beklagt, natürlich ohne prinzipiell vom dynamischen Konzept der Ideenzirkulation abzurücken. Entgegen der Aussage Blumenbergs, Kreismetaphorik impliziere einen Protest gegen die Neuzeit, gelingt Schmidt so der Nachweis, daß die Vorstellung der Ideenzirkulation, besonders in ihrer jungdeutschen Radikalisierung, durchaus vereinbar ist mit der "modernen Konzeption einer linearen Fortschrittsgeschichte". Diese wiederum wird bestens veranschaulicht in der Figur der Linearität, mit der die Zeitgenossen das Phänomen Eisenbahn beschreiben - siehe Wülfings und Beutners vorangegangene Beiträge.[1]

Von Wülfings und Beutners Ausführungen und Zitaten zum Begriff "Ereigniß"[2], mit dem das Erscheinen und zugleich das öffentliche Bestaunen der Eisenbahn bezeichnet wird, ergibt sich eine Verbindung zum ästhetisch-politischen Eklat. Beiden gemeinsam ist die revolutionäre Konnotation, die der Katastrophe, des Knalls, der erdbebenartigen 'Erschütterung', als welche die Französische Revolution einst beschrieben wurde. Victor Hugo verstand sich um 1830 als Sohn und Künder der Revolution, vor allem in seiner Tätigkeit als Dramatiker. Daß es dabei natürlich auch um Form und Inhalt der Stücke ging, aber noch mehr um die öffentlichen Auseinandersetzungen Hugos mit den Behörden, ja mit der Regierung, über Aufführungen und Verbote seiner Stücke, sowie um Hugos geschickte Politisierung von Aufführungsfragen, macht erstmals in vollem Umfang Thomas Bremers Studie deutlich. Wenn Büchner sich zur Übersetzung zweier heute obskurer (und schon damals oft für minderwertig gehaltener) Stücke Hugos bereitfand, muß dies also nicht unbedingt aus Geldnot erklärt werden, und auch nicht einmal ausschließlich aus ästhetischem und inhaltlichem Interesse. Zwar konnte Büchner sich von der Prosaform der beiden Tragödien *Lucrèce Borgia* und *Marie Tudor* und vom 'Volk' als Handlungsträger durchaus angesprochen fühlen - ein klarer Bruch mit Klassizismus und Idealismus und eine realistische Neuerung ganz in seinem Sinn. Doch wäre es, so Bremer, nicht von der Hand zu weisen, daß Büchner mit seiner sorgfältigen Übersetzung dem 'Politiker' Hugo, der sich inzwischen, und ja gerade durch seine Tätigeit als Dramatiker, spektakulär gegen die Julimonarchie gewendet und einen europäischen Ruf als oppositioneller Schriftsteller erworben hatte, in Deutschland Solidarität erweisen wollte. Damit hätte die Übersetzung eine ähnliche öffentlich-demonstrative Funktion wie die Werke in ihrem Aufführungskontext. Diese Überlegung wird dadurch gestützt, daß die Hugo-Ausgabe, in deren Rahmen Büchners Übersetzungen erschienen, deutlich den Charakter eines oppositionellen, nämlich jungdeutschen Projekts trug. Ob Büchner eine eklatant politische Wirkung auch für seine eigene Tätigkeit als Dramatiker erhoffte, muß dagegen reine Spekulation bleiben. Wegen der unvergleichbar strengeren deut-

---

1 Vgl. S. 73-80 u. S. 131-142 des vorliegenden Bandes, bes. S. 75-77 u. 136f.
2 Vgl. bes. Zit. S. 74f. u. Zit./Kommentar S. 133f.

schen Zensur und wegen der Abwesenheit einer - für einen politischen Theater-Eklat notwendigen - hauptstädtischen Bühne und Zentralregierung wären seine Möglichkeiten diesbezüglich auch beschränkt gewesen.

Wenn Hugo es nach 1830 über Zensurfragen immer wieder zum Knall kommen läßt, signalisiert er den Sprengstoff, der auch die Julimonarchie eines Tages hinwegfegen kann und wird. Genau dieser 'skandalöse' Verweis auf die nicht abgeschlossene, jederzeit wieder ausbruchsfähige Revolution steckt auch in dem Gemälde, das als 'Ikone' der Revolution schlechthin gilt: Delacroix' *La Liberté guidant le peuple*. David Bellos zeigt, daß das Werk bei seiner ersten Ausstellung im Jahr 1831 keineswegs als die Glorifizierung der bürgerlichen Julirevolution verstanden wurde, als die es aus heutiger Sicht erscheint und als die Louis Philippe, der das Bild für die französische Nation erwarb, es gern gesehen hätte. Die allegorische Figur der Freiheit, heute als 'reine' Allegorie aufgefaßt, hatte für die zeitgenössischen Betrachter nämlich eindeutig proletarische, ja ordinäre Züge, und das Volk auf der Barrikade, heute als Allegorie auf die revolutionäre Solidarität zwischen Bürgertum und Unterschicht mißverstanden, war deutlich nur aus Vertretern der Unterschicht zusammengesetzt. Beides geht z.B. aus Heines Kommentaren zu dem Gemälde hervor. Nach Bellos standen den Zeitgenossen so zwei Interpretationen offen: entweder eine konservative, die das Bild als Darstellung der gewaltsamen und pöbelhaften Aspekte des Republikanismus sah, oder eine republikanische, die in ihm eine Erinnerung an uneingelöste revolutionäre Forderungen erblickte. In jedem Fall war das Monumentalwerk für das Regime ein Ärgernis, und es wurde für Jahre dem Blick der Öffentlichkeit entzogen, was seinen Ruf als 'gefährliches' Bild verstärkte. Als es 1863 schließlich wieder ausgestellt wurde, hatte Delacroix die ursprünglich republikanisch-rote Kopfbedeckung der *Liberté* braun übermalt, obwohl das Bild durch Reproduktionen längst zum Aushängeschild der politischen Linken geworden war. Mit weiter zunehmendem Abstand von Ikonographie und Gesellschaft der dreißiger Jahre entgingen den Betrachtern seit dem späteren 19. Jahrhundert dann die spezifischen sozialrevolutionären Konnotationen. Deshalb ist es interessant, wenn eine irische Briefmarke hundertfünfzig Jahre nach Entstehen von Delacroix' *Liberté* vielleicht unbewußt auf den ursprünglichen provokativen Gehalt des Gemäldes zurückgreift. Eda Sagarra zeigt, daß der Schöpfer der Gedenkmarke von 1979, die den hundertsten Geburtstag eines nationalen Märtyrers feiert, den Charakter seiner Schöpfung als 'nationales Monument' genauso unterläuft wie Delacroix. Äußerlich scheinen zwar wichtige Embleme des irischen Nationalismus vereint zu sein - der asketisch-düstere Kopf des 1916 von den Briten hingerichteten Patrick Pearse; die nationale Kultstätte, nämlich das am Beginn des antibritischen Aufstandes gestürmte Hauptpostamt von Dublin; die grün-weiß-orange Trikolore. Diese wird allerdings nicht von Hibernia geschwungen, der mädchenhaften, passiven Repräsentationsfigur Irlands, die in diesem Kontext zu erwarten wäre, sondern von der voranstürmenden (wenn auch etwas züchtiger als bei Delacroix gezeichneten) *Liberté*. Sagarra interpretiert den starren, an der weiblichen Figur vorbeigehenden Blick des Helden, dessen Profil Züge faschistischer Ästhetik zeigt, als Schlüssel zu dem Delacroix-Zitat: Irlands wahre 'nationale' Revolution, verkörpert durch *Liberté*, stehe noch aus, aber sie bedeute alles andere als eine Fortsetzung nationalistischer, maskuliner Kriegs- und Blutmythen. In etwas so scheinbar Belanglosem wie einer Briefmarke zeige sich also die immer noch bestehende europäische Aktualität der Vormärz-Kunst. Eine große Umwälzung der traditionsgebundenen irischen Gesellschaft habe seit den 1980er Jahren auch tatsächlich stattgefunden, nicht zuletzt durch Europäisierung und Frauenemanzipation.

Judith Purvers ergänzende Erläuterungen zu Hugo und Büchner weisen auf den Beginn dessen hin, was sich im 19. Jahrhundert als zentraler ästhetischer Strang der europäischen Moderne ausbildet: der Realismus. Die Forderung, die um 1830 aufkam, nämlich daß der Künstler die Welt so darzustellen habe, wie sie sei, nicht wie sie sein solle, ist zu der Zeit in jeder Hinsicht revolutionär: Philosophisch geht sie mit dezidiertem Anti-Idealismus einher, politisch mit Engagement für die Menschenrechte, sozial mit Einfühlung in die Lage der Unterprivilegierten. Purver weist auf die Affinitäten zwischen Hugo und Büchner hin, die sich aus ihrer realistischen Grundeinstellung ergeben, vor allem aber auf die fast wörtlichen Parallelen in ihrem ästhetischen 'Programm' (Hugos Vorrede zu *Cromwell*, Büchners briefliche Äußerungen zu *Danton* und ihr Echo im 'Kunstgespräch' in *Lenz*). Während Hugo und Büchner gemeinsam auf das große Vorbild Shakespeare zurückgreifen, Büchner auch auf den Realismus des Sturm und Drang, beziehen sich spätere Autoren auf den Vormärz als Wegbereiter einer inzwischen selbstreflexiven Moderne des 19. Jahrhunderts. Büchner wird bekanntlich von den Naturalisten 'entdeckt'; im europäischen Kontext aber spielt die Heine-Rezeption bei der Formulierung moderner Prämissen eine zentrale Rolle. Dieser gelten die beiden abschließenden Beiträge von Lothar Schneider und Martina Lauster.

Höchst interessant ist, daß die 'romantische' Subjektivität Heines, die – wie Michael Perraudin in Teil I aufzeigt – einem realistischen Einfühlungsvermögen entgegensteht[3], von Realisten geradezu als Medium der illusionslosen Weltsicht aufgefaßt werden kann. Die Subjektivität Heines gilt dann als Zeichen der Ehrlichkeit, mit der das 'Wahre und Vorhandene' sichtbar gemacht wird. Wilhelm Bölsche ist als Programmatiker der naturalistischen Ästhetik bekannt. Daß seine Ästhetik aber parallel zu einer groß angelegten Heine-Studie (1886-88) entstand, ist kein Gemeinplatz. Schneiders Beitrag weist nicht nur auf die Bedeutung Heines für den Naturalismus hin, sondern auch auf die moderne poetologische Geltung von Bölsches Heine-Interpretation. Sie beruht auf der Prämisse, daß moderne Literatur sich auf philosophische Reflexion und Analyse der Wirklichkeit gründet. Als die wichtigsten stilistischen Grundzüge Heines werden genannt: 'Prägnanz' ("Bilder von schneidender Wahrheit"); konzentrierte 'Extrakte', nicht unmittelbare 'Aus-

---

3 Vgl. bes. S. 53-55 des vorliegenden Bandes.

flüsse' des Erlebten; freie Sprache und Rhythmen, die an Ungebundenheit gewinnen, je schärfer der philosophische oder analytische Leitgedanke ist; schließlich Witz – die Schwebe zwischen Erhabenheit und Humor, die Abkürzung und 'kühne' Kombination. Heines Witz, sprachliche Meisterschaft, philosophische Leistung und moderne Bedeutung werden auch in zwei Aufsätzen gewürdigt, die von europäischem Rang sind und die der Studie Bölsches zeitlich weit vorausliegen: Es sind die Heine-Essays George Eliots (1856) und Matthew Arnolds (1863), mit denen sich Lauster beschäftigt. Daß ein positives Bild des Modernen Heine im nachrevolutionären und Bismarckschen Deutschland der 1850er bis 70er Jahre nicht entstand, überrascht wenig. Daß es ausgerechnet im viktorianischen England entstehen konnte, mag seltsam erscheinen, ist jedoch kein Zufall: Seit Mitte der vierziger Jahre – und ohne Unterbrechung durch eine gescheiterte Revolution – findet unter der britischen Intelligenz das statt, was man den 'moralisch-philosophischen Vormärz' nennen könnte. Das puritanisch geprägte Britannien erlebt ab 1850 die volle öffentliche Brisanz des theologischen 'Himmelssturms', der in Deutschland und Frankreich in den dreißiger und vierziger Jahren stattgefunden hatte. Erst in diesem antiidealistischen Kontext wird Heine von britischen Kritikern ganz akzeptiert, und gerade in diesem Kontext wird er zutiefst verstanden und zur Leitfigur erklärt. Sowohl Eliot als auch Arnold entdecken die kulturrevolutionäre Tiefenschicht von Heines Werk und ihre Einheit mit seinem unverwechselbaren Stil. Daß revolutionäres Denken und witziger Stil praktisch ein und dasselbe sind, macht Heine für Eliot und Arnold an sich schon zum modernen Klassiker; daß seine philosophisch-dichterische Statur aber auch eine notwendig kosmopolitische ist, macht sie für die beiden scharfen Kritiker britischer Insularität um so attraktiver. Eliot charakterisiert Heine vorurteilslos als heiteren Zerstörer, als einen Virtuosen des subversiven Witzes, der durch plötzliche Kontraste des Erhabenen mit dem Banalen oder des Christlichen mit dem Antiken, sowie durch gewagte Kombinationen des Heiligen mit dem Sinnlichen, ständig die Grundlagen der jüdisch-christlichen Zivilisation erschüttert. Den ungezügelten Witz beschreibt sie als wesentlich noch in Heines deistischer Phase. Außerdem besitzt sie ein feines Sensorium für die Nuancen von Heines Hellenismus. Was Nietzsche, selbst Bewunderer Heines, später als 'apollinische' und 'dionysische' Antike bezeichnet, arbeitet Eliot implizit als Spielraum von Heines Sensualismus heraus. Arnold dagegen geht es um die positive Leistung Heines als Kulturtheoretiker und um den Nutzen seiner Leistung für eine Modernisierung der protestantischen Kultur. Arnold ist Heine zwar tief verpflichtet: Er übernimmt das Konzept des Kampfes zwischen Spiritualismus und Sensualismus (in großem Umfang dann im Kapitel *Hebraism and Hellenism* der epochemachenden Schrift *Culture and Anarchy*, 1869). Trotzdem kommt er letztlich zu einer moralischen Verurteilung Heines. Mit Arnolds Absicht einer praktischen Ethik läßt sich die Ironie des 'irdischen Aristophanes' einfach nicht vereinbaren.

Um abschließend Thomas Bremers Überlegungen zur europäischen 'Periodisierung' aufzugreifen: Die Zeit um 1830 bedeutet nicht nur einen Einschnitt in der Ästhetik (die "Julirevolution in der Literatur", von der Hans-Robert Jauss in den sechziger Jahren sprach), sondern auch einen Einschnitt im Verhältnis der literarischen Öffentlichkeit zur politischen. Ob ein politisches System nach 1830 ein reaktionäres oder reformiertes ist, spielt keine Rolle: Die literarische Intelligenz, eine neue Klasse von Berufsschriftstellern, tendiert so oder so zur Opposition. Am Typus des kritischen Intellektuellen erkennt sich seither die literarische Moderne. Ist es dann noch verwunderlich, daß die deutschen Naturalisten im Jungen Deutschland ihren unmittelbaren Vorgänger und den Endpunkt bisheriger Literaturgeschichte sahen, als ob es gute vier Jahrzehnte meist systemkonformer, idealisierender 'realistischer' Literatur einfach nicht gegeben hätte?

Summary

Some of the contributions assembled here are closely connected to comments pertaining to poetological aspects in section II. The three main areas of concern are thought patterns or styles which are used to capture modernity since the French Revolution, as well as the ways in which these aesthetic phenomena are necessarily linked to modes of reading and viewing and to the political public sphere.

The revolution of time-consciousness is most clearly expressed in the thought pattern of 'acceleration', to be found, above all, in journalistic prose from the last decade of the eighteenth century onwards. German contemporaries, however, are reluctant to face the phenomenon, let alone the experience of accelerated time, as Ingrid Oesterle's interpretation of late eighteenth and early nineteenth-century German reports on Paris shows. Among German writers, Ludwig Börne is the first to display openness towards the tempo and the sense of the present which are characteristic of metropolitan life. Taking Börne as their example, both Ingrid Oesterle and Harald Schmidt demonstrate how 'acceleration' develops into a model of writing, or of the distribution of written materials respectively, which remains valid for at least two generations of *Vormärz* authors. Although Börne, in his view of Paris as a 'book', for example, adopts the traditional perspective and the encyclopaedic style of German scholars, his achievement in valuing the phenomenon of the city in positive terms is of decisive significance for the development of German publishing. Moreover, his approach of the metropolis as a decipherable text anticipates development in modern European city literature. To him, the constant nervous excitement and the discontinuity of impressions caused by city life do not act as obstacles, but as the very incentive to writing, as Oesterle shows. The new journalistic genre created by him well and truly becomes a substitute, among Young German authors, for the metropolitan ambiance Germany does not offer them. Schmidt, on the other hand, focuses his attention on the fact that Börne and, in his wake, Young Germans such as Mundt adopt a much older thought pattern than that of 'acceleration', i.e. the post-Renaissance one of 'autonomous circulation', relating it to the circulation of ideas through journals. True, the metaphor of the circulation of ideas, clearly alluding to the circulation of money and thus pointing to the intricate relationship between the literary market and the bourgeois public sphere, was not new; it had emerged during the Enlightenment. However, by linking the notion to that of 'acceleration' through daily papers, Börne manages not only to dynamize it, but also to revolutionize it by broadening the scope of the knowledge distributed, and of the reading public, to include the lower ranks of society. Democratic optimism of this kind is absent from the comments made by Mundt who, writing only a decade and a half after Börne, already deplores the rise of the 'literary industry', especially that of penny magazines and translation factories, without, of course, abandoning the dynamic concept of the circulation of ideas. In contrast to Hans Blumenberg's suggestion that the imagery of the circle implies a protest against the spirit of the modern age, Schmidt thus succeeds in demonstrating that the notion of 'Ideenzirkulation', especially in its radicalized Young German variant, is by no means incompatible with the modern conception of history as a linear process of progress. This conception is in turn, and most appropriately, expressed in the thought pattern of 'linearity' to which *Vormärz* contemporaries frequently have recourse when describing the railway – see Wülfing's and Beutner's contributions to previous parts of this volume.[4]

Wülfing's and Beutner's comments on and quoted examples of the term 'Ereigniß'[5], used by writers of the period to signify the 'event' of the first appearance of railways, and the public stir they caused, have some relevance for a subject discussed in the present section, i.e. that of the politico-aesthetic sensation or 'éclat'. What both phenomena have in common is a revolutionary connotation: that of disaster, of an explosion or an earthquake-like 'tremor'; once common images of the French Revolution. Around 1830 Victor Hugo saw himself, particularly with regard to his activities as a dramatist, as son and prophet of the Revolution. This was of course reflected in the form and content of his plays, but even more so, as Thomas Bremer fully makes clear for the first time, in the public altercations between Hugo and the authorities, even the government, over performances or the banning of his plays, and in Hugo's clever political exploitation of performance-related issues. This context may also shed some new light on Büchner's translation, often thought to have been undertaken purely for financial reasons, of two Hugo plays which are now little known and were seen as inferior even by many contemporaries. Büchner may well have been genuinely attracted by the fact that both tragedies, *Lucrèce Borgia* and *Marie Tudor*, were written in prose rather than verse, and that the action is carried by 'the people' in one

4 Cf. pp. 73-80 and 131-142 of the present volume, esp. pp. 75-77 and 136f.

5 Cf. esp. quotation p. 74f. and quotation/commentary p. 133f.

of them – a clear break with Classicism and Idealism, and thus a realistic innovation of the kind he himself advocated. He may, however, have been motivated by more than an interest in the form and content of the plays, Bremer suggests. It is perfectly conceivable that Büchner's conscientiously accurate translation was intended as a German declaration of solidarity with Hugo the 'politician' who had, precisely through his activities as a dramatist, spectacularly withdrawn his loyalty from the July Monarchy and acquired a European reputation as an oppositional writer. Seen in this light, Büchner's translation would have the character of a demonstrative public gesture, not dissimilar to that of the works translated. This consideration is supported by the fact that the German edition of Hugo's works which Büchner's translations formed part of was clearly an 'oppositional', Young German project. The question, however, as to whether Büchner as a dramatist was hoping to achieve a politically notorious function comparable to Hugo's, has to remain entirely a matter of speculation. Given the immensely more severe practices of German censorship, and the lack of a metropolitan stage or central government, both essential to a politico-theatrical sensation, his chances in this respect would have been limited anyway.

By repeatedly allowing disputes over censorship to escalate to the point of an 'éclat', Hugo after 1830 signals the explosive potential that may – and indeed will – one day blow up the July Monarchy as it did the system of Restoration. It is precisely this 'scandalous' hint at the unfinished nature of the Revolution, and at the inevitability of its renewed outbreak, that is also inherent in a painting which is thought to be the very icon of Revolution: Delacroix's *La liberté guidant le peuple*. As David Bellos points out, when the work was first exhibited in 1831 it was by no means seen as the glorification of the bourgeois July Revolution that today's viewers see in it, and that King Louis Philippe, who bought it for the French nation, would have liked to see in it. For in the eyes of contemporaries the allegorical figure of Liberty, interpreted today as 'pure' allegory, was clearly represented as a woman of proletarian, even vulgar appearance, and there was no doubt that 'the people' on the barricade, misread today as an allegory of the revolutionary solidarity between bourgeoisie and working class, was composed solely from the lower classes. Heine's comments on the painting, for example, testify to these contemporary views. According to Bellos, there were thus two ways in which the public could interpret the painting: a conservative one which saw it as a representation of the violent and plebeian aspects of republicanism, and a republican one which saw it as a reminder of the unrealized aims of the revolution. Either way, the monumental picture was an embarrassment for the régime and therefore withdrawn from the gaze of the public for many years, a fact which increased its reputation as a 'dangerous' work. When it was finally exhibited again in 1863, Delacroix had overpainted the original Republican red of Liberty's bonnet with brown, although the picture, in the form of reproductions, had long been appropriated by the political

Left. From the later nineteenth century on, as the distance from the society and iconography of the 1830s became too vast, the painting's specific social-revolutionary connotations were lost. It is therefore interesting to note that an Irish postage stamp, issued 150 years after the painting's completion, relates, perhaps unconsciously, to its original, provocative message. It becomes clear from Eda Sagarra's interpretation that the designer of the commemorative stamp of 1979, just like Delacroix, subverts his own work's character as a 'national monument', created to celebrate the centenary of Patrick Pearse's birth. At first glance the stamp shows important emblems of Irish nationalism, such as the sombre, ascetic head of Pearse, a martyr of the 1916 uprising, executed by the British; the 'national altar', Dublin's General Post Office, stormed at the beginning of the uprising; the green-white-and-orange tricolour. However, this is not held up by Ireland's symbol figure, – the passive maid Hibernia one would expect in this context, – but by Delacroix's conquering *Liberté*, even if she is portrayed rather more decorously than in the original. Sagarra sees the key to the interpretation of these disparate elements in the fact that the hero's eyes stare past the female figure, and that his profile shows elements of fascist aesthetics. The message is thus that Ireland's true 'national' revolution is yet outstanding, but that it involves the exact opposite of perpetuating nationalist, masculine myths of blood and war. Something as apparently banal as a stamp may thus show the lasting European significance of *Vormärz* art. Besides, Sagarra argues, traditional Ireland did undergo a period of fundamental change, a true process of social revolution, in the 1980s, not least thanks to Europeanization and the emancipation of women.

Judith Purver's supplementary comments on Hugo and Büchner point to the beginning of what was to become a central strand within European nineteenth-century modernism: Realism. Emerging around 1830, the postulate that artists must depict the world as it is, not as it should be, was a revolutionary one in every respect. Philosophically, it went hand in hand with resolute anti-Idealism; politically, with a commitment to human rights; socially, with empathy for the situation of the underprivileged. Purver points to the affinities between Hugo and Büchner resulting from their Realist conviction, and particularly to the almost verbatim parallels of their respective aesthetic 'programmes' (Hugo's Preface to *Cromwell*, Büchner's comments on *Danton*, echoed in the conversation about art in *Lenz*). While both Hugo and Büchner regard Shakespeare as their great model, and Büchner also the realism of the *Sturm und Drang*, later authors come to regard the *Vormärz* as the precursor of their own, now consciously self-reflexive nineteenth-century modernism. As is well known, the German Naturalists 'discover' Büchner, whereas in a European context the reception of Heine plays a central role in the formulation of premisses of modernity. Heine reception between the mid-1850s and late 1880s is the subject of the two concluding contributions by Lothar Schneider and Martina Lauster.

What seems highly interesting is that Heine's 'Romantic' subjectivity, which, as Michael Perraudin shows in section I, acts as a barrier to any Realistic empathy[6], can be seen by later Realists as the very medium of a world-view free from illusion. They come to read the author's subjectivity as a sign of the utmost sincerity which is required to reveal reality and truth, or, in Bölsche's words, "das Wahre und Vorhandene". Bölsche is known as the deviser of an aesthetics of Naturalism, but the fact that *Die naturwissenschaftlichen Grundlagen der Poesie* was written parallel to a large-scale study of Heine (1886-88) is certainly not common knowledge. Schneider's contribution not only points to the significance of Heine for Naturalism, but also to the validity of Bölsche's interpretation of Heine in the context of modern poetology. Its premise is that modern writing must firmly be based on philosophical reflection and the analysis of reality. Among Heine's modern stylistic features the following are emphasized: 'pregnancy' ("Bilder von schneidender Wahrheit"); concentrated 'extracts' (rather than immediate 'outpourings') of experience; a freedom of language and rhythm which gains momentum the more incisive the governing idea or analysis may be; finally, wit: a hovering between sublimity and humour, the art of abbreviation and bold combination. Heine's wit, linguistic brilliance, philosophical achievement and modern significance are also appreciated in two essays of European standing which predate Bölsche's study considerably: George Eliot's of 1856 and Matthew Arnold's of 1863, the subjects of Lauster's contribution. The fact that a positive image of the modernist Heine did not arise in post-revolutionary and Bismarckian Germany of the 1850s-70s is hardly surprising. However, the fact that it emerged in Victorian England, of all countries, is not as odd as it may appear. Since the mid-1840s, and without the intellectual discontinuity caused by a failed 1848 revolution, a process had gone on among Britain's educated élite that could be described as a 'Vormärz' of philosophy and morality. A nation shaped by Puritanism experienced, from ca. 1850 onwards, the full public impact of the 'storming of Heaven' that had happened on the Continent during the 1830s and 40s. It was only in this anti-Idealist context that Heine could eventually be accepted by British critics, and precisely this context made them understand him most profoundly and see him as a model. Both Eliot and Arnold discover the substratum of cultural-revolutionary thought running through Heine's entire work, and the ways in which it is wedded to his unique style. The unity of revolutionary thought and witty style would suffice to make Heine a modern classic in Eliot's and Arnold's eyes, but the fact that his philosophical and literary stature is also that of a cosmopolitan makes it all the more attractive to them both, relentlessly critical as they are of British insularity. Eliot gives an unprejudiced portrait of Heine as the serene destroyer, the virtuoso of subversive wit, continually shattering the foundations of Judaeo-Christian civilization by suddenly pitching the sublime against the banal, or Christianity against Paganism,

---

6 Cf. esp. pp. 53-55 of the present volume.

as well as by daringly combining religion and sensuality, and she sees him essentially as a disrespectful wit even after his 'conversion' to deism. Moreover, Eliot is sensitive to the nuances of Heine's Hellenism, identifying an 'Apollonian' and a 'Dionysian' pole of his sensualism, without using these terms later introduced by Nietzsche, another great admirer of Heine. Arnold, on the other hand, is concerned with Heine's positive achievement as a theorist of culture, and with the application of his theory to the task of modernizing Protestant culture. Although Arnold is deeply indebted to Heine, adopting his concept of the struggle between spiritualism and sensualism (on a grand scale in the *Hebraism and Hellenism* chapter of *Culture and Anarchy*, his most seminal work), he is ultimately unable to resist a moral condemnation of Heine. The irony of the 'earthly Aristophanes' is simply not compatible with Arnold's intention to develop a practical ethic.

To take up finally Thomas Bremer's considerations on the significance of '1830' for the history of European literature, the contributions to this section show that the period surrounding the July Revolution not only marks a clear change in aesthetics (the "Julirevolution in der Literatur" which Hans-Robert Jauss wrote about in the 1960s), but also one in the relationship between the literary and the political public sphere. After 1830 the literary élite, a new class of professional writers, tends to be in opposition to the régime, no matter whether it is a reactionary or a reformed one. Literary modernism has seen itself typified in the character of the critical intellectual ever since. Is it so surprising, then, that the German Naturalists saw Young Germany as their immediate predecessor, and as the point where previous literary history broke off, as if a good four decades of German 'Realist' writing, most of it of an idealizing kind and unchallenging to the status quo, had simply not existed?

Martina Lauster

Ingrid Oesterle

Bewegung und Metropole

Ludwig Börne, "der gegenwärtigste aller Menschen, die sich je in den Straßen von Paris herumgetrieben haben"?

1. Topologie: Stadt - Wissen - Gedächtnis

Schon lange vor der Französischen Revolution war die große Stadt Paris anerkannt als Sitz der Künste und Wissenschaften, der Mode und Kunst, als Schule der Menschenkenntnis, der Benehmensformen und sozialer Verhaltensweisen. Sie galt zugleich als Sammelpunkt der Laster, Ort der Sinnlichkeit und Verführung. Noch aber war die große Stadt primär räumlich gedacht. Im Bewußtsein des Fremden, Reisenden und Besuchers war sie lediglich Herberge, Sitz und Sammelort eines statischen, raum- und personengebundenen Wissens und kein sozial und kulturell dynamischer Bildungsraum. Sie war vorrangig - räumliche Vorstellungen überwogen in den Bestimmungsversuchen - ein Platz der Ansammlung vieler, auch berühmter Gebäude und vieler, auch berühmter Menschen, die Wissen speicherten und über die wiederum Kenntnisse gesammelt und im Gedächtnis abgelagert wurden.

Im Laufe des 18. Jahrhunderts wurde Paris zum sozialen Zentrum eines in dynamische Bewegung geratenden, kommunizierenden Denkens, Schreibens, Sprechens und geselligen Lebensverhaltens. Die Formen der Kunst und der Gelehrsamkeit, der Information und des Verhaltens, der Sprache und der Wahrnehmung begannen sich im Kontext der großen Stadt zu verändern. Mit Merciers *Tableau de Paris* entstand ein Bewußtsein der großen Stadt[1], das über mehr als ein Jahrhundert hinweg durch einen eigenen innerstädtischen Diskurs in Literatur und Bildern[2] ständig ausgestaltet und fortgebildet wurde. Die schreibenden oder lesenden Gebildeten in Deutschland, ob sie nun reisten oder daheimblieben, kannten dieses literarische Paris aus der Sicht seiner Einwohner und schrieben, beschrieben und dichteten es auf ihre Weise, vermehrt um die Berichte von Fremden und Reisenden, als Wunsch- oder Schreckensort fort.[3]

---

1 Vgl. Karlheinz Stierle, *Der Mythos von Paris. Zeichen und Bewußtsein einer Stadt*, München 1993, S. 105f.

2 Vgl. Klaus Herding, *'Inversionen'. Antikenkritik in der Karikatur des 19. Jahrhunderts*, in: ders. / Gunter Otto (Hgg.), *'Nervöse Auffangsorgane des inneren und äußeren Lebens'. Karikaturen*, Gießen 1980, S. 154f.

3 Von Weimar aus gesehen, schrieb Goethe (*Reise in die Schweiz 1797*, 19. Aug. 1797), lag "Paris immer nur in einer Ferne, [...] wie ein blauer Berg [...], an dem das Auge we-

Auf Dauer blieb daher die sinnliche Verführung nicht der einzige Widersacher von Kunst und Wissenschaft in der großen Stadt. Je stärker die Raumbestimmtheit der Stadt mit ihren statischen Ordnungen aus dem Bewußtsein von Stadt zurücktrat und die Stadt als sozialer Körper eines durch Bewegung gekennzeichneten kulturellen, gesellschaftlichen und politischen Lebens verstanden wurde, desto mehr wurde aus dem Ort kultureller Orientierung zugleich ein Ort individueller Desorientierung für den Fremden. Komplementär zur Entwicklung einer physiologischen Vorstellung der Stadt als Körper sensualisierte sich ihre Wahrnehmung. Überkommene Seh- und Merkverhaltensweisen wurden sensorisch unterlaufen. Zur Sinnlichkeitsverführung hinzu trat die Sinnesirritation.

Im Übergang von der Kavalierstour zur bürgerlichen Bildungsreise wurde mehr und mehr die städtische Reizung der Sinnesorgane zum Kontrahenten von Wissen und Bildung für den Fremden. Die ständige Sinnesalarmierung irritierte die sammelnde und ordnende Bestandsaufnahme der Berühmtheiten der Stadt und ihre Speicherung im Gedächtnis. Sie verstörte die empirisch distanzierte Erfahrung der großen Stadt durch das eigene Sehen, Beobachten, Hören. Die topographischen Beschreibungen der Stadt versagten gegenüber einer städtischen Lebensdynamik, die die Sinne allseitig und anhaltend beanspruchte. Anhand von drei Textbeispielen lassen sich diese Entwicklungen nachzeichnen, die es auch ermöglichen, erste Konsequenzen für die Literatur aufzuzeigen.

Zwei Jahre vor Ausbruch der Französischen Revolution charakterisierte Wilhelm von Archenholz, der spätere Herausgeber der von Paris aus erscheinenden Zeitschrift *Minerva*, die großen Städte Paris und London für ein bildungswilliges Publikum in Deutschland. Im Gegeneinander von Städtelob und -tadel trifft die alte, teils schon bei Herder überholte Vorstellung von Stadt als Ort versammelten Wissens und Aufenthaltsort von Gelehrten und Künstlern auf die neue Irritation, die Reizflut städtischen Lebens:

> Sind gleich beide Städte der Hauptsitz zweyer mächtiger Nationen, die in der Cultur des Geistes unter allen Völkern der Erde obenan stehen; sind sie gleich seit vielen Zeitaltern der Sitz von gelehrten Societäten; der Sammelplatz der vortrefflichsten Philosophen, Dichter, Redner und Künstler aller Art; der Wohnsitz erleuchteter Gesetzgeber und Staatsmänner; der Tummelplatz so vieler Literatoren, die allen menschlichen Kenntnissen nachgrübeln, sie erweitern und sie sodann der Welt mitteilen: so ist es aber auch auf der anderen Seite hier vorzüglich, daß die Menge der anziehenden Gegenstände nur flüchtige Blicke, allein kein tiefes Eindringen erlaubt, wo zahllose Ergötzlichkeiten den edelsten Teil der Zeit rauben; wo die beständig abwechselnden Zerstreuungen die Besonnenheit schwächen und wo durch das Getöse so vieler tausend sich durchkreuzenden Stimmen und Töne die Aufmerksam-

---

nig [erkannte], dafür aber [...] Imagination und Leidenschaft desto wirksamer" zu sein vermochten. Schiller plante im Anschluß an seine ausgedehnten Parisstudien bei Mercier, Schulz und Rétif de la Bretonne ein Parisdrama mit dem Titel *Die Polizei*.

> keit zwar immer gespannt wird, die spielende Phantasie sich nährt, das Gedächtniß aber erschlafft, und der forschende, abstrahierende Verstand einschläft.[4]

Offensichtlich werden hier Bildung und Kultur lokalisiert und in Raumbegriffen an die Stadt gebunden; doch scheint der Begriff 'Bildung' diesem Kontext fremd; ihm angemessen ist 'Wissen', 'Kenntnis'. Im Nacheinander der verschiedenen Ortsbezeichnungen von "Sitz", "Sammelplatz", "Wohnsitz" bis hin zu "Tummelplatz" wird ein soziales Gefälle unter den Wissens-'räumen' sichtbar; es reicht von den Institutionen über die Gelehrten und Künstler zu den Politikern bis hinab zu den Literaten. Nur die Ortsbenennung der letztplazierten, der "Literatoren", deutet pejorativ auf Bewegung: "Tummelplatz". Nur die Literaten bedürfen eines genaueren Ausweises durch ihre Tätigkeiten. Ihr Verdienst ist die Erweiterung und Mitteilung von Kenntnissen, jedoch nicht eine überbietende Innovation des Bekannten durch neue Erkenntnisse. Noch ist Wissen ohne historische Zeit, futuristische Dimension und soziale Dynamik, allein räumlich-statisch gedacht, als Erweiterung, Speicherung, Besitz und Ansammlung. Denn auch die "Literatoren" teilen die erweiterten Kenntnisse lediglich zu dem Zwecke mit, daß sie wiederum zur Kenntnis genommen und sodann im Gedächtnis aufbewahrt werden; eine Art Schatzbildnerei wird betrieben - ohne Kommunikation, Diskussion, Kritik, Räsonnement. Zwar ist die Befürchtung unüberhörbar, die überkommenen Merksysteme könnten sich erschöpfen, die Speicherkapazität des Gedächtnisses verlöre durch eine ständig gespannte Aufmerksamkeit Energie und das Gedächtnis drohe zu erschlaffen. Das Fassungsvermögen von Gedächtnis und Verstand zeigt Grenzen. Aber noch wird die Mitteilung nicht dynamisch im Kommunikationsfluß der Stadt gedacht, wie es Mercier sechs Jahre vor Archenholz aus der Binnensicht des Städters entwickelt hatte. Täglich, so hatte Mercier behauptet, speise sich die französische Sprache aus einem "unversiegbaren Wortstrom"; er durchflute alles: von "der rauchigen Tabakstube" an über die "golden stuckierten Salons", bis zur "Straße" und schließlich zur Zeitungspresse.[5] Bildprägend für die Bewegungsvorstellung sind die Naturmetaphern des Stroms, des Fließens. Schon Herder war die Dynamik des sprachlichen und literarischen Kommunikationsraums Stadt an "Ton, Anstand, Geschwindigkeit, Wendung" des Französischen bewußt geworden; zugleich damit aber auch seine eigene, muttersprachlich bedingte, deutsche "Langsamkeit".[6] In Paris werde, lobte Rahel Varnhagen später, die Sprache "durch alle Geselligkeitsröhren getrieben."[7] Daß "ein beständiger

4 Wilhelm von Archenholz, *England und Italien* 1, 2. Aufl., Leipzig 1787, S. 182f.

5 Louis Sébastien Mercier, *Paris am Vorabend der Revolution*, hg. v. Günter Metken, Stuttgart 1967, S. 8.

6 Johann Gottfried Herder, *Journal meiner Reise im Jahr 1769*, in: ders., *Werke* 1, hg. v. Wolfgang Pross, München 1984, S. 441.

7 Friedhelm Kemp (Hg.), *Rahel Varnhagen und ihre Zeit (Briefe 1800-1833)*, München 1968, S.109.

Überfluß von vielen Schriften und Vergnügen" hier das Neue anstelle des Wahren inthronisiere, das Vorübergehende anstelle des Dauernden, hatte dagegen schon Herder bedacht. Dadurch werde "nichts als Veränderung zur Haupttugend" der Literatur.[8] Noch fehlt diesen Autoren der Begriff der Öffentlichkeit, der den Umlauf der Ideen, des Wissens, der Sprache in den Formen der Kommunikation erfaßt: der Debatte, der Polemik, der Salon- und Caféhausunterhaltung, der Literatur, des Theaters, der Presse, der Broschüren.

2. Bewegungszusammenhang große Stadt: Ideen - Menge - Geschichte

Mitten im revolutionären Paris vergegenwärtigt Georg Forster in seinen *Parisischen Umrissen* von 1794 Begriffsbildung, Entstehungsbedingungen und Entwicklungsetappen der öffentlichen Meinung im Zusammenhang mit dem Revolutionsverlauf. Öffentlichkeit ist danach ohne städtischen Kontext undenkbar.

Die große Stadt 'konzentriere' eine "Masse von Kenntnissen, Geschmack, Witz und Einbildungskraft". Sie befördere "die ungezwungene Mischung in Gesellschaften", den "Umlauf" freiheitlicher politischer "Ideen"[9] und "wichtiger Vernunftwahrheiten".[10] Im Unterschied zu anderen Städten gebe jedoch "Paris [...] den Ton an, nicht bloß wegen seiner Bevölkerung und Größe, sondern weil der Umlauf des Handels, der Ideen, der Menschen" andernorts weniger entwickelt sei.[11] Geld und Waren, Ideen und Menschen sind hier nicht nur in Masse versammelt. Nicht Quantität und Größe allein sind das Besondere dieser Metropole, sondern die Tatsache, daß hier gleichermaßen das ökonomische, geistige und soziale Leben in unaufhörlicher Bewegung begriffen ist. Vorgestellt wird die städtische Dynamisierung in einer bestimmten Bewegungsform. Es ist die des Umlaufs, der Zirkulation.[12] Gegen den Augenschein regelloser Anarchie und chaotischer Willkür wird damit für die Stadt und Revolution eine Ordnungs- und Zusammenhangsstiftung denkbar gemacht, die dem neuzeitlichen naturwissenschaftlichen Denken entstammt. Bewegung, so lautet die Botschaft, schafft die Gewähr für Ordnungen und Beziehungen neuer Art, wenn alte Systeme zusammenbrechen. Drei Revolutionen löste die Grundlegung des Bewegungsprinzips aus: die des Weltbildes mit der Berechnung des Planetenumlaufs, die des menschlichen Körperbildes mit dem Nachweis des Blutkreislaufs und die des Gesellschaftsbildes mit der

8 Herder (s. Fußnote 6), S. 433.

9 Georg Forster, *Parisische Umrisse*, in: *Forsters Werke in zwei Bänden* 1, hg. v. Gerhard Steiner, Berlin 1968, S. 226f.

10 Ebd., S. 242.

11 Ebd., S. 262.

12 Zur Bewegungsform des Umlaufs und der Zirkulation sowie zu ihrer Geschichte, speziell im Zusammenhang der Geschichte der Ideen und im Blick auf Georg Forster, vgl. den Aufsatz von Harald Schmidt im vorliegenden Band, S. 207-228.

Vorstellung des Waren- und Geldumlaufs.[13] Forster stellt die grundlegende Veränderung des Geschichtsbildes und des Revolutionsbegriffes in diese Reihe. Trotz Inkongruenzen werden die für unterschiedliche Wissensbereiche geltenden szientifischen Bewegungsmodelle generalisierend übertragen und derart zur Vorstellungsmöglichkeit eines Zusammenhanges des Geschichts- und Revolutionsverlaufs mit dem Volks-, Handels- und Ideenumlauf in der Stadt verfügbar gemacht. Entschieden und zukunftsweisend wird von der Naturmetaphorik übergegangen zum metaphorischen Gebrauch wissenschaftlicher Begriffe. Gleichsam unterschwellig bindet dieses metaphorische Verfahren des Begreifens, ebenso wie die essayistische Form des Denkens und Schreibens das Verständnis von Stadt, Geschichte und Revolution an den Bewegungsbegriff. Wie für den menschlichen Körper die Blutzirkulation lebensspendend ist, so garantieren ungehemmte Bewegung und freier Umlauf ein pulsierendes Leben des sozialen Körpers Stadt. Bewegung und Leben werden miteinander verstrebt. Ihre wechselweise Konnotation eröffnet ein affektiv besetztes Vorstellungsfeld von Paris, das bis zu Ludwig Börne und den Jungdeutschen und weit über sie hinausreicht. "Hier allein", schreibt Georg Forster, "ist Bewegung und Leben, hier Neuheit, Erfindung, Licht und Erkenntnis."[14] Die "rege Bewegung" in der Metropole, rühmt Wilhelm von Humboldt, schaffe einen einzigartigen Wirkungszusammenhang, ein In- und Durcheinanderwirken von "Menschen aus den verschiedensten Gegenden" und "mannigfaltige[n] Talente[n]".[15] Paris ist ein für Frankreich und Europa einzigartiger Kommunikationsmittelpunkt, Forster sagt: "Kommunikationspunkt".[16] Es ermögliche "Unabhängigkeit, [...] Übung und [...] Klarheit im Denken." An einem solchen "Lichtpunkt" der Aufklärung, wie Konrad Engelbert Oelsner die großen Städte charakterisiert hat, finde sich eine

> unglaubliche Tätigkeit, womit um Ideen geworben; womit Ideenkommerz getrieben wird. Kein Ort in der Welt, selbst London nicht, darf sich in dieser Hinsicht mit Paris messen. Neue Begriffe, Einfälle, Maximen, praktische Wahrheiten haben für die Neugier dieses geistreichen Volkes einen Reiz, den kein sinnliches Vergnügen aufwiegt. Ein gesunder Gedanke vervielfältigt sich hier im Hui wie der Blitz in einem Spiegelsaale. Man kann daher sagen: daß die französische Aufklärung durch Geschwindigkeit ersetze, was ihr an Masse fehlt.[17]

13 Zur Übertragung von William Harveys und Adam Smiths Zirkulationsmodellen auf die Stadt und deren Konsequenzen für Individualisierung und Stadtentwicklung vgl. Richard Sennett, *Fleisch und Stein. Der Körper und die Stadt in der westlichen Zivilisation*, Berlin 1995, S. 319f.

14 Forster (s. Fußnote 9), S. 262.

15 *Der Briefwechsel zwischen Friedrich Schiller und Wilhelm von Humboldt* 2, hg. v. Siegfried Seidel, Berlin 1962, S. 130.

16 Forster (s. Fußnote 9), S. 262.

17 Konrad Engelbert Oelsner, *Luzifer oder gereinigte Beiträge zur Geschichte der Französischen Revolution* 1, Zürich 1797, S. 6.

In der beschleunigten und ins Volk hineingetragenen Ideen- und "Geistes"-bewegung, der wechselseitigen Beschleunigung von Schrift und Zeit, erkennt Karl Gutzkow rückblickend den nahenden Ausbruch der Revolution:

> Die Bewegung der Geister wird schneller, behender. Man sieht die Ziele näher und, da sie in der Tat nur immer entfernter liegen, so überhastet man sich, die großen Geister kommen immer mehr unter das Volk, schon hört man ihren Athem [...], Schrift und Zeit beschleunigen sich wechselseitig, bis zuletzt die Eine über die Andere stürzt und alle sichere Form in ein ungeheures schreckhaftes Chaos auseinanderfließt.[18]

Es ist dieses "ungeheure schreckhafte Chaos", für das Forster mitten im Zentrum des Revolutionsgeschehens durch Einführung des Bewegungsbegriffs die Denkbarkeit eines zusammenhängenden Ablaufs geltend macht. Er begrenzt die Veränderungsmacht des In- und Durcheinanderwirkens des Wissens und seiner Spezialdiskurse, der Ideen, der Künste, der Waren, des Geldes, der Volksmenge, der verschiedenen Schichten, der Menschen verschiedener sozialer Herkunft, verschiedener Regionen und Länder, unterschiedlicher Begabungen und Fertigkeiten in der städtischen Dynamisierung, indem er eine weitere "bewegende Kraft" hinzusetzt. Sie "ist allerdings nichts rein Intellektuelles, nichts rein Vernünftiges: sie ist die rohe Kraft der Menge."[19] Der urbane Bewegungs- und Wirkungszusammenhang übersetzt sich durch diese historische Unbekannte in eine geschichtliche Bewegung, der menschheitsgeschichtliche Bedeutung zuerkannt wird. Es ist Forsters besondere Anstrengung, diese Übertragung in einer Phase der Revolution fortzuführen und sich vor Ort in Paris der menschheitsgeschichtlichen Fortschrittsgewißheit erneut zu versichern, nachdem sich die städtische Volksmenge politisch nicht mehr als geschichtliches Organ der aufklärenden Ideenbewegung fassen ließ.

Forster setzt zu diesem Zweck eine geschichtsphilosophische Verdichtung der Bewegungsmetropole fort, die deutsche Paris-Schriftsteller mit Revolutionsausbruch begonnen hatten und bis zu Heinrich Heine fortbildeten. Danach ist Paris für einen Schriftsteller ein einzigartiger zeitgeschichtlicher Standort, der zu geschichtlichem Orientierungswissen in der Gegenwart befähigt und geschichtliche Tendenzerkenntnis für die Zukunft freigibt. Der *"Geist der Gegenwart"* und *"die Zeichen der Zeit"* sind hier "zu enträtseln"[20], sagt Forster. Frankreich sei das "Zifferblatt Europas" wird Ludwig Börne rund ein Vierteljahrhundert später behaupten, an dem der Zeitsinn des Zeitschriftstellers erfasse, was historisch – auch für Deutschland – an der Zeit sei. Für Paris aber gelte:

---

18 Karl Gutzkow, *Über Goethe im Wendepunkt zweier Jahrhunderte*, in: ders., *Gesammelte Werke* 6, Frankfurt/M. 1845, S. 222.
19 Forster (s. Fußnote 9), S. 218f.
20 Ebd., S. 215.

> Nicht einem Strome, einem Wasserfalle gleicht hier das Leben; es fließt nicht, es stürzt mit betäubendem Geräusch. [...] Jeder Gedanke blühet hier schnell zur Empfindung hinauf, jede Empfindung reift schnell zum Genusse hinan; Geist, Herz und Sinn suchen und finden sich [...]. Paris ist der Telegraph der Vergangenheit, das Mikroskop der Gegenwart und das Fernrohr der Zukunft.[21]

Paris wird literarisch als ein Ort entworfen, an dem man angeblich mit eigenen Augen sehend und schreibend mitvollziehen kann, daß aus der Stadt eines einzigartigen Ideen-, Handels- und Volksbewegungszusammenhangs heraus die Revolution und über diese hinaus die Geschichte sich dynamisiert und die Menschheitsgeschichte Fortschritte macht. Auch im Alltagsleben kann man hier erfahren, daß sich die Zeit beschleunigt, die Raumdominanz abnimmt und die Entfernungen sich durch bessere Verkehrswege und schnellere Verkehrsmittel zeitlich verkürzen. Wahrnehmungs- und verhaltensmodellierend in der großen Stadt werden die raschen Wechsel, die ständige Veränderung, die schnelle Zeit und eine anhaltende Sinnesreizung. Sie tangieren selbst das Schreiben in der großen Stadt.

Demgegenüber fixiert das Räsonnement von Archenholz am Vorabend der Revolution eine statische Vorstellung von Wissen, Kenntnissen und Stadt, ja hier wird die noch fraglos geltende Wissensform gleichsam abgedichtet gegen das andrängende, reizvolle, rege Leben der Stadt. Das Auseinanderstrebende aber von alter städtischer Wissensbewahrung und neuer städtischer Wahrnehmungsweise wird in präzisen Begriffen erfaßt. Konstant kehren sie, samt ihren impliziten Oppositionsbegriffen, über Jahrzehnte hinweg in der Parisliteratur wieder. Statt der Eindringlichkeit von gelehrten Studien und ihrer Speicherung im Gedächtnis begünstigt die große Stadt die Flüchtigkeit der Wahrnehmung von Erscheinungen; anstelle sozialer Zurückhaltung fördert sie gesellige Unterhaltung. Sie gefährdet Sammlung und Besonnenheit und setzt dagegen Zerstreuung. Sie nimmt Ruhe und Stille und bietet sensorische Reize und Störungen. Sie schwächt die alten Instanzen des Wissens, das Gedächtnis und den "forschenden, abstrahierenden Verstand"[22], aber stärkt statt dessen Empfindung und Phantasie.

Die topologische Art des Denkens aber, für das alles seine Ordnung hat, wenn es seinen Ort hat, wird für deutsche Reisende in aller Deutlichkeit spätestens mit der Französischen Revolution durch die Verschränkung von städtischer Dynamik und in Bewegung geratener Geschichte herausgefordert. Von diesem Zeitpunkt an treten jene Gegensätze, die für die Gelehrsamkeit ebenso gelten wie für die Kunst, in ein neues Spannungsfeld. Sie verlagern sich aus dem Moralisch-Gesellschaftlichen ins Geschichtlich-Ästhetische. Sie brechen seitdem – variationsreich – immer wieder an dem auf, was nun end-

---

21 Ludwig Börne, *Schilderungen aus Paris*, in: ders., *Sämtliche Schriften* 2, hg. v. Inge und Peter Rippmann, Düsseldorf 1964, S. 15f. Im folgenden werden Zitate dieser Ausgabe im laufenden Text mit Band- und Seitenangabe zitiert.

22 Archenholz (s. Fußnote 4), S. 182.

gültig zum Charakteristikum der großen Stadt Paris wird: der großstädtischen Menge, der beschleunigten Bewegung und der von ihnen ausgehenden Sinnesreizung und -modellierung. Beide dynamischen Größen verschmelzen für die Deutschen zum eindrücklichen Bild bewegter Geschichte. Mitten unter Passanten, Käufern und Verkäufern auf den Straßen von Paris, einer, wie es bei Joachim Heinrich Campe heißt, in "steter Veränderung", ständigem Wechsel begriffenen "Menschenmenge", wird Bewegung körperlich fühlbar und für Augen und Ohren wahrnehmbar. Über das Sensorische setzt sie sich in der Bewegung der Empfindungen fort, überträgt sich auf die Bewegung des Schreibens und erreicht über den Brief als Mitteilungsform die Empfindungen der abwesenden Leser in Deutschland, die sympathetisch ebenfalls in Bewegung versetzt werden. In der Vorstellung der Metropole aber übersetzen sich pulsierendes Straßenleben und Dynamik der Stadt in das medizinische Bewegungsmodell des Blutkreislaufs: Das "Herz" des Stadtkörpers Paris und seiner "täglichen Volkszirkulation"[23] ist der Pont neuf.

In den Pariser Briefen Joachim Heinrich Campes, der unmittelbar nach Ausbruch der Französischen Revolution in die große Stadt Paris reiste, prallen überkommene Vorstellungs- und Verhaltensweisen und Neuheit der städtischen und politischen Bewegung gleich am Anfang aufeinander. Wahrnehmungsirritation und Schreibirritation verschränken sich. Campe will, wie gewohnt, zu schreiben beginnen und kann zunächst nur seine Schreibstörung beschreiben. Er habe sich, berichtet er, "aus dem wogenden Menschenstrom [...] herausgearbeitet" und versuche, "die zahllose Menge neuer Bilder, Vorstellungen und Empfindungen [...] in Ordnung zu bringen." Doch die herkömmlichen Formen des Erfassens der großen Stadt scheitern:

> Umsonst! Das Rauschen des Menschenstroms dringt durch Fenster, Türen und Wände [...], ruft meine Aufmerksamkeit von der Auseinandersetzung der eingesammelten Ideen- und Empfindungsmasse unaufhörlich ab, um das Chaos noch chaotischer zu machen.[24]

Die gestörte Aufmerksamkeit verstört die gewohnten Merkverhalten und Speicherungsvorgänge der beim Gang durch die Stadt über sie aufgelesenen und eingesammelten Merk- und Denkwürdigkeiten. (Auch sie freilich sind bei Campe bereits verändert. Sie tendieren als "Ideen- und Empfindungsmasse" in das Feld seelischer und geistiger Bewegung.) Unordnung, Massenhaftigkeit und Dynamik der Straße greifen auf die Ordnungsleistungen des Schreibens und Gedächtnisses über. Bisher hatte das Verhalten des Reisenden, der in großen Städten Wissens-, Vorstellungs- und Bildvorräte einsammelte, um sie dem Gedächtnis und seinen räumlichen Ordnungen zu überlassen, einer Korrespondenz zwischen Stadt- und Gedächtnisvorstellung entsprochen, denn beide, Stadt und Gedächtnis, folgen dem gleichen topologi-

---

23 Joachim Heinrich Campe, *Briefe aus Paris*, hg. v. Helmut König, Berlin 1961, S. 152f.
24 Ebd., S. 113.

schen Muster, das Ordnung und Orte verknüpft. In Campes erstem Pariser Brief bricht diese Korrespondenz explizit mit der Frage auf:

> Wie soll ich es anfangen, die äußeren Sinne zu verstopfen, um den inneren Zeit und Raum zu verschaffen, den schon eingesammelten zu großen Vorrat neuer Vorstellungen nur erst insoweit auseinanderzulegen, daß das Gedächtnis ihn in seine Fächer aufnehmen kann?[25]

Die Leistungsfähigkeit des Gedächtnisses wird angesichts der Qualität des Schreiborts Metropole und der Quantität des Aufzubewahrenden fraglich, mehr noch, das Gedächtnis selbst wird als Instanz der Aufbewahrung von 'eingesammelten Vorräten' anachronistisch. Schreiben will und kann nicht mehr Festschreiben, Festhalten, Einschreiben ins Gedächtnis sein. Wenn die Vorstellungen und Empfindungen in einen unaufhaltsam "kreisenden Wirbel" geraten sind, hört, so Campe, das Schreiben entweder ganz auf, oder es folgt den Empfindungen ohne "Ordnung" und "Zusammenhang".[26]

3. Bewegungsformen: Kommunikation und Brief

Als Form, die beweglich genug ist, Neuheit, Veränderung und Wechsel einzuholen, wählt Campe die "Unterhaltung".[27] Ihre literarische Gattung ist nach den damals jüngsten briefreformerischen Bestimmungen Gellerts die Kommunikationsform Brief. Er ist "die freie Nachahmung des guten Gesprächs".[28] In Briefform wird die Stadt nicht mehr als Wissen dem Gedächtnis überantwortet, sondern einer neuen, andersartigen Intersubjektivität: der Kommunikation. Zugleich öffnet die Briefgattung die Darstellung der Stadt, ihrer latenten Wahrnehmungsästhetik der Sinnes- und Phantasiereizung gemäß, der Empfindung und Einbildungskraft eines einzelnen Ichs. Dieses vor Ort, mitten in der städtischen und geschichtlichen Gegenwart anwesende Briefschreiber-Ich wendet sich an einen Abwesenden, einen Empfänger. In dessen Einbildungskraft und Empfindung ersteht die Stadt als geschriebener und gelesener sozialer Kommunikationsraum, korrespondierend zur Form der brieflichen Unterhaltung. Wie sich früher nach dem topologischen Denkmuster der Verbindung von Ordnung und Ort das statische Raumordnungsmodell Stadt und Gedächtnis entsprachen, so entsteht nun unter dem Vorzeichen der Dynamisierung eine neue Entsprechung zwischen Metropole und Medium im Modell der Kommunikation.

Die literarische Kommunikationsform Brief ist Bewegungsliteratur per se. Der Brief ist eine Form der Abwesenheit und Anwesenheit zugleich. Das

---

25 Ebd., S. 114.
26 Ebd., S. 115.
27 Ebd., S. 114.
28 Christian Fürchtegott Gellert, *Praktische Abhandlung von dem guten Geschmack in Briefen*, in: ders., *Die epistolographischen Schriften*, hg. v. Reinhard M.G. Nikisch, Stuttgart 1971, S. 3.

Vor-Ort-Sein des einen und das Nicht-am-Ort-Sein des anderen ist für seine "dialogische Vergegenwärtigung beim Schreiben und Lesen"[29] konstitutiv. Der Brief ist ein schriftliches Inverhältnissetzen von An- und Abwesenheit, in dem der Ort, die Stadt, nicht mehr primär räumlich vergegenwärtigt wird, sondern im kommunikativen Bezug als vielgliedriges, bewegliches Kommunikationsgefüge ersteht.

Zugespitzt formuliert: Beschleunigte Bewegung ist latente Raumentmachtung, ein Zurücktreten des Raums unter dem Vorrang der Zeit. In der medialen Übersetzung von Bewegung in die Bezugsformen Kommunikation, Gespräch, Unterhaltung, Brief, Zeitschrift, Zeitung und ihrer Verkürzung bzw. Überwindung von Entfernungen und Entferntem verschwindet das Eigengewicht des Raumes. Seine Eigenmacht jedoch überlebt virtuell im Verleih von Authentizität: der Beglaubigung durch das Vor-Ort-Sein des Schreibenden. Er überträgt den Bewegungszusammenhang Stadt für einen Abwesenden im Medium der Kommunikationsform Brief in die verschiedensten Vollzugsweisen von Bewegung: in die Bewegung des Schreibens, des Körpers, d. h. des Laufens, des Geistes, d. h. der Ideen und des Denkens, der Seele, d. h. der Begeisterung, des Zornes, der Empörung, in die Bewegung der Geschichte, der Zeit, der Revolutionen bis zum In-Bewegung-Bringen durch Agitation, 'Geschichtstreiben' (3,156).

Dem Raumschwund entsprechend verringert sich die Gewichtigkeit der Ordnung. Mit der "Unterhaltung"[30], der Kommunikation, auf die Campe als neue, mobile Organisationsform von "Ideen- und Empfindungsmassen"[31] verfällt, rückt gegenüber der Ordnung die Frage der Verknüpfung und Vernetzung von verschiedenartigsten Mitteilungen in den Vordergrund. Auch diese Verlagerung geschieht im Horizont der Dynamisierung. Verschärft kommt dadurch deutschen Parisbesuchern und Schriftstellern eine Differenz zwischen urbanen Verkehrsformen und gesellschaftlichen Verhaltensweisen deutscher Wissenschaftler, Gelehrter und Schriftsteller zu Bewußtsein; Herder hatte sie bereits mit der Opposition von französischer Wendigkeit und deutscher Langsamkeit umrissen. Auch Kleist gibt sie in seinen Pariser Briefen kritisch und treffend wieder:

> Übrigens muß man gestehen, daß es vielleicht nirgends Unterhaltung gibt, als unter den Franzosen. Man nenne einem Deutschen ein Wort oder zeige ihm ein Ding, darauf wird er kleben bleiben, er wird es tausendmal mit seinem Geiste anfassen, drehen und wenden, bis er es von allen Seiten kennt, und alles, was sich davon sagen läßt, erschöpft hat. Dagegen ist der zweite Gedanke über ein und dasselbe Ding dem Franzosen langweilig. Er springt von dem Wetter auf die Mode, von der Mode auf das Herz, von dem Herzen auf die Kunst, gewinnt jedem Dinge die interessante Seite ab, spricht mit Ernst

---

29 Vgl. Wilhelm Vosskamp, *Die dialogische Vergegenwärtigung beim Schreiben und Lesen. Zur Poetik des Briefromans im 18. Jahrhundert*, in: DVjs 45 (1971), S. 80.

30 Campe (s. Fußnote 23), S. 114.

31 Ebd., S. 113f.

> von dem Lächerlichen, lachend von dem Ernsthaften, und wenn man dem eine Viertelstunde zugehört hat, so ist es, als ob man in einen Kuckkasten gesehen hätte. Man versucht es, seinen Geist zwei Minuten lang an einem heiligen Gegenstand zu fesseln: er wird das Gespräch kurzweg mit einem ah ba! abbrechen. Der Deutsche spricht mit Verstand, der Franzose mit Witz. Das Gespräch des ersten ist wie eine Reise zum Nutzen, das Gespräch des anderen wie ein Spaziergang zum Vergnügen. Der Deutsche geht um das Ding herum, der Franzose fängt den Lichtstrahl auf, den es ihm zuwirft, und geht vorüber.[32]

Mit Unterhaltung und Kommunikation ist nach dem Zusammenbruch der räumlichen Ordnungen des Gedächtnisses eine flexiblere Organisations- und Verkehrsform gefunden. Sie löst jedoch zunächst Befremden, Kritik, Angst und Abwehr bei deutschen Metropolenbesuchern aus. Genau die in der großen Stadt ausgebildete Verhaltensmodellierung fehlt ihnen und wird, da in Deutschland vergleichbare große Städte fehlen, uneinholbar für sie. Deutsche sind umständlich statt wendig; sie wissen nicht, wie man vom einen zum anderen kommt. Sie kennen die Anschlußmöglichkeiten, die Vernetzungen nicht. Daher setzen sie der Unterhaltung das Gespräch, dem Esprit den Geist, der Literatur und Philosophie die Kunst und Buchgelehrsamkeit entgegen. Kurz, sie geraten angesichts der dynamisierten städtischen Verkehrsformen und Verhaltensmodellierungen nicht nur in eine "taktile Krise"[33], sondern auch in eine gesellige, literarische und geschichtliche Randstellung. Weil aber die eigenartige, undurchsichtige Vernetzung nur durch die Verhaltensmodellierung der großen Stadt selbst zu erwerben ist, wird die Klage über den Mangel einer deutschen Hauptstadt laut.[34] Da diese große Stadt jedoch auch für die fernere Zukunft nicht in Aussicht stand, sondern nur zu wünschen war, besinnt man sich in Deutschland auf andere Kommunikationsmöglichkeiten: der Buch- und Zeitschriftenmarkt wird als Kommunikationszentrum gedacht, das die Vereinzelung der deutschen Literaten, die Isolation der einzelnen Wissensgebiete, die Trennung von Kunst, Wissenschaft und Leben aufheben könnte.

Würde Kleists Passage im Kontext von Ludwig Börnes *Schilderungen aus Paris* stehen, sie wäre als Ausdruck der Bewunderung zu lesen. Ja, das Bewegliche der Franzosen gegenüber dem "Kleben" der Deutschen, das Springende gegenüber dem Erschöpfenden, der Wechsel der Gegenstände gegenüber dem Gefesseltsein an sie, ihre freie unhierarchische Folge, das Wechselspiel zwischen dem Ausdrucksverhalten von Ernst und Lachen, die Lust am Interessanten, Witzigen, Brillanten wird Börne rund zwanzig Jahre nach Kleists Beschreibung des städtischen Kommunikationsverhaltens als

---

32 Heinrich von Kleist an Luise von Zenge, Paris, 16. Aug. 1801, in: ders., *Sämtliche Werke und Briefe* 2, hg. v. Helmut Sembdner, 8. Aufl., Darmstadt 1985, S. 687.

33 Sennett (s. Fußnote 13), S. 320.

34 Vgl. Johann Wolfgang von Goethe, *Literarischer Sansculottismus*, in: *Goethes Werke* 12 (Hamburger Ausgabe), hg. v. Werner Weber u.a., 5. Aufl., Hamburg 1963, S. 241.

Merkmale der französischen Publizistik loben! Er wird das "Springende" darüber hinaus zu seinem Stilideal publizistischer Schreibart erklären und hoffen, sich ihm während seiner Parisaufenthalte zu nähern, zumal nachdem die deutsche Zensur, zusätzlich zum Defizit einer deutschen Metropole, den Kommunikationsfluß, die Vernetzung und Beweglichkeit freien Gedankenaustauschs in Wissenschaft, Politik und Publizistik behindert und eine Vereinigung von Kunst, Wissenschaft und Leben für Deutschland damit in weite Ferne gerückt ist.

Gegenüber Herder, der sich vor den wendigen Verkehrsformen in der großen Stadt auf dem Lande in die Welt der Bücher flüchtete[35], gegenüber Kleist, der sich in einer Stadt voll "lauter Menschen, die man vergißt, wenn sie um die Ecke sind"[36], durch "Haufen von Menschen", "welche schreien, laufen, keuchen, einander schieben, stoßen, umdrehen, ohne es übel zu nehmen"[37], "denen nichts gleichgültiger ist, als ihresgleichen"[38] durchkämpft und ins Museum rettet zu Menschen aus Marmor, gegenüber Friedrich Schlegel, Arnim oder Brentano, der zu den 'Barmherzigen Schwestern' in Paris geht, ist Börne der erste deutsche Schriftsteller, der den politischen und sozialen Kommunikationsraum Paris ebenso wie die ständige Sinnesreizung der großen Stadt in seinen Schriften bejaht und zum Schreiben nutzt. Nervanreiz und Wahrnehmungsflut sind ihm keine Störungen und Hemmnisse, sondern Inzitamente des Schreibens:

> Der Aufenthalt in Paris ist auch meiner Gemütsart gesund. Weil ich so sehr leidenschaftlich und reizbar bin, muß ich in einer Welt leben, die noch reizbarer und leidenschaftlicher ist als ich. [...] Wenn ich in Deutschland lebe, lebe ich nur in Deutschland, und das nicht einmal, ich lebe in Stuttgart, in München, in Berlin. Bin ich aber in Paris, so bin ich in ganz Europa. Dort fühlt man eigentlich erst, daß man keine festgewurzelte Pflanze ist, sondern daß man Beine hat (4,357).

Börne entwirft komplementär zur Physiologisierung der großen Stadt eine Physiologie literarischer Produktivität. Den veränderten Wahrnehmungsbedingungen der großen Stadt entsprechend verändert sich die Produktion von Literatur. Das literarisch entworfene Schriftsteller-Ich zieht sich nicht, wie exemplarisch noch Campe, zurück in die Stube. Es begibt sich mitten hinein in die städtische Bewegtheit und ist offen für ihre sensorischen Impulse, ihre - im Vergleich zu Deutschland - einzigartige Hektik.

---

35 Vgl. Wolfgang Pross, *Von Riga nach Paris und von Riga nach Petersburg. Herders Reisejournal und Diderots Memoires für Katharina II.*, in: Conrad Wiedemann (Hg.), *Rom–Paris–London. Erfahrung und Selbsterfahrung deutscher Schriftsteller und Künstler in den fremden Metropolen*, Stuttgart 1988, S. 361.

36 Kleist (s. Fußnote 32), S. 662.

37 Ebd., S. 686.

38 Ebd., S. 662.

> "Wo brent's?" würde jeder Frankfurter die Leute auf der Straße fragen, würde er plötzlich nach Paris versetzt. Aber, lieber Gott, es ist ja gar nichts vorgefallen, es geht alles seinen gewöhnlichen Schritt (4,245).

Die Sinnesalarmierung der städtischen Bewegung setzt sich über die Freisetzung von "Nervenenergien" in Schreibbewegung um. Der Autor Börne unterlegt seinen *Pariser Schilderungen* und *Briefen aus Paris* die nervöse Gereiztheit eines sich in den Straßen von Paris bewegenden Literaten-Ichs. Es behauptet sich als "der gegenwärtigste aller Menschen, die sich je in den Straßen von Paris herumgetrieben haben" (2,1022). Damit lokalisiert es sich im literarischen Parisdiskurs seit Mercier, der wiederum von sich sagte, sein *Tableau de Paris* mit den Füßen geschrieben zu haben.[39] Paris aber ist kein geschichtlich isolierter Ort wie die deutschen Städte; hier konzentrieren sich und kommunizieren Wissenschaften, Künste und Politik. Im Verschwimmen von Volk und Passanten auf den Straßen von Paris gleiten städtische und geschichtliche Bewegung ineinander. Der städtischen Bewegungsreizung entsprechend soll die publizistische Reizung die deutschen Verhältnisse in Kunst, Wissenschaft, Geschichte und Leben aus der Ruhe bringen, nachdem publizistische Vereinigungs- und Bewegungsunternehmungen wie Börnes Zeitschrift *Die Wage* scheiterten. Die Kommunikationsform Brief, im Zentrum der geschichtlichen Bewegungen Europas verfaßt, übernimmt als 'nervöses Auffangsorgan des öffentlichen Lebens'[40] die bewegungsstimulierende Funktion der großen Stadt auch für Deutschland. Börne schreibt dem publizistischen Schriftsteller für Deutschland die Rolle des "Geschichtstreibers" (3,156) zu, der die versteinerten Verhältnisse zwar nicht zum Tanzen bringt, wie Karl Marx (ganz im Feld der Bewegungsmetaphorik gefangen) formuliert, aber aufbricht, in Gang bringt, antreibt.

4. Urbanitätsdefizite und Urbanitätsprojektionen: Gelehrte und Literaten

Ludwig Börne, der deutsche Schriftsteller jüdischer Herkunft, wurde nicht als jener "vollständige Weltbewohner" (5,699) geboren, den sein Oeuvre eindrucksvoll dokumentiert. Dazu bedurfte es, wie Rahel Varnhagen ihn belehrte, des Aufenthaltes in großen Städten (vgl. ebd.). Gewiß, Börne kam in Frankfurt zur Welt, lebte in Berlin, studierte in Halle; aber waren das den Metropolen Paris, London oder Rom nur annähernd vergleichbare Städte? "In Deutschland gibt es keine große Stadt" (2,825), befand er bitter. Die Deutschen, zumal ihre Schriftsteller, entbehrten daher "in unsern Tagen das Notwendigste zum Glücke eines Menschen, in *großen* Städten leben" zu können (ebd.). Am Beispiel Jean Pauls, der "fünfzig Jahre in seinem Phöbuswagen über das schlechte Pflaster und die Misthaufen kleiner Städte holper-

39 Zum Laufen in Paris und seinen literarischen Überspielungen, sei es in Form des Spaziergangs oder der Flanerie, vgl. Stierle (s. Fußnote 1).

40 In Anlehnung an Aby Warburg; vgl. Herding (s. Fußnote 2).

te" (1,613), bedachte er in einer Hommage an die große Stadt und den großen Dichter das ästhetische Potential und den literarischen Folgenreichtum einer Begegnung deutscher Künstler mit dem Gegenort deutscher Kleinstädterei: Paris (vgl. 1,1183).

Börnes Klagen über den Mangel einer deutschen Hauptstadt sind in der deutschen Literaturgeschichte nicht singulär. Goethe hatte in seinem Essay *Literarischer Sansculottismus* auf ein Ausbildungsdefizit deutscher Schriftsteller aufmerksam gemacht; ihnen fehle "in Deutschland [...] ein Mittelpunkt gesellschaftlicher Lebensbildung."[41] Karl August Varnhagen setzte Goethe in einem Gedankenexperiment großstädtischen Bedingungen aus:

> Denken wir uns Goethe'n anstatt dieser merkwürdigen Lebensbahn einer andern angehörig, in das Gedränge einer großen Hauptstadt, in die Anforderungen und Darbietungen großer Massen versetzt, so ist er nicht Goethe mehr. Er hätte mit diesen Gewalten, um seinem schaffenden Geiste zu folgen, brechen müssen, und dann wäre die schöne Ruhe der Übereinstimmung, der harmlose Frieden gestört gewesen, oder jene Mächte hätten ihn an sich gerissen, sein Leben wäre ein politisches geworden, und dann hätte er ohne Zweifel stark eingegriffen in die Bewegungen der Zeit, allein das klare, starke Licht der Jahrhunderte, der Dichter und Lehrer seines Volkes wäre er dann schwerlich geworden.[42]

Entwicklungsmöglichkeiten werden hier umrissen, die sich bei Börne zum Vorwurf gegen Goethe verhärten: der Dichter und Minister hätte politisch wegweisend für eine freiheitliche Entwicklung Deutschlands wirken können. Voll Unwillen wandte er 1828, als er sich Weimar näherte, Hegels bedenkliches Diktum über Kant in Königsberg auf Goethe in Weimar an:

> Als ich heute gegen Weimar zufuhr und es vor mir lag, mit seinen roten Dächern im Wintersonnenschein, kalt und freundlich, und ich dachte, daß Goethe darin schon länger als fünfzig Jahre wohne, daß er es nie verlassen (er war weder in Paris noch in Berlin) – da überfiel mich wieder der alte Groll gegen diesen zahmen, geduldigen, zeitenlosen Genius (4,848).

Jedoch: Börnes frühe Erkenntnis urbaner Entbehrungen sowie die spätere ihrer produktiven Kompensationen boten einem deutschen Schriftsteller keinerlei Gewähr, den großen Städten auf Anhieb auch jenen gesellschaftlichen Zugang und literarischen Nutzen abgewinnen zu können, den sie ihm – aus der Ferne besehen – versprachen. Paris fiel Börne nicht widerstandslos zu. Obwohl die Metropole vom Reiseaufenthalt und Wohnort schließlich zum dauernden Exil für ihn wurde, eroberte er sie weder als verhaltensmodellierende große Welt und wahrnehmungskonditionierende große Stadt noch als

41 Goethe (s. Fußnote 34), S. 241.

42 Karl August Varnhagen von Ense, *Tag- und Jahres-Hefte als Ergänzung meiner sonstigen Bekenntnisse von Goethe*, in: ders., *Zur Geschichtsschreibung und Litteratur. Berichte und Beurtheilungen*, Hamburg 1833, S. 384f.

literarischen Absatzmarkt und umworbenes Publikum. Selbst als literarischer Gegenstand schien sie zunächst uneinholbar. Börne teilte in vielem die Erwartungen und Enttäuschungen deutscher Literaten in Paris, ihre Projektionen und Revisionen, ihre Euphorie und Skepsis, ihren anfänglichen Enthusiasmus und ihre bleibende Distanz. Er teilte mit ihnen auch die Unterlegenheitsängste im gesellschaftlichen Leben. Nie aber hatte er irgendeinen Anteil an nationalen antifranzösischen Herausforderungsaffekten und kulturellem Überlegenheitsdünkel.

Die Annäherung Börnes an die große Stadt Paris und seine Auseinandersetzung mit ihr vollzogen sich in verschiedenen Etappen. Sie beginnt mit der Schreibblockade 1819, setzt sich fort mit der ersten literarischen Gipfelleistung deutscher Parisliteratur, den Artikeln aus Paris für Cottas *Morgenblatt für gebildete Stände* und dessen Beilage, das *Literatur-Blatt*, zwischen 1822 und 1824 bis hin zu ihrer Buchfassung unter dem Titel *Schilderungen aus Paris* 1829. Es folgen: die rückblickende literarische Verarbeitung des Parisaufenthaltes von 1819 im Tagebuch von 1830, unmittelbar vor Ausbruch der Julirevolution, sodann seine *Briefe aus Paris* zwischen 1830 und 1833 und endlich seine nachgelassenen Revolutionsstudien und späten Privatbriefe mit ihrer offenen Parisskepsis.

Es bedurfte mehr als eines Jahrzehnts, bis Börne sich mit der großen Stadt arrangiert hatte. Paris, die Schule, um gesellschaftlich "fortzukommen"[43], suchte er nicht auf. Jeanette Wohls Aufforderungen, "ein homme du monde zu werden", endlich "doch auch einmal die große Welt kennen[zu]lernen und - nicht zum *dritten* Male - vergebens in Paris gewesen" (5,843) zu sein, verhallten ohne Resonanz. Ganz im Gegensatz zu Heinrich Heine verschloß sich Börne der Verhaltensmodellierung durch das Pariser Salonleben. Er habe "gar keine Bekanntschaften", schrieb er am 3. November 1830. "Man mag sich anstellen, wie man will, man fällt immer in sein Temperament zurück" (4,1181). Er bevorzugte Orte, wo das Rauchen erlaubt war: "*Die Estaminets*" (2,70ff.) und die eigene Wohnung, die ab Herbst 1831 zum Treffpunkt deutscher Republikaner wird (vgl. 5,13f.). Zutiefst verabscheute er "die sogenannte gesellschaftliche Unterhaltung" als "eine wahre Krämerei". Er hielt sich "lieber an Menschenmassen und an Bücher. [...] Drei, höchstens fünf Freunde, oder dann Markt oder ein Buch - so liebte ich es" (3,54).

Gewiß, Börne besuchte in den dreißiger Jahren wie auch während seines zweiten Parisaufenthaltes Museen,

43 Frau Uhland an ihren Sohn Ludwig, Tübingen, 30. Juni 1810, in: Emma Uhland, *Ludwig Uhlands Leben. Aus dessen eigener Erinnerung zusammengestellt von seiner Wittwe*, Stuttgart 1874, S. 384f.

> Theater, Oper und Konzerte [...], auch die Vaudeville-Bühnen [...], daneben den Jardin des Plantes [...], auch Ausstellungen und Kuriositäten wie das 'Diorama', das 'Neorama' oder das Panorama.[44]

Im wesentlichen jedoch erfolgte "seine Kulturrezeption [...] über die Vermittlung schriftlicher Zeugnisse."[45] Auch seine Informationen bezog er weniger aus dem Umgang mit bedeutenden Personen des öffentlichen Lebens als durch den Besuch von Lesekabinetten und die Lektüre von Zeitungen und Zeitschriften.

In seinem Lebensverhalten und Selbstverständnis war Börne kein beweglicher, geselliger Mann von Welt, sondern ein beobachtender, philosophierender Welt- und Geschichtskenner, der zu Ruhe, Einsamkeit und Müßiggang neigte. Als Jeanette Wohl dem Autor der *Briefe aus Paris* berichtete, daß einer seiner Leser ihn "als einen gewandten, geschliffenen und gern brillierenden Weltmann und Literatus [...] sich dachte", setzte sie - amüsiert und mit drei Ausrufungszeichen die Unmöglichkeit dieser Vorstellung betonend - hinzu: "Sie - ein Literat - und Weltmann!!!..." (5,857). Noch im März 1832 empfahl sie ihm, er solle sich von ihrem zukünftigen Ehemann

> in Paris herumführen lassen [...], denn ich glaube, daß er trotz Ihrem längeren Aufenthalte, doch einheimischer dort ist, als Sie es sind. So ein deutscher Gelehrter schlägt doch niemals ganz aus der Art - und wenn er selbst ein Börne wäre! (5,878)

Jeanette Wohls Charakteristik löst ein hermeneutisch richtungweisendes Befremden aus: Ludwig Börne, jener deutsche Schriftsteller in Paris, der gegen die Stuben- und Spezialgelehrsamkeit in Deutschland eine Verbindung von Kunst, Wissenschaft und Leben in der Publizistik vertrat, einer der ersten und wenigen freien Schriftsteller der deutschen Literatur par excellence, der sie öffentlichkeitsfordernd und -bildend dem Neuen, der Zeit, der Bewegung, dem Werden, der Kommunikation öffnete, - "selbst ein Börne wäre" eher der Typ eines "deutsche[n] Gelehrte[n]" (5,878) als der des "Literatus"(5,857)?

Die spöttische Bemerkung Jeanette Wohls fixiert einen begriffsgeschichtlich aufschlußreichen Wortgebrauchswandel.[46] Der vom lateinischen *literatus*, d. i. Gelehrter, hergeleitete Begriff des Literaten wird von ihr in Opposition zu dem des Gelehrten gesetzt. Börne gerät damit ins Fadenkreuz jener alten Kontroverse, die sich in den zwanziger und dreißiger Jahren des 19. Jahr-

---

44 Michael Werner, *Börne in Paris (1830-1837). Zum Problem der Verständigung zwischen deutscher und französischer Kultur im 19. Jahrhundert*, in: *Ludwig Börne. Zum 200. Geburtstag des Frankfurter Schriftstellers*, hg. v. Alfred Estermann, Frankfurt/M. 1986, S. 265.

45 Ebd.

46 Vgl. Günter Hess, *Die Gelehrten und die Literatur. Zur Geschichte einer Kontroverse*, in: *Kontroversen, alte und neue. Akten des VII. Internationalen Germanisten-Kongresses Göttingen 1985* 7, hg. v. Albrecht Schöne, Tübingen 1986, S. 226-237.

hunderts erneut zuspitzte und bis in die entstehende, wissenschaftliche Literaturgeschichtsschreibung eines Gervinus hineinwirkte: der Polemik zwischen dem alten Schriftsteller- und Schreibarttypus des Gelehrten einerseits und dem des Literaten andererseits. Sie ist Ausdruck einer beidseitigen Professionalisierung der Kontrahenten in gegenläufigen Richtungen und verschärft sich auf den Vormärz zu: der beamtete Gelehrte bindet sich an den Staat, der literaturmarktabhängige Literat an die Öffentlichkeit. Börne ist zutiefst in diese Auseinandersetzung verwickelt und treibt die Opposition voran. Die polemische Außenseite des Konflikts, eine anhaltende Gelehrtenkritik, liegt in Börnes Werken thematisch offen zutage. Zahllos sind seine Angriffe auf die beamtentypische Studierstubenexistenz der sogenannten deutschen Buchgelehrten: "Der deutsche Gelehrte", schreibt er, "betrachtet sich als einen Staatsbeamten. Seine Bücher sind ihm Akten, seine Studierstube ist ihm eine Kanzlei, seine Wissenschaft ein Geheimnis" (1,624). Das Buch und sein Bildfeld dient metaphorisch zur Anprangerung eines Mißverhältnisses zwischen Kunst, Wissenschaft und Leben. Nicht in Kommunikation untereinander an einem "Mittelpunkt gesellschaftlicher Lebensbildung"[47] entwickeln und bilden sich deutsche Schriftsteller und Künstler, wie es das Ideal des *honnête homme* empfiehlt, sondern durch Bücher. Opponenten wie Goethe und Börne blicken gleichermaßen auf Paris, die dort kursierenden Zeitschriften und ihren Schreibstil. Nahezu einstimmig beklagen sie den Mangel an urbaner, "harmonischer Zusammenbildung"[48] in einem Zentrum gegenüber der kulturellen Partikularisation, Dispersion und Isolation in Deutschland. Sie bedauern den Ausfall eines städtischen Kommunikationszusammenhanges, den Mangel an "gesellige[m] Ton" im Geschriebenen als dessen Folge, sowie die noch lange fehlende Aussicht auf Besserung in Deutschland. Goethe schreibt 1826 mit Blick auf die liberale französische Zeitschrift *Le Globe*:

> Was auf mich besonders erfreulich wirkt, das ist der gesellige Ton, in dem alles geschrieben ist: man sieht, diese Personen denken und sprechen immerfort in großer Gesellschaft, wenn man dem besten Deutschen immer die Einsamkeit abmerkt und jederzeit eine einzelne Stimme vernimmt.[49]

Ein Jahr später notiert Eckermann folgende Äußerung Goethes:

> "[...] Denn wir führen doch im Grunde Alle ein isoliertes armseliges Leben! Aus dem eigentlichen Volke kommt uns sehr wenige Kultur entgegen und unsere sämtlichen Talente und guten Köpfe sind über ganz Deutschland ausgesäet. Da sitzt Einer in Wien, ein Anderer in Berlin, ein Anderer in Königsberg, ein Anderer in Bonn oder Düsseldorf, Alle durch fünfzig bis hundert Meilen von einander getrennt, so daß persönliche Berührungen und ein per-

---

47 Goethe (s. Fußnote 34), S. 241.

48 Goethe an Varnhagen, Okt. 1827 (Entwurf), in: *Goethes Briefe* 4, hg. v. Karl Robert Mandelkow und Bodo Morawe, München 1988, S. 256.

49 Ebd., S. 189 (Goethe an Reinhard, 12. Mai 1826).

sönlicher Austausch von Gedanken zu den Seltenheiten gehört. Was dies aber wäre, empfinde ich, wenn Männer wie Alexander von Humboldt hier durchkommen und mich in dem, was ich suche, und mir zu wissen nötig, in einem einzigen Tage weiter bringen, als ich sonst auf meinem einsamen Wege in Jahren nicht erreicht hätte."

"Nun aber denken Sie sich eine Stadt wie Paris, wo die vorzüglichsten Köpfe eines großen Reiches auf einem einzigen Fleck beisammen sind und in täglichem Verkehr, Kampf und Wetteifer sich gegenseitig belehren und steigern; wo das Beste aus allen Reichen der Natur und Kunst des ganzen Erdbodens der täglichen Anschauung offen steht; diese Weltstadt denken Sie sich, wo jeder Gang über eine Brücke oder einen Platz an eine große Vergangenheit erinnert und wo an jeder Straßenecke ein Stück Geschichte sich entwickelt hat. Und zu diesem Allen denken Sie sich [...] das Paris des neunzehnten Jahrhunderts, in welchem seit drei Menschenaltern durch Männer wie Molière, Voltaire, Diderot und ihres Gleichen eine solche Fülle von Geist in Cours gesetzt ist, wie sie sich auf der ganzen Erde auf einem einzigen Fleck nicht zum zweitenmale findet [...]."[50]

Die Buchwelt aber holt die Lebenswelt, laut Börne, selbst dort ein, wo Künstlern bedingt der Umgang mit ihresgleichen gelingt wie in der Freundschaft zwischen Schiller und Goethe. "Schiller und Goethe benutzen sich als Bücher" (2,783), bemerkt er und spürt, im Bildfeld bleibend, ein Weltläufigkeitsgefälle zwischen beiden Dichtern auf: Goethe verlache Schillers "Zimmerlichkeit" und behandele ihn herablassend "als einen blöden Buchdichter" (2,771).

Das gezielte, entschieden literatenfreundliche Eingreifen Börnes in die Kontroverse zwischen Gelehrten- und Literatentum gehört in die Auseinandersetzung um die Dynamisierung und Ausdifferenzierung des Wissens und wendigerer Formen der Mitteilung innerhalb einer durch staatliche Eingriffe uneingeschränkten Öffentlichkeit. Weitsichtig bedenkt es literarische Verkehrsformen beschleunigten Austausches und seiner Konzentration in Zeitschriften über den nationalen Horizont hinaus, wie sie Goethe mit seiner Begriffsprägung 'Weltliteratur' ins Auge faßte. Aber Börnes Parteinahme darf nicht dazu verführen, in ihm selbst gegenbildlich die Freiheit und Weitläufigkeit des freien Schriftstellers nach französischem Vorbild verkörpert zu finden. Verkannt bleibt dann nämlich die schwerer zugängliche, komplizierte Innenseite dieser Kontroverse in Börnes eigenem Schaffen: Börnes Nöte und Anstrengungen, Mittel und Wege, Erfolge und Verweigerungen, sich soziable Verhaltensweisen anzueignen, für günstige literarische Produktionsbedingungen zu sorgen, angemessene Schreibverfahren zu entwickeln, gewohnte Arbeitsweisen abzulegen, überkommene Gattungen wie den Brief umzuschmelzen und neue Gattungen wie das Stadttableau zu erproben. Börnes literarische Arbeitsweise, das umsichtige Vorbereiten und Planen, das langwie-

50 Johann Peter Eckermann, *Gespräche mit Goethe in den letzten Jahren seines Lebens*, hg. v. Heinz Schlaffer, München 1986, S. 564f. (3. Mai 1827).

rige Anlegen von Materialiensammlungen für Aufsätze war statischen Vorstellungen von Stadt als Sammelplatz des Wissens und Ort des Studiums verwandter als seinem schriftstellerischen Wunschziel eines dynamischen Kommunikationsraumes. Die verschiedenen Parisaufenthalte werden zu Entwicklungsstationen seines Schreibens. Er wird schließlich in seinen eigenen Gattungsvorlieben und Arbeitsverhaltensweisen von jener beschleunigten Bewegung erfaßt, in die er die Literatur programmatisch hineingestellt hatte. Paris, der Ort, von dem "alle Bewegung der ganzen Welt ausgeht" (4,1141), erfordere, wie Börnes Freundin Jeanette nahelegt, "in dieser bewegten Zeit im Mittelpunkt der Bewegung"[51] eine spontane, situative, den

> Prozeß der Minister, die Bewegung in den Straßen, die Kammern, das englische Parlament, Theater, Literatur, Kunst, Industrie, Bildergalerie, deutsche Angelegenheiten wie Politik, Literatur, Zeitungen, deren Lächerlichkeit oder Schlechtigkeit (5,846)

verknüpfende Schreibart. Die "passendste für die rasche Zeit" sei die Form des Briefes (5,851). Demgegenüber seien

> Aufsätze [...] wie Bücher, sie ziehen zuviel vom Allgemeinen aufs Einzelne ab. Dahingegen Briefe alles umfassen können, ... je unvorbereiteter, desto frischer, lebenskräftiger und liebenswürdiger. Sagten Sie [das] nicht neulich selbst? ... "In dieser ungeheuer bewegten und tatenreichen Zeit kann man keine Bücher schreiben," also Briefe, Briefe![52]

Um die Zwiespältigkeit von Börnes Literatentum wußte nicht nur Jeanette Wohl, sondern auch Heinrich Heine. Der liebevolle Spott der intimen Kennerin Börnes und die beißende Satire seines schärfsten öffentlichen Gegners kommen sich überraschend nahe. Heine spricht von dem Schriftsteller Börne als einem

> Mann, der in seinem Stile immer etwas beibehielt von der Gewöhnung seines reichsstädtischen Spießbürgertums, wo nicht gar von den Ängstlichkeiten seines früheren Amtes[53],

in dessen frühen Schriften "die kurzen Sätze, der kleine Hundetrab, eine unerträgliche Monotonie hervorbringen und eine fast kindische Unbeholfenheit verraten"[54], die sich aber in den *Briefen aus Paris* "mehr und mehr" verloren habe. Neben die primär politischen Behinderungen und Beeinträchtigungen der Literatur durch die herrschende Zensurpraxis in Deutschland, die inzwischen gebührende wissenschaftliche Beachtung gefunden haben, und

---

51 *Briefe der Frau Jeanette Strauß-Wohl an Börne*, hg. v. E. Mentzel, Berlin 1907, S. 180.

52 Ebd., S. 165.

53 Heinrich Heine, *Ludwig Börne. Eine Denkschrift*, in: ders., *Sämtliche Schriften* 4, hg. v. Klaus Briegleb, Darmstadt 1971, S. 66.

54 Ebd., S. 104.

deren Wirkung auf Stilbildung, Thematik und Schreibverfahren[55] treten Hemmnisse und Einschränkungen, die nicht unmittelbar der Zensur anzulasten sind. Sie lenken zurück auf das Thema der fehlenden großen Stadt in Deutschland und mangelnder "gesellschaftlicher Lebensbildung" für deutsche Schriftsteller; sie verweisen auf eine Verknüpfung von Paristhematik und Literatenproblematik, die nicht nur unter dem Primat der Politik steht.

5. *Lesbarkeit: Die Stadt im Bild des Buches und als Geschichtstext*

"Ich bin zu deutsch, zu philosophisch, zu empfindungsvoll" (4,357), gesteht Börne in einem Brief vom 11. Sept. 1821 und gibt preis, was er sich als Schriftsteller vom Leben in der großen Stadt erhofft, nämlich eine Korrektur deutscher Schwerfälligkeit und die Vervollkommnung seines Denk- und Schreibstils: "so gäbe mir Paris außer dem Stoff auch die erforderliche Leichtigkeit im Denken und Schreiben" (ebd.). Die Aussicht auf Mitarbeit "an einem eleganten belletristisch-literarischen und Theaterblatt", dem *Miroir*, das Jouy, der Verfasser von Pariser Tableaux herausgibt[56], entlockt dem künftigen Autor der *Schilderungen aus Paris* noch kurz vor dem zweiten Parisaufenthalt sein Stil- und Gattungsideal: "Das wäre so ganz mein Genre. Alles kurz, von einem zum andern springend. Wie schwerfällig ist das *Morgenblatt* dagegen" (4,637). Paris, die große Stadt, verspricht die Ausbildung und Vervollkommnung eines unter deutschen Verhältnissen kaum zu entwikkelnden, beweglichen Denk- und Schreibstils, der die Trennung zwischen den Spezialdiskursen aufhebt, die umständliche Darlegung von Gedankenfolgen aufgibt und es erlaubt, sie auf unterhaltende, geschwindere Weise zu verbinden.

Um so bedenkenswerter ist, daß der deutsche Schriftsteller in Paris die neue geschichtliche und gesellschaftliche Erfahrung der großen Stadt in Bilder einholt, die einer Vorstellungswelt entstammen, der er zu entkommen gesucht hatte, und die ganz und gar nicht einem Denkstil verpflichtet sind, der kurz und springend genannt werden kann. Er nennt "Paris [...] ein vollständiges Register des ganzen Menschenlebens" (5,689), sagt von der Metropole, sie sei "ein Register der Weltgeschichte und man braucht bloß die alphabetische Ordnung zu kennen, um alles aufzufinden" (2,16). Die Stadt des Literaten erscheint im Bildfeld des Polyhistors, das städtische Leben als Materialien- bzw. Realiensammlung der Buchgelehrsamkeit. Börnes Parismetaphorik enthält bis in die Mitte der zwanziger Jahre noch Reste jener durch die Dynamisierung des Wissens, der Geschichte und Gesellschaft überholten, statischen Vorstellung der großen Stadt als Sammelplatz, Inventarisie-

55 Vgl. Wolfgang Labuhn, *Literatur und Öffentlichkeit im Vormärz: das Beispiel Ludwig Börne*, Königstein 1980, S. 160f.

56 Zu Jouy vgl. Stierle (s. Fußnote 1), S. 167f. und Angelika Hoffmann-Maxis, *Brennpunkt der Welt. C'est l'abrégé de l'univers. Großstadterfahrung und Wissensdiskurs in der pragmatischen Parisliteratur 1780-1830*, Bielefeld 1991.

rungsort, Konzentrat des Wissens, der Gelehrsamkeit und der Künste. Eine im Satzbau der berühmten, naturemphatischen Wertherperiode verwandte Hommage Börnes an Paris vervollständigt dieses Stadtbild aus dem Blickwinkel des Aufklärers. Paris ist das geeignete poetische Stoffreservoir des letzten poeta doctus unter den Dichtern, Jean Pauls:

> Wie oft, wenn ich in Paris die tausend mannigfaltigen Erscheinungen in einem engen Raume aneinandergereiht wahrnahm, die man außerhalb nur über ganze Länder spärlich zerstreut und weit auseinanderstehend findet, wenn ich sah alle die mannigfaltigen Menschennaturen, in ihrem aufsteigenden Werte, in ihren Unter- und Neben-Arten und Ausartungen; das ganze Reich der Begierden und Schmerzen; die Genüsse, die Entbehrungen, das volle Orchester der Jubel- und Klagetöne, die ausführlichste Seelen-Lehre, das Register aller Krankheiten des menschlichen Körpers und Geistes, alle Weisheit und Thorheit, jede Furcht und jede Hoffnung, die reichen Schätze der Kunst und Wissenschaft, die treueste Geschichte der Vergangenheit, Gegenwart und Zukunft in einem Zauberspiegel - wenn ich dieses alles sah, wie oft fiel mir da bei, zu wie vielen herrlichen Kunstwerken würden solche Stoffe in der Meisterhand eines Jean Paul Anlaß geben (1,1183).

Die große Stadt ist die ins Leben, und das heißt bei Börne ins öffentliche Leben, rückübersetzte Totalität der Spezialdiskurse und Einzelwissenschaften: der vergleichenden Anthropologie, der Psychologie, der Medizin, der Ästhetik, der Geschichte. Das sind die Wissenschaften der aufgeklärten französischen Philosophie, und Paris ist eine lebendig gewordene 'Encyclopédie'.

Das Auseinandertreten von Gelehrtentypus und Literatentypus hat seit Mitte des 18. Jahrhunderts, spätestens seit Herders Frankreichreise immer einen vergleichenden, internationalen Aspekt. Der kontroversen Ausgangslage gemäß wohnt dem Vergleich eine latente Disposition zum Konflikt, ja zur Diffamierung inne, die im 20. Jahrhundert bis zum bösen Bruderwort vom 'Zivilisationsliteraten' reicht, sowie die Tendenz zu mentalen Fixierungen und nationalen Vorbehalten. Literaten sind vornehmlich die anderen, nichtdeutschen Schriftsteller, für Börne vorzüglich die französischen Aufklärer. Ihr Wirken ist ihm Vorbild für die in Deutschland noch anstehende Vereinigung von Wissenschaft, Kunst und Leben (vgl. 1,612). Der Unterschied zwischen Schriftstellern in Frankreich und Deutschland ist der zwischen Bucherfahrung hier und Welterfahrung dort. Während die französischen Schriftsteller des 18. Jahrhunderts ein memoirenwürdiges Leben lebten, verfaßte der deutsche Gelehrte Hamann, um nur ein Beispiel zu nennen, Schriften, in denen "so viel von Büchern die Rede [ist] als in den Memoiren der französischen Schriftsteller von Menschen" (2,1015). Börne resümiert: "Dem deutschen Gelehrten ist die Welt ein Buch, wozu die Wissenschaft den Text, das Leben die Notizen liefert" (ebd.).

Absicht und Horizont von Börnes Buchmetaphorik klaffen jedoch auseinander. Das Wunschbild, der kritische Anspruch eilt voraus, ohne daß im Bildfeld enthaltene, überkommene Denk- und Vorstellungsmodelle erledigt wären. Sie machen sich langsamer, aber um so anhaltender geltend, so daß vorausweisende Programmatik und nachwirkendes Herkommen in eigenartiger Überlagerung nebeneinander existieren, ja im erreichten Ziel aufs merkwürdigste die Züge des Überholten wiederzuerkennen sind.

> Ein aufgeschlagenes Buch ist Paris zu nennen, durch seine Straßen wandern heißt *lesen*. In diesem lehrreichen und ergötzlichen Werke, mit naturtreuen Abbildungen so reichhaltig ausgestattet, blättere ich täglich einige Stunden lang (2,34),

schreibt er in seinem Artikel vom 8. Okt. 1822 für das *Morgenblatt*. Börnes Verwendung der Buchmetapher schwankt; sie pendelt zwischen kritischer Distanznahme, euphorischer Annäherung und listiger, zensurunterlaufender Taktik. Sie bejaht für Paris, was sie in Deutschland verneint: die Rückverwandlung des Lebens in die Lesbarkeit eines Textes. Ihr kritischer Gebrauch gegen Stubengelehrsamkeit, Öffentlichkeitsmangel und -unterdrückung in Deutschland artikuliert den Wunsch nach intensiven öffentlichen Verbindungen im gesellschaftlichen Leben, im Austausch der Meinungen, in der öffentlichen Kommunikation. Das Bildfeld des Buches und Lesens für die große Stadt Paris hingegen versinnlicht nicht allein die Realität gewordene Wunschvorstellung einer Interferenz von Literatur, Wissenschaft und Leben. Es mildert zugleich die Irritation des deutschen Literaten gegenüber der neuen ungewissen Welt, indem es auf eingespielte, vertraute Weltvergewisserungsverfahren zurückgreift. Als sich Börne im Oktober 1821 zu Publikationszwecken mit Tagebuch und Briefen seines gescheiterten Parisaufenthaltes von 1819 beschäftigt, entwirft er folgende Stilprobe:

> Um mich mit meiner lechzenden Neugierde durch einen Vortrunk abzufinden, habe ich Paris, dieses Riesenprachtwerk, in den ersten Tagen nur durchblättert, und wie bei Almanachen mich flüchtig an den Kupfern erfreut. Später will ich es aufmerksam lesen (4,391).

Nicht nur die Lesbarkeitsmetapher für die große Stadt kehrt wieder, sondern auch ihr Bild als benutzbarer und genießbarer orbis pictus im Stil der Lichtenbergschen Kommentare zu Hogarths Kupferstichen.[57] Dem frühen Bildgebrauch von 1821 entspricht ein späterer aus dem Jahre 1830. Beiden fehlt, was die Verwendung des Buch- und Lesbarkeitsvergleichs in den *Pariser Schilderungen* von 1822 auszeichnet: seine politische Indienstnahme als zensurunterlaufende Lese- und Rezeptionsanleitung. Gleichwohl charakterisiert

---

57 Börnes große Anregerin, Jeanette Wohl, lenkt dessen Überlegung, "Geschichtserzählungen" zu lithographierten "Volksszenen aus der letzten Revolution" zu verfassen (4, 1208), in Richtung dieser Gattung: "Ich glaube, daß Sie Glück darin machen würden [...]. Wer weiß, ob man solche nicht den Lichtenbergischen zur Seite setzen würde! Aber wo einen Hogarth finden, werden Sie fragen?" (*Briefe der Frau Jeanette Strauß-Wohl* [s. Fußnote 51], S. 173).

auch den Text von 1830 eine polemische Applikation des urbanen Lebens in Paris auf die philiströse Enge und Kurzsichtigkeit in Deutschland: Paris wäre heilsam für die Deutschen, der wahre Kurort der deutschen Geschichte. In seinem 13. Brief aus Paris vom 16. Nov. 1830 preist Börne, nachdem er über sie gelesen hat, die rue de Rivoli:

> Es ist eine Straße einzig in der Welt, die schönste Symphonie von Kunst, Natur, Geist und Leben. Es ist ein Anblick, das kurzsichtigste Auge, die engste Brust zu erweitern. Ich wollte, unsere Philister wohnten alle Jahre vier Wochen lang in der Straße, statt nach Wiesbaden zu gehen: das würde nicht allein sie, sondern auch uns heilen, die wir krank von ihnen werden. Mich ärgert es, [...] daß ich nicht reich genug bin, mich da einzumieten. Den ganzen Tag stünde ich am Fenster und blätterte in dem großen Buche mit den schönen Zeichnungen. Ich hätte gar nicht nötig, aus dem Hause zu gehen, die Welt käme zu mir in das Zimmer (3,64).

Im Pariser Straßenleben ist sinnlich wahrzunehmen, was in Deutschland erst die Publizistik herzustellen hat. Hier ist das Leben im Unterschied zu Frankfurt kein "Handwerk", hier *ist* es *Kunst*; der "Sinn für das Öffentliche, was zugleich schön ist" (1,1057), hat sich hier entwickelt. Und dennoch: das gelingende öffentliche Leben gipfelt im Bild des Genusses privater Buchlektüre!

Er werde, hatte Ludwig Börne, als er zu seinem dritten Parisaufenthalt aufbrach, geschrieben, dort die "alten Spielplätze [s]einer Phantasie" (4,1117) aufsuchen. Die Frage, welches Regiment die Städte über die Phantasie haben[58], führte Walter Benjamin von der *Berliner Kindheit* nach Paris, der *Hauptstadt des 19. Jahrhunderts*. Die Frage ist zu erweitern: Welches modellierende und modellgebende Regiment führen große Städte, zumal für deutsche Literaten seit dem 18. Jahrhundert, über Wissens- und Ideenordnungen, über Geselligkeits-, Kunst-, Literatur- und Geschichtsvorstellungen, über Schreibort-, Schreibart-, Habitus- und Funktionsideale von Literaten, Dichtern und Denkern? Umgekehrt ist die Frage auf die großen Städte zu richten. In welchen Modellen, Bildfeldern und Denkmustern werden sie erfaßt, welche Phantasien regieren die Vorstellung von Metropole? Wirkt in der Welterfahrung des Publizisten Börne die Bucherfahrung der Welt weiter? Ist Börnes Gebrauch der Buch- und Lesemetaphorik für die große Stadt anachronistisch? Entschärft Börne die alte Opposition zwischen Buch und Wirklichkeit, ja entwertet er das Bildfeld durch seine austauschbare, fungible Verwendung? Sprechen Buch- und Lesemetaphorik für stillgestellte, kalte Wissens-, Geschichts- und Gesellschaftsordnungen, wie es Börnes Traktieren der deutschen Gelehrtenwelt polemisch nahelegt, oder stehen sie für eine Transformation von Bewegung, für eine Sättigung mit Welt, für Weltläufigkeit und Welthaltigkeit, für den Inbegriff der Erfüllung einer "bewegten

58 Vgl. Walter Benjamin, *Berliner Chronik*, hg. v. Gershom Scholem, Frankfurt/M. 1970, S. 61.

Welt"?[59]

Allgemeine Fragen zu stellen, heißt nicht, sie hier in aller Allgemeinheit auch beantworten zu können. Im folgenden sind sie nur implizit im Blick auf Börnes Buch- und Lesbarkeitsmetaphorik für die große Stadt sowie ihren Zusammenhang mit dessen Literaturprogrammatik und Schreibproblematik bedacht. Bedingten Aufschluß verspricht die Metapherngebrauchsgeschichte von Lesbarkeit und Buch im Spannungsverhältnis der Rivalität von Welt- und Bucherfahrung. In den zwanziger Jahren des 19. Jahrhunderts ist Börne führend an ihrer Übertragungserweiterung beteiligt. Dabei nutzt er die herkömmliche Oppositionsdisposition ebenso wie Möglichkeiten der Annäherung oder des Umschlags.

Der "Umschlag von der Welt, die ein metaphorisches Buch ist, zu dem Buch, das eine metaphorische Welt sein kann"[60], ist erstmals bei Goethe zu notieren. Ebenfalls bei Goethe findet sich 1818 die Übertragung der Lesbarkeit der Natur auf die Lesbarkeit der Geschichte; hier ist es freilich im Unterschied zu Börne der Rückwärtsblick auf die vergangene Geschichte über Jahrtausende, der dem aufmerksamen Betrachter "einige allgemeine Formeln" und "konstante Muster in der Geschichte" zu erkennen gibt, so daß daraus ein "Alphabet des Weltgeistes" herauszufinden ist.[61] Börne hat an der Transferierung vom Lesen der Natur zum Lesen der Geschichte maßgeblichen Anteil, ja er spielt den Wechsel aufs Vielfältigste in der Literatur ein. Die Buchmetapher der großen Stadt Paris ist für diese Übertragung ein wesentliches Bindeglied. Sie ist Börnes Erfindung. Er ist sowohl für den deutschen als vor allem auch für den französischen Parisdiskurs der erste, bei dem sich Buch- und Lesbarkeitsmetapher explizit und entwickelt finden.[62] Auch die Disposition des Lesens der Stadt aus der Bewegung des Laufens heraus ist von ihm bereits ausgebildet. Erst während der Juli-Monarchie wird die französische Parisliteratur den

> Topos vom Buch der Natur oder vom Buch der Welt in den neuen Topos vom Buch der Stadt umwandel[n] und zu einer zentralen Metapher für das sich selbst entdeckende Bewußtsein der Stadt, wie es im Diskurs von Paris zum Ausdruck kommt[63],

machen. Die Passage bei Börne aber sei, ihrer Prominenz wegen, nochmals zitiert:

---

59 Humboldt (s. Fußnote 15), S. 224.

60 Hans Blumenberg, *Die Lesbarkeit der Welt*, Frankfurt/M. 1981, S. 223.

61 Ebd., S. 231.

62 Vgl. Pierre Citron, *La poésie de Paris dans la littérature française de Rousseau à Baudelaire* 2, Paris 1961, S. 426. Zwar benutzt Restif de la Bretonne schon 1779 in *La vie de mon père* das Bild von Paris als offenem Buch (vgl. ebd., Bd. 1, S. 112-116), allerdings, ohne es als poetisches Wahrnehmungsmuster fruchtbar zu machen.

63 Stierle (s. Fußnote 1), S. 216.

> Ein aufgeschlagenes Buch ist Paris zu nennen, durch seine Straßen wandern heißt *lesen*. In diesem lehrreichen und ergötzlichen Werke mit naturgetreuen Abbildungen so reichlich ausgestattet, blättere ich täglich einige Stunden lang (2,34).

Paris ist demnach - erstens - nicht irgendein beliebiges Buch, sondern "mit seinen naturgetreuen Abbildungen" ein Kosmos, vergleichbar der umfangreichen Katalogisierung der Naturgeschichte durch Buffon. Die Stadtlektüre ist - zweitens - nicht gleichzusetzen mit einem kontemplativen, körperlosen Vorgang, sondern "lesen bedeutet [...] in einem vorgegebenen System herumzuwandern (im System des Textes, analog zur baulichen Ordnung einer Stadt)."[64] Das Lesen der Stadt ist also nicht mit Passivität zu identifizieren, sondern eine im Akt des Blätterns sich vollziehende Bewegung zwischen Körper und Geist, Text und Bild, Konzentration und Impression. So gesehen ist Börnes Lektüre von Paris eher mit einem modernen Leseverhalten vergleichbar, das die Balance hält zwischen Aufmerksamkeit und Zerstreuung, Bildimagination und Textnachvollzug, als mit einem philologisch genauen 'Punkt-für-Punkt-Nachbuchstabieren'. Dieses neuartige, aus einer Mischung von Imagination, präziser Beobachtung und flüchtiger Übersicht zusammenwirkende Leseverhalten ist der reizästhetischen Stadtwahrnehmung ebenso angemessen wie es in der Lage ist, eine am Buchstaben klebende Zensur zu unterlaufen. So verlangt beispielsweise Börnes Artikel *Greve-Platz* eine solch aktive Lektüre besonderer Art. Die Lesbarkeitsunterstellung für die Stadt ist nämlich zugleich als Entzifferungsappell für indirektes Schreiben, verdekkende Schreibweise zu lesen. Denn das vorgegebene System des Buches Stadt ist nicht schlicht als Stadttext zu lesen. Dieser könnte mühelos die deutsche Zensur passieren. Lesbar wird an dem Ort, von dem "alle Bewegung der ganzen Welt ausgeht" (4,114), der in seinen Plätzen, Gebäuden, Straßen sedimentierte, in Spuren eingelassene Text einer offenen, noch ungeschriebenen Geschichte. Börne liest die Stadt also nicht als Stadttext, sondern primär als Geschichtstext. Er schreibt damit jene geschichtsphilosophische, signatur- und zeichendeutende, semantisierende Beziehung der großen Stadt auf die Weltgeschichte fort, die mit Herder begann und sich zu einem eigenen deutschen Parisdiskurs ausbildete. In seinem Mittelpunkt steht Paris als "Hauptstadt der Geschichte".[65]

Es ist daher nicht zufällig ein Fremder in Paris, kein Einwohner der Stadt und es ist nicht zufällig ein Deutscher, der, wiederum nicht zufällig, ausgerechnet die große Stadt Paris für sein deutsches Publikum lesbar macht. Das Beziehungsmodell von Buch und Welt, das ihrer Übereinstimmung und Rivalität, ist für Börne über den expliziten Metapherngebrauch hinaus ein diffe-

---

64 Michel de Certeau, *Die Lektüre: Eine verkannte Tätigkeit*, in: Karl Heinz Barck u.a. (Hgg.), *Aisthesis. Wahrnehmung heute oder Perspektiven einer anderen Ästhetik*, 4. Aufl., Leipzig 1992, S. 295.

65 Robert Prutz, *Über Reisen und Reiseliteratur der Deutschen*, in: ders., *Schriften zur Literatur und Politik*, hg. v. Bernd Hüppauf, Tübingen 1973, S. 43.

renziert verzweigtes Denkmuster. Ihm kommt für das Verständnis von Börnes Schreibverfahren[66] und Literaturprogrammatik eine Schlüsselfunktion zu. Börne begegnet dem Fehlen einer großen Stadt in Deutschland im Wechselblick auf die deutschen Zustände und das bewegte, 'essentielle', konzentrierte Leben in Paris mit der literarischen Programmatik einer Verbindung von "Kunst, Wissenschaft und Leben" *in* der Literatur und *durch* die Literatur. Er besetzt damit einen Mangel an Wirklichkeit um in ein Mehr an lesbarer Welt. Ihr ausgezeichnetes Organ ist die Zeit-Schrift; der Ort aber, wo die Zeichen der Zeit lesbar werden, "das Zifferblatt Europas", das "Register der Weltgeschichte" (2,16) ist Paris. Statt in Buchform überträgt Börne das Geschichtsdefizit in gegenüber dem Buch wendigere, die Geschichte und ihre Bewegungen schneller erfassende Formen der Lesbarkeit, die Zeitschrift, den Brief. Die Herabstimmung aber vom Buch zu Zeitschrift und Brief beinhaltet keine Dämpfung des Lesbarkeitswunsches der Geschichte, sondern weist auf einen gesteigerten, schneller zu befriedigenden Lesbarkeitsbedarf hin. Er besteht erhöht für ein bestimmtes Segment des singularisierten Bewegungsbegriffs[67] Geschichte, das Börne bevorzugt mit Leben und Bewegtheit konnotiert: die Zeitgeschichte. Zudem gibt es speziell in Deutschland, einem Land, das, nach Börne, "nur Geschichten", aber keine Geschichte besitzt, einen besonderen geschichtlichen Zeichenbedarf. Zum schmerzlichen Desiderat urban verdichteter Kommunikation hinzu kommt hier das Defizit einer im Modell der Geschichtsbewegungsmetropole Paris an die große Stadt angebundenen, bewegten und geschehenden Geschichte. Sie ist eine seit Ende des 18. Jahrhunderts - gerade im Blick auf Frankreich - wachsend zu Bewußtsein gekommene Ausdifferenzierung der einen singularisierten, dynamisierten und temporalisierten Geschichte. Begriffsgeschichtliches Indiz für die Aufsplitterung verschiedener tempusbestimmter Vorstellungs- und Wissensweisen von Geschichte ist die Bildung des Begriffs Zeitgeschichte in den neunziger Jahren des 18. Jahrhunderts.[68] Unter dem Vorzeichen eines "Führungswechsels der Zeithorizonte"[69] von der Vergangenheitsdominanz zur Zukunftspriorität trennte sich - nach historischen Tempora und unterschiedlichen Graden an schriftlicher Verfaßtheit geschieden - die ungeschriebene, geschehende, zukunftsoffene Geschichte der Gegenwart von der geschriebe-

66 Vgl. dazu den Brief Börnes an Cotta, Frankfurt, 10. März 1821 (5,667), in dem Börne seine "indirekte" Schreibweise erläutert: nämlich die Behandlung der politischen Tagesbegebenheiten, "als wäre[n] sie ein Buch", und die Behandlung der Kunst und Literatur, um auf "politische Verhältnisse [...] über[zu]gehen." - Vgl. dazu auch Labuhn (s. Fußnote 55).

67 Vgl. Reinhart Koselleck, Art. *Geschichte*, in: Otto Brunner / Werner Conze / Reinhart Koselleck (Hgg.), *Geschichtliche Grundbegriffe. Historisches Lexikon zur politisch-sozialen Sprache in Deutschland* 2, Stuttgart 1975, S. 647-717.

68 Zum Begriff 'Zeitgeschichte' vgl. in Zukunft Manfred Hahn, Art. *Zeitgeschichte*, in: Joachim Ritter u.a. (Hgg.), *Historisches Wörterbuch der Philosophie*, der mir im Manuskript vorlag.

69 Niklas Luhmann, *Weltzeit und Systemgeschichte*, in: Hans Michael Baumgartner u.a. (Hgg.), *Seminar: Geschichte und Theorie*, Frankfurt/M. 1976, S. 370.

nen, sich von der Gegenwart abschirmenden Geschichte der Vergangenheit. Beide geschichtlichen Bewußtseins- und Wissensweisen ordnen sich unterschiedlichen Wissensgebieten und -formationen zu: Die geschrieben überlieferte Geschichte der Vergangenheit wird Gegenstand der sich durch diese Eingrenzung szientifisch absichernden und ausweisenden, entstehenden Geschichtswissenschaft. Die ungeschriebene, prozessuale Zeitgeschichte aber wird zum Feld des Literaten und der Literarisierung.[70] Die publizistische Literatur übernimmt es programmatisch und faktisch, einem "wahren, ästhetischen Begriff der Geschichte"[71] sich nähernd,

> das Spiel der Harmonien in unmittelbarer Gegenwärtigkeit [zu] ergreifen, im historischen Konzertsaal, unter den schwellenden Tönen, den ringenden, jauchzenden Menschen [...] das Unsichtbare an das Sichtbare, den Geist an die Erscheinung, den Sinn an die Tat[72]

zu binden und damit in Lesbarkeit zu transformieren. Das 'Buch' Paris aber, in dessen Straßen der deutsche Schriftsteller wandernd liest, ist der noch ungeschriebene Zeitgeschichtstext, den er, in Paris schreibend, literarisiert und dadurch für ein deutsches Publikum lesbar macht. Er folgt in Metaphorik und Literarisierung dem vorgängigen Wunsch, "die Welt möge sich [...] im Aggregatzustand der 'Lesbarkeit' als ein Ganzes von Natur, Leben und Geschichte sinnspendend [...] erschließen."[73]

Die große Stadt Paris aber, dem Ort, von dem "alle Bewegung der ganzen Welt ausgeht" (4,114), das "Herz der neuen Geschichte" (3,156), in diesem Aggregatzustand metaphorisch vor Augen zu führen, bedeutet nicht, die Bewegung kontemplativ stillzustellen, sondern die Bewegung als Bewegung im Ganzen ästhetisch genießen zu können. Im ästhetischen Genuß der städtischen Bewegtheit waren Georg Forster und Wilhelm von Humboldt in Paris dem Zeitschriftsteller Ludwig Börne vorausgegangen. Alle drei sind beteiligt an der kunstgeschichtlich am klarsten erkennbaren Entwicklung einer Ästhetik des Bewegten, in Bewegung Begriffenen. Mit ihr wandert, dem Wechsel vom Schreibort Stube zum Schreibort Stadt vergleichbar, die Malerei aus dem Atelier heraus in die Landschaft, um dort, mit zeitlich exakt festgehaltenen Wolkenstudien beginnend[74] und bis zu Meeresgemälden[75] fortschreitend, Bewegung ästhetisch in das Medium Bild zu übertragen. "Die einzelnen Bewegungen waren unerkennbar, der Mensch verlor sich in eine Sache, das Le-

---

70 Vgl. Ingrid Oesterle, Der *'Führungswechsel der Zeithorizonte' in der deutschen Literatur*, in: Dirk Grathoff (Hg.), *Studien zur Ästhetik und Literaturgeschichte der Kunstperiode*, Frankfurt/M. u.a. 1985, S. 69ff.

71 Ludolf Wienbarg, *Ästhetische Feldzüge*, hg. v. Walter Dietze, Berlin 1964, S. 33.

72 Ebd., S. 32.

73 Vgl. Blumenberg (s. Fußnote 60), S. 10.

74 Oskar Bätschmann, *Entfernung von der Natur. Landschaftsmalerei 1750-1920*, Köln 1989, S. 122.

75 Ebd., S. 124. Zu Börnes Identifizierung des Blicks auf das "tolle Leben" in Paris mit dem Blick des "Landschaftsmalers" auf "schöne Gegenden" (vgl. 4,358).

ben ward zum Gemälde" (3,140), schreibt Börne über eine Menschenmenge in einem Pariser Theater. Seine Literarisierung der Bewegung hält Schritt mit der Ästhetisierung von Bewegung in der bildenden Kunst. Allenfalls was die Bewegung in der großen Stadt anbelangt, mag die Literatur den Landschaftsbildern vorauseilen, wenngleich Börne ihrer, zumindest in diesem Fall, wiederum als metaphorischem Bildspender bedarf.

Daß es ausgerechnet einem Fremden, nicht einem Bewohner von Paris gelingt, als Schriftsteller diesen Blick der Lesbarkeit auf die große Stadt zu entwickeln, kann in einer bestimmten Tradition der Reiseliteratur gesehen werden. Sie erlaubte es dem Schriftsteller, sich das alter ego des Fremden zuzulegen, um die eigenen, heimischen Verhältnisse aus der Ferne zu besehen und dadurch Distanz und Kritik zu ermöglichen. Börne legt sich in der Fremde den Habitus eines auf den Straßen von Paris allgegenwärtigen Schriftsteller-Ichs zu, das über die deutschen Zustände räsoniert, indem er die französischen darstellt. Er lädt zu einer "doppelten Reise"[76] ein. Erleichtert und erwartungsvoll verläßt er sein eigenes Land, um andere Sozialformen der Geselligkeit, des Wissens, der Literatur, andere Mentalitäten und Regierungssysteme zu 'studieren', zu beobachten und mitzuteilen. Aber diese Versetzung in die Rolle eines aus der Fremde auf das Eigene blickenden Außenstehenden hat bei Börne eine besondere Prägung. Sie ist nur das alter ego eines der heimischen Enge und dem politischen Druck in Deutschland entkommenen, weltoffenen deutschen Schriftstellers. Je zahlreicher Börnes *Briefe aus Paris* mit der Zeit werden, desto offenkundiger tritt zutage, daß sie zwar der Erregbarkeit durch diesen Ort, seiner Bewegung, seines Umlaufs der Volksmenge, der Informationen, der Ideen, des Wissens bedürfen, aber ihre Adresse und mehr und mehr auch ihr Inhalt Deutschland und seine Geschichte ist. Aber selbst wenn der "gegenwärtigste aller Menschen, die sich je in den Straßen von Paris herumgetrieben haben" (2,1022), nur die Fiktion eines sich frei bewegenden Schriftstellers verkörpert, dessen bevorzugter Vorstellungsort der Markt ist, wohlgemerkt der Marktplatz, nicht der anonyme Literaturmarkt mit seinen Zwängen, - selbst wenn die Anonymität und Bewegtheit der großen Stadt bloß der Illusionsraum zwangloser Bewegungsfreiheit des sogenannten freien Schriftstellers ist, den er schreibend entwirft und in den er sich selbst einschreibt, so bildet doch erst beides zusammen ein kulturelles "Ferment"[77]. Börne gelingt derart jene notwendige Distanz, die gewährleistet, was er programmatisch von der Literatur seiner Zeit und faktisch durch seine Schreibart fordert, nämlich "die Dynamik der ideologischen und sozialen Veränderung anzukurbeln."[78]

---

76 Julia Kristeva, *Fremde sind wir uns selbst*, Frankfurt/M. 1990, S. 145.
77 Ebd., S. 146.
78 Ebd.

Harald Schmidt

Jungdeutsche Publizistik als 'Ideenzirkulation'

Ludwig Börnes *Ankündigung der Wage* und Theodor Mundts Essay *Zeitperspective*[1]

Eine Beschreibung der zentralen Rolle, die der periodischen Publizistik im Kontext des Jungen Deutschland und dann des Junghegelianismus zugemessen wurde, könnte gut mit einer eschatologischen Phantasie beginnen. Sie findet sich in Robert Prutz' *Geschichte des deutschen Journalismus* von 1845. Die geschichtsphilosophische Erwartung der "Einkehr des Himmels auf der Erde", komprimiert in die emanzipative Formel von der "Teilnahme Aller an Allem", speist sich hier aus dem Vertrauen in die Geschichtsmächtigkeit des Journalismus, die Prutz in reflektiertem Hegelschen Idealismus entwirft.[2] Als "durch und durch demokratisches Institut" habe der Journalismus mit den Zeitungen das "stolze Vorrecht der Kenntnis" in die "Macht des ausgesprochenen öffentlichen Bewußtseins" überführt. Die periodische Publizistik bildet das prädestinierte sensible Organ für die Konstitution und Artikulation der 'öffentlichen Meinung', der der *sensus communis* bürgerlichen Denkens noch (und gerade) im Vormärz emphatisch Macht zur Revolutionierung der spätfeudalen Verhältnisse und zur Begründung der neuen bürgerlichen Staats- und Gesellschaftsordnung zuspricht.[3] Diese kritische, eine bürgerliche Fortschrittsgeschichte ausführende Funktion der periodischen Publizistik versieht Prutz mit einem markanten Zeitindex. Der Journalismus sei die "tägliche Selbstkritik, welcher die Zeit ihren eigenen Inhalt unterwirft; das Tagebuch gleichsam, in welches sie ihre laufende Geschichte in unmittelbaren, augenblicklichen Notizen einträgt"; ja mehr noch sei der

---

1 Die nachfolgenden Überlegungen gehen auf Anregungen eines von Prof. Dr. Günter Oesterle im WS 1995/96 veranstalteten Oberseminars ("Ideenzirkulation") zurück. Gedankt sei an dieser Stelle vor allem Günter und Ingrid Oesterle, Christine Haug, Christina Dongowski, Andreas Hoeschen, Lothar Schneider und zuletzt Stefan Rieger.

2 Robert E. Prutz, *Geschichte des deutschen Journalismus* 1, Göttingen 1971 (Faksimiledruck nach der ersten Auflage von 1845), S. 87. Zur methodischen Präferenz der "historischen Ideen" des Journalismus vor der "Zufälligkeit des historischen Documents" bei Prutz vgl. S. 83, sowie Hans Joachim Kreutzer, *Nachwort*, S. 448.

3 Vgl. dazu Wolfgang Labuhn, *Ludwig Börne als politischer Publizist 1818-1837*, in: *Juden im Vormärz und in der Revolution von 1848*, hg. v. Walter Grab / Julius H. Schoeps, Stuttgart / Bonn 1983, S. 30ff. Prutz konstatiert in *der Geschichte des deutschen Journalismus* (s. Fußnote 2), S. 19: "Erst die Zeitungen haben das geschaffen, was wir heut zu Tage die Stimme des Publikums, die Macht der öffentlichen Meinung nennen; ja ein Publikum ist erst durch die Zeitungen gebildet worden".

Journalismus der Ort, an dem die "geheimsten Nerven, die verborgensten Adern unserer Zeit sichtbar zu Tage liegen."[4]

Die Studien von Ingrid Oesterle haben nachgewiesen, wie die Herausbildung der geschichtlichen Zeit 'Gegenwart' und die Erfahrung einer rasant beschleunigten Temporalität im Gefolge der Französischen Revolution und im Brennpunkt der Revolutionsmetropole Paris ein Empirie- und Darstellungsproblem schaffen, dem sich weder die bloße Nachricht der Zeitung noch die vergangenheitsfixierte Historiographie stellen, dem aber der literarische Journalismus, besonders mit dem publizistischen Brief, Abhilfe verschafft.[5] Tatsächlich ließe sich auch in der diskursiven Einschätzung der periodischen Publizistik zwischen Spätaufklärung und Vormärz zeigen, wie ihr Bezug zur flüchtigen Temporalität ins Zentrum rückt, mit der Konstitution der neuen geschichtlichen Zeitempirizität 'Gegenwart' positiviert, erkenntnistheoretisch bis -utopisch aufgerüstet und dynamisiert wird.[6]

---

4 Prutz (s. Fußnote 2), S. 7.

5 Vgl. Ingrid Oesterle, *Der 'Führungswechsel der Zeithorizonte' in der deutschen Literatur*, in: Dirk Grathoff (Hg.), *Studien zur Ästhetik und Literaturgeschichte der Kunstperiode*, Frankfurt/M. u.a. 1985, S. 11-75.

6 Verhandelt das kritische Bewußtsein der literarischen Öffentlichkeit vor, bisweilen auch noch während der Revolution die flüchtige Zeitlichkeit der Journale, der "Ephemeriden des Tages", vor allem als Index ihrer Zugehörigkeit zur Mode – greifbar in oberflächlicher Lektüre und schneller Verjährung (so H.W. v. Archenholz' *Gedanken über die Journallektüre*, in: *Neue Literatur und Völkerkunde* 2/2 [1788], S. 3-9, zit. n.: *Dokumente über Zeitschriften und Zeitschriftenlektüre 1783-1799*, in: *Wolfenbütteler Studien zur Aufklärung* 1, Wolfenbüttel 1974, S. 130), so rückt mit der Erfahrung der Französischen Revolution und mit der bedeutenden Funktion der Publizistik sowie dem neuen Schub von Zeitungslektüre in der Revolution der Journalismus auf als Organ und Motor der neuen Geschichtszeit 'Gegenwart'. Joachim von Schwartzkopf, Schüler des Göttinger Statistikers Schlözer und Begründer der Zeitungswissenschaft, unterstreicht in seiner staatswissenschaftlichen Abhandlung *Ueber Zeitungen* (1795) neben der politischen Relevanz der Zeitungen nachgerade die "allgemeine, so schnelle und zugleich so wohlfeile und bequeme Verbreitung nützlicher Kenntnisse" (S. 68, nach dem Faks.-Nachdruck der Ausgabe Frankfurt/M. 1795, München 1993). J.A. Bergks *Kunst, die Bücher zu lesen* (Jena 1799) sieht die Aufgabe der periodischen Schriften nicht allein darin, "die Neuigkeiten in der gelehrten und politischen Welt, sondern auch den Geist und die Bedürfnisse des Zeitalters kennen zu lernen: denn man kann es nicht leugnen, daß sich der Genius eines Zeitalters weit mehr in periodischen, als in anderen Schriften offenbart." Zit. n.: *Dokumente über Zeitschriften und Zeitschriftenlektüre 1783-1799* (s. oben), S. 134. Robert Prutz' wissensutopische Beschreibung des Journalismus (s. Fußnote 2) steigert diese Koalition von Publizistik und beschleunigter Temporalität zur fast postmodern anmutenden Kommunikationsutopie simultanen Informationsaustausches. Sie bildet eine äußerste Möglichkeit in der Selbstbeschreibung publizistisch garantierter bürgerlicher Öffentlichkeit als eines zunehmend beschleunigten Informations- und Mitteilungszusammenhangs. In den "gegenwärtigen Zuständen", meint Prutz, seien "die Völker der Erde" in "einen einzigen großen Leib" vereint, dessen entfernteste und geringste Affizierung schon "in demselben Moment, im sympathetischen Fluge, den gesamten Leib durchzuckt!" Keine Entfernung sei so groß, "daß die Zeitungen sie nicht überwunden hätten". Die Zeitung ist für Prutz die seit der Reformation wirkmächtige neue Erfindung, die "pfeilschnell gleich dem Funken der elektrischen Kette, alle Stände, alle Orte, alle Ge-

Meine folgenden Ausführungen wollen diesen zentralen temporalen Aspekt des Zeitschriftenjournalismus und den bei Prutz damit assoziierten Aspekt einer sozial 'nach unten' entgrenzten Öffentlichkeit an zwei aussagekräftigen Texten diskutieren, Börnes bekannter Ankündigung seiner Zeitschrift *Die Wage* von 1818 und Theodor Mundts Essay *Zeitperspective* von 1834, der sein kurzlebiges Journal *Schriften in bunter Reihe* eröffnet. Der intertextuelle Vergleich und die Diskussion der beiden genannten Aspekte orientieren sich an einem für die publizistische Öffentlichkeit zentralen metaphorischen Modell, dem der Ideenzirkulation.

1. Genese und neuzeitliche Transformationen der Kreislaufmetapher

Verbürgte die rückläufige Bewegungsfigur des Kreislaufs im Kontext antiker Kosmologie und ihres metaphysischen Horizonts die Gottähnlichkeit und Vollkommenheit natürlichen Seins - im Umlauf der Sterne wie im Kreislauf des Wassers oder der Zirkulation des Pneumas in den Dingen[7] -, erfährt sie in der Neuzeit einen drastischen Bedeutungswandel. Sie wird zur antimetaphysischen Metapher natürlicher Autonomie und Selbststeuerung in unterschiedlichen Wissenskontexten und Sachzusammenhängen: in der Medizin bzw. Physiologie durch William Harveys wirkmächtige Entdeckung des Blutkreislaufs (1628)[8], in der Staatslehre und Ökonomie durch Thomas Hobbes' Übertragung des Harveyschen Modells auf die monarchische Steuer-

---

genden durchläuft und überall die Herzen erwärmt, die Geister entzündet" (S. 86, 88). Die physiologische und ökonomische Kreislaufmetaphorik erscheint hier aufgehoben (im doppelten Sinn) und überboten durch das Geschwindigkeitsparadigma des elektrischen Kreises.

7 Vgl. Hans Blumenberg, *Paradigmen einer Metaphorologie*, in: *Archiv für Begriffsgeschichte* 6 (1960), S. 126ff.

8 Vgl. zur metaphysisch-kosmologischen Matrix des Harveyschen Kreislaufmodells und zu seiner Bedeutung als Figur autonomer animalischer Körperorganisation Thomas Fuchs, *Die Mechanisierung des Herzens. Harvey und Descartes - Der vitale und der mechanische Aspekt des Kreislaufs*, Frankfurt/M. 1992, S. 68f., sowie die Arbeiten Joseph Vogls (s. Fußnoten 10 und 12). Die emphatische Autonomsetzung physiologischer Kreislaufprozesse gegen die theologische causa efficiens belegen in der Mitte des 19. Jahrhunderts etwa die materialistischen Spekulationen Gottfried Kellers in der ersten Fassung seines *Grünen Heinrich*. Keller übernimmt hier Anschauungen des Heidelberger Physiologen Jakob Henle. Es gehört zur neuzeitlichen Geschichte der Kreislaufmetapher, daß ihre Autonomieemphase umschlagen kann in die Schreckfigur inhumaner deterministischer Prozessualität. Diesen Schritt werden die modernekritischen Erzählungen des späteren Keller (*Die Leute von Seldwyla*) vollziehen. Vgl. insgesamt dazu Michael Böhler, *'Fettaugen über einer Wassersuppe' - Frühe Moderne-Kritik beim späten Gottfried Keller. Die Diagnose einer Verselbständigung der Zeichen und der Ausdifferenzierung autonomer Kreisläufe*, in: Thomas Koebner / Sigrid Weigel (Hgg.), *Nachmärz. Zum Ursprung der ästhetischen Moderne in einer nachrevolutionären Konstellation*, Opladen 1996, S. 292-305.

erhebung (*Leviathan*, 1651)[9], in der Naturgeschichte durch Buffon[10], im Konzept literarischer bzw. politischer Öffentlichkeit seit der Aufklärung dann durch die Vorstellung der Ideenzirkulation bzw. des 'Umlaufs' von Kenntnissen, Begriffen, Wissen. In der deutschen Romantik, möglicherweise auch schon früher, erscheint sie als Regulationsmodell eines mobilen Nationalgeists und eines nationalen Sprachhaushalts.[11] Diese Karriere des Modells einer selbstregulativen Zirkulation in unterschiedlichen Wissensformationen wird ermöglicht durch die Ausbildung eines spezifisch neuzeitlichen Ökonomiemodells. Im 17. und 18. Jahrhundert löst eine 'Makro-Ökonomie' - vor der Konstitution der Nationalökonomie im 19. Jahrhundert - die alte Ökonomie des Hauses ab und postuliert für den Gesamtzusammenhang gesellschaftlichen und staatlichen Lebens eine systemische Ordnung, in der ein "entgrenztes Beziehungsgeflecht sozialer Tausch- und Verkehrsformen" unter dem Aspekt der Selbstregulierung und der funktionalen Abhängigkeiten gedacht wird.[12] Konkurrierend zum naturrechtlich-deduktiven Staatsdenken wird damit ein "integrativer Wissensbereich" geschaffen, der "disparate Sozial- und Naturkenntnisse sammelt, homogenisiert und zuletzt auf eine Totalerfassung des Menschen, seiner Kommunikationen und Interaktionen ausgreift und eine intensive Verwaltung des Raums, der Lebewesen und Reichtümer impliziert".[13] Ergänzend zu diesem Reüssieren der Zirkulationsmetapher im Kontext der 'Makroökonomie', zusätzlich zu den interdiskursiven Wandlungen und Koalitionen der Zirkulationsmetapher sind aber auch mit Blumenberg ihre möglichen Aggregatzustände als Symbol, Metapher, absolute Metapher, verdeckte Hintergrundmetapher oder ihre Verdichtung zum 'harten' wissenschaftlichen Terminus zu bedenken.[14] Ihr Ursprungsort in einem makroökonomischen Wissensmodell, das von so modern anmutenden

---

9 Vgl. dazu Harry Schmidtgall, Zur Rezeption von Harveys Blutkreislaufmodell in der englischen Wirtschaftstheorie des 17. Jahrhunderts. Ein Beitrag zum Einfluß der Naturwissenschaften auf die Ökonomie, in: Sudhoffs Archiv 57 (1973), S. 416-430.

10 Vgl. Joseph Vogl, *Homogenese. Zur Naturgeschichte des Menschen bei Buffon*, in: Hans-Jürgen Schings (Hg.), *Der ganze Mensch. Anthropologie und Literatur im 18. Jahrhundert*. DFG-Symposion 1992, Stuttgart / Weimar 1994, S. 80-95.

11 Vgl. dazu die unten angeführten Beispiele a) - c).

12 Joseph Vogl, *Transzendentalpolitik. Zum Staatsbegehren um 1800*. Typoskript eines Vortrages auf der Tagung *Poetologie des Wissens um 1800*, Köln 21.-23. März 1995, S. 4f. Im Kontext dieser Makroökonomie wird auch die alte Analogie von Staat und Körper neu gedacht. Die alten Bildähnlichkeiten zwischen Haupt und Regent, Untertanen und Gliedern werden nach Vogl durch funktionale Äquivalenzen und die postulierte Konformität von Gesetzen in beiden Bereichen abgelöst. Ebd., S. 6. Zur umfassenden, die Gesellschaft wie den absolutistischen Staat mit seinem Verwaltungsapparat durchdringenden Etablierung einer "Episteme rational-kalkulatorischer Logik" auf Geldbasis vgl. bes. Lothar Schneider, *Reden zwischen Engel und Vieh. Zur rationalen Reformulierung der Rhetorik im Prozeß der Aufklärung*, Opladen 1994, hier: Kap. 1: *Kleine Legende des 18. Jahrhunderts: der Kaufmann*.

13 Vogl, *Transzendentalpolitik* (s. Fußnote 12), S. 6.

14 Vgl. Blumenberg (s. Fußnote 7), S. 7ff.; zu Blumenbergs metaphorologischer Typologie vgl. ebd.

Prinzipien der Selbststeuerung, des systemischen und funktionalen Zusammenhangs vielfältiger Variablen bestimmt wird, gewährleistet jedenfalls nicht die terminologische Konsistenz und Konstanz in allen ihren Anwendungsbereichen. Im Gegenteil. Die Zirkulationsmetapher, gerade auch die der 'Ideenzirkulation', unterbietet schon in der Aufklärung bei geradezu epidemischer Präsenz vielfach noch den Status einer vagen Hintergrundmetaphorik und erscheint oft als bloßes Synonym materialer Distribution von Büchern oder der Verbreitung von Kenntnissen bzw. der einfachen Weitergabe von Informationen.[15] Im engeren, strikteren Sinn einer Analogiebeziehung zwischen Geld und Geist[16], zwischen Ökonomie und öffentlicher Kommunikation bezeichnet 'Ideenzirkulation' aber seit der Aufklärung einen komplexen Kommunikationsvorgang zwischen räsonierenden Privatleuten etwa gleicher Bildung, in dem Wissen durch einen optimierenden Bearbeitungsprozeß hergestellt wird. Statt des kommunikativ eindimensionalen Aktes bloßer Informationsweitergabe wird mit dieser Form der Ideenzirkulation ein öffentlicher Diskussionszusammenhang warentauschanalog begriffen. Dabei kommt den Zeitschriften ein besonderer Stellenwert zu. Im wechselseitigen Austausch wird provisorisches Wissen als 'Idee', als 'Meinung' und 'Ansicht' kommuniziert und dient der Stimulation, der "Erweckung" (J. H. Merck) bzw. "Belebung" (Novalis) daran anschließender Wissensprovisorien, die in den publizistischen Diskussionszusammenhang eingespeist und ihrer sukzessiven "Läuterung" (Forster) zugeführt werden.[17] Im Kontext des makroökonomi-

---

15 Das *Hanauische Magazin* von 1783 spricht in einem Artikel über die *Journalensucht in Deutschland* (S. 432ff.) von der "Zirkulation von Kenntnissen". Die Zirkulation bzw. der "Umlauf" von Kenntnissen, Ideen oder Wahrheiten erscheint in dieser formelhaft-unbestimmten Verwendung etwa 1790 bei Beutler und Guthsmuth (s. Fußnote 35) und bei H.W. v. Archenholtz (*Gedanken über die Journallectüre*, S. 132), in K.Ph. Moritz' *Ideal einer vollkommenen Zeitung* (s. Fußnote 37) sowie in Campes Zeitschriftenapologetik (s. Fußnote 35) ökonomisch fundiert.

16 Vgl. dazu Christiaan L. Hart-Nibbrig, *Tausch und Täuschung: Geld, literarisch*, in: ders.: *Übergänge. Versuch in sechs Anläufen*, Frankfurt/M. / Leipzig 1995, S. 87-124, sowie Enrik Lauer, *Literarischer Monetarismus. Studien zur Homologie von Sinn und Geld bei Goethe, Goux, Sohn-Rethel, Simmel und Luhmann*, St. Ingbert 1994.

17 Zur publizistischen 'Erweckung' der Ideen bei J.H. Merck und bei Novalis vgl. unten sowie Fußnote 41. Zur Läuterung der Ideen durch ihren schnellen Umlauf vgl. das im weiteren angeführte Beispiel a). Die Medienspezifik dieser publizistischen Sammlung und Läuterung provisorischen Wissens verdeutlicht Campes Zeitschriftenapologie (s. Fußnote 35, S. 123f.) Die Journale seien gerade offen für die "interessante und gemeinnützige Idee, die in dem denkenden Kopfe oft beiläufig hervorspringt", für die "zufällig[e] Bemerkung, auf die man im Vorbeigehn stößt", für die wahrscheinlich[e] Vermuthung, die uns mitten unter andern, ganz heterogenen Beschäftigungen einfällt" für die "klein[e] Entdeckung". Aus solchen "beiläufigen Kindern des Geistes" könne man zwar "kein Buch machen und so in die Welt ausgehen lassen". Aber man könne sie "rein und warm", so wie sie der Denkkraft eben jetzt entschlüpfen, auf besondere Blätter werfen und [...] die Journale dazu brauchen, sie vor dem Verpoltern und Umkommen zu sichern, sie der öffentlichen Pflege und weitern Ausbildung derer zu übergeben, welche vielleicht mehr Zeit und mehr Sorgfalt darauf verwenden können". Der besondere Vorrang der Zeitschriften für die "Beförderung der öffentlichen Aufklärung" liegt für Campe

schen Selbststeuerungskonzepts ist der optimierende Effekt dieser Form diskursiver Ideenzirkulation zwangsläufiges Resultat "freien" Austauschs, den die Aufklärung entsprechend emphatisch einfordert.

Darüber hinaus kann sich die Metapher zum Zentrum vielschichtiger Konzepte kultureller Austausch- und Integrationsprozesse auswachsen. Ich nenne für die zugegeben abstrakten Ausführungen und Begrifflichkeiten drei Beispiele.

Beispiel a): Georg Forster verdichtet in seinen *Ansichten vom Niederrhein* (1790) seine disparaten Eindrücke von der Handelsmetropole Amsterdam zum phantasiegestützten Totaleindruck eines parallel mit dem Welthandel und der Warenzirkulation einhergehenden Umlaufs von Begriffen und Ideen, die sich in zunehmender Beschleunigung zugleich immer mehr läuterten. Was von neuen Ideen nicht an Ort und Stelle verarbeitet werde, verwebten benachbarte Länder in ihre bereits vorhandenen Kenntnisse, bis das neue "Fabrikat der Vernunft" nach Amsterdam zurückkehre.[18]

Beispiel b): In August Hennings radikaldemokratischer Zeitschrift *Der Genius der Zeit* fordert 1794 ein anonym publizierter Aufsatz unter dem Titel *Ueber den Umlauf*, Ökonomie und "Geistescultur" parallelisierend, emphatisch freie Zirkulation in kosmopolitischer Dimensionierung:

> Umlauf macht alles rege, Umlauf belebt die Menschen, nährt die Thätigkeit, giebt Gewicht dem Handel, bevölkert die Gegenden, bereichert an geistigen und materiellen Schätzen, verleiht Munterkeit und Freude, macht Staaten gros und blühend. [...] Wo ein Thaler schnell unter hundert Menschen umläuft, vertritt er die Stelle von hundert Thalern; wo ein guter Gedancke ungehindert von Kopf zu Kopf, von Gefühl zu Gefühl umher geht macht er ganze Gemeinden aufgeklärt und gut. [...] Nichts störe daher den Umlauf. Frey sei er im Gelde, frei in der Thätigkeit, in der Wahrheit, in den Kenntnissen, in allen nützlichen Erfindungen und Hervorbringungen; frey sei er unter den Menschen selbst. [...] Freyer Umlauf sey daher überall heilig; [...] rund um den Erdkreis [herrsche] unter den Menschen freyer Umlauf.[19]

Beispiel c): Die Lösung des zentralen Problems deutscher Identitätsfindung seit der Spätaufklärung, einen nationalen Kulturraum aus der Pluralität der deutschen Regionen im Modus der "Einheit in der Mannigfaltigkeit" zu

---

weiterhin in dem Forumscharakter der Journale für "verschieden[e] Stimmen denkender Köpfe über wichtige, aber doch streitige Puncte", sodann in der besonderen Mitteilungsökonomie publizistischer Meinungsäußerung im "weit kürzer[en] und gedrungener[en]" Vortrag, nicht zuletzt schließlich in der Lizenz zum "etwas picantern Ton". Ebd., S. 126f.

18 Georg Forster, *Ansichten vom Niederrhein, von Brabant, Flandern, Holland, England und Frankreich im April, Mai und Junius 1790*, in: *Georg Forsters Werke. Sämtliche Schriften, Tagebücher, Briefe* 9, hg. v. Gerhard Steiner, Berlin 1958, S. 300.

19 [Anon.], *Ueber den Umlauf*, in: *Der Genius der Zeit. Ein Journal hg. v. August Hennings* 3 (Sept. bis Dez. 1794), Altona, S. 59-62. Ich verdanke den Hinweis auf diesen Aufsatz Christine Haug.

schaffen - dies in bewußter Abgrenzung gegen den französischen Zentralismus -, projektiert Ernst Moritz Arndt in seinem Pamphlet *Der Rhein, Teutschlands Strom, aber nicht Teutschlands Gränze* (1813) als permanenten Austausch- und Ausgleichsprozeß eines durch die deutschen Provinzen zirkulierenden Nationalgeists. Die diskursiv definierte, der aufgeklärten Öffentlichkeit zugewiesene Ideenzirkulation ist hier transformiert zum mystischen und erfahrungsflüchtigen Fluß eines Nationalgeists, in dem verschiedene physiologische Umlaufkonzepte kontaminiert sind.[20] Der nationalromantische Publizist Arndt faßt zugleich aber auch die öffentliche Meinung physiologisch als "Umtrieb der lebendigen Säfte eines Staates".[21]

Angesichts der anfangs umrissenen Koalition von Journalismus und dem Bewußtsein beschleunigter, gegenwarts- und zukunftorientierter Zeit stellt sich die Frage nach dem möglichen Stellenwert der Zirkulationsmetapher in dieser Allianz. Kann die Beachtung der Metapher und ihres historischen Wandels in dem Komplex von moderner Fortschrittsgeschichte und öffentlicher Meinung die "Metakinetik geschichtlicher Sinnhorizonte und Sichtweisen" (Blumenberg)[22], und zwar die einer sich verändernden Zeiterfahrung, schärfer erfassen? Gegen die historische Konjunktion von moderner linearer, zielgerichteter und zugleich ebenso offener wie unbegrenzter Fortschrittsgeschichte[23] einerseits und Zirkulationsmetapher andererseits, sowie gegen die "metakinetische" Lesbarkeit der Metapher hin auf moderne Erfahrungen beschleunigter Zeitlichkeit, mag einiges sprechen. Dies wäre nicht zuletzt die schlichte Inkompatibilität von zirkulärer Prozessualität bzw. zyklischer Geschichtlichkeit und progressiv-linearem Geschichtsdenken der Moderne[24],

---

20 E.M. Arndt, *Der Rhein, Teutschlands Strom, aber nicht Teutschlands Gränze* (1813), in: *Arndts Werke. Auswahl in zwölf Teilen* 11: *Kleine Schriften* 2, hg. v. August Leffson / Wilhelm Steffens, Berlin u.a., o.J., S. 37-82, hier: S. 73. Vgl. dazu Harald Schmidt, *Kopf und Magen. Der aufklärerische Nord-Süd-Diskurs und ein Beispiel seiner romantischen Umkehrung: Ernst Moritz Arndts 'Der Rhein, Teutschlands Strom, aber nicht Teutschlands Gränze' (1813)*, in: Michael Böhler / Gabriele Schwieder / Regula Stähli (Hgg.), *Trilateraler Forschungsschwerpunkt 'Differenzierung und Integration'. Sprache und Literatur deutschsprachiger Länder im Prozeß der Modernisierung. Züricher Gesamtsymposium Boldern, 23. - 26. März 1995*, Zürich 1996, S. 174ff.

21 E.M. Arndt, *Über öffentliche Meinung*, in: *Neues Bürgerblatt* 89, Frankfurt/M. 1814. Zit. n. K.H. Schäfer, *E.M. Arndt als politischer Publizist. Studien zu Publizistik, Pressepolitik und kollektivem Bewußtsein im frühen 19. Jahrhundert*, Bonn 1974, S. 32.

22 (s. Fußnote 7), S. 11.

23 Vgl. Rudolf Wendorff, *Zeit und Kultur. Geschichte des Zeitbewußtseins in Europa*, Opladen 1980, S. 321ff. Zu den wissenschaftlichen und philosophischen Voraussetzungen dieses modernen, progressiv-linearen Geschichtsdenkens im 17. Jahrhundert ebd., S. 230ff.

24 Zur zyklischen Geschichtsauffassung der Griechen mit dem Effekt einer "Statisierung des Werdens" ebd., S. 59ff; zur christlichen Etablierung einer linearen teleologischen Geschichtlichkeit, die aber nicht mit der modernen Fortschrittsgeschichte verwechselt oder auch nur im Sinne Löwiths oder Baillies als ihre wesentlichste Voraussetzung bestimmt werden darf ebd., S. 77f; S. 327ff. Zur Typologie linear-progressistischer, zyklischer und degenerativer Geschichtsmodelle vgl. Klaus P. Hansen, *Utopische und retrospektive Mentalität. Überlegungen zu einer verkannten Tradition*, in: *DVjs* 57 (1983), S. 572.

aber auch Blumenbergs Diktum, demzufolge sich "wesentliche geistesgeschichtliche Vorgänge der Neuzeit als Entmachtungen der Kreismetaphorik" verstehen lassen, bzw. seine Feststellung, daß sich "Reaktion und Widerspruch gegen den Geist der Neuzeit" unter die Metaphorik des Kreises stellen.[25] Die hier angeführten Beispiele a) - c) belegen indes die Abspaltung einer physiologischen bzw. ökonomischen Kreislaufvorstellung von der alten metaphysischen Zyklik und ihr Zusammengehen mit der modernen Konzeption einer linearen und beschleunigten Fortschrittsgeschichte. Michel Foucault hat darauf hingewiesen, daß der ökonomischen 'Analyse der Reichtümer' im Dreierfeld der klassischen Episteme ein Sonderstatus zukommt, weil sie - im Modell monetärer Zirkulation - den Repräsentationen das Moment der Zeit als inneres Gesetz einschreibt.[26] In der Definition des Geldes als Pfand wird die Repräsentationskraft Funktion der Zirkulationsgeschwindigkeit, d.h. sein Wert bemißt sich - wie das Taler-Beispiel aus dem unter b) aufgeführten Aufsatz des *Genius der Zeit* belegt - nach der Zahl der Hände, durch die es in einer bestimmten Zeit läuft. Bei Forster wie im 'Umlauf'-Aufsatz des *Genius der Zeit* wird die Optimierung der Ideen und Kenntnisse (dies Index der modernen Fortschrittsgeschichte) direkt mit ihrer beschleunigten Umlaufgeschwindigkeit in Zusammenhang gebracht. Zu überlegen wäre, ob dieser exponierte Stellenwert fortschrittszuträglicher Temporalität im spätaufklärerischen Modell der Ideenzirkulation mit der traditionalen Funktion der Zeit in der klassischen 'Analyse der Reichtümer' eine zureichende Voraussetzung hat oder ob er nicht mit der spezifischen Transformation ökonomischen Wissens um 1800 zusammenhängt. Zu ihr zählt eine neue Geldtheorie zahlungskonstituierter Preise, die die äquilibristische Zirkulation der 'Makroökonomie' zugunsten der Vorstellung einer offenen Zirkulation ablöst: Sie beruht wesentlich auf der Dynamik ständigen Übermaßes und wiederkehrender kritischer Phasen im ökonomischen System; sie durchbricht den "geschlossenen Zyklus von Schuld und Tilgung" und ersetzt die fehlende Deckung durch eine stets offene Zukunft eines "virtuell unendlichen Aufschub(s)". Damit erhält der in der Geldtheorie traditionale temporale Faktor des Umlaufs eine neue Dimension und öffnet sich möglicherweise der Integration ins moderne Konzept einer beschleunigten, prinzipiell offenen Fortschrittsgeschichte.[27]

---

25 (s. Fußnote 7), S. 140.

26 Michel Foucault, *Die Ordnung der Dinge. Eine Archäologie der Humanwissenschaften*, Frankfurt/M. 1994, S. 238f. Zum Folgenden ebd., S. 226f., 234.

27 Vgl. dazu besonders Joseph Vogl, *Ökonomie und Zirkulation um 1800*, in: *Weimarer Beiträge* 43 (1/1997), S. 69-79. Die im Text folgenden Zitate ebd., S. 74. Der exponierte Stellenwert der Zeit für die Repräsentationskraft des Geldes mag eine seiner wesentlichen Voraussetzungen in dem Hervortreten und der Dynamisierung der Umlaufgeschwindigkeit in Harveys Modell des Blutkreislaufs haben, der medizinischen Matrix ökonomischer Umlaufvorstellungen. Siehe dazu Fuchs (s. Fußnote 8), S. 69f. Dieser dynamische Aspekt der Beschleunigung ist zusätzlich zu dem Beitrag Harveys für die Herausbildung einer stetigen, kontinuierlichen Zeitlichkeit zu berücksichtigen, den Wendorff unter-

2. Ludwig Börnes 'Ankündigung der Wage'

Ludwig Börnes Ankündigung seiner von 1818 bis 1821 erscheinenden Zeitschrift *Die Wage* ist mit ihrer programmatischen Formel vom Journalisten als 'Zeitschriftsteller' sicher ein konzeptuelles Gründungsdokument für die spätere jungdeutsche Publizistik.[28] Seine Formulierung fällt in einen spezifischen publizistikgeschichtlichen Kontext, die Zeit zwischen Wiener Kongreß und den Karlsbader Beschlüssen von 1819.[29] Diese vier Jahre stehen im Zeichen der Enttäuschung. Die nationalromantische Publizistik hatte in den Befreiungskriegen wesentlich zum Sieg über Napoleon beigetragen und eine enthusiastisch auf nationale Einheit und politische Emanzipation hoffende breite Öffentlichkeit geschaffen. Namentlich die im Freiraum chaotischer Zensurverhältnisse bzw. dann im Windschatten preußischer Protektion blühende Gesinnungspublizistik Arndts und Görres' hatte breite überregionale, sogar vereinzelt bis in unterbürgerliche Schichten hineinreichende Wirkung. Nach dem Wiener Kongreß schließlich stellte die Bundesakte im Art. 18,2 die gesetzliche Regelung der Pressefreiheit und der Nachdruckproblematik in Aussicht. Unterschiedlichste Möglichkeiten staatlicher Presseregelung zwischen den Polen rechtlicher Verantwortung von 'Pressemißbräuchen' (so in den Herzogtümern Nassau und Weimar) und polizeilicher Aufsicht durch eine straff organisierte Zensur wie in Österreich oder eine durch Verwaltungspraxis geübte in Preußen kennzeichneten das Regulationsspektrum. Mit dem Einsetzen der Reaktion in Preußen, als deren erstes Signal das Verbot von Görres' *Rheinischem Merkur* im Januar 1816 gelten kann, waren die Aussichten für die zu erwartende Presseregelung mehr als getrübt. Bevor sich die Bundesstaaten 1819 auf ihre repressiven Maßnahmen einigen, findet in einem Klima von Hoffnung und banger Erwartung eine öffentliche Debatte über die unterschiedlichen Regulationsmechanismen der Pressefreiheit und des Buchhandels statt, an der sich Professoren, Literaten, Buchhändler und Verwaltungsbeamte beteiligen und die als Hintergrund für Börnes Ausführungen berücksichtigt werden muß.

Börnes Ankündigung beginnt defensiv. Sie rechnet mit den Vorbehalten des Publikums gegen eine weitere Zeitschriftengründung. Zwei Formen des

---

streicht (s. Fußnote 23, S. 239). John Lockes wahrscheinlich von Harvey beeinflußter Traktat *Some considerations of the Lowering of Interest of the Value of Money* (1691) prägt für die Ökonomie den Begriff der 'quickness of the circulation'. Dazu Schmidtgall (s. Fußnote 9), S. 428f. Zur begrifflichen Verdichtung der monetären Umlaufgeschwindigkeit in der englischen Geldtheorie des späten 17. Jahrhunderts vgl. Joseph A. Schumpeter, *Geschichte der ökonomischen Analyse* 1, Göttingen 1965, S. 401.

28 Vgl. dazu Walter Hömberg, *Zeitgeist und Ideenschmuggel. Die Kommunikationsstrategie des Jungen Deutschland*, Stuttgart 1975, S. 28f. Zu Börnes Konzept des 'Zeitschriftstellers' bes. Inge Rippmann, *'Die Zeit läuft wie ein Reh vor uns her'. Der Zeitschriftsteller als Geschichtsschreiber*, in: dies. / Wolfgang Labuhn (Hgg.), *'Die Kunst – eine Tochter der Zeit'. Neue Studien zu Ludwig Börne*, Bielefeld 1988, S. 130-169.

29 Vgl. zum Folgenden Kurt Koszyk, *Deutsche Presse im 19. Jahrhundert. Geschichte der deutschen Presse* 2, Berlin 1966, S. 35ff.

Widerstands fingiert Börne. Zum einen die Leser, denen Journale nur die pathologische Signatur, der "Schimmel" verdorbener und Trauer auslösender Staatsverhältnisse seien. Dieser reduktiven und resignativen Auffassung publizistischer Tätigkeit als bloßer Reflexbeziehung stellt Börne programmatisch ein operationales und interventionistisches Konzept entgegen. Nicht Objekt, bloßer Sekundenzeiger der Geschichte sei die Zeitschrift, sondern umgekehrt ihr "Triebwerk" (1,667).[30] Überraschenderweise verzichtet Börne zunächst auf eine weitere Erläuterung dieser gewichtigen, ins Zentrum der "Zeitschriftstellerei" führenden Bestimmung, um sich einer zweiten fingierten Gruppe zuzuwenden. Es sind offensichtlich diejenigen, die aus dem Kontext der seit der Spätaufklärung anhaltenden Debatte über die 'Bücherseuche' und die 'Lesewuth' heraus argumentieren[31], und die die sprunghafte Expansion des Buchmarkts mit der Qualitätsfrage verbinden. Sie sehen mit "Überdruß die Zahl der Tagesblätter anwachsen" und orientieren sich restriktiv an journalistischer Originalität als Publikationslizenz. Mit ihnen will Börne sich "sogleich verständigen", allerdings auf dem Umweg über eine paradox anmutende Gegenthese: auch eine "Zeitschrift ohne eigentlichen Wert" sei "von Ersprießlichkeit" (1,668). Börne unternimmt nichts anderes als eine gewagte Allianz zwischen Fortschrittsdenken und qualitätsindifferenter Publikations- und Distributionsdichte. Das ist, worauf noch hinzuweisen sein wird, nicht neu, in seiner Paradoxie aber doch provozierend. Jedenfalls bedarf diese Behauptung prinzipieller und einläßlicher Reflexionen über elitäres und populäres Wissen, Wissenschaft und Leben, Wahrheit und Irrtum. Börne sucht und gibt die Antwort auf sein Paradox mit einem mehrstelligen Metaphernkomplex, in dem sich Verkehrswesen, Ökonomie und Publizistik vernetzen und um das Zentrum der Ideenzirkulation gruppieren. Ihn eröffnet Börne mit einer Analogie zwischen Verkehrswesen und literarisch-politischer Öffentlichkeit. Wie die Dichte des Verkehrsnetzes in einem Lande Anzeichen eines gutgeordneten und reichen Staates sei, so zeuge es "nicht minder von einem lebhaften Umtausche der Gedanken, wenn ihrer freien und schnellen Mitteilung viele Wege" offenstünden (ebd.). Damit sind die Zeitschriften gemeint. In der Analogsetzung von Verkehrsnetz und publizistischen Medien formuliert Börne das aufklärerische Programm freien und schnellen Gedankenaustauschs, dessen Resultat, nämlich das gutgeordnete Staatswesen liberaler Provenienz, im Syllogismus nur angedeutet bleibt. Börnes Überlegungen fassen den Zirkulationsaspekt nun im Hinblick auf den möglichen Austausch zwischen Fachwissenschaft und Leben, Lehre und Ausübung, den Börne mit einem unverkennbaren sozialen Index versieht: die Spannung zwischen Wissen-

---

30 Band- und Seitenzahlen in Klammern nach Börne-Zitaten beziehen sich auf Ludwig Börne, *Sämtliche Schriften*, hg. v. Inge u. Peter Rippmann, Düsseldorf / Darmstadt 1964-1968.

31 Vgl. dazu Helmut Kreuzer, *Gefährliche Lesesucht. Bemerkungen zu politischer Lektürekritik im ausgehenden 18. Jahrhundert*, in: *Leser und Lesen im 18. Jahrhundert. Colloquium der Arbeitstelle Achtzehntes Jahrhundert Gesamthochschule Wuppertal 24.-26. Okt. 1975*, Heidelberg 1977, S. 62-75.

schaft und Leben ist zugleich die zwischen Reichen an Geist und "täglichen Bedürfnissen der Unbemittelten" (1,669).[32] Unter diesem Aspekt einer Vermittlung von Wissen und Leben wird die Umtauschmetaphorik des Verkehrs abgelöst durch die monetärer Zirkulation. Börne, in dessen kumulative Promotion bei dem Gießener Statistiker Crome auch eine Arbeit über das Geld eingegangen ist[33], macht in der Analogie von Geist und Geld eine doppelte Opposition auf: er ergänzt die von wissenschaftlichem Reichtum und geistiger Armut durch die mediale von Buch und Zeitschrift. Das konzentrierte Fachwissen bildeten die "Barren" der Wahrheit, das Gold in Büchern; die Zeitschriften seien dagegen das ausgemünzte, mit unedlem Metall, mit "Kupfer" versetzte Wissen (ebd.). Vordringlich ist dabei der Aspekt des über seine Mobilität gefaßten Nutzens des Wissens. Nach der Regel des schon in der Spätrenaissance entdeckten Greshamschen Gesetzes, dem zufolge sich die Zirkulationsgeschwindigkeit des Geldes umgekehrt proportional zu seinem Metallwert verhält[34] - je schlechter die Münze, um so schneller ihr Um lauf -, und nach der Definition des Geldwerts im Merkantilismus und in der Physiokratie über seine Umlaufgeschwindigkeit erscheint das immobile Gold des Wissens wertlos. Für sich ungenießbar, ist es bloßes Pfand, reiner Tauschwert, "Anweisung auf den Genuß des Lebens", dessen Wert sich paradoxerweise erst im Weggeben, in der Teilnahme an der Zirkulation also, ergibt. Börne konstatiert: "Wahrlich, das Kupfer, das durch Tagesblätter unter das Volk gebracht wird, ist mehr als alles Gold in Büchern" (1,671). Börne entwickelt damit ein Programm der Ideenzirkulation, das über das blasse hintergrundmetaphorische Verständnis bloßer Wissensdistribution hinausgeht. Ebenso deutlich weicht es ab von dem spezifischeren Modell eines publizistischen Optimierungsprozesses provisorischen Wissens, an dem räsonierende Privatleute gleichen Bildungsniveaus beteiligt sind. Börnes Zirkula-

---

32 Die Formel des Austausches zwischen Wissenschaft und Leben erfaßt den von Wulf Wülfing unterstrichenen Aspekt der Diskursintegration in der jungdeutschen Publizistik, deckt sich gleichwohl nicht mit ihm: W. W., *Stil und Zensur. Zur jungdeutschen Rhetorik als einem Versuch von Diskursintegration*, in: Joseph A. Kruse (Hg.), *Das Junge Deutschland. Kolloquium zum 150. Jahrestag des Verbots vom 10. Dezember 1835, Düsseldorf 17.-19. Februar 1986*, Hamburg 1987, S. 193-217.

33 Vgl. *Von dem Gelde,* 1808 (1,72-100): Hier erscheint der Zirkulationsaspekt als Kreislauf der Nationalkräfte mit dem Monarchen als Ziel- und Ausgangspunkt. In einer Fußnote (1,99) unterstreicht Börne den monetären Modus dieser umlaufenden Nationalkräfte: "Auf welche Weise der Regent die Kräfte der Nation in sich vereinigt, und wie er sie zurückgebe, dieses zu zeigen ist hier nicht der Ort; es wird in den Finanzwissenschaften gelehrt. Daß es aber auf jeden Fall Geld sein müsse, in welcher Gestalt die Kräfte der Nation in den Regenten ein- und von ihm zurückfließen, bedarf keines Beweises; es folgt aus dieser ganzen Untersuchung." Weiterhin zu Börnes Rekurs auf die ökonomische und monetäre Zirkulation: Peter Uwe Hohendahl, *Literarischer Kommerz. Zum Verhältnis von Trivialliteratur und Kulturindustrie*, in: Rainer Schöwerling / Hartmut Steinecke (Hgg.), *Die Fürstliche Bibliothek Corvey. Ihre Bedeutung für eine neue Sicht der Literatur des frühen 19. Jahrhunderts. Beiträge des 1. internationalen Corvey-Symposions 25.-27. Oktober 1990 in Paderborn*, München 1992, S. 39f.

34 Foucault (s. Fußnote 26), S. 216.

tionsmodell sucht dagegen ein diastratisches Gefälle zwischen Gebildeten und Ungebildeten zu überbrücken und unterschreitet mit dem vordringlichen Aspekt der Wissensverteilung das Konzept wechselseitigen Austauschs im publizistischen Disput. Trotz dieser Differenz der Börneschen Reflexionen zum Zirkulationsmodell einer aufgeklärten bürgerlichen Öffentlichkeit haben sie ihre Wurzeln im späten 18. Jahrhundert, nämlich im Konzept popularphilosophischer Publizistik. Börnes Gleichsetzung der Journale mit schnell umlaufendem Kleingeld nimmt ein Bildargument auf, das bereits Joachim Heinrich Campe ins Feld geführt hatte. In seiner Kontroverse mit dem Popularphilosophen Christian Garve über den Wert periodischer Schriften schreibt Campe, die Zeitschriften seien die "Münze, wo die harten Thaler und Goldstücke aus den Schatzkammern der Wissenschaften, welche nie oder selten in die Hand der Armen kamen, zu Groschen und Dreiern geprägt werden und zuletzt wol gar in den Hut des Bettlers fallen."[35]

Verweisen die monetäre Zirkulationsmetapher und der volksaufklärerische Gedanke einer über die engeren Grenzen der bürgerlichen Öffentlichkeit hinausführenden Bildung voraus auf Börne, so unterscheidet sich Börnes Ankündigung doch mehrfach von Campes Zeitschriftenapologie. Das betrifft zunächst das Verhältnis von elitärer Fachwissenschaft und gewöhnlichem Leben. Börnes Zirkulationsmodell rückt zwar den Informationsfluß von oben nach unten in das Zentrum, intendiert aber gleichwohl einen "Wechselverkehr von Wissenschaft und Leben". Er substituiert den diskursiven Läuterungsprozeß des Wissens im elitären Gebildetendisput durch eine zumindest implizite Korrektur der Gelehrsamkeit durch das Leben. Diese Form des Austauschs nimmt Campe nicht in den Blick; angedeutet bleibt an einer Stelle seiner Apologie ein sozial vage gelassenes Umlaufmodell von Ideen aus "sehr verschiedenen Ständen".[36] Spezifisch anders als Campe faßt Börne darüber hinaus das Verhältnis von Mobilisierung und Optimierung des Wissens. Zwar unterstellt Börnes Modell – vergleichbar dem teleologischen Optimie-

---

35 Christian Garve, *Ein Entwurf wider die Nützlichkeit periodischer Schriften* [...] und Joachim Heinrich Campe, *Beantwortung dieses Einwurfs*, in: *Braunschweigisches Journal* 1, (1780), S. 16-44; zit. n.: *Dokumente über Zeitschriften und Zeitschriftenlektüre* (s. Fußnote 6), S. 122ff. Zu den popularphilosophischen und literarischen Zeitschriften des 18. Jahrhunderts als prädestinierten Medien eines über regionale und soziale Grenzen reichenden 'Umlaufs' von Kenntnissen vgl. bes. Paul Raabe, *Die Zeitschrift als Medium der Aufklärung*, in: *Wolfenbütteler Studien zur Aufklärung* 1 (1974), S. 99-112. J.H.C. Beutler und J.C.F. Guthsmuths konstatieren in ihrem *Allgemeinen Sachregister* über die wichtigsten deutschen Zeit- und Wochenschriften (Leipzig 1790): "Durch die Zeitschriften wurden die Kenntnisse, welche sonst nur das Eigenthum der Gelehrten waren und in Büchern aufbewahrt wurden, die der größere Theil der Nation nicht verstand, nicht lesen konnte, und nicht lesen mochte, diese Kenntnisse wurden durch die Zeitschriften allgemein in Umlauf gebracht, gereinigt, und in die allgemeine Volkssprache übergetragen, und giengen gleich einer bequemen Scheidemünze durch aller Hände." Zit. ebd., S. 99. Zur populärwissenschaftlichen Publizistik der Aufklärung vgl. auch Wolfgang Martens, *Die Geburt des Journalismus in der Aufklärung*, in: ebd., S. 90f.

36 Campe (s. Fußnote 35), S. 118.

rungsautomatismus der zirkulierenden Ideen bei Forster –, daß doch "endlich das Untaugliche zu Boden sinken und das Gute allein sich emporhalten" werde (1,669).[37] Zugunsten der publizistischen Mobilisierung des Wissens in den Kupfermünzen der Journale akzeptiert Börne aber ausdrücklich die Legierung von 'Wahrheit' und 'Irrtum', selbst die publizistische Verbreitung von Lügen, und die provokative Ausgangsthese hatte den Nutzen der Zeitschriften selbst aus ihrer bloßen materialen Vermehrung abgeleitet. Von diesem Verzicht auf die qualitative Selektion ist in Campes Apologie publizistischer Ideenzirkulation nicht die Rede; erst recht sieht später – im publizistikgeschichtlichen Umfeld Börnes – Heinrich Ludens Plädoyer eines 'freien' nationalen Geistesverkehrs davon ab.[38] Er prägt dagegen die frühromantischen

---

37 Zu Börnes Akzeptanz selbst der "großen Lüge" als deutlichstem Indikator dessen, "was die öffentliche Meinung wünscht, hofft oder fürchtet" vgl. 1,682. Auch Robert Prutz (s. Fußnote 2) wird Börnes Verabschiedung der qualitativen Selektion für das in den Zeitschriften zirkulierende Wissen teilen: "Es versteht sich von selbst, [...] daß die Stimmungen wechseln, daß Widersprüche sich häufen und Wahres und Falsches ineinanderläuft. Aber immerhin, das Wahre wie das Falsche, hat einmal seine, wenn auch nur theilweise, nur scheinbare Berechtigung gehabt; es ist immerhin ein Erlebtes, und, in seiner Irrthümlichkeit selbst, ein Moment unserer Bildung, mithin auch ein Moment der Geschichte" (S. 7). Unter strikter Wahrung der qualitativen Selektion populärer publizistischer Aufklärung faßt Karl Philipp Moritz' *Ideal einer vollkommenen Zeitung* das Orientierungsmodell monetärer Zirkulation spezifisch anders. In den "wohlthätigen Umlauf" darf für das "Volk" nur "etwas Vollendetes, von Schlacken gesäubertes, und durch den Stempel der Wahrheit ausgeprägtes Gold." Zit. n.: *Dokumente über Zeitschriften* (s. Fußnote 6), S. 126. Diese Beschränkung publizistischer Ideenzirkulation auf das "Gold" des Wissens liegt quer zu der Verwendung der Zirkulationsmetapher bei Campe und bei Börne. Der unterschiedliche Stellenwert der qualitativen Selektion koaliert bei Moritz mit einer abweichenden Anwendung der Geld-Geist-Analogie. Sie bezieht sich nicht auf die fachspezifische Differenz und elitäre Beschränkung des Wissens, sondern auf seine immanente teleologische, auf letztliche statische Vollkommenheit angelegte Prozessualität. Entsprechend kann die Ideenzirkulation und ihre Geschwindigkeit bei Moritz nicht – wie bei Forster nach dem monetären Modell des Merkantilismus und der Physiokratie – zur Voraussetzung der Ideenläuterung werden. In Umlauf dürfen bei Moritz nur "reif gewordene Kenntnisse" geraten. Als Prägstücke der Wahrheit sind sie unveränderlich.

38 Heinrich Luden hatte 1814 im Vorfeld des Wiener Kongresses und der dort zu erwartenden Presseregelungen auf Antrag verschiedener Buchhändler in seiner Zeitschrift *Nemesis* eine Programmschrift unter dem Titel *Vom freien Geistesverkehr* publiziert: *Vom freien Geistesverkehr. Preßfreiheit. Censur. Buchhandel und Nachdruck*, Heidelberg 1990 (Nachdruck des Beitrags aus *Nemesis. Zeitschrift für Politik und Geschichte* 2, Weimar 1814). Ludens nationalistische Umsetzung der ökonomisch-verkehrstechnischen Metapher der Ideenzirkulation in das Programm eines "wahrhaften Volksleben[s] in einem freien, kräftigen und großen Geistesverkehr" (S. 373) beruht aber auf einem hochprohibitiven Modell mit umfangreichen Selektionsmechanismen, die die Ausschlußregeln rationaler aufklärerischer Kommunikation fortsetzen und zugleich verschärfen. Unter anderem wird die Einrichtung einer flächendeckenden und homogenen Vorzensur empfohlen (womit Luden im Konzept das opfert, was bisher die strukturelle Voraussetzung aller binnendeutschen publizistischen Mißstandskritik war, nämlich Zensurlücken und das Zensurgefälle zwischen den vielen deutschen Staaten), dann eine qualitative Ausgrenzung schlechter, verkehrter, unpatriotischer und banaler Publikationen sowie eine affektive Selektion zu Ungunsten leidenschaftlicher Kritik und "Bitterkeit". Schließlich begrenzt

Reflexionen Novalis' über die Konsequenzen massenhafter Buchproduktion. In dem ersten seiner *Dialogen* von 1798[39] beantwortet der Gesprächspartner B die Klagen seines Antipoden A über den explodierenden Buchmarkt und dessen Erwägungen qualitativer Selektion mit dem Börneschen Paradox einer Qualitätssteigerung selbst durch materiale Dichte des Mittelmäßigen und Schlechten. Leitend ist dafür wieder das Reflexionsmodell monetärer Zirkulation. Ausgehend von der Erkenntnis, daß jedes nützliche Buch "stark legirt sein" müsse, das reine Metall dagegen in "Handel und Wandel nicht zu gebrauchen" sei[40], wird mit dem Novalisschen Zentralbegriff der monetären wie geistigen "Belebung"[41] auch das Miserable und Tautologische der Bücherwelt akzeptiert. "Es ist kein Buch im Meßkatalog, das nicht seine Frucht

---

Luden den "freien Geistesverkehr" auf den national geschlossenen deutschen Binnenraum, in dem der nur regionale Gedankenumlauf ebenso unterbunden werden soll (S. 258) wie die Einfuhr belletristischer Literatur des Auslandes. Daß die qualitative Selektion notwendige Voraussetzung der unter dem Austauschparadigma gefaßten aufklärerischen Kommunikation ist, hat dagegen die systemtheoretische Kommunikationsanalyse unterstrichen. Der aufklärerische 'Ideenaustausch' unter Privatleuten, mithin die 'Zirkulation', setze ähnliche, in kollektiven Prozessen abgleichbare Erfahrungsbestände voraus. Sie würden von den Subjekten in bewußtseinsinternen Prozessen selektiert und für die anschließbare Kommunikation präpariert. Die so bearbeiteten "Gesprächsofferten sind nützlich, verständig, angenehm, erfreulich. Sie sind thematisch zentriert, ernährend, aufbauend, tugendhaft. Ausgeschlossen wird das Nichtswürdige, der Klatsch, der Eigensinn, das schnell Gesagte, Nicht-Vorbedachte, das thematisch Abseitige und Monströse, das Nichtvernünftige." Peter Fuchs, *Moderne Kommunikation. Zur Theorie des operativen Displacements*, Frankfurt/M. 1993, S. 105ff., Zitat S. 113.

39 Novalis, *Dialogen* 1, in: Novalis, *Schriften. Die Werke Friedrich von Hardenbergs* 2: *Das philosophische Werk* 1, hg. v. Richard Samuel / Hans-Joachim Mähl / Gerhard Schulz, Stuttgart 1965, S. 661ff.

40 Novalis, *Blüthenstaub,* Fragment Nr. 110, ebd., S. 462.

41 Vgl. dazu Ulrich Stadler, *Die Auffassung vom Gelde bei Friedrich von Hardenberg (Novalis)*, in: Richard Brinkmann (Hg.), *Romantik in Deutschland. Ein interdisziplinäres Symposion*. Sonderband der *DVjs*, Stuttgart 1978, S.147-156. Der Aspekt der publizistischen 'Belebung' von Ideen erscheint schon bei J.H. Merck in einer programmatischen Äußerung über Wielands *Teutschen Merkur*. In der auf Börne vorausweisenden Assoziation von Zeitschriftenpublizistik, staatsökonomischer Zirkulation und Verkehrswesen ist die wechselseitige 'Erweckung' von Ideen zugleich Voraussetzung für ihre optimierende Bearbeitung, ihre 'Entwicklung' in der öffentlichen Debatte: "Sie müssen aus langer Erfahrung wissen, daß bey dem litterarischen Handel und Wandel noch etwas mehr und bessers herauskomme, als daß man sich an Ehre und Lob, kaufmännisch zu reden, den Sack fülle. Die Freude zur Circulation des ganzen Staatsvermögens etwas beygetragen zu haben, ist doch auch zu rechnen, und dies ist eigentlich, was den Großhändler vom Krämer unterscheidet. Ihre Entreprise von Fuhrwerk, das wir den Teutschen Merkur nennen, muß Ihnen auch darum lieb bleiben, weils einmal im ganzen Reiche durchgeht; und wenns auch nicht allezeit, da es wie andre Postwägen zur bestimmten Zeit abgeht, vollkommne Fracht vorfindet, so bringt es doch zuweilen Rückfracht mit, die einigermaßen für die erste leichte Ladung entschädigt. Eine Idee erweckt die andre, und oft brauchts keiner andern Magie, als von einem Dritten gedruckt zu lesen, was wir selbst längst dunkel über eine Materie gefühlt haben, um uns zur Entwicklung dieser Ideen zu ermuntern." J.H. Merck, *Ueber die Landschaft-Mahlerey*, in: *Der Teutsche Merkur* (Sept. 1777), S. 273f.

getragen hat [...]". Dort, wo die für das Ganze tautologischen Bücher entstanden seien, hätten sie doch "diese und jene Ideen vorzüglich" belebt: "[...] der schlechteste Roman hat wenigstens den Freunden und Freundinnen des Verfassers ein Vergnügen gewährt. Armseelige Predigten und Erbauungsbücher haben ihr Publickum, ihre Anhänger" und wirkten gedruckt "mit zehnfacher Energie auf ihre Hörer und Leser."[42] Novalis und nach ihm Börne negieren, was die Kritiker der modernen konsumorientierten Massenkultur behaupten werden: daß die ökonomische und zugleich psychologisch-rezeptionsästhetische Zugangserleichterung keine kumulierende, sondern im Gegenteil eine regredierende Erfahrung heranzieht.[43]

Von Campes Zeitschriftenapologie differiert Börnes Ankündigung aber auch in ihrem prononciert positiven Bezug auf die flüchtige Temporalität der neuen geschichtlichen Zeit 'Gegenwart'. Campe zeigt diesen Bezug allenfalls embryonal. Flüchtige Temporalität erscheint bei ihm lediglich in der Lizenz der Zeitschrift auch für den beiläufigen, unausgearbeiteten, zufälligen und vorübergehenden Gedanken, der ohne seine Speicherung im Journal verlorengehen würde; darüber hinaus rezeptionsästhetisch im flüchtigen Lektüremodus der Journalleser in müßigen Nebenstunden. Ansonsten ist die Zeitschrift als "ephemerische Existenz" wie bei den Kritikern der 'Journalsucht' der 'Mode' zugeordnet; allerdings nicht diskriminierend als ihr Auswuchs, sondern umgekehrt als kritischer, selbst ruhiger und unbewegter Wächter über die Modetorheiten der Zeit.[44] Aus diesem kritischen Sensorium der Zeitschrift für die Mode wird erst auf dem Weg zu Börne und über ihn hinaus der Zeitschrift ihre prädestinierte Rolle erwachsen, privilegiertes Organ der zukunftsoffenen, aber auch augenblickshaften und veraltungsanfälligen genwartszeit zu sein. Die *Wage* versteht sich als "Tagebuch der Zeit", sie soll die "Aussagen der Zeit erlauschen, ihr Mienenspiel" deuten. Weil die jetzige Entwicklungsstufe der Menschheit Verborgenes hervorbringe, das sich schnell wieder bedecke, wünscht Börne dem mit einer intensiveren Publikationsfrequenz zu begegnen: die "Tagesblätter" sollten in "Stundenblätter auseinandergehen, damit nichts überhört werde und verloren gehe" (1,670f.).

Welche Rolle spielt aber nun das Zirkulationsmodell in diesem Kontext? Zwar fehlt es in jenem Abschnitt der *Ankündigung*, der den geschichtsdiagnostischen Bezug herstellt; dennoch ist die Metapher mehrfach mit dem Problemfeld der Zeitbeschleunigung vernetzt. Die anfänglichen Reflexionen über den Austausch von Wissenschaft und Leben sprechen ausdrücklich von der "freien und schnellen Mitteilung" der Gedanken, weiterhin von dem "Durst des Augenblicks" (1,668). Schließlich ist in dem Rücklauf des Wech-

42 Novalis (s. Fußnote 39), S. 662.

43 Vgl. Jürgen Habermas, *Strukturwandel der Öffentlichkeit. Untersuchungen zu einer Kategorie der bürgerlichen Gesellschaft*, 4. Aufl., Neuwied / Berlin 1969, S. 182f. Max Horkheimer / Theodor W. Adorno, *Kulturindustrie. Aufklärung als Massenbetrug*, in: dies., *Dialektik der Aufklärung*, Frankfurt/M. 1986, S. 108-150.

44 J.H. Campe (s. Fußnote 35), S. 123f., 125f., S. 127f.

selverkehrs vom Leben in die Wissenschaft[45] jene erst später ausgeführte Zeitseismographie angedeutet. Am Schluß seiner *Ankündigung* verknüpft Börne sie dann explizit mit dem monetären Umlaufmodell. Die *Wage* hätte gewünscht, heißt es hier, "ihre Ansichten in Scheidemünze auszugeben, daß die Leser auch das kleinste und flüchtigste Ereignis erstehen mögen" (1,683). Die Geldanalogie ist damit zugleich von der stilistischen Ebene populärer Darstellungsweise auf die materiale des Medienumfangs und der Publikationsfrequenz verschoben; die Gegenwartssensibilität der Zeitschrift Resultat ihrer häufigen Erscheinungsweise in dünnen Blättern.

Dennoch ist ein Reduktionsbefund bezüglich des ökonomiegestützten Modells der Ideenzirkulation zu stellen. So zentral dieses im Kontext des 'Wechselverkehrs von Wissenschaft und Leben' ist: in den weiteren Ausführungen Börnes weicht es zugunsten anderer Bildbereiche, vor allem aber fehlt es gänzlich in den einläßlichen Reflexionen über die Lizenzen des 'Zeitschriftstellers' in der Polemik des Meinungskampfs - dies, obwohl sich hier ein weiterer, spezifischer Gegenwartsbezug der Zeitschriften herstellt (vgl. 1, 675ff.). Diese Abwesenheit ökonomischer Zirkulationsmetaphern markiert einen deutlichen Unterschied zur Vorgeschichte der *Wage*, zu Börnes Projekt einer offiziösen preußischen Zeitung, die den sprechenden Titel *Der Vermittler* tragen sollte (vgl. 5,622ff.).[46] Hier nämlich nutzt Börne die ökonomische Hintergrundmetapher der Ideenzirkulation[47] für die intendierte friedliche Vermittlung der "verschiedenartigsten fremde[n] Meinungen" - nicht ein "Schlachtfeld kriegführender, sondern ein Markt nebeneinander zur Schau gestellter Meinungen" sei die projektierte Zeitschrift; sie löse den Dissens der beteiligten Personen analog dem Kaufakt im "gutwillige[n] Verkehr" auf, "wo zwar der Geber seine Güter zu hoch und der Empfänger zu gering schätzt, aber alles friedlich sich schlichtet" (5,629). Die Polemik und ihr Stellenwert im neuen Konzept des engagiert parteiischen 'Zeitschriftstellers' bildet eine Anwendungsgrenze des Modells der freien und schnellen Ideenzirkulation. Ihre zweite ist die später in Karlsbad vereinheitlichte Zensur, die mit der Publikationshürde von 20 Bogen nur schwerfällig verlangsamte "Tagblättergedanken mit Wulst umgeben" zuläßt und die die ideal gesetzte freie Ideenzirkulation zum 'Ideenschmuggel' transformiert.[48]

---

45 "Nur sie [die Zeitschriften, H. S.] führen die Wissenschaft ins Leben ein und das Leben zur Wissenschaft zurück" (1,669).

46 Vgl. dazu Rippmann (s. Fußnote 28), S. 152ff.

47 Programmatisch konstatiert Börne schon hier: "Wo nämlich der freien und schnellen Mitteilung der Gedanken viele Wege offenstehen, zeugt diese von dem Flor des Ideen-Umtausches [...]" (5,629).

48 Alternativ zum publizistischen Projekt einer sozial entgrenzten und der Gegenwart direkt zugewandten 'Ideenzirkulation' reflektiert Börne später das Modell der fiktiv verdeckten, nichtsdestoweniger schichtenübergreifenden emanzipativen Ideenverbreitung, in dem mit dem publizistischen Medium auch sein konstitutiver Gegenwartsbezug aufgegeben ist. Paradigma dieses Modells ist der historische Roman Walter Scotts, der aus der ungestörten Wechselbeziehung zwischen historischer Faktizität und literarischer Fiktion Kapital schlägt. In der 1835 veröffentlichten Rezension zu Latouches *Grangeneuve* heißt es von

3. Theodor Mundts Essay 'Zeitperspective'

Seine nur kurzfristig erscheinende Zeitschrift *Schriften in bunter Reihe, zur Anregung und Unterhaltung* eröffnet der Jungdeutsche Theodor Mundt 1834 mit dem Essay *Zeitperspective.*[49] Ihm ist gegenüber Börnes *Ankündigung der Wage* der veränderte politische Kontext eingeschrieben: Der französische Hahn hat zwar mit der Julirevolution von 1830 einen neuen Menschheitsmorgen herbeigekräht, aber das Juste Milieu des Bürgerkönigs Louis hat in Frankreich zur 'Restauration', in Deutschland zur Ernüchterung geführt.[50] Mundts Perspektive aus dieser gegenwärtigen Wirrnis in den als notwendig beschworenen Geschichtsprogreß visiert eine Wiedergeburt an, die auf dem Feld der Literatur über den "Messias" der Zeit führt: "Der Messias der neuen Literatur wird und kann nur die Zeit selbst sein" (4).[51] Damit ist Börnes Konzeption des 'Zeitschriftstellers' aufgegriffen. In dem "inneren Staatshaushalt der gegenwärtigen Literatur", der im "heutigen schwankenden Augenblick bunt genug", ja "aphoristisch" aussehe, ist es der "literarische Industrialismus", in dem Mundt diesen messianischen Zeitbezug der Literatur auf den Weg gebracht sieht (ebd.). Das Reizwort des "literarischen Industrialismus" indiziert eine zweite, wesentliche Kontextverschiebung gegenüber Börne, die gewichtigen Umbrüche nämlich auf dem literarischen Markt in einem neuen Kommerzialisierungs-, Differenzierungs- und Professionalisierungsschub.[52] Zwischen 1820 und 1840 erfolgt – auf der Grundlage durchgreifen-

---

der "suite innombrable des romans historiques", sie hätten "plus que les événements, plus que tous les écrits politiques et journaux" beigetragen "à éveiller les peuples, à les avertir de leur danger et à leur donner la conscience de leur force et de leur droit." Die historischen Romane "ont fait le tour du monde. Ils entraient dans les chaumières, ils entraient dans les palais" (2,1036f.). Neben dem mit der modernen Fortschrittsgeschichte koalierten publizistischen Zirkulationsmodell erscheint bei Börne aber immer wieder auch ein zyklisches Geschichtsverständnis, das die teleologische Ausrichtung auf Vervollkommnung fatalistisch mit der Formel vom 'ewigen Kreislauf' zurücknimmt. Vgl. Rippmann (s. Fußnote 28), S. 145.

49 Zu den Entstehungsbedingungen der *Schriften in bunter Reihe*, deren Publikation als Sammelband bereits vorliegender, eigentlich für ein anderes Zeitschriftenprojekt geplanter Beiträge paradigmatisch die Anpassung jungdeutscher Publizistik an die restriktiven Rahmenbedingungen der Zensur verdeutlicht vgl. Hömberg (s. Fußnote 28), S. 77.

50 Vgl. S. 2 (s. Fußnote 51) zu dieser skeptischen Einschätzung der nachrevolutionären Situation durch Mundt.

51 Seitenzahlen in Klammern beziehen sich auf Theodor Mundt, *Zeitperspective*, in: *Schriften in bunter Reihe, zur Anregung und Unterhaltung* 1, Leipzig 1834, S. 1-8.

52 Dazu und zum Folgenden Udo Köster, *Literatur und Gesellschaft in Deutschland 1830-1848. Die Dichtung am Ende der Kunstperiode*, Stuttgart u.a. 1984, S. 28-49; Uwe Böker, *'Speed the Printing Machine!' Die Industrialisierung der Literatur in der Diskussion zwischen 1830 und 1850*, in: *Die Fürstliche Bibliothek Corvey* (s. Fußnote 33), S. 50-63. Außerdem Jörg Requate, *Die Entstehung eines journalistischen Arbeitsmarktes im Vormärz. Deutschland im Vergleich zu Frankreich*, in: *Forum Vormärz-Forschung* 1 (1995): *Journalliteratur im Vormärz*, Bielefeld 1996, S. 107-130, und die Teile III-V in: Helmut Koopmann / Martina Lauster (Hgg.), *Vormärzliteratur in europäischer Perspektive I: Öffentlichkeit und nationale Identität*, Bielefeld 1996.

der Innovationen bei der Papierherstellung, der Drucktechnik und der Distribution – der Übergang vom bedarfsdeckenden zum spekulativen Buchhandel. Der rasch expandierende literarische Markt, der in Deutschland die Buchproduktion innerhalb der beiden Dezennien um mehr als das Doppelte hochschnellen läßt, führt den neuen Typus des ausschließlich von seiner Feder lebenden Berufsschriftstellers auf den Plan. Die Abhängigkeiten dieser professionellen Autoren vom Markt beschleunigen und intensivieren ihre Arbeitszeit; neue Formen der Arbeitsteiligkeit entstehen in regelrechten Schreibwerkstätten, und es bildet sich – vor allem in Frankreich – ein regelrechter Stand schlecht verdienender literarischer Lohnarbeiter.[53] Unter den Bedingungen kommerzieller Buchproduktion entstehen neue Schreib- und Publikationstechniken, die die Qualität der literarischen Erzeugnisse im negativen wie im positiven Sinn beeinflussen. Neben der sorglosen und raschen Kompilation im Feuilletonteil der Zeitungen und der höchst mangelhaften Schnellproduktion in den Übersetzungsfabriken[54] steht die Ausbildung der ästhetisch innovativen journalistischen Skizze.[55] In Frankreich kreieren die Zeitungsverleger Girardin und Dutacq den neuartigen Feuilletonroman und machen damit – weniger mit der Anzeigenwerbung – ab 1836 die Presse zum wahrhaft profitablen Unternehmen.[56]

Die industrielle Expansion des Buch- und Zeitschriftenmarkts erfaßt aber auch neue Produzenten- und Konsumentenschichten unterhalb der traditionellen aristokratischen und bürgerlichen Bildungselite. Die Massenauflage klassischer Literatur in billigen, im neuartigen Kolportagevertrieb abgesetzten Ausgaben bringt etablierte Hochliteratur in die untere Mittelschicht, während neue Formen populärer Wissensvermittlung ungewöhnliche Erfolge zeitigen, so das Brockhaussche 'Bilder-Konversationslexikon' und die zuerst in England von Charles Knight 1832 aufgelegten Pfennigmagazine. Sie treten im folgenden Jahr mit dem Verleger Bossange auch in Frankreich und Deutschland ihren Siegeszug an und erreichen noch in den dreißiger Jahren eine Auf-

---

53 Am bekanntesten dürfte die Schreibwerkstätte von Alexandre Dumas sein, in der narrative Versatzstücke von literarischen 'nègres' für die späteren Romanpublikationen vorgefertigt wurden. Vgl. Böker (s. Fußnote 52), S. 58, Anm. 47.

54 Vgl. dazu Rosemarie Hübner-Bopp, *Georg Büchner als Übersetzer Victor Hugos. Unter Berücksichtigung der zeitgleichen Übersetzungen von 'Lucrèce Borgia' und 'Marie Tudor' sowie der Aufnahme Victor Hugos in der deutschen Literaturkritik von 1827 bis 1835*, Frankfurt/M. / Bern 1990, hier: S. 29ff. Vgl. auch die Kritik an gängigen Übersetzungspraktiken bei der Ankündigung der Sauerländerschen Hugo-Ausgabe, die mit der Qualität ihrer Übersetzer wirbt (zit. in Thomas Bremers Beitrag, S. 241f.), sowie Gutzkows Kritik am 'industriellen Übersetzen', zit. von Ian Hilton (S. 125).

55 Vgl. Hömberg (s. Fußnote 28), S. 66. In einem Brief an seinen Mitarbeiter Max von Oër schreibt Heinrich Laube am 18. April 1833: "[...] nun schicke nur fleißig Beitraege, vornämlich Skizzen aller Art; Kürze, scharfe Conturen ist das Element eines Journals." Zit. n. ebd.

56 Vgl. Requate (s. Fußnote 52), S. 126f.

lagenhöhe von 100.000 Exemplaren.[57] Dieser neue Typus einer sehr preiswerten, wöchentlich erscheinenden Zeitschrift von wenigen Seiten, die unterhaltsame populärwissenschaftliche Artikel aus unterschiedlichen Sachgebieten mit schematischen Holzstichen präsentiert, ist das erste Phänomen einer illustrierten Massenpresse.[58] Sie erschließt dem Buchhandel, wie Karl Gutzkow feststellt, "eine ganz neue Klasse von Käufern und Interessenten", nämlich "Leute, die sich noch Nichts gekauft hatten, als kurz nach ihrer Verheirathung ein Gesangbuch."[59] Alle diese Phänomene des 'literarischen Industrialismus' führen in Europa zu einer ausgedehnten Debatte; in England, Frankreich und Deutschland mit je unterschiedlicher Einschätzung des Wechselverhältnisses von kommerzieller Produktion und literarischer Qualität.[60]

Im Kontext seines messianischen Zeitbezugs der Literatur begrüßt Mundt diese Entwicklung. Sie steht im Zeichen der beschleunigten Ideenzirkulation, für die Börne eintrat. Mundt unterstreicht die "schnelle und wohlfeile Verbreitung der Ideen und des Materials, die an das Erstaunenswürdige grenzt" (5). Ihr Medium sind wie bei Börne Journale, und wie bei Börne verschränkt Mundt die ökonomisch unterbaute Hintergrundmetapher der Ideenzirkulation mit der Topik des Verkehrs, allerdings einer ins Maschinale des Eisenbahnzeitalters verschobenen, dynamisierten. Sie kündet so einen neuen Erfahrungsschub von Zeitbeschleunigung an: "Was die Dampfmaschinen und Eisenbahnen für den äußeren und commerciellen Verkehr, sind die Journale bereits im Reiche des Gedankens und für den geistigen Umsatz geworden" (ebd.).[61] Auch bei Mundt koinzidiert die publizistische Umlaufgeschwindig-

57 Vgl. Eva-Maria Hanebutt-Benz, *Studien zum deutschen Holzstich im 19. Jahrhundert*, in: *Archiv für Geschichte des Buchwesens* 24 (1983), Sp. 581-1266; hier: Sp. 690-707. Der vollständige Titel der in Leipzig im Mai 1833 erstmals erscheinenden Zeitschrift lautete: *Das Pfennig-Magazin der Gesellschaft zur Verbreitung gemeinnütziger Kenntnisse*.

58 Wie wenig allerdings die Marktbezogenheit der Pfennigmagazine eine professionelle didaktische Umsetzung der prätendierten gemeinnützigen Wissensverbreitung zuläßt, unterstreicht die Arbeit von Hanebutt-Benz (s. Fußnote 57). Die unternehmerische Fixierung auf die relativ kostspieligen, zugleich aber absatzfördernden Holzstich-Klischees verhindert sowohl eine sorgfältige Auswahl der Lesestoffe wie ein nach didaktischen Prinzipien gestaltetes Illustrationsverhältnis von Text und Bild. Vielmehr gerät der Textteil zum sekundären Bestandteil. Auch der beträchtliche Unterhaltungswert zumal der naturkundlichen und geographischen Exotismen darf Hanebutt-Benz zufolge nicht über den popularaufklärerischen Absichtserklärungen der Unternehmen vergessen werden.

59 Karl Gutzkow, *Literarische Industrie*, in: ders., *Beiträge zur Geschichte der neuesten Literatur* 1 (1836), Reprint Frankfurt/M. 1973, S. 17f.

60 Vgl. Böker (s. Fußnote 52). Zu der unterschiedlichen Debatte über 'literarische Industrie' in England, Frankreich und Deutschland vgl. Martina Lauster, *Reflections on the public sphere in critical writings of Bulwer-Lytton, Sainte-Beuve and Gutzkow*, in: *Vormärzliteratur in europäischer Perspektive I* (s. Fußnote 52), S. 197-222.

61 Einige Zeitschriften des Vormärz werden sich programmatisch nach dem neuen Fortbewegungsmittel nennen, so etwa F.W.A. Helds *Locomotive* oder die Leipziger *Theater-Locomotive*, um den "Symbolcharakter der Erfindung der Eisenbahn für die [...] Veränderung der Kommunikation" zu nutzen (Ingrid Heinrich-Jost, *Literarische Publizistik Adolf Glaßbrenners (1810-1876). Die List beim Schreiben der Wahrheit*, München u.a. 1980, S. 87f.). Vgl. auch Wulf Wülfings Beitrag im vorliegenden Band, S. 131-142.

keit des "geistige[n] Kapitals", die es, so Mundt, erlaube, den "Entwicklungsgang der Völker stündlich [zu] belauschen", mit der sozialen Grenzüberschreitung nach unten. Im niedrigen Preis der Zeitschriften drücke sich etwas "entschieden Demokratisches und Volksthümliches aus", die "geistig-industrielle Bedeutung des Journalismus", der das Neue und Gute der Bücher sogleich "in die allgemeine Bildung" überführe, ist so für Mundt Vorbereitung der "allgemeinen Volksbildung der zukünftigen Culturperiode" (5). Dennoch - und darin tut sich eine gewichtige Differenz zu Börnes *Wage*-Ankündigung auf, bilanziert Mundt deutliche "Nachtheile" der publizistisch beschleunigten und schichtenübergreifenden Ideenzirkulation. Er indiziert die Pfennigmagazine als "Ausartung im Staatshaushalte der Literatur" und begrenzt die beschleunigte Ideenzirkulation im "Maschinenwesen der Journale" geschichtsphilosophisch auf eine Übergangsperiode.[62] Sie ist die Durchgangsstation zum Telos der Kunst, dem nicht die beschleunigte Mobilität der Ideen, sondern die "Ruhe und Stätigkeit des Genießens und Betrachtens" (6) wesentlich sind, also just die klassisch aristotelischen Attribute der philosophischen *theoria* und ihrer Nachfolgeinstanz, der ästhetischen Kunst in der Moderne.[63] Die klassizistisch-romantische Opposition von in die philosophische Tiefe absteigender ästhetischer Kunst und sich populär in die Breite des Lebens begebender und auf seine Temporalität einlassender modischer - französischer - Schriftstellerei[64] tut sich bei Mundt am Ende des Geschichtsprozesses auf. Anders als für Karl Gutzkow, der - wie später Baudelaire - den Begriff ästhetischer Moderne mit der flüchtigen Zeitlichkeit der Mode kreuzt[65], wird für Mundt der Einbezug gerade von Geist und Kunst in den publizistisch beschleunigten Umlauf der Journale zum Schadensfall. Wie die Schnellebigkeit des tierischen Organismus zu rascher Konsumption seines Lebensstoffes führe, so würden die besten Werke schon im Verfallszeitraum eines Jahres durch vielfältiges Besprechen und durch Auszüge des besten Gehalts in Journalen "zu Tode gehetzt". In der "Eile des Daseins", im "verzehrenden Drang nach immer Neuen" ist die hohe Kunst dem schnellen Ver-

---

62 Weitere Beispiele "kulturkritischen Schwanengesangs" auf den "Literarischen Industrialismus" bei Hömberg (s. Fußnote 28), S. 84; in internationaler Dimensionierung der Debatte vor allem bei Böker (s. Fußnote 52).

63 Dazu Joachim Ritter, *Landschaft. Funktionen des Ästhetischen in der modernen Gesellschaft*, in: ders., *Subjektivität*, 3. Aufl., Frankfurt/M. 1980, S. 141-190.

64 Zu diesem Gegensatz von Romantischem und Modernem, Kunst und Mode bzw. Zeit: Ingrid Oesterle, *Paris, die Mode und das Moderne*, in: *Nachmärz* (s. Fußnote 8), S. 156-174, hier: S. 163ff. Friedrich Schlegel konstatiert paradigmatisch: "Was *allgemein* und sehr weit *ausgebreitet* werden soll, muß wo möglich (ganz) fixirt und sehr einfach ja dürftig sein. *So die Lehre des Muhamed* - und die *französische* Mode, Sprache, Litteratur und Denkart [...] Was wahrhaft kunstreich und groß wie $\chi\rho$ (Christentum) und Deutsche (π) (Poesie) ist kann nicht leicht weit ausgebreitet werden." *Kritische Friedrich-Schlegel-Ausgabe* 19/II, hg. v. Ernst Behler, Paderborn 1971, S. 13.

65 Karl Gutzkow, *Die Mode und das Moderne*, in: *Gutzkows Werke. Auswahl in zwölf Teilen* 11, hg. v. Reinhold Gensel, Berlin u.a., o. J. [1912], S. 15-25. Dazu Ingrid Oesterle, *Paris* (s. Fußnote 64), S. 166ff.

alten und Vergessen anheimgegeben (5f.). Das hatte Gutzkow ausdrücklich als Konsequenz der sich auf die beschleunigte Zeit einlassenden Kunst akzeptiert: "Das moderne Genre entsteht schnell, verbreitet sich schnell, wird schnell verstanden und stirbt - schneller noch, als es oft eine Kritik erlebt hat. Lob und Tadel der Kritik nützen oder schaden nichts mehr: der Roman ist ein Jahr alt, wer liest ihn noch!"[66]

Es verdient allerdings Beachtung, daß sich Mundts journalistische Beschreibung des 'bunten' Zustands der gegenwärtigen Literatur Deutschlands vom geschichtsphilosophisch relativierten schnellen Umlauf imprägnieren läßt. Die Performanz des Textes setzt die beschleunigte Ideenzirkulation in die beschleunigte assoziative Mobilisierung und Vermischung sehr unterschiedlicher Bildwelten um: Das "massenhafte Anschießen einer wuchernden Vegetation" (4) charakterisiert nach Mundt die gegenwärtige Literatur ebenso wie ihre Beschreibbarkeit nach den Versatzstücken des Technik- und Industriediskurses: Eisenbahn und Dampfmaschine, nach denen der Ökonomie mit Haushalt und Geldumlauf und schließlich denen der Biologie mit der Konsumtion des Lebensstoffes. All das kann die supermetaphorische Klammer eines Haushalts und seines Umlaufs kaum noch zusammenhalten. In Mundts *Kunst der deutschen Prosa* (1837) mag man diese übergangszeitliche Textverarbeitung gerechtfertigt sehen: "Von einer Zeit aber", heißt es hier, "in der Alles auf Instrumenten, bis zum Zerspringen gestimmt, [...] wo unsere Sitten, unsere Speculation, unsere Existenzfragen mit lauter noch unverar-

66 Gutzkow, *Die Mode und das Moderne* (s. Fußnote 65), S. 24. Martina Lauster hat nachgewiesen, daß Gutzkow seiner programmatischen Öffnung der modernen Kunst für die Temporalität der Mode in seiner eigenen literarischen Praxis entsprochen hat. Medium der modernen, dem Transistorischen, Provisorischen und Offenen zugewandten Literatur ist der Essay, dessen Gesetze Gutzkow meisterhaft in den Momentporträts seiner *Öffentlichen Charaktere* umsetzt. M. L., *Moden und Modi des Modernen. Der frühe Gutzkow als Essayist*, in: *Forum Vormärz-Forschung* (s. Fußnote 52), S. 59-95. Es mag mit dieser prinzipiellen Akzeptanz flüchtiger Temporalität für die Kunst der Moderne zusammenhängen, daß Gutzkow - unter Beibehaltung einer Dichotomisierung, ja Gegensätzlichkeit von hoher Kunst des Genies und Massenliteratur - den 'literarischen Industrialismus' der Pfennigmagazine weitaus differenzierter als Mundt betrachtet und ihre positiven Aspekte und Entwicklungschancen gegen die Larmoyanz der 'Dichter' unterstreicht. Mit Mundt, der die Pfennigmagazine ja ausdrücklich als "eine dem gesammten Staatshaushalte der Literatur verderbliche, jedoch vorübergehende Ausartung" sieht, trifft sich Gutzkow freilich in der Würdigung schneller Ausbreitung und Popularisierung von Kenntnissen - dies im ironischen Blick auf die kulturellen Suprematieansprüche Deutschlands und seiner tatsächlichen Rückständigkeit im internationalen ökonomischen Wettbewerb: "Die Verbreitung gemeinnütziger Kenntnisse ist zwar beschämend, wenn man bedenkt, daß plötzlich die Sucht, sich unterrichten zu wollen, über Völker gekommen ist, welche sich für die gebildetsten der Erde halten; aber die Kenntnisse fehlen und Thatsachen der Geschichte, des Völkerlebens und der Natur können nun auf eine wohlfeile Weise schnell erworben werden. Das Prinzip unserer Zeit ist der Egoismus der Industrie, die Völker bedürfen einer populären Aufklärung über ihre Vortheile, und niemand mehr als die Deutschen, für welche durch den jüngst abgeschlossenen Zollverband der Wetteifer mit der englischen Erwerbsthätigkeit eine Lebensfrage geworden ist." Gutzkow, *Literarische Industrie* (s. Fußnote 59), S. 1-22, Zitat: S. 15.

beiteten Elementen geschwängert und überfüllt sind, da verlange man nicht ländliche Schalmeienklänge und Hirtenpfeifen mit Hintergrund friedlich stiller Abendlandschaften, wie in den einfachen rein contemplativen Literaturepochen."[67]

Mundts *Zeitperspective* erfaßt dennoch inmitten des Bildergetriebes, auf das der Verfasser sich selbst schreibend einläßt, die Statthalterin der Kontemplation, die Poesie. Sie harrt, so Mundt, "nachdenklich trauernd auf Krieg oder Frieden, in denen sie ihre Harfe gewaltig anschlagen" könnte (7). Als Oppositionsfigur publizistisch beschleunigter Kunst und Bildlichkeit ist sie eine einfache statische Organisation: eine Allegorie, und zwar die der ingeniösen, der kontemplativen Melancholie Ficinos und Dürers.[68] Trotz ihrer unproduktiven Übergangszeitlichkeit ist sie so schon ganz bei ihrer produktiven Zukunft.

67 Theodor Mundt, *Die Kunst der deutschen Prosa. Ästhetisch, literargeschichtlich, gesellschaftlich*, Göttingen 1969 (Faksimiledruck nach der 1. Auflage von 1837), S. 143f.

68 Vgl. dazu Raymond Klibansky / Erwin Panofsky / Fritz Saxl, *Saturn und Melancholie. Studien zur Geschichte der Naturphilosophie und Medizin, der Religion und der Kunst*, übersetzt v. Christa Buschendorf, 2. Aufl., Frankfurt/M. 1990, S. 351ff.

Thomas Bremer

Revolution in der Kunst, Revolution in der Politik

Hugos Dramen, Büchners Übersetzung und das Periodisierungsproblem in der Literaturgeschichte

1. Ästhetische Revolution versus politische Revolution

Fragte man eine Gruppe von Germanisten - und selbst bei Romanisten, die sich in den Literaturverhältnissen der französischen Romantik auskennen, sähe es kaum anders aus -, was ihnen zu Victor Hugo und zur ästhetischen Revolution in seinen Theaterstücken spontan einfiele, so könnte man risikolos auf die Antworten 'Cromwell' und 'Hernani' wetten. Diese Angaben ließen sich gegebenenfalls noch datieren: *Cromwell* wurde 1827 veröffentlicht, also noch in der Restauration, *Hernani* 1830, aber im Februar, also fünf Monate vor der Julirevolution, die in Frankreich bekanntlich das sogenannte 'Bürgerkönigtum' unter Louis Philippe einleitete.[1] Und genauso risikolos wie auf diese Antwort könnte man auch darauf wetten, daß zu *Le roi s'amuse*, *Marion De Lorme*, *Marie Tudor*, *Lucrèce Borgia* oder *Angelo, tyran de Padoue* - alles für die Periode 1827-1835 wichtigste Hugo-Stücke - keinem der Befragten viel einfiele.

Das hängt unübersehbar mit einem stabilen, wenn auch nie recht reflektierten Faktor der französischen Literaturgeschichtsschreibung zusammen, die nämlich stets den innerliterarisch-ästhetischen Revolutionsbegriff gegenüber einem sozial und politisch verstandenen privilegiert hat. Dies wiederum verweist auf ein - in seiner Tragweite ebenfalls nie recht gewürdigtes - Theorieproblem, nämlich das der ideologischen Konsequenzen, die sich aus dieser Differenz der Kategorien und, damit verbunden, aus der auf den ersten

1 Zur chronologischen Abfolge der Stücke Hugos mit entsprechenden Materialien vgl. die Druckanordnung in der sogenannten *Edition chronologique* der *Œuvres complètes* Hugos, hg. v. Jean Massin, Paris 1967 (in unserem Kontext v. a. Bd. 3 bis 5 = 1827-39), dort jeweils umfangreiche Materialien, Texteinführungen sowie eine ausführliche Zeittafel für die einzelnen Bände (in der Folge wird diese Ausgabe mit EC abgekürzt). Ebenfalls nützlich und mit umfangreichen Materialbeigaben die Ausgabe *Théâtre complet*, hg. v. J.-J. Thierry / Josette Mélèze, Paris 1963-1964 (Edition de la Pléiade). - Zur einführenden Situierung des Hugoschen Theaters vor allem für Nichtromanisten wegen des reichen Materials, auch aus zeitgenössischen Zeitungspublikationen, und der ausführlichen Handlungszusammenfassungen der Stücke (trotz völlig veralteten Forschungsstandes und quellen-unkritischer Zitierweise) immer noch brauchbar: Albert Sleumer, *Die Dramen Victor Hugos. Eine litterarhistorisch-kritische Untersuchung*, Berlin 1901 (Nachdruck: Nendeln 1977); weitere Literatur siehe unten.

Blick eher akademischen Frage der Periodisierung innerhalb der Literaturgeschichtsschreibung ergeben. In der freilich bereits aus den sechziger Jahren stammenden Studie von Hans-Robert Jauss zum *Ende der Kunstperiode* und der literarischen Revolution bei Heine, Hugo und Stendhal wird der Gesichtspunkt noch rein als Forderung nach einer vergleichenden Ästhetikgeschichte innerhalb der literarischen Komparatistik gefaßt, wenn Jauss seine Vorgehensweise als nicht auf die "Individualität" der Autoren und auf ihre "Stellung innerhalb verschiedener nationaler Literaturen" zielend charakterisiert, sondern vielmehr als eine, die sich vornimmt, Literatur "an dem historischen Parameter eines übergreifenden Prozesses, im Blick auf die 'Julirevolution der Literatur'" zu messen und zu interpretieren.[2] In einem engeren Sinne ist das Problem wohl nur in der Germanistik, und auch dort nur ansatzweise anhand des Erscheinens des dritten Bandes von Friedrich Sengles so materialreicher wie umstrittener Darstellung der Epoche (1980) diskutiert worden, und zwar dahingehend, daß eine Epochenkonstitution von Biedermeierzeit versus einer von Vormärz nicht nur eine Präferenz der Benennung darstellt, sondern - als "geistesgeschichtliches Konstrukt [...] einer letzten geschlossenen Kulturepoche" und damit als Bezeichnung des "historischen Orts einer Germanistik der Innerlichkeit"[3] - auch eine epistemologische Entscheidung bedeutet, die aus der ihr inhärenten Analyselogik heraus auch das Material, das ihr zugrundeliegt und zur Verfügung steht, aufarbeitet und ordnet.

Hat man im Zusammenhang solcher Grundsatzüberlegungen und im Gegensatz zur gängigen Literaturgeschichtsschreibung jedoch einmal akzeptiert, daß man zumindest einige Aspekte der romantischen und postromantischen Ästhetikdiskussion in Frankreich anders sehen kann, als dies gemeinhin der Fall ist, ja - nimmt man deren sozialhistorischen Kontext ernst und versteht mit den theoretischen Überlegungen Pierre Bourdieus das *champ littéraire* auch als ein *champ de bataille* - sie in solcherart veränderter Perspektive sogar anders sehen *muß*, so ergeben sich daraus Konsequenzen für Nachvollzug wie Bewertung ästhetischer Entscheidungen der Zeit nicht nur innerhalb Frankreichs, sondern auch darüber hinaus. Unter anderem könnte dies - und das soll Bestandteil der späteren Überlegungen dieses Beitrags sein - auch zu neuen Reflexionen über ein altes germanistisches Spekulations- und Streitthema führen, nämlich warum ein so wichtiger und politisierter Vertreter des deutschen Vormärz wie Georg Büchner um Gottes willen zwei so langweilige Stücke von Victor Hugo wie *Marie Tudor* und *Lucrèce Borgia* übersetzt hat, und warum er sie so übersetzt hat, wie er sie übersetzt hat.

---

2 Hans-Robert Jauss, *Das Ende der Kunstperiode. Aspekte der literarischen Revolution bei Heine, Hugo und Stendhal*, in: ders., *Literaturgeschichte als Provokation*, 3. Aufl., Frankfurt/M. 1973, S. 107-143, Zitat: S. 142.

3 So z. B. bei Udo Köster, *Literatur und Gesellschaft in Deutschland 1830-1848. Die Dichtung am Ende der Kunstperiode*, Stuttgart 1984, S. 10ff., Zitat: S. 13.

Mir kommt es in der Folge darauf an, einerseits ein in gewisser Weise rein theoretisches Problem - die Frage der Periodisierung in der Literaturgeschichtsschreibung - in ihren Konsequenzen zu beleuchten, andererseits auf die Möglichkeiten einer veränderten Sicht des Hugoschen Theaters - vor allem als Theaterpraxis, weniger als Theatertext - innerhalb eines konfliktiven Feldes zwischen Literaten/Intellektuellen und Regime hinzuweisen, das erst in seiner Folge den Ruf und die Akzeptanz Hugos als eines politischen Schriftstellers konstitutiert, und drittens klarzumachen, daß bei allen Einschränkungen durch andere Faktoren die Übersetzung der beiden Hugo-Stükke durch Georg Büchner (wie die Hugo-Rezeption im deutschen Vormärz insgesamt) eine politische Dimension aufweist, die bisher fast immer unterbelichtet geblieben ist - gerade wegen der Präferenz der Markierung inner-ästhetischer gegenüber derjenigen politisch-sozialer Revolutionsmerkmale.

2. *Cromwell und Hernani - die Revolution in der Ästhetik*

Die Szenerie ist bekannt, und Théophile Gautier hat sie in seiner pittoresken, anekdotenreichen, wenn auch bekannt unzuverlässigen *Histoire du romantisme* am nachdrücklichsten beschrieben: “Le gilet rouge”, heißt es im zehnten Kapitel des Textes von 1874, wenige Monate vor seinem Tod verfaßt,

> Le gilet rouge, on en parle encore après plus de quarante ans, et l’on en parlera dans les âges futurs, tant cet éclair de couleur est entré profondement dans l’œil du public. Si l’on prononce le nom de Théophile Gautier devant un philistin, n’eût-il jamais lu de nous deux vers et une seule ligne, il nous connaît au moins par le gilet rouge. [...] Nos poésies, nos livres, nos articles, nos voyages seront oubliés; mais l’on se souviendra de notre gilet rouge.[4]

Es ist hier nicht der Ort, diese Darstellung der *Hernani*-Uraufführung näher im Blick auf Gautier selbst zu analysieren; festzuhalten wären hier die unübersehbaren Züge der Resignation des wichtigsten Meinungsmachers und Kulturjournalisten der Zeit zwischen 1835 und 1870 (also weit über den Vormärz bzw. die Julimonarchie hinaus), der am Ende seines Lebens trotz einer auf 300 Bände geschätzten - und bezeichnenderweise nie erschienenen - Gesamtausgabe seiner Werke seine Wirkung auf die Nachgeborenen letztlich auf ein Kleidungsstück reduziert sieht, das er ein einziges Mal und im Alter von 19 Jahren getragen hat. Es ist auch kennzeichnend, daß jene Episode sich als Anekdote in allen Literaturgeschichten des 19. wie des 20. Jahrhunderts wiederfindet, und daß sie bis heute noch im populären Comic überlebt hat, wenn es etwa in der gezeichneten Biographie Victor Hugos darum geht, die von ihm ausgelöste ‘Revolution im Theater’ des 19. Jahr-

---

4 Théophile Gautier, *Histoire du Romantisme*, Paris 1874, S. 90 (die auf die *Hernani*-Uraufführung bezogenen Teile jetzt auch in EC 3, S. 1431-1442; Zitat: S. 1431).

hunderts zeichnerisch darzustellen: nämlich durch eben Gautiers knallrot gefärbte Weste.[5]

Dieses spektakuläre Einzelfaktum wird jedoch eigentlich erst durch die damit verbundene grundsätzliche Frage interessant. Was hier unter epistemologischem Gesichtspunkt passiert, ist nämlich - wie bereits einleitend angedeutet - die Reduktion ästhetischer Revolution auf eine innerwerkliche beziehungsweise auf eine rein literaturhistorisch-ereignisgeschichtliche Szenerie. - Ich erläutere mich.

Hugos *Cromwell* von 1827 ist berühmt wegen seines Vorwortes, nicht wegen des Stücks. Es sei auch nur am Rande erwähnt, daß das Stück - 6729 Verse - erst 1956, also 70 Jahre nach dem Tod Hugos und 120 nach seiner Entstehung, aus rein historistischen Gründen uraufgeführt worden ist. Über Jahrzehnte hatte es - vor allem auf Grund eines bühnentechnisch einfach nicht zu bewältigenden Personals - als unaufführbar gegolten.[6] Das Vorwort ist berühmt, weil es - so die allgemein auch in den gängigen Literaturgeschichten akzeptierte Deutung - erstmals die Abschaffung der drei Einheiten der französischen Klassik fordert und theoretisch untermauert, sowie die Vermischung der Gattungsgrenzen zwischen *tragédie* und *comédie* und die Einführung des Bizarren in die Prämissen der Kunstschönheit einklagt.

Es soll hier nicht darum gehen, in philologischer Beckmesserei nachzuweisen - was man problemlos könnte -, daß sich solche Forderungen auch bei anderen Autoren der Epoche und früher als in *Cromwell* finden, daß die Erfolgsautoren Casimir Delavigne und Eugène Scribe in ihren Opernlibretti die Forderung nach den Einheiten längst ausgehöhlt und die Gattungsvermischung längst praktiziert hatten, und daß der Erfolgsdramatiker Pixérécourt aus der Tatsache, daß er sie scheinbar noch respektierte, seine größten Bühneneffekte bezog. Um beispielsweise sein Columbus-Stück aufführen zu können und dabei die Einheit des Ortes *scheinbar* zu respektieren, kaufte er ein Segelschiff auf, ließ es nach Paris transportieren, dort das Dach eines Theaters abdecken und das komplette Schiff mit Hilfe eines gemieteten Kranes auf die Bühne hieven. Im Laufe des Stückes sprachen dann 'die Wilden', erstmals in der Tradition des französischen Theaters, in einer historistisch realitätsnahen Sprache: nämlich unverständlich, den neuesten Erkenntnissen der

---

5 So z. B. in Alfred Morera / Liliane Bourgeois, *La vie de: Victor Hugo*, Paris 1985 (Reihe: "Collection Une vie, une œuvre"; "déjà parus: *Victor Hugo, Jean-Sébastien Bach, Toulouse-Lautrec*", "à paraître": alles zwischen Botticelli und Watteau, Balzac und Voltaire, Beethoven und Wagner); die einzelnen Seiten unpaginiert.

6 Für die Details der Aufführungs-, v. a. aber auch der Druckgeschichte der Hugoschen Werke vgl. zusammenfassend noch immer nützlich den Katalog der Jubiläums-Ausstellung der Bibliothèque Nationale, *Victor Hugo. Exposition organisée pour commémorer le cent cinquantième anniversaire de sa naissance,* Paris 1952 (dort auch kurzgefaßt beschrieben und mit Bibliothekssigel nachgewiesen zugehörige Materialien aus dem Besitz der Bibliothek wie Briefwechsel, Verträge, Abrechnungen oder Bühnen- und Kostümentwürfe). Im Überblick ansonsten informativ das umfassend chronologisch angelegte Programmbuch der Comédie Française, Arnaud Laster, *Pleins feux sur Victor Hugo*, Paris 1981.

historischen und kolonialen Sprachwissenschaft nachempfunden.[7] Wo wären da, 1815, noch die drei Einheiten in jenem Sinne, in dem sie Racine und Corneille dienten, nämlich dazu, den Handlungskonflikt der *tragédie* auf eine Person, eine Situation, ein Kulminationsmoment hin zuzuspitzen?

Es geht auch nicht darum, im Vorbeigehen schnell noch das Ansehen der Académie Française zu retten, obwohl auch das, betrachtet man die Verhältnisse unter sozialhistorischen Prämissen, seine wichtige und den üblichen literaturhistorischen Darstellungen entgegengesetzte Logik hat. Die Académie verschloß sich nämlich keineswegs deshalb den Prämissen der Romantik, weil es sich bei ihren Mitgliedern um unbelehrbare und verkalkte ältere Herren gehandelt hätte, die die Zeichen der neuen Zeit - der ästhetischen Revolution - einfach nicht verstanden. Da die Mitglieder der Académie bekanntlich auf Lebenszeit gewählt werden, waren sie um 1825-30 zu einem nicht unbedeutenden Teil schlichtweg die letzten Fossilien der Aufklärung und des napoleonischen Regimes (an dessen Ende anläßlich der Neugründung von 1816 das letzte Mal eine personelle 'Säuberung' der Académie unternommen worden war). Sie dachten gar nicht daran, ihre politischen wie ästhetischen Positionen zugunsten der neuen Rechten um die frühen Romantiker zu opfern, die in engstem politischem Kontakt zum Regime der Restauration - also der von der Revolution wie von Napoleon bekämpften Bourbonen - standen. Das Problem der ästhetischen und der politisch-sozialen Revolution liegt im Frankreich vor 1830 gerade darin, daß sie gewissermaßen über Kreuz verläuft: die ästhetisch Progressiven (die Romantiker) sind politisch reaktionär, die politisch Anti-Restaurativen hingegen sind (weiterhin und darin konservativ) den Positionen des ästhetischen Klassizismus verhaftet. Victor Hugo hatte bereits mit 20 Jahren direkt vom Bourbonenkönig eine Leibrente erhalten, die den Einkünften manches verdienten Akademiemitglieds gleichkam oder sie übertraf; zur Krönung von Karl X. 1825 wurde er ausdrücklich eingeladen und verfaßte ein darauf bezogenes Huldigungsgedicht.[8]

Der letztlich gleiche Mechanismus der Konstitution einer rein ästhetisch definierten Revolution funktioniert im Blick auf die übliche literaturge-

---

7 Charles Guilbert de Pixérécourt, *Christophe Colomb, ou la Découverte du Nouveau Monde* (UA Théâtre de la Gaité, Sept. 1815), in: ders., *Théâtre choisi*, Nancy 1841-1843 (Nachdruck Genève 1971), Bd. 3, S. 301-398 (eine ausführliche Analyse des Stückes im Rahmen der französischen Theatergeschichte der Zeit befindet sich in Vorbereitung).

8 Zur Biographie Hugos, gerade auch in der Jugend, vgl. derzeit am ausführlichsten das dreibändige Werk von Hubert Juin, *Victor Hugo*, Paris 1980-1986; dort auch weitere Nachweise (gerade zur Jugend Hugos stammen die meisten Arbeiten noch aus dem 19. Jahrhundert und bedürften dringend einer neuen kritischen Sichtung). Zur Kurzinformation über die Geschichte der Académie Française vgl. außer den einschlägigen historischen Darstellungen die erstmals erstellte Liste der Académie-Mitglieder nach Besetzung der Sessel in Georges Grente (Hg.), *Dictionnaire des lettres françaises. Le dix-septième siècle*, Paris 1954, S. 52-56; sowie zur Geschichte der Académie im 19. Jahrhundert zusammenfassend Louis Gillet, *Institut de France* [Stichwort], in: Georges Grente, *Dictionnaire des lettres françaises. Le dix-neuviènne siècle* 1, Paris 1971, für die hier interessierende Epoche v.a. S. 514f.

schichtliche Darstellung auch im Falle der *Hernani*-Uraufführung. Der Hintergrund der Anekdote ist ja nicht zu bestreiten: daß hier ein Stück, dessen Erfolg einerseits als für eine ästhetische Richtung entscheidend wichtig angesehen wurde, andererseits höchst gefährdet war, mit Hilfe von Freunden und milder Bestechung in einen Triumph verwandelt wurde (unter anderem durch die von Hugo und seinen Sympathisanten im Publikum plazierte Zuschauergruppe, zu der auch Gautier mit seiner die ästhetische Revolution symbolisierenden roten Weste gehörte). Wichtig ist nur zu sehen, daß in dieser Form der Darstellung - im Blick auf *Cromwell* wie auf *Hernani* - die Revolution in die Literatur selbst verlegt wird, und zumindest im Falle des *Cromwell*-Vorwortes noch nicht einmal mit immer zwingenden Argumenten. Ohne dies klar zu sagen, wird hier - methodologisch beobachtet - ein autarkes intellektuell-kulturelles Subsystem Literatur konstituiert, in dem ein innerliterarischer Konflikt - der Wandel eines ästhetischen Paradigmas - einen eigenständig wirksamen Revolutions-Charakter zugesprochen erhält, damit aber auch aus einem größeren Rahmen herausgelöst wird.

Daß das so ist, daran haben - wie gesagt - Generationen von französischen, aber auch deutschen, englischen und anderen Literaturhistorikern gearbeitet, von Gautier über Sainte-Beuve, über den Hugo-Feind Lanson und die pro-nationale und Anti-Hugo-Front der französischen Kritik des ausgehenden 19. Jahrhunderts, deren Periodika noch am Beerdigungstag Hugos die geschmacklosesten Karikaturen abdruckten: zu jenem Zeitpunkt, als dieser seit langem zum Symbol der politischen Linken geworden war.

3. Die Revolution des Theaters in sozialhistorischer Perspektive

Diese Ereignisse aus der Literaturgeschichte des Vormärz lassen sich, wie gesagt, unter veränderten Prämissen aber auch in anderer Optik erzählen, und zwar in einer, der zwar auch innerliterarische Perspektiven zugrunde liegen, darüberhinaus aber eben auch solche, die politisch-soziale Machtverhältnisse analysieren.

Eine erste, solcherart zu erzählende 'andere' Geschichte könnte dann zwar ebenfalls auf die unmittelbare Entstehungs- und Publikationszeit des *Cromwell* - also die letzten Jahre der Restauration - rekurrieren, müßte aber ein anderes Stück Hugos für die Analyse privilegieren und würde - aufgrund der veränderten Akzentsetzung konsequenterweise - auch zu anderen Ergebnissen kommen, als dies in der gängigen Historiographie der Fall ist.

Direkt nach *Cromwell* hat Hugo nämlich ein Stück namens *Marion De Lorme* verfaßt, ursprünglich mit dem Untertitel "un duel sous Richelieu", dem Manuskript zufolge - nur am Rande sei vermerkt, daß die Datierungen in Hugos Manuskripten mit äußerster Vorsicht zu behandeln sind und mehr als einmal schlichtweg falsch (um nicht zu sagen: vorsätzlich gefälscht) sind - zwischen dem 2. und 26. Juni 1829 entstanden, der vierte Akt dabei angeblich in 24 Stunden. Jedenfalls war die literarische Welt der Zeit zum einen verblüfft, daß Hugo nach dem unspielbaren *Cromwell*-Stück auch ein spielbares Drama zu schreiben imstande war, zum anderen drängten sich die Theaterdirektoren nach den Aufführungsrechten. "C'était un véritable steeplechase des directeurs de théâtre à la rue Notre-Dame-des-Champs, pour avoir *Marion Delorme*", berichtet Alexandre Dumas in seinen Erinnerungen.[9] Im engeren Sinne in Frage kamen dabei die Comédie Française mit ihrem Direktor, dem Baron Taylor, das Theater der Porte-Saint-Martin und das Odéon.

Wir können abkürzen. Es kommt zum Eklat. Schon Taylor hatte an bestimmten Stellen des Stücks Zensurbedenken gehabt und vor möglichen Sanktionen gewarnt; Hugo wird sogar im August 1829, um solchen Bedenken die Spitze zu nehmen, vom König selbst empfangen, dem er den 'gefährlichen' vierten Akt handgeschrieben auf Velin-Papier überreicht.[10] Trotzdem erfolgt das Verbot. Die Begründung, unterschrieben vom Innenminister, rekurriert vor allem auf die verächtlichmachende Darstellung von Ludwig XIII.

Nun ist dieser Vorgang an sich und trotz der Vorgeschichte nicht derartig spektakulär; unter der Restauration wird schließlich auch eine ganze Anzahl anderer Stücke verboten. Die Zensurierung gerade dieses Stückes von Hugo bezeichnet aber – und das ist in einer sozialhistorischen Perspektive der Literaturgeschichtsschreibung von entscheidendem Interesse – die endgültige Dissonanz zwischen Regime und tendenziell regimefreundlicher Intelligenz, den Bruch der bisherigen politisch-intellektuellen Koalition. Der König zensiert gewissermaßen seine eigenen Leute, und mit Hugo darüber hinaus einen, der unter den jungen Literaten lange Zeit zu den entschiedensten Unterstützern der Restauration gezählt hatte. Umgekehrt läßt sich die Wichtigkeit, die von höchster Seite der Aktion beigemessen wird – also auch die Schärfe der widerstreitenden Interessen – daran ermessen, daß der König Hugo eine Verdreifachung seiner bisherigen Pension anbietet, gewissermaßen als Entschädigung für verlorenes Entgelt aus den Theateraufführungen und als Honorar dafür, das Verbot stillschweigend zu akzeptieren und es nicht öffentlichkeitswirksam gegen das Regime zu richten.

---

9 Alexandre Dumas, *Mémoires*, hier zit. nach den Materialien zu *Marion De Lorme* in EC 3, S. 1403ff., Zitat: S. 1404 (dort auch die Anekdote, wie zunächst der Direktor des Odéon bei einem Besuch bei Hugo auf den Umschlag des Manuskriptes schreibt "Für das Théâtre Odéon angenommen", kurz darauf ebenso derjenige des Porte-Saint-Martin. Die Erstaufführung ging aber trotzdem an das Théâtre Français unter Taylor).

10 Aufschlußreich ist in diesem Zusammenhang der (evidenterweise auf Hintergrundinformationen Hugos beruhende) Artikel Sainte-Beuves über den Vorgang, den dieser in der *Revue de Paris* vom 9.8.1829 – wenn auch vorsichtshalber unter dem Namen des Zeitschriftenherausgebers Louis Véron – publizierte (*De l'audience accordée par S. M. Charles X à M. Victor Hugo*, jetzt einfach zugänglich in EC 3, S. 1406f.). Hier ist einerseits davon die Rede, daß erstmals ein Vertreter der "génération nouvelle" Zugang zum König erhalten habe, doch werden andererseits, "la conversation tombant sur le caractère de Louis XIII", schnell Hintergrund und tiefere Intention der Begegnung deutlich. Am Ende habe, so Sainte-Beuve, Hugo "l'acte redoutable" dem König übergeben, "et le Roi eût daigné lui promettre de prêter interêt à cette lecture" (ebd., S. 1407).

Doch verläuft die Geschichte anders als von der Regierung erhofft. Hugo lehnt offiziell und öffentlich das diskret gemeinte Angebot ab, der Innenminister ist blamiert, der Bruch zwischen Autor und Regierung nicht mehr zu kitten. Mit Recht überschreibt der (oppositionelle) *Globe* seinen Bericht über die Zensuraffäre in der Ausgabe vom 15. August 1829 mit dem ganz auf die politische Dimension der Affäre verweisenden Titel "Erster literarischer Staatsstreich" ("Premier coup d'état littéraire").[11] Die Premiere von *Marion De Lorme* findet, wenn auch nur mit mäßigem Erfolg, erst nach der Julirevolution, im August 1831 und im Theater Porte Saint-Martin statt, wo das Publikum traditionell als regimefeindlich - regimefeindlich gegenüber der bourbonischen Restauration - galt.

Noch interessanter in unserem Kontext ist die zweite Geschichte, und sie betrifft Hugos Theaterstück *Le roi s'amuse*. Auch hier lassen sich unmittelbare Parallelen zu unseren Ausgangsüberlegungen finden. *Le roi s'amuse* ist nämlich das Stück, das Hugo unmittelbar nach *Hernani* schrieb, verfaßt im Juni 1832, also inzwischen zwei Jahre nach der Julirevolution. Auch hier stellt sich wieder die Frage nach dem Theater der Uraufführung; Baron Taylor ist (erstaunlicherweise) trotz aller politischen Veränderungen noch immer Direktor der Comédie Française, und er nimmt es zur Uraufführung (November 1832) an. - Es wurde ein Desaster. Obwohl - auch dies im Blick auf eine sozialhistorische Analyse nicht uninteressant - Hugo noch stärker als bei der *Hernani*-Premiere nahezu sämtliche Plätze des Theaters aufgekauft hatte, um sie mit 'eigenen Leuten' besetzen und so eine erfolgreiche Uraufführung des Stücks sichern zu können, wurde es der größte dramatische Mißerfolg, den Hugo jemals hatte; der Kritiker Merle sprach in *La Quotidienne* vom "Waterloo du Romantisme".

Dies ist letzten Endes und trotz aller Vorsichtsmaßnahmen kein Einzelfall; auch bei aufgekaufter Vorstellung und trotz der an Freunde verteilten Eintrittskarten sind nämlich relativ viele Stücke Hugos auf der Bühne erhebliche Mißerfolge gewesen - genaugenommen nach *Hernani* außer *Lucrèce Borgia* alle, so daß Hugo, was man leicht übersieht, bereits 1843 - also noch weit

---

11 Jetzt in EC 3, S. 1408f.; ein zweiter Bericht erschien drei Tage darauf (18.8.1829; vgl. ebd., S. 1409) und faßt "en deux mots la théorie politique du drame selon M. de La Bourdonnaye" (dem Innenminister) zusammen: der König habe sich der alten Verdienste Hugos und seiner eigenen früheren Anerkennung erinnert, der Dichter ebenfalls, der Minister hingegen absichtlich nicht, vielmehr fordere er politische Loyalität ohne Einschränkungen: "on lui [= Hugo] objecte les périls de la royauté, et on s'étonne que ce soit lui, royaliste dévoué, qui vienne ajouter à ces périls" - "des vérités politiques se mêlent d'elles-mêmes, et sans recherche, à la vérité littéraire" (S. 1409). - In diesem Zusammenhang wäre es reizvoll zu untersuchen, wie die Affäre jeweils vom Standpunkt der einzelnen Presseorgane kommentiert wird; u. a. hinzuweisen wäre darauf, daß Karl X. unmittelbar zuvor, am 8.8.1829, den bisherigen Premierminister Polignac durch einen neuen, Martignac, ersetzt hatte und dadurch auch der Innenminister soeben neuernannt war. Bei einer wirklich exakten Analyse wäre gegebenenfalls die politische Dynamik bis in die Tagesdaten hinein zu verfolgen; so erfolgte der Empfang Hugos durch den König jedenfalls am Vorabend der Regierungsneubildung.

vor dem Ende der Julimonarchie und über vierzig Jahre vor seinem Tod – überhaupt aufhörte, Theaterstücke zu schreiben.

Mit *Le roi s'amuse* wiederholt sich nun aber, parallel zu den Ereignissen *vor* der Revolution und trotz des offensichtlichen Mißerfolgs der Premiere, gewissermaßen die gleiche Geschichte wie mit *Marion De Lorme*: Wiederum gibt es nämlich einen Zensurskandal; auch jetzt wird das Drama verboten, und ein weiteres Mal führt der Vorgang zum Zerfall der Allianz zwischen Regime und Teilen der es ursprünglich unterstützenden Intelligenz. Nur handelt es sich inzwischen, nach der Revolution von 1830, um ein völlig verändertes Regime.

Hugo unternimmt einen Schritt, den nie zuvor jemand gewagt hatte: er verklagt faktisch die Regierung. Anhand der seit den achtziger Jahren dieses Jahrhunderts geordnet und zumindest in Regestenform auch gedruckt vorliegenden Dossiers der Folge F 21/966 und folgende der Archives Nationales in Paris, der *Procès-verbaux de censure*, sowie anhand der von Hugo partiell selbst veröffentlichten Gerichtsunterlagen lassen sich die Details dieses Prozesses verfolgen; die Archivarin Odile Krakovitch hat sie zum Teil in einem bemerkenswerten (wenn auch sehr unübersichtlich gegliederten) Buch geschildert.[12]

Am Tage nach der Uraufführung des Stückes erhielt Hugo nämlich einen Brief des Bühnendirektors der Comédie Française, in dem es heißt – und auf den genauen Wortlaut kommt es in der Folge an – :

> Il est dix heures et demie, et je reçois à l'instant l'ordre de suspendre les représentations du *Roi s'amuse. C'est M. Taylor qui me communique cet ordre de la part du ministre.*[13]

Nun war unglücklicherweise bekanntlich gerade die Abschaffung der Zensur eines der Hauptprinzipien der Charte von 1830, auf die Louis Philippe seine Herrschaft gründete; im berühmten Artikel 7 heißt es: "Les Français ont le droit de publier et faire imprimer leurs opinions en se conformant aux lois; la censure ne peut jamais être rétablie".

Die Zensur ist ohnehin die *bête noire* des Verhältnisses der Intelligenz zum Regime. Bereits 1831, also nur ein Jahr nach der Revolution, war es zu einem ersten parlamentarischen Versuch gekommen, die Zensur wiedereinzuführen. Das Gesetzesprojekt von Montalivet spricht davon, die Manuskripte sollten – auf freiwilliger Basis – der Behörde einige Tage vor der Aufführung

12 Odile Krakovitch, *Hugo censuré. La liberté au théâtre au XIXe siècle*, Paris 1985; vgl. auch meine Rezension in *Lendemains* 10 (1985), 40, S. 122-124. – Krakovitchs Analyse der Zensurverhältnisse in der Julimonarchie geht gerade von *Le roi s'amuse* aus und entwickelt sie dann in Vor- und Rückblick.

13 Text nach dem Vorwort Hugos zu *Le roi s'amuse*, datiert 30.11.1832. ("Es ist halb elf, und ich erhalte gerade die Anordnung, die Aufführung des *Roi s'amuse* auszusetzen. *M. Taylor teilt mir diese Anordnung des Ministers mit.*").

vorgelegt werden.[14] Als dies der erste Theaterdirektor aus Angst vor einem immerhin denkbaren finanziellen Ruin tut, der sich aus der Nichtbefolgung der 'Empfehlung' ergeben könnte, protestiert die *Société des Auteurs* nachhaltig. Victor Hugo ist es, der ernsthaft einen Schreibstreik vorschlägt, und zwar gegen alle Theaterdirektoren, die sich dem Gesetzesvorschlag präventiv beugen. Drei Jahre darauf, 1834, fiel der Protest schwächer aus, wenngleich immerhin der Präsident der Gesellschaft, der nicht sehr revolutionsverdächtige Eugène Scribe, aus Protest gegen die Regierung zurücktrat. Unter dem Eindruck des Fieschi-Attentats ging das Zensurgesetz ein weiteres Jahr später ohne Probleme durch und passierte das Parlament; eine der wenigen Gegenstimmen kam vom Abgeordneten Lamartine.[15]

Im Kontext der Ereignisse um *Le roi s'amuse* und ein Jahr nach seinem Vorschlag eines Schreibstreiks aller Theaterautoren unternimmt Hugo nun aber einen, gerade für die Eigentumsgarantien der Julimonarchie, in der nach dem berühmten Marxwort "die Macht hinter den Komtortischen" zu finden war, höchst geschickten Schachzug: er verklagt nämlich nicht etwa die Regierung (das war in dieser Form nicht möglich), aber die Comédie Française. Sein Argument ist simpel: sie habe einen Vertrag, den sie durch die Nichtaufführung des Stückes nicht erfülle. Ob der Theaterdirektor sich dabei auf Anordnungen der Regierung berufe, gehe ihn als Vertragspartner vom Grundsatz her nichts an. Seine Eigentumsgarantien an seinem Stück seien verletzt, und daher beanspruche er entsprechenden Schadenersatz.[16] Das Infame dabei ist natürlich, daß erstens ein Brief des Inspizienten vorliegt, in dem gerade die direkte Intervention der Regierung bestätigt wird, und zweitens darin, daß der Baron Taylor sich zwangsläufig vor einer eigenen Verurteilung nur dadurch retten kann, daß er sich auf höhere Anweisung beruft, deren Legitimität damit unmittelbar zur Beurteilung ansteht.

Wir müssen auch hier wieder abkürzen. Die Regierung windet sich erheblich; das Gericht tut das Geschickteste, was es machen kann - es handelt sich um den Cour de Commerce, das Gericht für Handelsstreitigkeiten -: es erklärt sich für nicht zuständig. Damit erhält Hugo zwar kein Geld, aber der moralische Sieg ist offensichtlich und wird überall auch so verstanden. Das Stück hat es, das sei nur im Vorbeigehen erwähnt, nicht gerettet; nur als

14 "Entre les mains de l'autorité administrative, quelques jours avant la représentation", vgl. Krakovitch (s. Fußnote 12), S. 59; über das Gesetzesvorhaben wurde unter dem Eindruck der Proteste aber weder abgestimmt, noch wurde es zunächst überhaupt im Parlament diskutiert.

15 Vgl. Krakovitch (s. Fußnote 12), S. 60ff.; zu den Gegenstimmen gehörte übrigens auch Thiers.

16 Vgl. die Materialien bei Krakovitch (s. Fußnote 12), sowie Hugos Vorwort zu *Le roi s'amuse* vom 30.11.1832, aus der sich seine Argumentation ergibt. Übrigens spielte dieser Prozeß um *Le roi s'amuse* nochmals eine Rolle bei einem argumentativ ähnlich angelegten späteren Prozeß, nämlich um *Angelo, tyran de Padoue* (1837); vgl. dazu die von Hugo veröffentlichte Prozeßdarstellung im Anhang der Druckausgaben des Stückes, so auch in EC 5, S. 350-371 bzw. in der Ausgabe Pléiade 1, S. 1689-1726 (*Procès d''Angelo' et d''Hernani'*).

Textgrundlage von Verdis *Rigoletto* hat es überlebt. Und umgekehrt muß man zugunsten der Julimonarchie vermerken, daß in der Tat der Druck sowohl des Stückes als auch eines die Regierung heftig attackierenden Vorwortes und von Hugos Gerichtsplädoyer unbeanstandet vonstatten gingen, nur aufgeführt durfte es nicht werden (womit natürlich auch die Tantiemen für den Autor entfielen).

4. "Dieser junge Titan": Zur Rolle von Gutzkows Hugo-Projekt und Büchners Übersetzungen

Fassen wir die bisherigen Überlegungen im Blick auf die theoretische Eingangsfrage hin zusammen, so läßt sich sagen: Würde man in beiden Fällen für eine Analyse der Wichtigkeit der Hugo-Stücke in den Debatten der Zeit nicht *Cromwell* und *Hernani* als Wendepunkte ansehen, sondern jeweils das *nachfolgende*, in unmittelbarer zeitlicher Nähe verfaßte, aufgeführte und publizierte Stück, so würde sich statt der in das Werk verlagerten *Revolution in der Ästhetik* gewissermaßen eine *Revolution in der Politik* ergeben, und zwar insofern, als beide Stücke zentrale Momente in der Dissoziierung von jeweils herrschendem Regime und der Literatur der Zeit markieren und jeweils ein Plädoyer für einen politischen Umgang mit dem Theater darstellen. Anders gesagt: Würde man eine Sozialgeschichte der französischen Literatur der Romantik schreiben und diesen methodischen Ansatz ernst nehmen, dann müßte man - entgegen der üblichen Praxis, mindestens aber neben ihr - außer dem Rekurs auf die innerwerklich-ästhetische Revolution (*Cromwell*, *Hernani*) auch auf die sich wandelnden Fronten *nach den politischen Revolutionen und mittels der Stücke* eingehen. Ein wesentlicher Teil des Rufes Victor Hugos als eines auch politisch dezidierten Autors liegt jedenfalls darin, daß er demonstrativ sowohl gegen die Restaurationszensur vorgeht, als auch nur kurz darauf gegen diejenige der Julimonarchie, daß er also jedes Mal die Bühnenrealisierung seiner Stücke gezielt auch als politisches Ereignis verteidigt.

Im Lichte solcher Überlegungen stellt sich möglicherweise aber auch die Frage nach der Rolle Hugos in den zeitgenössischen deutschen Diskussionen um das Verhältnis zwischen Literatur und Politik, ästhetischer Revolution und politischem Eingreifen des Theaters neu.

Dabei geht es mir nicht so sehr um die materielle Rezeption Hugos in Deutschland, die zumindest in ihren Eckdaten weitgehend untersucht und aufgearbeitet ist.[17] Hier wäre nur am Rande eine bisher unbekannte Trou-

---

17 Vgl. grundlegend Charles Dedeyan, *Hugo et l'Allemagne*, Paris 1964/1977; sowie Heinrich-Heine-Institut Düsseldorf (Hg.), *Victor Hugo 1802-1885. Ein französischer Dichter am Rhein*, Düsseldorf 1985 (Ausstellungskatalog). Speziell für die deutsche Hugo-Rezeption in der Zeit von 1827 bis 1835 mit zahlreichen Zitaten aus Zeitschriftenpublikationen (einschließlich anonymen und mehrfach gedruckten Berichten und Rezensionen) vgl. v. a. das entsprechende Kapitel bei Rosemarie Hübner-Bopp, *Georg Büchner als Übersetzer Victor Hugos. Unter Berücksichtigung der zeitgleichen Übersetzungen von*

vaille zur Hugo-Rezeption in Weimar nachzutragen, die 1994 im deutschen Autographenhandel auftauchte und dann in einem unbekannten Archiv verschwand, nämlich ein Brief des Schauspielers Friedrich August Aumann genannt Durand vom 11.9.1830, der über die erste Aufführung des *Hernani* an der Weimarer Hofbühne in Anwesenheit Hugos wie folgt berichtet:

> Oefterer stürmischer Beifall unterbrach die Einzelreden, begleitete die Abgehenden und lohnte die Aktschlüsse. Gespielt wurde meinem Ermeßen zufolge und nach den Aeußerungen des hochentzückten Dichters durchweg gut und keine Störung der Scenerie wirkte sich nachtheilig auf die Stimmung der Zuhörer. [...] Frau von Spiegel und Herr Minister von Gersdorff [...] schienen Beide [...] sehr ergriffen,

während Goethe die Vorstellung zwar in seinem Tagebuch erwähnt, sie aber nicht besuchte.[18] In den Reihen der Zeitgenossen ist es ansonsten zumindest Börne, der aus Paris nicht nur die Handlung des *Roi s'amuse* referiert, sondern auch auf die Bedeutung des Prozesses eingeht.[19]

Interessant scheint es mir aber vor allem zu überlegen, ob angesichts des oben skizzierten Hintergrundes nicht auch neues Licht auf das leidige Thema der Hugo-Übersetzungen Georg Büchners fallen könnte, umso mehr, als zu ihnen in den letzten Jahren mehrfach sowohl neues Material als auch neue Überlegungen publiziert wurden.

Die grundsätzlichen Fakten sind dabei so bekannt wie unumstritten. Im Frühjahr 1835, also fünf Jahre nach der *Hernani*-Premiere und bei sich verdichtender Hugo-Rezeption auch in Deutschland, hatten zeitgleich zwei Buchhändler, nämlich Rieger in Stuttgart / Leipzig und Sauerländer in Frank-

---

'Lucrèce Borgia' und 'Marie Tudor' sowie der Aufnahme Victor Hugos in der deutschen Literaturkritik von 1827 bis 1835, Frankfurt/M. / Bern 1990, S. 96ff. mit weiteren Nachweisen.

18 Brief an den Freiherrn von Spiegel; vgl. die Auszüge bei J. A. Stargardt, *Katalog 656: Autographen und Urkunden 1791 bis 1850*, Berlin 1994, S. 127; Angelika Reimann [Bearb.], *Goethes Leben von Tag zu Tag* 8, Zürich 1996, S. 384 (Samstag, 11.9.1830). – Gegenüber Soret zeigt sich Goethe erfreut über eine Kiste aus Paris, die unter anderem "eine Masse Bücher der gesamten Romantischen Schule" enthält (vgl. Wilhelm Bode (Hg.), *Goethe in vertraulichen Briefen seiner Zeitgenossen* 3, Berlin / Weimar 1979, S. 298; 8.3.1830), äußert sich Eckermann gegenüber zumindest in Bezug auf *Marion De Lorme* aber zwiespältig (1.12.1831) und über *Notre Dame de Paris* dezidiert ablehnend (27.6.1831; vgl. Johann Peter Eckermann, *Gespräche mit Goethe in den letzten Jahren seines Lebens*, Ausg. Ernst Beutler, München 1976, S. 765 und 760).

19 Vgl. den 89. Brief aus Paris, 13.12.1832 (*Sämliche Schriften* 3, hg. v. Inge u. Peter Rippmann, Düsseldorf 1964, S. 638ff.). Nachdem er bereits in den Briefen zuvor ausführlich die Handlung referiert und abschließend erhebliche Einwände gegen das Stück vorgebracht hat ("Victor Hugo hätte aus dem allem einen Roman machen sollen. [...] Aber dieses in ein Drama bringen [...] – nein, das dürfen wir nicht dulden"; S. 639), referiert er auch den Prozeß, wobei seine Einschätzung interessant ist: zwar gewinne die Front gegen die Regierung mit Hugo einen wichtigen neuen Verbündeten, doch habe auch die Regierung einen Vorteil durch den Prozeß insofern, als sie derart "zuweilen Rauch aus dem Schornsteine" lassen könne, "daß der Kessel nicht platze" (S. 642).

furt, begonnen, eine deutsche Übersetzung der wichtigsten Texte Hugos in mehreren Bänden und in Form einer Werkausgabe zu veranstalten. Evidentes Vorbild dafür war die sogenannte Renduel-Ausgabe, die als zusammenfassende französische Werkausgabe unmittelbar zuvor durch den gleichnamigen Verleger in Paris veranstaltet worden war; eine an sie angelehnte deutsche Ausgabe mußte nach den in den unterschiedlichsten deutschen Presseorganen gedruckten Skandalberichten über Hugo als so naheliegend wie ökonomisch risikolos erscheinen.

Man wird die Stuttgarter und die Frankfurter Ausgabe von vornherein als direkte gegenseitige Konkurrenzunternehmen ansprechen müssen, und es war zumindest nach Erscheinen der ersten Bände klar (wobei zunächst Rieger vornelag), daß hier zeitgleich zwei Hugo-Übersetzungen im Wettbewerb veranstaltet werden sollten.

Die Sauerländer-Ausgabe wurde dabei spätestens seit Frühjahr 1835 maßgeblich von Gutzkow gestaltet. Im *Phönix*, dessen *Literaturblatt* Gutzkow leitete und der ebenfalls von Sauerländer verlegt wurde, erschien am 29. April 1835 der erste Hinweis auf die Ausgabe; die Rede ist - wie danach auch noch mehrfach - von einer "wohlfeilen und eleganten deutschen Taschenausgabe".[20] Zweifellos ist die sich abzeichnende Konkurrenz der Unternehmen (der erste Band der Rieger-Ausgabe erschien nach den entsprechenden Neuerscheinungsnachweisen offenbar in der Woche zwischen dem 10. und 16.5.) der Hintergrund, warum prompt Anfang Mai 1835 im *Börsenblatt für den deutschen Buchhandel* eine von Gutzkow verfaßte oder zumindest unterzeichnete, lobende Ankündigung seiner bzw. der Sauerländer-Ausgabe erschien, die von vornherein - im Kontrast zur Rieger-Ausgabe - stark auf die Qualität der Übersetzer zielte, aber auch auf die Klassizität und den nationaltypischen Charakter der Ausgabe verwies, wenn es unter anderem heißt:

> Weltbezwingend, universell sind die Werke des Genies; das Vaterland hat den Stolz eines solchen Besitzthumes, aber den Gewinn der Ideen, die Kunst und das Unvergängliche theilen alle Nationen. Shakspeare, Calderon, Byron sind durch klassische Uebertragungen in Deutschland eingebürgert. Noch aber entbehren wir eines Denkmals, das, aus Frankreich zu uns herüberverpflanzt, sich jenen Meisterwerken an die Seite stellen darf. Wer verdiente mehr, als *Victor Hugo*, in deutschen Metalllauten dem Gedächtnisse der Nachwelt überliefert zu werden? Dieser junge Titan hat den Perückenparnaß der alten französischen Literatur erstürmt. Er hat seiner Nation gezeigt, daß nichts so schön ist, als die Natur, und nichts so erhaben, als die Leidenschaft.

Und dann, direkt auf gängige Übersetzungspraktiken rekurrierend und sich von ihnen abhebend, weiter:

---

20 Vgl. Hübner-Bopp (s. Fußnote 17), S. 147; dort auch weitere Zitate. Die Hinweise und Inserate im *Phönix* wiederholen sich mehrfach; übrigens versucht auch Rieger, über Inserate die Aufmerksamkeit auf seine Hugo-Ausgabe zu lenken.

Wir geben keine improvisirte Arbeit der Industrie, sondern das Erzeugniß heiliger Weihestunden.

Geplant war, neben einer "einleitenden Biographie und Charakteristik" durch Gutzkow (die nicht zustandekam und von Adrian übernommen wurde) der Abdruck sowohl der bis dahin vorliegenden Dramen Hugos, als auch der Romane sowie der Lyrik und Kritik. Den Ankündigungen zufolge sollte die Ausgabe zunächst zwölf, später vierzehn Bände umfassen, die dann bis 1842 jedoch auf insgesamt neunzehn anwuchsen, allerdings nicht chronologisch erschienen, sondern offensichtlich dem Rhythmus der Fertigstellung der Texte durch die jeweiligen Übersetzer folgten.[21] Die Rieger-Ausgabe, deren erster Band schon erschienen war, als die bei Sauerländer ihr Erscheinen begann, erfolgte hingegen - als die offensichtlich von längerer Hand vorbereitete - in der regelmäßigen Abfolge der Bände zwischen 10. Mai 1835 und 19. November 1836. Am Rande sei vermerkt, daß Rieger parallel zu seiner Ausgabe mit dem Titel *Victor Hugos Ausgewählte Schriften* auch eine zweite, inhaltsidentische erscheinen ließ, die jedoch mit einem großzügigeren Druckbild ausgestattet war und zur Steigerung des Kaufanreizes - trotz aller Betonung von Hugos spektakulärem Kampf gegen die französischen Klassiker - ironischerweise als *Klassische Werke* auf den Markt gebracht wurde. Die Sauerländer-Ausgabe nannte sich *Sämmtliche Werke.*

Das ist der grobe Rahmen, in dem man Büchners Übersetzung der beiden Hugo-Stücke sehen muß. Leidig ist das Thema deswegen, weil man bekanntlich wenig über Büchners Haltung zu Hugo und über die Entstehensgeschichte seiner Übersetzungen (*Lucretia Borgia* und *Marie Tudor*) weiß, und weil das Wenige, das man wissen könnte, vielfach durch Spekulationen ersetzt worden ist.

Mit den naivsten Fehlern der früheren Büchner-Kritik hat die Gießener Dissertation von Rosemarie Hübner-Bopp (1990) aufgeräumt, weil es natürlich Unsinn ist, Büchners Übersetzung anhand moderner Hugo-Ausgaben zu beurteilen und nicht in Rechnung zu stellen, daß Hugo seine Theaterstücke (wie fast alle seine Texte) mehrfach überarbeitet, mehr oder weniger ein-

---

21 Die Texte verteilen sich in der Sauerländer-Ausgabe wie folgt (auffällig die weder einer Entstehungs-Chronologie noch einer Gattungszuordnung folgende Reihenfolge) : 1. *Biographie und Charakteristik Victor Hugos. Der König amüsirt sich. Hernani* (1836). - 2.3. *Han von Island* (1835). - 4. *Der letzte Tag eines Verurtheilten. Mirabeau. Voltaire. Walter Scott. De La Mennais. Lord Byron* (1835). - 5. *Angelo, Tyrann von Padua. Maria de Lorme* (1835). - 6. *Lukretia Borgia. Maria Tudor* (1835). - 7. *Bug-Jargal. Ymbert Galloix. Dovalle* (1835). - 8. *Cromwell* (1835). - 9. *Oden und vermischte Gedichte* (1836). - 10. *Zur Literatur und Philosophie. Claude Gueux* (1836). - 11. *Herbstblätter. Dämmerungsgesänge* (1836). - 12. *Innere Stimmen* (1838). - 13-15. *Notre Dame von Paris* 1-3 (1836). - 16. *Orientalen und Balladen* (1838). - 17. *Ruy Blas* (1839). - 18.19. *Der Rhein. Briefe an einen Freund* (1842). - Zum genauen Erscheinungsdatum vgl. Hübner-Bopp (s. Fußnote 17), S. 232ff.; da diese ihre Recherchen nur bis 1838 fortführt, entgeht ihr die Fortsetzung der Ausgabe nach Band 16.

schneidend verändert und diese Änderungen häufig nicht klar gekennzeichnet hat.[22]

Zumindest die von Büchner grundsätzlich benutzbaren, wenn schon nicht die definitiv benutzten Ausgaben stehen seit ihren Recherchen fest, nämlich der 5. und 6. Band der Renduel-Ausgabe der *Œuvres de Victor Hugo* von 1833 bzw. deren Titelauflagen desselben Jahres, äußerstenfalls noch illegale Nachdrucke der Zeit unmittelbar nach Erscheinen der Renduel-Ausgabe, von denen Hübner-Bopp für 1833 und 1834 von jedem der beiden Stücke sieben nachweisen kann - unter anderem auch solche, die in Deutschland (u. a. in Berlin, Dessau und Stuttgart) erschienen.[23] Im exakten Vergleich von Übersetzung und dem Original in der damaligen Fassung der Drucke kommt Hübner-Bopp entgegen den früheren Befunden jedenfalls erstmals und in Gegenüberstellung zu den anderen Übersetzungen der Zeit zu dem Ergebnis, daß Büchners Übertragungen die seinerzeit genauesten waren.[24]

Trotzdem ist damit noch nicht die Frage beantwortet, warum Büchner erstens überhaupt Hugo übersetzt hat, und zweitens, warum es gerade diese beiden Stücke waren und welche Intentionen er möglicherweise damit verbinden konnte.

Eine wichtige Rolle bei der Beantwortung dieser Frage spielen traditionellerweise vor allem die einzigen in diesem Kontext erhalten gebliebenen Briefe Gutzkows vom 12.5.1835 sowie vom September 1835, in deren erstem sich Gutzkow in Zusammenhang mit der Hugo-Ausgabe von der "romantischen Confusion in Paris" distanziert und im zweiten von den "wahrscheinlich sehr elenden Dramen von V. Hugo" spricht, die zu übersetzen Büchner sich "herabgelassen" habe.[25] Im Nachruf auf Büchner ist dann, wenn auch

22 So Furness (1956), Bell (1971) und sogar noch Krome (1985); vgl. (mit vollständigem Nachweis der entsprechenden Stellen) Hübner-Bopp (s. Fußnote 17), S. 13ff. sowie die schlichte Zusammenfassung des Befundes in: Forschungsstelle Georg Büchner / Literatur und Geschichte des Vormärz (Hg.), *Marburger Denkschrift über Voraussetzungen und Prinzipien einer Historisch-Kritischen Ausgabe der Sämtlichen Werke und Schriften Georg Büchners*, Marburg 1984, S. 101: "Der oberflächlichste Blick in auch nur eine einzige der zwischen 1833 und 1835 erschienenen, als Vorlage Büchners infragekommenden Auflagen innerhalb und außerhalb der Reihe *Œuvres. Drames* hätte auf Anhieb demonstrieren können, daß es mehrere dieser Abweichungen gar nicht gibt".

23 Vgl. Hübner-Bopp (s. Fußnote 17), S. 235ff. (einschließlich Ausgaben-Erwähnungen in Leipziger Meßkatalogen und Zeitschriften und Auflistung textlicher Abweichungen; mit bibliothekarischen Standortangaben); zur Filiation der Raubdrucke und Übersetzungen im einzelnen ebd., S. 243ff. - Ein (erster grober) Überblick über die gesamten deutschsprachigen wie die in Deutschland gedruckten französischsprachigen Ausgaben Hugos jetzt bequem auch im *Gesamtverzeichnis des deutschsprachigen Schrifttums (GV) 1700-1910*, München u.a. 1979ff., Bd. 65, S. 233-238.

24 Vgl. Hübner-Bopp (s. Fußnote 17), S. 206ff., v. a. 216ff.; auffallend im Vergleich zu den zeitgenössischen Übersetzern ist v. a., daß Büchner keine die lakonischen Dialoge Hugos konterkarierenden erläuternden Paraphrasen in seine Übersetzung einfügt.

25 Georg Büchner, *Briefwechsel*, krit. Studienausgabe, hg. v. Jan-Christoph Hauschild, Frankfurt/M. / Basel 1994, S. 67 (dort die Hugo-Ausgabe nicht als "Verehrung vor der romantischen Confusion in Paris" dargestellt, sondern als "Gefälligkeit für einen Buch-

ohne näheren Nachweis und lediglich unter Berufung auf einen aus der Erinnerung zitierten Brief Büchners davon die Rede, dieser habe seinerzeit davon gesprochen, er wisse nicht, "wie er sich durch V. Hugo durchnagen" solle, denn in den Stücken fänden sich "nur aufspannende Situationen". Seither ist es weitgehende *communis opinio* der Forschung, daß Büchner die Übersetzungen aus eher finanziellen Erwägungen vorgenommen habe, äußerstenfalls noch - Gutzkows Vorschlag entsprechend -, um sich in der literarischen Szene zu etablieren. Im Blick auf die beiden übersetzten Stücke ist dann in der Folge zumeist davon die Rede - und damit kommen wir am Ende unserer Überlegungen im großen Bogen wieder auf die Periodisierungsproblematik zurück -, Büchner habe sich, eben weil er die Übersetzung als 'Brotarbeit' durchgeführt habe, die zu übersetzenden Texte nicht aussuchen können, sondern habe vielmehr diejenigen übersetzt, die gewissermaßen gerade an der Reihe waren.

Die Frage ist, solange nicht völlig neue Dokumente auftauchen, grundsätzlich nicht entscheidbar. Doch sollen auch hier unter dem eingangs thematisierten Theorieaspekt wiederum Gesichtspunkte zusammengestellt werden, die zumindest *auch* eine andere Lesart erlauben und die Hugo in der Wahrnehmung seiner auch deutschen Zeitgenossen historisch partiell anders situieren, als dies in der bisherigen Büchner-Kritik überwiegend der Fall war.

Nicht ganz neu ist gegen das 'Brotarbeits-Argument' angeführt worden, daß - Büchners notorische Geldnöte auch in diesem Fall angenommen - unklar bleibt, warum er sich dann mit der Einlösung von Sauerländers Wechsel über sein Honorar erhebliche Zeit ließ, jedenfalls so lange, bis der Band schon seit zwei Monaten gedruckt vorlag; Freiligrath beispielsweise, der die Oden Hugos für die Sauerländer-Ausgabe übersetzt hatte, zog seinen Wechsel sogar schon mehrere Wochen vor dem Erscheinen des entsprechenden Bandes.[26]

Es berücksichtigt aber auch nicht die (literaturhistorisch weit interessantere) Beobachtung, daß Sauerländers Hugo-Ausgabe, gerade aufgrund der in Aussicht genommenen Übersetzer, im Vergleich zur Stuttgarter Ausgabe Riegers auch eine deutlich (literatur-)politische Dimension aufweisen sollte.

Immerhin auffallend ist nämlich, wie sich die Liste der in Aussicht gestellten Übersetzer in den jeweiligen Anzeigen der Ausgabe verändert. In der ersten großen Ankündigung vom 16.5.1835 (*Intelligenz-Blatt* zum *Phönix*) wird so Büchner neben Adrian, Beurmann, Didier, Duller, Laube, Lewald, Wagner und O.L.B. Wolff genannt. Bereits kurz zuvor war diese Anzeige, allerdings mit teilweise anderen Übersetzernamen, in der *Didaskalia* (5.5.

händler"), und S. 82 (Büchners Übersetzung, auch im Kontext der erbetenen Beiträge für die geplante *Deutsche Revue*, als Bestandteil eines "Calcüls", nunmehr im literarischen Leben "mitten drinnen" zu stehen und sich "entweder behaupten, oder avanciren" zu müssen).

26 Der Wechsel als Faksimile abgebildet in *Briefwechsel* (s. Fußnote 25), S. 147, der Text gedruckt ebd., S. 86f.; das Argument des Freiligrath-Wechsels bei Hübner-Bopp (s. Fußnote 17), S. 155.

1835) erschienen. In ihr fehlen Büchner, Beurmann und Didier, stattdessen ist von Mundt, Pfizer, Wienbarg, Zahlhaas und Zimmermann die Rede, die jedoch keineswegs mitarbeiteten. Gerade weil stets von einer Übersetzung durch "anerkannte deutsche Schriftsteller im Geist des Originals" die Rede war und von daher zumindest in einem Fall (*Notre-Dame de Paris*) von Sauerländer auch direkt gegen die Riegersche Konkurrenzausgabe polemisiert wurde, ist bei Durchsicht der Werbung für die Ausgabe die Schlußfolgerung jedenfalls nicht von der Hand zu weisen, daß Sauerländer sie "durch die Wahl seiner Übersetzer" ganz bewußt "zu einem jungdeutschen Projekt" stilisieren wollte[27]; ein Projekt, das dann von der politischen Entwicklung überholt wurde. So auffällig wie die Nennung unterschiedlicher Übersetzernamen in zwei zeitlich nur zehn Tage auseinanderliegenden Anzeigen (5. bzw. 16.5.) ist in diesem Zusammenhang nämlich auch, daß bald darauf, nämlich im Dezember 1835 - eine Woche vor dem Verbot der Jungdeutschen durch den Bundestag - einige Übersetzer, nämlich Büchner, Kottenkamp und Laube, in den Anzeigen Sauerländers plötzlich überhaupt nicht mehr genannt werden, und das, obwohl wie im Falle Büchners die Übersetzung in der Zwischenzeit im Druck erschienen war, jedwede anzunehmende Unsicherheit in Bezug auf eine tatsächliche Mitwirkung also definitiv ausscheidet. Von Mundt und Wienbarg war schon zuvor nicht mehr die Rede.

Ohne dies hier im einzelnen analysieren zu können und zu wollen, wird man Sauerländers Anzeigen der Hugo-Ausgabe jedenfalls als eine Taktik im Literaturkampf verstehen können, die durch die Nennung der Übersetzernamen auf ein Projekt verweist, gezielt Käuferinteresse zu lenken versucht und auf die Namensnennung je nach politisch-literarischer Lage auch verzichtet. Vielleicht ist es in diesem Sinne auch nicht zufällig, daß nicht Gutzkow die Hugo-Ausgabe zu Ende führt, sondern - nach dessen Zerwürfnis mit Sauerländer, der ihn auch die *Phönix*-Redaktion niederlegen ließ - Duller, der im Brief ausgerechnet an Menzel dessen Kampf gegen Gutzkow als "einen Kampf der Ehre" bezeichnete.[28] Offensichtlich damit hängt auch zusammen, daß Adrian - nicht der in Aussicht genommene Gutzkow - die Einleitung der Ausgabe verfaßt und deswegen der erste Band erst nachträglich und nach den Bänden 2 bis 8, nämlich im Januar 1836 und mit erkennbar später vorangestelltem und römisch paginiertem Vorwort erscheinen konnte. Adrian war in engem Kontakt mit Sauerländer, hatte dort bereits 1829 und 1830 einen Reisebericht aus London und die *Skizzen aus England* publiziert und gab dort von 1822 bis 1844 das *Rheinische Taschenbuch* heraus; es handelt sich um den nämlichen Adrian, der als hessischer Zensor den Druck des dritten Bandes von Heines *Salon* in Gießen ermöglicht und das

---

27 Auch hier findet sich die übersichtlichste Zusammenstellung der (keineswegs immer neuen) Argumente und Dokumente wiederum bei Hübner-Bopp (s. Fußnote 17), S. 146ff., Zitat: S. 149.

28 Zum Konflikt Gutzkow-Duller vgl. Hübner-Bopp (s. Fußnote 17), S. 153 (das Zitat: ebd., Anm. 80).

gegen Menzel gerichtete Vorwort dazu verhindert hatte.[29] In der Tat ergibt sich hier eine merkwürdige Koalition: "der Zensor Adrian ein Jahr vor der Heine-Affäre und im Jahr der Menzel-Gutzkow-Auseinandersetzung im selben Boot mit wichtigen Vertretern des Jungen Deutschland und anderen Oppositionellen"[30]; Büchner wird ihn – als Gießener Professor für neuere Sprachen, vor allem Französisch, als Bibliothekar der Universität und Zensor gerade in den Jahren seines Studiums dort – sicher gekannt haben.

Auch die bisherigen Befunde im Blick auf die Auswahl der von Büchner übersetzten Hugo-Stücke lassen sich bei veränderter Perspektive aber partiell neu sehen. Neben der Annahme, Büchner habe übersetzt, was gewissermaßen an der Reihe war – eine Annahme, die also die Entscheidung Gutzkow oder Sauerländer zuweist und letztlich wiederum auf die 'Brotarbeit'-These rekurriert –, läßt sich seit etwa zehn Jahren auch eine plausible individualbiographische Vermutung vertreten. Sie hebt darauf ab, daß die Auswahl der beiden übersetzten Stücke zumindest auch von der Information durch Büchners Straßburger Freund Alexis Muston beeinflußt gewesen sei, der gerade diese beiden neuen Stücke Hugos in Paris gesehen oder sie zumindest gelesen hatte, als beide in Straßburg zusammentrafen.

In der Tat ist nach der Publikation seines Tagebuches durch Heinz Fischer (1987) erkennbar, welch vermutlich starken Einfluß Muston auf die Hugo-Lektüre und -Rezeption Büchners hatte. Muston hatte Büchner in Darmstadt, dieser ihn (im Juni 1834) in Straßburg besucht. Kurz zuvor war Muston aus Paris zurückgekehrt, hatte dort Béranger, Lamartine, Lamennais und Nodier kennengelernt und sich von Dumas einen Dramentext korrigieren lassen. Unter anderem hatte er auch Hugo und dessen Familie in ihrer Wohnung an der Place Royale besucht, kurz nachdem *Lucrèce Borgia* und *Marie Tudor* uraufgeführt worden waren; "on passa dans son cabinet qui est un vrai musée: des armures, des étoffes rares, des objets de sculpture et de céramique, des animaux empaillés qu'il venait de recevoir de St Domingue etc."; auf dem Arbeitstisch betrachtet er zusammen mit Hugo eine neue Ausgabe der *Notre-Dame de Paris*. Übrigens hielt er einen lockeren Kontakt mit Hugo noch so lange, daß er ihn 1856 sogar während des Exils auf Guernsey besuchte.[31] Die Annahme, daß Muston Büchner von den beiden neuen Stücken

29 Zur Biographie Adrians, eines der ersten Romanistik-Professoren (wenn nicht der erste) an einer deutschen Universität (Gießen), vgl. umfassend Dietmar Rieger, *Johann Valentin Adrian, Universitätsprofessor und 'homme de lettres'. Ein Kapitel aus der Frühgeschichte der Romanistik*, Bonn 1993 (zur Hugo-Ausgabe v. a. S. 144ff.).

30 Rieger (s. Fußnote 29), S. 149.

31 Vgl. Heinz Fischer, *Georg Büchner und Alexis Muston. Untersuchungen zu einem Büchner-Fund*, München 1987. – 1831, zeitgleich zu Büchner, hatte Muston in Straßburg studiert und Büchner 1833 in Darmstadt besucht. Zum Besuch Mustons bei Hugo in Paris (Januar 1834) vgl. den Abdruck des Berichts bei Fischer, S. 316ff. (Zitat: S. 318). Übrigens befand sich Muston – gerade aus politischen Gründen – auch noch in den fünfziger Jahren in Kontakt mit dem (wie Hugo und er selbst) politisch oppositionellen Béranger, dem 1850 sogar das Wahlrecht entzogen worden war. – Zur geradezu detektivischen Ermittlung des Datums von Büchners Besuch in Straßburg anhand von Wetter-

erzählte, liegt nahe; auf die Tatsache, daß Büchner bereits vor 1834 offensichtlich das Vorwort zu *Cromwell* kannte, hat bereits Paul Requadt hingewiesen. Da die deutsche Übersetzung von Werner das Vorwort nicht enthielt, müßte er eine französische Ausgabe gelesen haben.

Auch hier lassen sich aber Überlegungen anstellen, die denkbare Übersetzungsmotivationen Büchners auch - und damit kehren wir endgültig zur Frage der Periodisierungsproblematik in der Literaturgeschichtsschreibung und speziell bei Hugo zurück - in einem politischen Gehalt der Texte und ihrer Aufführungsgeschichte erkennen lassen, und die wiederum nicht nur auf eine Revolution in der Ästhetik, sondern auch auf eine damit verbundene in der Politik rekurrieren.

Wenn man nämlich die von Büchner übersetzten Stücke außerhalb der rein ästhetischen Kriterien in einem politischen Kontext sieht (und demgemäß um so mehr, wenn man von einer freien Stückwahl durch Büchner ausgeht), lassen sich die in diesem Punkt eher vagen Annahmen der bisherigen Literaturkritik einschließlich derjenigen Hübner-Bopps zumindest erweitern, die etwas hilflos davon spricht, "Hugos Bedeutung für Büchner" ergebe sich "aus den Übereinstimmungen in ihren ästhetischen Ansichten", beziehungsweise, setze man eine freie Stückwahl voraus, aus Büchners "Interesse an der Renaissance" und am "Heimatland eines seiner Lieblingsdichter, Byron".[32]

Hilfreich für eine solche veränderte Einschätzung ist hier wiederum die exakte chronologische Situierung. In einem politischen Kontext ist gerade *Lucrèce Borgia* bedeutsam, nämlich als jenes Stück, das Hugo noch vor der Aufführung von *Le roi s'amuse* geschrieben hatte (Juli 1832). Als es im Druck erschien, erklärte Hugo es zum Parallelstück des soeben den Skandal auslösenden anderen; die erste Lesung am Theater hatte am Tag nach dem Urteil zu *Le roi s'amuse* stattgefunden, die Premiere genau einen Monat darauf. In der Vorrede, datiert vom 12.2.1833, spricht Hugo in diesem Sinne auch ausdrücklich davon, daß die Veröffentlichung eine Demonstration gegen die Regierung sei, der er mit diesem Stück zeigen wolle, daß Kunst und Freiheit 'in einer Nacht' unter den 'zertretenden Füßen' wiederauferstehen könnten[33]; *Le roi s'amuse* und *Lucrèce Borgia* seien "sœurs jumelles".

---

aufzeichnungen vgl. S. 347ff.; S. 352ff. auch ein Literaturbericht zu Büchners Hugo-Rezeption.

32 Hübner-Bopp (s. Fußnote 17), S. 157.

33 "Mettre au jour un nouveau drame six semaines après le drame proscrit, c'était encore une manière de dire son fait au présent gouvernement. C'était lui montrer qu'il perdait sa peine. C'était lui prouver que l'art et la liberté peuvent repousser en une nuit sous le pied maladroit qui les écrase"; EC 4, S. 653. - Ähnlich verfuhr zuvor das Vorwort zu *Marion De Lorme* (datiert August 1831) in ausdrücklichem Bezug auf *Hernani*, die, beide 1829 geschrieben, in denselben Entstehungszusammenhang gehörten; auch hier erwähnt Hugo die "histoire demi-politique, demi-littéraire" des Zensurverbots und kündigt an, nun, da die Zensur unter die "puissances tombées" geraten sei, müsse man weitersehen, "si jamais on osait la relever" (EC 3, S. 727ff., 728). Den denkbaren Einwand, er selbst habe dem Regime doch nahegestanden, packt Hugo vorsichtshalber bei den Hörnern: zwar seien, sechzehnjährig, seine Meinungen royalistisch (nicht republikanisch) und

Ungeachtet des, wie immer bei Hugo, starken und nicht immer glücklichen Pathos in der Verbalattacke zeigt diese jedoch, wie sehr das Stück als Komplement des *Roi s'amuse* gedacht ist, und gerade die Tatsache, daß das Vorwort in der Sauerländer-Übersetzung nicht abgedruckt wird, gibt zu denken. Als Büchner es übersetzt, ist es jedenfalls eines der neuesten Stücke Hugos und zugleich sein erfolgreichstes. Ungeachtet aller dramaturgischen Einwände bereits der Zeitgenossen wie demjenigen, es entbehre jeder Wahrscheinlichkeit, daß Erdolchte und Vergiftete noch ganze Akte über Reden hielten (Sainte-Beuve fand es "absurd"), bildete das Stück zumindest beim Publikum und damit finanziell den Höhepunkt in Hugos gesamter Dramatiker-Laufbahn; die ersten 30 Vorstellungen spielten die nahezu unglaubliche Summe von 84.769 Francs ein.

Marie Tudor hingegen ist das Stück, das unmittelbar nach der Aufführung von *Le roi s'amuse* und dem Zensurskandal geschrieben wurde (im August 1833); uraufgeführt wurde es am 6.11.1833, also neun Monate nach *Lucrèce Borgia* (2.2.1833) und elf Monate nach *Le roi s'amuse* (22.12.1832). *Le roi s'amuse* ist ein Stück, dessen Uraufführung also gewissermaßen von der Entstehung zweier Stücke 'eingerahmt' wird, die beide sofort nach dessen Skandalaufführung gegeben werden.

Das ist insofern bemerkenswert, als *Marie Tudor* sicherlich Hugos unmittelbar politischstes Stück ist, wenngleich es beim Publikum - vor allem im Kontrast zu *Lucrèce Borgia* - einen nur mäßigen Erfolg erreichte. Nicht zu Unrecht hat Anne Ubersfeld in ihrer Analyse von Hugos Theaterschaffen darauf verwiesen, *Marie Tudor* sei "le miroir de la révolution de 1830 avec son changement dynastique, ses incertitudes et ses hasards"[34], wenn einerseits Maria ihre politischen Entscheidungen rein nach Maßgabe der wechselnden Ansichten ihres neuen Liebhabers Fabiani trifft, andererseits - in einem insgesamt sehr melodramatisch angelegten Handlungsverlauf, der Geschichte letztlich als ineinander verwobene und miteinander in Konflikt geratende Liebesgeschichten expliziert - in der Figur des Gilbert zum ersten Mal auf der französischen Bühne ein ouvrier als Handlungsträger erscheint und insgesamt das 'Volk' zu einer wichtigen Dramenperson gerät.[35] Und nicht

"vendéennes" gewesen (gegenrevolutionär), doch sei dies unter anderem auf sein politisches Desinteresse zurückzuführen, jetzt hingegen müsse gelten: "l'art est libre: c'est à lui de rester digne". Nach der hier analysierten Epoche folgt noch der Prozeß um *Angelo, Tyran de Padoue*, im November 1837 vor dem Tribunal de Commerce de la Seine ausgetragen und erstmals im Dezember 1837 mit Hugos Plädoyers publiziert (jetzt in EC 5, S. 350-371).

34 Anne Ubersfeld, *Le rire noir de Hugo*, in: *Comédie-Française* 108 (1982), S. 5-9 (Zitat: S. 9); vgl. grundlegend für den ganzen Zusammenhang Ubersfelds Studie *Le roi et le bouffon. Etude sur le théâtre de Hugo de 1830 à 1839*, Paris 1974.

35 Gilbert ist ouvrier-ciseleur, also - wie häufig in der Zeit - kein Arbeiter im Sinne des sich erst entwickelnden Industriearbeitertums, sondern ein - traditionell selbständig oder in einer kleinen Werkstatt und tendenziell halbkünstlerisch tätiger - Handwerker, wie 'ouvrier' vor 1850 fast stets zu übersetzen ist und wie dies auch die 'Arbeiterdichter' der Zeit sind (Juweliere, Vergolder, Drechsler, Korsettschneider, Drucker, Ziselierer, etc.).

zuletzt sind die beiden Stücke Hugos erste Dramen in Prosa, nachdem er sich - bei aller ästhetischen Revolution - im *Cromwell*-Vorwort noch deutlich für das Versdrama als Gattungsmodell eingesetzt hatte.

Zugleich ist *Marie Tudor* aber das Paradebeispiel eines Stückes, das nicht nur inhaltlich Herrscher attackiert, sondern vor allem die Differenz zwischen Literatur und aktuellem Regime festschreibt. Zwar ist auffallend, wie wenig dies in der zeitgenössischen deutschen Rezeption thematisiert wird und wie oberflächlich auch insgesamt die Urteile zu Büchners Übersetzungen sind - der Nekrolog von Gutzkow spricht kurzerhand von "sehr gelungenen Übersetzungen", der von Schulz von "ächt dichterischer Verwandtschaft zu dem Originale", beide, ohne auf irgendwelche Details einzugehen -, doch ist in allen Berichten aus Frankreich der politische Charakter - die Zensurepisode - so prägend, daß er den Zeitgenossen unmöglich entgangen sein kann. Und wenn in der Besprechung der *Allgemeinen Literatur-Zeitung* vom Februar 1838 Büchners Übersetzung attackiert wird, so ist - aus der Formulierung klar ersichtlich - einerseits vielmehr Hugos Originaltext gemeint, und andererseits ist die Argumentation deutlich politisch und läßt sich auch gegen den Strich lesen, wenn es heißt:

> 'Maria Tudor'. Drama. Uebersetzt von Georg Büchner - ist als Uebersetzung und an sich selbst das schlechteste in diesen sechs Bänden. *Hier wird in der katholischen Maria von England die königliche Würde noch frecher als im 'le Roi s'amuse' mit Füßen getreten*, denn Hr. V. Hugo gefällt sich in Gegensätzen.[36]

Büchner, kurz gesagt, übersetzt die beiden Stücke nach einem aufsehenerregenden politischen Skandal, in dem Hugo sich nun auch von dem neuen Regime distanziert, nachdem er sich in dem früheren von dem alten Regime abgewendet hatte. Büchner übersetzt zwei Stücke, die sich mit dem Verhältnis von Monarchie und Macht, speziell der Macht des 'peuple' beschäftigen, zwei Stücke, die in ihren (wenn auch auf deutsch nicht gedruckten) Vorworten deutlich auch einen Revolutions-Charakter des Theaters in der Politik reklamieren, zwei Stücke schließlich, die im Blick auf ästhetische Revolutionen erstmals in Prosa abgefaßt sind und zugleich die Grundsätze des *Cromwell*-Vorworts (Ende der Einheiten, Mischung traditioneller Gattungselemente, Rolle des Grotesken etc.) als anti-klassizistische, der romantischen 'Moderne' entsprechende Dramenästhetik fortführen.

5. Schlußüberlegungen

Wenn wir hier zusammenfassen, so läßt sich einerseits erkennen, wie sehr Hugo in den ausgehenden zwanziger Jahren einerseits, in den beginnenden dreißiger Jahren andererseits außer der 'ästhetischen Revolution' im Drama

36 Hier zit. n. Hübner-Bopp (s. Fußnote 17), S. 222, Anm. 133, Hervorhebung zugefügt.

die Aufführung dieser Dramen auch in politischer Hinsicht inszeniert. Die Dissoziierung von Regime und literarischer Intelligenz mittels der sich an seinen Dramen entzündenden Zensurskandale ist es, die ihn - mit den Worten Börnes - wenn nicht selbst zum 'Rebellen' werden läßt, so doch zum politischen Katalysator. Die ästhetische Dimension der Revolution, die sich unter anderem darin äußert, ein Königsdrama wie *Maria Tudor* in Prosa und nicht in Vers zu schreiben und die Königin dann vergleichsweise in Alltagssprache reden zu lassen, findet ihr Komplement darin, sich wie in *Lucrèce Borgia* ausdrücklich auf den vergangenen Zensurskandal zu beziehen. Nicht zu vergessen ist dabei, wie problematisch die Darstellung gerade von Königsfiguren ist, und wie sehr stets das Verhältnis von Literatur und Geschichte bei den Stücken Hugos im Zentrum der zeitgenössischen Kritik steht. Ein Element des *Hernani*-Skandals zeigt dies noch in seiner ganzen sozialen Dimension, als nämlich der König fragt: "Est-il minuit?" und, uns Heutigen ganz unverdächtig, zur Antwort erhält: "Minuit bientôt". Der Zwischenruf aus der Loge lautet: "Comment! un roi demande l'heure comme un bourgeois et on lui répond comme à un rustre: minuit".[37]

Damit aber kann auch Hugo für Deutschland problematisch werden. Ob man dann Büchners Übersetzungen nur als Brotarbeit sehen möchte, ist eine Frage, bei deren Beantwortung auch eine Rolle spielt, inwieweit man Hugo um eine unmittelbar politische Rolle verkürzt, das heißt ihn auf eine ästhetische Revolution reduziert, die dann wiederum verdünnbar ist auf die pittoreske Darstellung von Saalschlachten und roten Westen.

Im Blick auf Büchner ist jedenfalls durchaus auch die Meinung vertretbar, daß er bewußt die beiden seinerzeit aktuellsten und politisch brisantesten Stücke Hugos übersetzt, in denen die Konflikte zwischen Literatur und Regime unmittelbar virulent werden; die beiden in der Zeit ästhetisch avanciertest-provokativsten, da erstmals in Prosa, nicht in Versen geschrieben; zwei Stücke, die von Büchner entgegen der üblichen Praxis auffallend exakt und präzise übersetzt werden. Deshalb besitzen Büchners Hugo-Übersetzungen innerhalb der von der Intention her als jungdeutsches Projekt angelegten frühen deutschen Werkausgabe von Gutzkow und Sauerländer keineswegs einen nachgeordneten, sondern vielmehr einen zentralen Stellenwert, auch wenn dies - unter dem Einfluß der Gutzkow-Briefe wie einer methodisch einseitig verfahrenden historischen Verortung - bisher kaum deutlich werden konnte.

37 So berichtet bei Gautier (s. Fußnote 4), S. 111.

Judith Purver

Some thoughts on affinities between Hugo and Büchner

A response to Thomas Bremer

In contrast to the tradition established by historians of French literature, Thomas Bremer argues that Hugo's revolution of drama during the late 1820s and early 1830s was not a purely aesthetic one, restricted to the famous foreword of *Cromwell* and the 'gilet rouge' scandal of the first performance of *Hernani*.[1] There is, Bremer argues, a political dimension to Hugo's 'revolution' which, although certainly detectable in the content of his plays, is most strikingly evident in the way Hugo turns performances or non-performances of his plays into public gestures against the existing régime. As Bremer shows, it was particularly the political orchestration of Hugo's lesser known plays that established his reputation as an oppositional writer. In this context he considers the possible reasons for Büchner's having chosen to translate two of these dramas, *Lucrèce Borgia* and *Marie Tudor*, which appear to have little intrinsic merit. Bremer suggests that Büchner's decision could be ascribed particularly to the significance of these works as political 'statements', but notes also their political content as well as their revolutionary aesthetic aspects ('the people' as dramatis persona in *Marie Tudor*, the use of prose rather than verse in both). I shall expand on these comments by briefly considering some political and aesthetic affinities as well as ideological differences between the two writers.

Both authors demonstrate a profound concern with contemporary social and political questions. Both are critical of the existing absolutist or monarchical order in their respective states; both deal with crime in relation to social conditions and with political and personal aspects of the death penalty; both are motivated by compassion to take sides against poverty and injustice; both espouse republicanism and universal suffrage.[2] Hugo moved from the

1 Cf. Keith Wren, *Hugo: 'Hernani' and 'Ruy Blas'*, London 1982, especially pp. 17ff., 35, 38 and 89. Wren does stress the political dimension of Hugo's plays, but sees it only in their content, regarding *Hernani* as much more subversive than *Marion De Lorme* in its implied criticism of the restored Bourbon régime through an attack on the principle of hereditary monarchy. In his view, both *Hernani* and *Ruy Blas* symbolize "the triumph of a cultural reaction against the ossified and stultifying forces of neo-Classicism, and the embodiment of an energetic protest against corrupt, self-seeking and reactionary forms of government. These plays were artistic and political manifestos in action" (p. 89).

2 Cf. Victor Hugo, *Les Misérables*, translated and with an introduction by Norman Denny, London 1982, p. 8f.; Maurice B. Benn, *The Drama of Revolt. A Critical Study of Georg Büchner*, Cambridge 1979, pp. 15ff., 25f. and 39. 'Universal suffrage' clearly means

royalist and conservative position of his younger years to that of a committed social democrat; Büchner remained convinced of the need for social revolution while recognizing that the time was not ripe for it in Germany.[3] Büchner criticizes the educated middle-class élite (*Woyzeck*) and revolutionary fanatics (*Dantons Tod*) as well as the aristocracy; Hugo upholds the principle of an elected emperor over that of a hereditary sovereign (*Hernani*). While *Hernani* has German connections, in that it treats an episode in the history of the Holy Roman Empire and has been influenced by German literature[4], *Dantons Tod* deals with the French Revolution. Both writers went into exile, though only Büchner engaged in direct political action. Both admire Shakespeare, whom they regard as the supreme creative genius[5]; both reflect on the relationship of art to nature and history. However, whereas Hugo discerns in history the workings of a divine guiding purpose, Büchner rejects any concept of the providential direction of events, replacing it with the idea of historical necessity or fatalism. These differing positions have implications for the treatment of history in the works of each writer. While Büchner makes extensive use of documentary sources which he supplements and modifies to varying degrees by means of characters and incidents of his own invention (*Dantons Tod*, *Lenz*, *Woyzeck*), Hugo treats matters of historical record with a freedom bordering on licence.[6]

Similarities in the aesthetic views of the two writers are linked particularly with their convictions as to the role of the beautiful and the ugly in art; with their statements on the relationship of art to nature; and with their admiration of Shakespeare. Affinities between them may be illustrated by comparing selected extracts from Hugo, particularly the *Préface de Cromwell*, with passages in Büchner's letters and in *Lenz*.

In his *Préface*, as in a review of Scott's *Quentin Durward* four years earlier[7], Hugo locates the characteristic quality of modern literature, in contrast to that of antiquity, in its capacity to reflect the whole of creation or life rather than merely one particular type of beauty:

---

male suffrage; in a letter to his family of May 1833, Büchner writes in scornful tones of the St. Simonistes' interest in women's political rights. Georg Büchner, *Werke und Briefe*, ed. by Karl Pörnbacher et al., Munich 1988, p. 279f.

3 Denny (see n. 2), p. 10; Benn (see n. 2), p. 38f.

4 Wren (see n. 1), p. 12, notes the influence of Madame de Staël's *De l'Allemagne* (1810).

5 Victor Hugo, *Préface de Cromwell*, compares Shakespeare respectively to the central pillar of an edifice, to the keystone of an arch, to a god, and to an oak tree, in: idem, *Théâtre complet* 1, ed. by J.-J. Thierry / Josette Mélèze, Paris 1963 (Edition de la Pléiade), pp. 425, 427, 449, 453. Büchner (see n. 2), pp. 297, 306 and 325, refers to Shakespeare as the greatest historical dramatist, stresses the realism of his characters, and ascribes quasi-divine status to him, remarking that he himself is "nicht wert […], ihm die Schuhriemen zu lösen" (p. 325). Shakespeare was, of course, highly regarded by writers of the *Sturm und Drang*, and by the German as well as French Romantics.

6 Cf. Wren (see n. 1), p. 41f.; Benn (see n. 2), pp. 12ff., 34ff. and 59.

7 Cf. Wren (see n. 1), p.13.

> Elle [la muse moderne] sentira que tout dans la création n'est pas humainement *beau*, que le laid y existe à côté du beau, le difforme près du gracieux, le grotesque au revers du sublime, le mal avec le bien, l'ombre avec la lumière. Elle se demandera si la raison étroite et relative de l'artiste doit avoir gain de cause sur la raison infinie, absolue, du créateur; si c'est à l'homme à rectifier Dieu; si une nature mutilée en sera plus belle; si l'art a le droit de dédoubler, pour ainsi dire, l'homme, la vie, la création; si chaque chose marchera mieux quand on lui aura ôté son muscle et son ressort; si, enfin, c'est le moyen d'être harmonieux que d'être incomplet.[8]

This may be compared with the well known passage from Büchner's *Lenz* in which the central character sets forth his realist credo:

> Der liebe Gott hat die Welt wohl gemacht wie sie sein soll, und wir können wohl nicht was Besseres klecksen, unser einziges Bestreben soll sein, ihm ein wenig nachzuschaffen. Ich verlange in allem Leben, Möglichkeit des Daseins, und dann ist's gut; wir haben dann nicht zu fragen, ob es schön, ob es häßlich ist, das Gefühl, das Was geschaffen sei, Leben habe, stehe über diesen Beiden, und sei das einzige Kriterium in Kunstsachen. Übrigens begegne es uns nur selten, in Shakespeare finden wir es und in den Volksliedern tönt es einem ganz, in Göthe manchmal entgegen. Alles Übrige kann man ins Feuer werfen.[9]

Similar comments occur in Büchner's letter to his family of 28 July 1835, in which he writes of the dramatist as a recreator of history and defends *Dantons Tod* against charges of obscenity:

> Wenn man mir übrigens noch sagen wollte, der Dichter müsse die Welt nicht zeigen wie sie ist, sondern wie sie sein solle, so antworte ich, daß ich es nicht besser machen will, als der liebe Gott, der die Welt gewiß gemacht hat, wie sie sein soll.[10]

The affinities with the passage from Hugo quoted above are so striking that a conscious or unconscious echo by Büchner of the *Préface de Cromwell* cannot be ruled out, particularly as he is known to have been acquainted with it. The *Préface* in its turn bears clear traces of German philosophical and aesthetic thinking: its organic view of history and human development echoes Herder, and there are reminiscences of Romantic ideas and of Schiller. The extent to which Büchner may have received from Hugo a stimulus originating partly in German aesthetics and *Geistesgeschichte* which were also familiar to him at first hand is a question which there is no scope to pursue here. It would, however, make a fascinating topic for further investigation.

---

8 Hugo (see n. 5), p. 416.
9 Büchner (see n. 2), p. 144.
10 Ibid., p. 306.

David Bellos

An icon of 1830

Interpreting Delacroix's *Liberty guiding the people*

For Alan Raitt

Eugène Delacroix's *Liberty guiding the people* must be one of the best-remembered images bequeathed to the twentieth century by nineteenth-century France. The canvas has correspondingly been studied intensely by numerous scholars over the last century, but most particularly in the last thirty years. If we were to accept the optimistic implication of Mallarmé's *Tombeau d'Edgar Allan Poe*, "Tel qu'en lui-même enfin l'éternité le change [...]", we might believe that we were now able to see *Liberty guiding the people* for what it really is. Through a thousand partial reproductions - on posters, record sleeves, book jackets, bank notes, postage stamps and of course in many other works of art[1] - *Liberty* has become part of the *musée imaginaire*, the common cultural property, of all French people - together with a set of ideas about what the painting represents and what it means. However, strange as it may seem, the meanings we now attach to *Liberty guiding the people* arose not in the period when it was painted, but in the 1860s and 1870s. Learning to read *Liberty* can therefore also be a way of measuring the distance between the July Monarchy and the Second Empire, between the earlier and the later nineteenth century.

Delacroix's most recent English biographer gives the following plain description of what can be seen in the Louvre on this monumental canvas, 2.6 m high by 3.25 m wide:

> Against a distant view of Notre-Dame (1), the bare-breasted figure of Liberty (2), tricolour in her right hand (2b) and rifle with bayonet in her left (2c), leads onwards a band of followers, prominent amongst whom are an urchin brandishing pistols (3), a bourgeois in a top hat with a gun (4), and an artisan with a sabre (5). Before her a suppliant peasant (6) crawls, whilst lying at the front of the space to her right is the thin, half-dressed body of a worker (7), and to her left are two royal soldiers (8, 9). Just behind the dead or dying worker there is a small boy sporting a stolen helmet (10) and in the centre background, emerging from some imagined crowd, a young man (11) wears

---

1 A useful selection of images 'after Delacroix' is given in Hélène Toussaint, *'La Liberté guidant le peuple' de Delacroix*, Paris: Réunion des Musées nationaux, 1982 (Dossiers du département des peintures 26), pp. 63-69. See also Nicos Hadjinicolaou, *'La Liberté guidant le peuple' de Delacroix devant son premier public*, in: *Actes de la recherche en sciences sociales* 28 (1979), pp. 3-26, an article to which the present essay is substantially indebted.

> the cocked hat of the *Ecole polytechnique*.[2]

Each recognisable re-use of an element of Delacroix's painting, however simplified or decontextualised, has necessarily thrown back onto our grasp of the original canvas the shadow of its later application. The fine, sharp-nosed left-side profile of "the bare-breasted figure of Liberty" (figure 2) is not now just a part of Delacroix's painting, but also an icon of the French nation (and of its postal service); just as, for many people who built up their collections of LPs in the 1960s, the young man in beret and waistcoat striding over a barricade (figure 3) summons up aural memories of the Red Army Choir or of the songs of the Spanish Civil War. What Hans-Robert Jauss calls 'productive reception' – the re-use and re-appropriation of works of art in subsequent cultural production – necessarily adds supplementary meanings which modify the understanding that subsequent viewers can bring to bear on the work of art.[3] Scholarship, even as it seeks to lay bare the original meaning of the work by stripping away accreted layers of interpretation, cannot avoid participating in the processes of reception and reappropriation. What our eyes can see in a cultural icon – especially one so frequently quoted as *Liberty guiding the people* – is to a very large extent what our minds have been taught to see. Even a description as plain as that provided by Wilson-Smith bears the imprint of the long historical sequence of interpretations and appropriations of Delacroix's image.

The name or title of a painting can be considered a fundamental constraint on its reception. The first surprise in the reception history of *Liberty* is that Delacroix's great painting has been referred to by many different names, not one of which is unambiguously its 'real' title. The artist's first reference to the work-in-progress that was to become *La Liberté* occurs in a letter to his brother, on 12 October 1830:

> J'ai entrepris un sujet moderne, une barricade, et si je n'ai pas vaincu pour la patrie, au moins peindrai-je pour elle.[4]

Delacroix assembled his 'barricade' using sketches and ideas that he had prepared over the preceding ten years for a painting celebrating the struggle of the Greeks against the Turks.[5] The vast composition of *La Liberté* could therefore be completed very quickly, by 6 December 1830, or thereabouts[6],

2 T. Wilson-Smith, *Eugène Delacroix: A Life*, London 1992, p. 91.

3 Cf. Hans-Robert Jauss, *Literaturwissenschaft als Provokation*, Frankfurt/M. 1970, p. 119.

4 Catalogue of sale of mss, Paris, Hôtel Drouot, 22 November 1962, no 27; quoted in Toussaint (see n. 1), p. 7f.

5 Cf. Toussaint (see n. 1), pp. 9-26. Most striking of all is the pencil sketch, *Les Femmes souliotes*, and the canvas, *Ebauche pour une peinture*, reproduced as illustrations 14 and 21.

6 Cf. A. Joubin (ed.), *Correspondance générale d'Eugène Delacroix* 1, Paris 1936, p. 262f.

Eugène Delacroix, *La Liberté guidant le peuple (La Barricade)*, 1830

several months before it could be seen by the public at the 1831 salon. In the intervening months, Delacroix's new painting was 'trailed' in the press under the title *La Barricade*[7], and then as a *Scène de Barricades de juillet.*[8] Delacroix has indeed put his signature on the half-broken brownish beam that is the main feature of the barricade; the principal figures of the painting are standing on, or striding over the barricade; but none of these facts about the painting allows the viewer to interpret even the barricade unambiguously. Is it a barricade erected by the people to keep the army out of a part of Paris? Or a barricade erected by the royal troops to contain the rioting people? Liberty and her companions are striding towards the viewer, and about to step onto at least a pair of corpses. Does this mean that we are the next victims of the successful and violent onslaught of Liberty? Or that the triumph of Liberty is necessarily a violent one?

When the painting reached the selection panel for the 1831 Salon, its name had changed. Delacroix's submission is listed as *La Liberté guidant le peuple au 29 juillet.*[9] By the time the Salon opened its doors, the name had changed once again: the exhibition catalogue or *livret* entitles item no 511 as *Le 28 juillet. La Liberté guidant le peuple*. Each of these new titles makes a considerable difference to what the viewer can 'see' on the canvas. The July Revolution, sparked off by the Four Ordinances (dissolving the parliament, curtailing the press, and restricting voting rights) proclaimed in Paris on Monday 26 July, began with riots on 27 July, turned into full-scale street battles on 28 July (when, for a brief moment, the tricolour was hoisted on the towers of Notre-Dame), and culminated in the withdrawal of the royal troops and the flight of the king on 29 July. Situating the scene on 29 July must prompt the historically situated viewer to see the 'barricade' as an icon of victory and as an assertion of the origins of the July Monarchy in a popular and violent uprising; putting it back by a day, to 28 July, makes it more suggestive of struggle, conflict, and effort. One hundred and sixty years later, Wilson-Smith reads the painting in both ways at once:

> *Liberty leading the people*, which was shown at the Salon of 1831, enshrines the legend of the July Revolution and the myth of all struggles against oppression.[10]

On the other hand, both the tricolour (figure 2b) and Notre-Dame (figure 1) are represented in Delacroix's painting, though with very different degrees of prominence. To name the painting *Le 28 juillet* therefore also allows the painting to be 'seen' as a partisan representation of the revolution of 1830,

---

7 Cf. Charles Lenormant, in: *Le Temps*, 26 Jan., 1831.
8 For example, by *L'Artiste*, 24 April, 1831.
9 Cf. Lee Johnson, *Eugène Delacroix et les salons*, in: *Revue du Louvre et des musées de France* 4-5 (1966), p. 220.
10 Wilson-Smith (see n. 2), p. 91.

supporting the aspirations of one particular political faction.[11]

The painting was reentitled *La Liberté guidant le peuple au 28 juillet*[12] by almost all the journalists and art critics who mentioned it in their coverage of the 1831 salon, and this is indeed the title by which we now know the work. The earliest known use of the title in its canonical formulation is in the newspaper reviews of May 1831: it should therefore be seen less as the name by which the artist wished the painting to be labelled and understood than as the expression of a public view or reception of the image, itself exercising a determining influence over subsequent 'views' or readings. Delacroix himself never protested at the use of a title that he certainly never gave the painting; he referred to it subsequently most often simply as *La Liberté*. As many scholars have pointed out, the combination of title and painting sets up a double process of interpretation of some considerable historical importance. *Liberté* and *peuple* are both designated as subjects of the image, and constrain what it is that the viewer may see in it; simultaneously, the image offers a kind of answer to two historical and ideological issues of burning actuality in the aftermath of the July Revolution and for much of the nineteenth century in France and Europe: What is liberty? and Who are the people?

Wilson-Smith's apparently neutral description of the painting actually gives an ideological answer to the second of these questions. The 'people' he sees being led over the barricade consist of an urchin (figure 3), a bourgeois (figure 4), and an artisan (figure 5), and elsewhere on the canvas he sees a peasant (figure 6), a worker (figure 7), a young thief (figure 10) and a *polytechnicien* (figure 11). This modern reading comforts one particular, unifying meaning of the word *peuple*: all social classes except the clergy and the aristocracy, or in other words, the 'third estate' of the *ancien régime* in its fullest extent, from the rural to the urban, from the poor to the *polytechniciens*. Far from being a description of the painting, this 'reading' of its figures asserts that by 1831 the word *peuple* had lost its older meaning of 'rabble' and is here inscribed by Delacroix in its modern meaning of 'nation'. We can only put into the picture what we think we know about its meaning; correspondingly, the picture sends back confirming signals, in a circle of self-supporting interpretations that are indistinguishably iconographical, historical and ideological.

Closer examination of the figures can however provide quite different meanings. Hélène Toussaint has paid particular attention to the contemporary dress-codes that Delacroix represents, and tells us that the beret worn by the figure traditionally referred to as the urchin (figure 3) is in fact a *faluche*, the

11 The tricolour was adopted as the national flag by Louis-Philippe after he ascended the throne; during the July Days, however, it was still a factional symbol, the banner of Republicans and Bonapartists.

12 The expression "*au* 28 juillet" (as opposed to '*le* 28 juillet') seems to be a rare, if not obsolete, device for particularising the date.

headgear worn by the students of the Sorbonne.[13] Similarly, the "suppliant peasant" at the feet of Liberty (figure 6) wears the traditional garb and headgear of nineteenth-century typographers, whose inscription in a celebration of the July Revolution is both significant and appropriate. (The Paris printers, who were the first to know of the Four Ordinances since they had the copy to set up in type for the handbills announcing the measures, feared for their own jobs if strict censorship were to be reintroduced; it was the typographers who first demonstrated against the Ordinances on 26 July, which was a Monday, the print worker's traditional day off; and it was this action that sparked off the riots of Tuesday, 27 July.) So far from representing the urban and rural proletariats respectively, figures 4 and 6, in Toussaint's more scholarly and historically-informed reading, point to studious youth and skilled workers as two of the main constituents of the 'people' accompanying Liberty over the barricades. This redefines the meaning of *peuple* by restricting it to the literate if not the 'middle' classes of specifically urban society.

If after one hundred and sixty years of accumulated study and reception a well-informed biographer and a learned art-historian can read such different meanings into two of the painting's principal figures, it seems pertinent to enquire what the original viewers of the canvas thought they were seeing. For whatever additional insights the painting's reception history may have provided modern viewers, more accurate identification of dress-codes is not likely to be amongst them. It would seem natural to accord complete authority to contemporary interpretations of material culture, of everyday objects like hats, coats and tunics, even when they figure in aesthetic objects over whose interpretation posterity frequently accords itself greater authority.

Liberty guiding the people possesses a rich set of primary reception documents that have been made available and investigated by Nicos Hadjinicolaou. Thirty-two pieces written in 1831 reviewing the paintings exhibited at that year's Salon have been found, and all but a handful mention Delacroix's canvas. In these articles, mostly written for daily or weekly newspapers, many of the figures on the canvas are described, thereby informing us of how the details of dress were seen and interpreted by Delacroix's primary audience.

The figure which receives most comment is of course the dominant image of the whole painting, the figure of Liberty herself. What many of the original viewers of the painting see, however, is less a new image than a visible mediation of a pre-existing imagination of Liberty: no fewer than five of the Salon reviewers[14] quote or allude to Auguste Barbier's hymn to revolutionary violence, *La Curée*, as Delacroix's inspiration or source:

C'est que la liberté n'est pas une comtesse
Du noble faubourg Saint-Germain

---

13 Cf. Toussaint (see n. 1), p. 47.
14 Cf. Hadjinicolaou (see n. 1), p. 14, note 24.

Une femme qu'un cri fait tomber en faiblesse
Et qui met du rouge et du carmin
C'est une forte femme aux puissantes mamelles
A la voix rauque, aux durs appâts
Qui, du brun sur la peau, du feu dans les prunelles
Agile et marchant à grands pas
Se plaît aux cris du peuple, aux sanglantes mêlées,
Aux longs roulements des tambours
A l'odeur de la poudre, aux lointaines volées
Des cloches et des canons sourds
Qui ne prend ses amours que dans la populace
Qui ne prête son large flanc
Qu'à des gens forts comme elle, et qui veut qu'on l'embrasse
Avec des bras rouges de sang[15]

Hélène Toussaint protests that Delacroix had no need of such inspiration: "il veut, c'est évident, montrer une femme du peuple".[16] Like the painting's acquired title, Barbier's poem guides the eye to particular features of the canvas. And it is those features which (with the help of the Barbier intertext) allow us to assert that Delacroix's goddess is a woman of 'the people'.

To the modern viewer the figure of Liberty seems obviously, indisputably allegorical. Her bare breasts and upraised arm are the iconographical constituents of allegories of Victory, her profile seems to us distinctly Roman, and her actual size, apparently dwarfing the other figures represented, seems to make it quite clear that she is not a figuration of some real female street-fighter of July 1830.[17] All that was far less obvious to the viewers (or at least to the reviewers) of 1831, who found it hard to grant her full mythical status. She looked less like a goddess than "une femme de mauvaise vie" according to *L'Avenir* (9 June 1831), and variations on the theme abound in newspapers of every political persuasion: "une sale et déhontée femme des rues" (Ambroise Tardieu, *Salon de 1831*, p. 44), "une jeune vivandière" (*La France nouvelle*, 20 May 1831), "une courtisane de bas étage" (*Le National*, 30 May 1831), or "la plus ignoble courtisane des plus sales rues de Paris" (*La Tribune*, 17 May 1831).

The Barbier intertext provides some explanation for this. In an artistic tradition in which female nudes were normally shown with white and hairless skin, what looks to us like a reasonable suntan seemed offensively dirty, especially when there was a poem in the mind asserting that modern Liberty is a "forte femme aux puissantes mamelles [...] qui, du brun sur la peau [...] se plaît aux cris du peuple". However, Delacroix does more than make the

15 First published in *Revue de Paris* 18 (Sept. 1830), p. 140.
16 Toussaint (see n. 1), p. 46.
17 For examples of de-allegorisation through the discovery of 'real' anecdotal sources for the painting, see Lee Johnson, *The Paintings of Eugene Delacroix* 1, Oxford 1981, no. 144.

skin "dirty": he depicts his goddess with under-arm hair. No reviewer mentions it explicitly, yet this innovative touch of realism, to which we have become effectively blind, was probably what made even Heine reluctant to see Liberty as a merely allegorical figure:

> Eine Volksgruppe während den Juliustagen ist dargestellt, und in der Mitte, *beinahe* wie eine allegorische Figur, ragt hervor ein jugendliches Weib, mit einer roten phrygischen Mütze auf dem Haupte [...][18]

In all the 1831 reviews, favourable as well as hostile, the figure of Liberty is commented upon and in several, as in the passage quoted from Heine's article for the *Morgenblatt für gebildete Stände*, the colour of the bonnet is described as red.[19] The bonnet on the painting now in the Louvre is not red. It is true that the whole painting has suffered considerably from age and is probably unrestorable to its original brilliance of colour: but the degradation of age cannot account for the obviously dark brown pigment of the goddess's headgear. Something has been changed. X-ray stratigraphy has recently shown that there is indeed red paint beneath the surface of the bonnet[20]: but it seems that the change of colour is less an explanation of the difference between the 1831 view of the painting and our present understanding of it than part of the painting's own convoluted reception history.

The Phrygian bonnet is the iconographical sign of the underclass, and is associated in French historical imagery with the *sans-culottes* of the 1789 Revolution. Red is the colour of the Republic: and a red Phrygian bonnet marks the figure of Liberty as an allegory, quite specifically, of Republicanism. This does not necessarily mean that Delacroix's painting celebrates the struggle or the (un-achieved) victory of Republicanism in the July Days, although it certainly was read that way by viewers sympathetic to the Republican cause. For those other, right-wing critics who saw the goddess as a prostitute or simply as an undignified embodiment of the uprising, the painting could also be interpreted as a denunciation of the squalor and violence associated with the revolutionary and republican tradition. The collocation of Liberty's under-arm hair, dirty skin, and red Phrygian bonnet could be appropriated least easily by the liberal supporters of the new regime, who were no more enamoured, by 1831, of republican aspirations than of the power of the populace. For the regime, and even more for its successor, the picture was an embarrassment, as its material history demonstrates.

Liberty guiding the people was acquired for the nation by Louis-Philippe

---

18 Heinrich Heine, *Französische Maler*, in: idem, *Sämtliche Schriften in zwölf Bänden* 5, ed. by Klaus Briegleb, Munich / Vienna 1976, p. 39.

19 The colour is confirmed in the 'dialogue scene' that Heine invented to dramatize the political interpretations of the painting: "'Papa!' rief eine kleine Karlistin, 'wer ist die schmutzige Frau mit der roten Mütze?'" Ibid., p. 41.

20 Cf. Lola Faillant-Dumas / Jean-Paul Rioux, *Etude au laboratoire de recherche des Musées de France*, in: Toussaint, *Liberte* (see n. 1), pp. 69-72; esp. p. 72.

in the autumn of 1831, and hung in the Musée du Luxembourg, but it is fairly certain that it was neither paid for properly nor kept on show for very long. By the summer of 1832 it had been taken down and put into storage; some years later, Delacroix managed to get the canvas back, despite the fact that it belonged to the nation. However, several engravings of it were made and published[21], which is how its imagery came to be used for secondary purposes even whilst the canvas itself was not publicly accessible: notably, for posters advertising Louis Blanc's *Histoire de dix ans* (1841) and *La République*, a short-lived newspaper of 1848.

Through this combination of secondary reproduction and quotation, on the one hand, and physical inaccessibility, on the other, the picture naturally acquired the reputation of being a dangerous image. There was great resistance to its being hung at the Paris *Exposition universelle* of 1855: Delacroix's pleading letters to senior officials suggest that the obstacle may have been the Emperor himself.[22] Although Toussaint only hints at it, it seems very likely that Delacroix changed the provocative colour of his goddess's Phrygian bonnet specifically in order to get his canvas exhibited once more in his own lifetime. Only after the artist's death in 1863 was *La Liberté* at last put on permanent display at the Musée du Luxembourg; it entered the Louvre in 1874, by which time Liberty's *coiffe* was no longer red, but brown.

The reasons for the long-lasting official disapproval of *La Liberté* certainly have to do with the Phrygian bonnet, but they also have to do with the depiction given of the people. By the 1860s, it is unlikely that the typographer in the foreground could any longer be recognised as such; and the student to Liberty's left had already become associated with the lovable street urchin of Victor Hugo's *Les Misérables* (1861), Gavroche. The transformation of skilled worker and student into peasant and urchin makes the revolutionary crowd closer to a modern conception of 'the people'; by this time, too, the young man in a silk hat to Liberty's right already signified the bourgeoisie as the third main constituent of the union of social classes in the overthrow of a reactionary regime.

It is a striking fact that not one description of the painting from 1863 to the present day identifies the young man (figure 4) as anything other than a bourgeois[23], while the reviews of 1831 are unanimous in seeing the figure as a worker. In the eyes of the painting's first viewers, the young man's dress carries quite unambiguous social meaning, and it is not the meaning that we expect. Auguste Jal refers to "Cet *ouvrier* qui marche à la droite de la Liber-

21 The details are given in Toussaint (see n. 1), p. 63f.

22 Extracts from the correspondence relating to this episode, currently in the Archives du Louvre, are given in ibid., p. 61f.

23 Even in a recent essay that seems intended to be the definitive art-historical statement on *La Liberté*, figure 4 is described unproblematically as "le bourgeois armé d'un fusil". See Jörg Traeger, *L'Epiphanie de la Liberté. La Révolution vue par Eugène Delacroix*, in: *Revue de l'Art* 98 (1992), pp. 9-28, quotation p. 20.

té"[24]; a major daily newspaper tells its readers about "le caractère de l'*ouvrier* qui marche un fusil à la main à la droite de la déesse"[25]; as for Gustave Planche, a critic of considerable talent whose newspaper reviews of the salon were republished in book form, he could see on the face of what we probably consider to be a handsome, swashbuckling intellectual, only gambling, debauchery and poverty.[26]

It is not that the silk hat is ill-fitting or obviously stolen: it is simply not a class symbol in 1831 as it has become today. Proof of our modern misreading of the hat can be found in many other images of the period and of the events which are represented more or less allegorically in Delacroix's canvas. Top hats as well as bow ties can be seen in plenty amongst the fighters depicted in Bourgeois's painting, *Combat au pont d'Arcole et prise de l'Hôtel de Ville, le 28 juillet*[27] as on a popular engraving of the taking of the Tuileries.[28] These figures are clearly not representatives of the middle or upper classes, who often are present in the imagery of the 1830 Revolution as hatless young men wearing white trousers. Ignorance of the dress-codes of a past age have allowed subsequent generations to see something quite different in a figure which, for contemporaries, was entirely clear in its class reference, even if its interpretation was not quite so simple.

Heinrich Heine was as aware as any of his French contemporaries of the implications of the cheap, ill-fitting, black clothes worn by the young man. However, Heine sees figure 4 as both hero and crook:

> [...] ich gestehe [...], daß der Held, der mit seinem Schießgewehr hinstürmt, in seinem Gesichte die Galeere und in seinem häßlichen Rock gewiß noch den Duft des Assisenhofes trägt.[29]

There is at least one further oddity about the figure to the right of Liberty. He is holding not a military rifle but a double-barrelled blunderbuss, suitable for hunting small game and birds; and he is holding it, according to one contemporary critic, Victor Schoelcher in *L'Artiste*, as if it were a billiard cue rather than a gun. (Liberty, on the other hand, is equipped with a military rifle with fixed bayonet, and holds it quite differently.) As with the top hat, the *faluche* and the typographer's head scarf, the specific or 'local' meanings of the weaponry depicted have become obscure with the passing of time; and with each successive re-use of the image in contexts progressively more remote from the Revolution of July 1830, the 'meaning' of the canvas and of its details becomes ever more generalised.

24 Auguste Jal, *Salon de 1831*, p. 43.

25 *Le Constitutionnel*, 4 June, 1831.

26 Cf. Gustave Planche, *Salon de 1831*, p. 110.

27 Reproduced on p. 33 of *Il y a cent cinquante ans... Juillet 1830*, Paris: Musée Carnavalet, 1980.

28 Ibid., p. 47.

29 Heine (see n. 18), p. 40.

In his pioneering work on the primary reception of *Liberty guiding the people*, Nicos Hadjinicolaou attempted to ascribe the different types of assessment and interpretation of the painting in 1831 to the political positions of the journalists and newspapers involved, and also to demonstrate that *Liberty* articulates one specific political interpretation of the July Revolution. The demonstration ends up appearing rather complex since strong reactions both for and against the painting can be found across the political spectrum: as a result, Toussaint is not convinced, and Wilson-Smith, amongst others, ignores Hadjinicolaou's valuable work entirely. It is true that spokesmen for aristocratic legitimism and left-wing oppositionists alike can and do find reasons for praising Delacroix's image of Liberty, whilst others of similar persuasion produce equally cogent reasons for abhorring it.[30] However, the complexity of the political appropriations that the painting provoked or engaged does not mean that its 'real meaning' lies outside of the political or ideological sphere, as Toussaint tries to argue.[31] On the contrary, the reception history of *Liberty guiding the people* demonstrates in exemplary fashion how a work of art may conflict with the *horizon of expectations* of its primary audience and thereby reconfigure the structure of its public. It may even do more: as Margaret Rose has argued, *Liberty guiding the people* provided Heine with an aesthetic experience that fundamentally altered his conception of the social role of art.[32]

Of all the 1831 reception documents, Heine's essay is without doubt the most interesting and the most modern. The poet grants the presence in Delacroix's painting of all the flaws and outrageous collocations that conservative French reviewers had denounced in it. Yes, he says, this goddess does look like a tart, her male companions do look shady and repulsive, even the naked corpse in the foreground (figure 7) may have been touting theatre tickets the night before... But that, for Heine, is the whole point of the painting:

> [...] aber das ist es eben, ein großer Gedanke hat diese gemeinen Leute, diese Crapüle, geadelt und geheiligt und die entschlafene Würde in ihrer Seele wieder aufgeweckt.[33]

The painting's subsequent reception history has in a sense carried out the reading instruction given here by Heine, though in ways he could hardly have imagined. The corpse of the 'ticket-tout' has become Hector[34] as well as the "thin, half-dressed body of a worker" (Wilson-Smith); the unwashed student has been ennobled into Gavroche, the warm-hearted spirit of the urban

30 Similar 'cross-party' networks of critical themes are analysed in my *Balzac Criticism in France, 1850-1900*, Oxford 1976.

31 Toussaint (see n. 1), p. 58.

32 Margaret A. Rose, *The Politicization of Art Criticism: Heine's 1831 Portrayal of Delacroix's 'Liberté' and its aftermath*, in: *Monatshefte* 73/4 (1981), pp. 405-414.

33 Heine (see n. 18), p. 40.

34 Cf. Toussaint (see n. 1), p. 50.

under-class; whilst the clumsy worker with his mis-held blunderbuss has been sanctified into a student and a bourgeois, and even into a self-representation of the artist himself, showing the middle classes fighting for a very generalised conception of political liberty; whilst the 'repulsive streetwalker' or "Gassenvenus" has been raised, alongside Marianne, to one of the two central icons of the French nation-state itself.

The transformation of meaning through the historical reception of *La Liberté* is from one point of view a story of progressive semiotic degradation, as approximate and generalised meanings replace specific ones generated by social codes that have fallen into disuse. It may well be that this kind of progressive impoverishment is an inescapable part of the aestheticisation of cultural objects; or, to put it another way, that the progressive enrichment of *La Liberté* with connotations and meanings that make it an icon of revolutions in general, of struggles against oppression, of the French nation, and so forth, is dependent at least in part on the suppression of the specific meanings which it had for its original audience. It is clear that this process began in the 1850s, and became in a sense irreversible once the colour of the Phrygian bonnet was changed. The *Liberté* that the later nineteenth century has bequeathed us is less specific and less pointed than the one Delacroix exhibited; but as its subsequent history demonstrates, it has proved almost infinitely productive. Scholarship, of the art-historical as well as the reception-historical kind, can only return to us the lost 'richness' of icons in those relatively rare cases where substantial amounts of documentation have survived. But we should not be tempted to believe that the combined efforts of Hadjinicolaou, Johnson, Toussaint and many others really do now allow us to see *Liberty guiding the people* for what it really is, and even less for what it once was. For if the history of the meaning of *Liberty* tells us anything, it is that our eyes tend to see what our minds have learned to recognise; and that the only history of art that can be told with any confidence is the history of its interpretation.

Eda Sagarra

An Irish postscript to Delacroix: *La Liberté guidant le peuple*

By way of oblique commentary on David Bellos' contribution, and taking as my point of departure the allegorical representation of Liberty, I would like to examine the iconographical character of Delacroix's central figure transposed to another historical context, namely later twentieth century Ireland. The text basis of this brief paper is slender indeed: it is a stamp issued in Ireland in 1979 to commemorate the centenary of the birth of Pádraig MacPiarais, hero of the Easter Rising of 1916. The 1916 Rising, at the time but one of innumerable challenges by Irish nationalists to British colonial power, is now enshrined in Irish national consciousness as having ultimately led to the founding of the Irish Free State in 1922.

Pádraig MacPiarais or, to give him his original name, Patrick Pearse, was a poet and rebel, and a schoolmaster who pioneered successful, child-centred educational reforms in Ireland. He was born in 1879 and executed in 1916 by the British for his part in the Rising, which had begun with the capture by the rebel forces of the General Post Office in the centre of Dublin's main thoroughfare, O'Connell St, or as it was then called, Sackville St. The Pearse commemorative stamp was designed by the Irish artist Robert Ballagh (born 1943), who had earlier created a series of silk screens based on 'classical' European depictions of scenes of political violence. Among these was one entitled *Delacroix's 'Victory leading the People'* (1971). The 1979 stamp should thus be seen in the particular cultural and historical context of myth-making characteristic of a country like Ireland, which has for so long been dominated by influences from outside the country.[1] In his design, Ballagh tacitly recognised "the profound role stamps play in the expression of national aspirations and identity".[2] He assembled several elements drawn from Irish nationalist mythology, notably the green-white-and-orange tricolour, borne here by Delacroix's *Liberté*, Patrick Pearse as 'martyr to the cause', and 'Ireland's Bastille', the General Post Office. The acceptance by the state of this commemorative stamp design is revealing for the way it shows Ireland, over half a century after the foundation of the state, giving its blessing to a collective icon of central myths of Irish nationalist history, yet evidently needing to legitimise that process by approving the design's marriage of highly disparate elements.

---

1 Cf. David Scott, *European Stamp Design. A Semiotic Approach to Designing Messages*, London 1995, especially the section entitled: *Post-colonial identity. Stamps of the Irish Free State and Republic*, pp. 87-94.

2 Quoted in: Scott (see n. 1), p. 87.

True, the choice of the figure of Liberty could have been seen at that time, some six years after Ireland's accession to the European Community in 1973, as evidence of Ireland's new orientation towards Europe. On closer analysis, such a reading appears problematical. In 1979 Ireland had been a Republic for exactly thirty years, but the associations with French republicanism, more particularly with the secularist message intrinsically linked with Delacroix's *Liberté*, would have been quite unacceptable either to the Irish authorities or to the vast majority of the Irish people at that time. Furthermore, the Phrygian bonnet worn by *Liberté* on the Irish commemorative stamp was traditionally interpreted as a sign of the emancipation, not just of the nation (as it was here intended), but also of the underclass.[3] This was quite in order as long as the underclass stood for the Irish people and their oppressors for the English. Once the underclass became identified with 'the proletariat' within the established Irish state, any such emancipatory aspirations were bound to conflict with vested interests represented by the conservative governing parties, the bulk of whose support was drawn from the farming lobby and trading interests. Very surprising was surely the acceptability to a still profoundly conservative and in many ways provincially-minded state and nation of what Heine termed that "seltsame Mischung von Phryne, Poissarde und Freyheitsgöttinn"[4] in Delacroix's figure; perhaps even more so those "iconographical constituents of allegories of Victory" which, according to Bellos, determine the modern reading of *Liberté*: Liberty's bare breasts and upraised arm. True, in Ballagh's design one must look more closely than the average stamp-user is wont to do in order to recognise that the upper part of the body of Liberty *à l'irlandaise* is not actually, like her face, a silhouette. In stark contrast with the aggressive thrust of *Liberté*'s breasts in Delacroix's painting, there is something almost decorous in the delineation of those of her Irish counterpart. The Pearse stamp could thus be said to send different messages to the educated (who could be presumed to know the original) and to the less cultivated Irish man or woman in the street. Moreover, the polarity between Pearse and Liberty, which the stamp design postulates, is not dynamic, as one might expect, but almost embarrassing, if not actually grotesque. For the ascetic profile of Pearse, strikingly delineated in black and white, has his steely eyes fixed well away from the female figure, who is so utterly, indeed so provocatively, different from the traditional passive female allegory of Ireland. And Ballagh's Pearse in fact owes more to fascist aesthetics than to the mythological figures of Irish national liberation.

A series of conflicting messages, then, to the man or woman in the street. Moreover, although the purpose of the stamp, the commemoration and cele-

---

3 It should be clear that the above view of Delacroix's painting is based on the traditional interpretation, which David Bellos in his paper in the present volume so plausibly challenges.

4 *Französische Maler*, in: Heinrich Heine: *Historisch-kritische Gesamtausgabe der Werke* 12/1, ed. by Jean-René Derré / Christiane Giesen, Hamburg 1980, p. 20.

bration of the past and hence the reinforcement of national myths, is abundantly evident, some of the key elements, which one might expect from Irish cultural icons of this kind, are absent. The most obvious is the lack of reference to the Deity or the traditionally explicit ritual evocation of the 'blood of Irish martyrs'. Thus the stamp issued in 1941 to commemorate the silver jubilee of the 1916 Rising had depicted an Irish soldier brandishing a rifle and standing against the rising sun, to his right the General Post Office. To his left was an extract in Irish of the opening words of Pearse's famous Proclamation of the Irish Republic in 1916: "In ainm Dé agus in ainm na nglún d'imigh romhainn" ("In the name of God and of the generations that went before us"). For, just like their German counterparts evoked by Theodor Körner in his poem *Leier und Schwerdt*, which became a German nationalist icon following the death of the young Körner in battle against Napoleon, the Irish martyrs 'fertilised with their blood the land' which in due time 'brought forth' the next generation of national heroes. But Ballagh had no need to make explicit the association. For Patrick Pearse (who bore the name of the national patron saint) embodied in a special way the now notorious 'blood myth'.[5] In this context Ballagh's use of the figure of *Liberté* is not alone ambivalent; it is in fact highly provocative. Pearse, whose poems and stories celebrated Irish womanhood in the figure of the mother and the child-woman, died unmarried, 'wedded to Ireland'. The traditional allegory of Ireland was a beauteous and passive maid, Hibernia, whose face and figure inspired poetry, song and painting[6], as she waited for her noble deliverer from the English 'dragon'. Hardly surprising, then, that Pearse gazes sternly past the subvertive figure of the "Poissarde und Freiheytsgöttinn".

Seen against traditional Irish state practice with regard to the issue of stamps, this ambivalence becomes even more striking. The Irish government not only reserves to itself the right to approve, or otherwise, all proposed Irish stamp designs. These are actually examined at a special sitting of the Cabinet. 'Unacceptable' political allusions are known to have led to rejection of proposed stamps, regardless of the merits of the design involved. That the 1979 government led by the conservative populist Catholic party, *Fianna Fáil*, – a party which has always identified itself with 'the Irish people', – was prepared to allow expression to the "multiple and complex codes of artistic practice"[7] by engaging an internationally acknowledged and modern Irish artist, Robert Ballagh, to design this stamp, is, to put it mildly, surpris-

---

5 Pearse is today regarded as an ambivalent figure precisely because he, more than any other figure in modern Irish history, 'sanctified' this myth, both in his poetic works and in his 'sacrificial' death at the hands of the British. Pearse's legacy is still today one of the central myths of the IRA, and one which continues to exercise a powerful propaganda impulse in the militant Republican movement.

6 Examples from nineteenth-century literature are numerous, but the same image continued to be preserved, for example, on Irish banknotes until replaced by modern designs in the more self-consciously European Ireland of the 1980s.

7 Scott (see n. 1), p. 94.

ing.[8] Looking back from the vantage point of Ireland at the end of the twentieth century, the date of the stamp's issue takes on a further significance. For the following decade proved to be culturally, as well as economically and socially, little short of revolutionary in Ireland's history, as a predominantly young, highly mobile and increasingly well-educated population adapted its mentality and its lifestyle to 'European' norms. More particularly, the 'male myths' of traditional Irish nationalism would be progressively challenged from this time forward by Irish women. Delacroix's goddess of freedom in Ballagh's creation was perhaps more prophetic than the artist or certainly the authorities realised. The interest in the present context of this little-known Irish 'text' thus lies in the manner in which it exemplifies yet again the continuing force of the political and aesthetic discourse of the Vormärz.

8 Scott (see n. 1) points out that the commissioning of Ballagh, like that of other highly acclaimed international Irish-born artists before him, such as Patrick Scott and Louis Le Brocquy, to design Irish stamps, emphasised "the importance Ireland attached from the late 1960s onwards to promoting a more modern and sophisticated image of the country" (p. 91).

Lothar Schneider

'Sprechende Schatten'

Zum naturalistischen Heinebild Wilhelm Bölsches, seiner Modernität und zur Literaturwissenschaft

Fragmentierung, die Reduktion eines Mythos, auf den Realismus seiner Bestandteile
(Don DeLillo, Americana)

I.

Die Wende zum letzten Jahrzehnt des 19. Jahrhunderts bringt eine Konjunktur der Rezeption des Jungen Deutschland, insbesondere der Heine-Rezeption.[1] Allein 1887 erscheinen vier neue Heine-Ausgaben, darunter eine von Wilhelm Bölsche und die kritische Ausgabe der *Sämtlichen Werke* durch Ernst Elster.[2] Elster ist auch Rezensent der Rubrik *Junges Deutschland* in

---

1 Vgl. Ernst Elster, *Aus der Heine-Literatur*, in: *Blätter für litterarische Unterhaltung* (1896), S. 244ff.; Leo Berg, *Zur Heine-Literatur,* in: *National-Zeitung* (Berlin), Morgenausgabe 409 (8. Juli 1893); Conrad Alberti, *Heinrich Heine,* in: *Fränkischer Kurier* 637 (13. Dez. 1897), S. 1ff. Zur Heine-Rezeption im 19. Jahrhundert vgl. Joachim Bark, *Literaturgeschichtsschreibung über Heine. Zur Wirkungsgeschichte im 19. Jahrhundert*, in: Wolfgang Kuttenkeuler (Hg.), *Heinrich Heine. Artistik und Engagement*, Stuttgart 1977, S. 284-304; Bernd Füllner, *Heinrich Heine in deutschen Literaturgeschichten. Eine Rezeptionsanalyse,* Frankfurt/M. / Bern 1982; Helmut Koopmann, *Heinrich Heine in Deutschland. Aspekte seiner Wirkung im 19. Jahrhundert,* in: ders. (Hg.), *Heinrich Heine,* Darmstadt 1977, S. 257-287; Walter Reese, *Zur Geschichte der sozialistischen Heine-Rezeption in Deutschland,* Frankfurt/M. u.a. 1979; Johannes Weber, *Libertin und Charakter. Heinrich Heine und Ludwig Börne im Werturteil deutscher Literaturgeschichtsschreibung 1840-1918,* Heidelberg 1984; Wulf Wülfing, *Lästige Gäste? Zur Rolle der Jungdeutschen in der Literaturgeschichte,* in: *ZfdPh* 91 (1972), Sonderheft: *Heine und seine Zeit,* S. 130-149; Karl Theodor Kleinknecht (Hg.), *Heine in Deutschland. Dokumente seiner Rezeption 1834-1956*, Tübingen 1976.
Zum Titel vgl. Wilhelm Bölsche, *Heine Studien* (s. Fußnote 16): "Auch wir beschwören keine Toten, die wirklich Staub geworden sind, wir wecken, wie Saul, nur die Schatten, die noch reden können, die noch Antwort wissen auf Fragen der Gegenwart" (S. 196).

2 Heinrich Heine, *Gesammelte Werke. Kritische Gesammtausgabe in neun Bänden*, hg. v. Gustav Karpeles, Berlin 1887; Heinrich Heine, *Sämtliche Werke*, hg. v. Otto F. Lachmann, Leipzig 1887; Heinrich Heine, *Gesammelte Werke. Illustrierte Prachtausgabe*, hg. v. Heinrich Laube, Wien 1887f.; Heinrich Heine, *Sämtliche Werke. Ausgabe in sechs Bänden*, mit einer Biographie des Dichters u. Einleitungen v. Wilhelm Bölsche, Leipzig 1887; Heinrich Heine, *Sämtliche Werke. Mit Heine's Lebensbeschreibung, einem neuen Portrait und einigen Autographen des Dichters, sowie Einleitungen, erläuternden Anmerkungen und Verzeichnissen sämtlicher Lesarten*, hg. v. Ernst Elster, Leipzig 1887f.

den *Jahresberichten für Neuere Deutsche Literaturgeschichte.*[3] 1891 folgt die umfangreiche Darstellung des Jungen Deutschland von Johannes Proelß.[4] Schließlich läßt bereits der Name 'Jüngstes Deutschland' vermuten, daß der Naturalismus mehr mit dem Jungen Deutschland gemein haben könnte als die bloße Anspielung des Namens.[5]

Ein gutes Stück der Konjunktur Heines mag damit erklärt sein, daß die Verlagsrechte erloschen waren, doch setzt die Hoffnung auf Absatz Popularität voraus.[6] Unterstützend hat sicher der Denkmalstreit gewirkt[7]; daß aber

3 *Jahresberichte für Neuere Deutsche Literaturgeschichte* [ab Bd. 3: Mit besonderer Unterstützung von Erich Schmidt], hg. v. Julius Elias / Max Herrmann / Siegfried Szamatólski, Stuttgart 1892ff. (Reprint Liechtenstein 1969, im folgenden zitiert als JdL.) Die *Jahresberichte* sind eine Gründung der sich etablierenden Neueren deutschen Literaturwissenschaft. Im Vorwort (1, S. VI) erklären die Herausgeber ihren Willen, "mit dem Dogma [zu] brechen, daß die Forschung nur bis zum Tode Goethes führe". Ernst Elster schaltet sich später in die Theoriediskussion des Fachs ein (*Die Aufgaben der Litteraturgeschichte. Akademische Antrittsrede*, Halle/S. 1894; ders., *Prinzipien der Litteraturwissenschaft*, Halle/S. 1897) und votiert dabei für ein psychologisierend-kulturwissenschaftliches Verständnis von Literatur als "Spiegel und [...] abgekürzte Chronologie der Zeit" (*Aufgaben*, S. 22. Zum Jungen Deutschland vgl. ebd., S. 11). Zur Entstehung der Neueren deutschen Literaturgeschichte vgl. Jürgen Fohrmann / Heinrich Voßkamp (Hgg.), *Wissenschaft und Nation. Studien zur Entstehungsgeschichte der deutschen Literaturwissenschaft*, München 1991, und Klaus Weimar, *Geschichte der deutschen Literaturwissenschaft bis zum Ende des 19. Jahrhunderts*, München 1989.

4 Johannes Proelß, *Das junge Deutschland. Ein Buch deutscher Geistesgeschichte*, Stuttgart 1892.

5 Dieser wurde zur Charakterisierung und in der Selbstcharakterisierung des Frühnaturalismus verwandt und gebräuchlich seit: Adalbert v. Hanstein, *Das jüngste Deutschland. Zwei Jahrzehnte miterlebter Litteraturgeschichte*, Leipzig 1900; vgl. Roy C. Cowen, *Der Naturalismus. Kommentar zu einer Epoche*, München 1973, S. 37f. Die Parallele zwischen Jungem und Jüngstem Deutschland wurde bereits zeitgenössisch thematisiert von: Rudolf v. Gottschall, *Jungdeutsch und Jüngstdeutsch*, in: ders., *Zur Kritik des modernen Dramas*, 2. Aufl., Berlin 1900, S. 1-12. Daneben wurde die sympathetische Nähe des Begriffs 'Junggrammatiker' bemerkt. So erhielt und negierte Karl Brugmann den Rat: "dass der Name mit Rücksicht auf das 'junge Deutschland', auf 'Junghellas' usw. als anrüchig zu gelten habe; als wenn diese Beziehung uns selbst gar nicht zu Bewußtsein gekommen wäre" (Karl Brugmann, *Zu dem 'Vorwort' zu Band 1 der Morphologischen Untersuchungen von Osthoff und Bruckmann*, in: *Indogermanische Forschungen* 11 [1900], S. 132. Zit. n. Eveline Einhauser, *Die Junggrammatiker. Ein Problem der Sprachwissenschaftsgeschichtsschreibung*, Trier 1989, S. 8).

6 Vgl. Joachim Bark (s. Fußnote 1). Dem naturalistischen Umfeld zugehörige Darstellungen sind Georg Brandes, *Ludwig Börne und Heinrich Heine*, 2., bedeutend vermehrte Aufl., Leipzig 1898 (zuerst kürzer in: ders., *Die Litteratur des neunzehnten Jahrhunderts in ihren Hauptströmungen* 6: *Das junge Deutschland*, Leipzig 1891); Samuel Lublinski, *Litteratur und Gesellschaft im neunzehnten Jahrhundert* 3: *Das junge Deutschland*, Berlin 1900. Um die Bedeutung Heines als poetologische Autorität im Naturalismus zu erkennen, genügt ein Blick ins Personenregister von: Manfred Brauneck / Christine Müller, *Naturalismus. Manifeste und Dokumente zur deutschen Literatur 1880-1900*, Stuttgart 1987.

7 Zum Denkmalstreit vgl. Ute Kröger, *Der Streit um Heine in der deutschen Presse 1887-1914. Ein Beitrag zur Heine-Rezeption in Deutschland*, Aachen 1989.

vom ersten Berichtsjahr an in den *Jahresberichten* eine Rubrik *Junges Deutschland* eingerichtet war, besitzt programmatische Bedeutung. Sie folgt auf die Rubrik *Goethezeit* und bildet das Ende des literaturgeschichtlichen Teils.[8] Neuere Tendenzen sind Gegenstand poetologischer Behandlung. Das von R.M. Werner betreute Kapitel *Poetik und ihre Geschichte* schließt im Unterpunkt *Naturalismus* mit dem Referat der aktuellen poetologischen Diskussion.

Dieser Parallellismus könnte unbedeutend erscheinen, gäbe es nicht das 'Prinzip wechselseitiger Erhellung' als Theorem positivistischer Literaturwissenschaft. Es besagt, daß einzig eine Reflexion auf wissenschaftliche wie lebensweltliche Gegenwart einer Interpretation das notwendige Instrumentarium bereitstellen könnte, daß aber zur Klärung der aktuellen Position eine Auseinandersetzung mit historischen Sachverhalten erforderlich sei.[9]

Auseinandersetzung mit dem Naturalismus war aktuelle Gegenwart; das Junge Deutschland erschien als Grenze der Geschichte. Die aktuelle Gegenwart der Literaturgeschichte forderte ein Hinausgehen über die Goethephilologie. Dies barg methodischen wie poetologischen Sprengstoff, war doch die Überwindung des klassischen Paradigmas in Heines These vom Ende der Kunstperiode gefordert worden. Das Problem einer Kunst nach der Kunstperiode korrespondiert mit dem aktuellen poetologischen Problem einer Ästhetik nach dem Ende idealistischer Ästhetiken und dem einer Literaturwissenschaft nach dem Ende des 'klassizistischen' philologischen Ideals.[10] Gemeinsam ist beiden das Problem 'Moderne'; sie teilen sowohl die Frage

---

8 Sie fällt in den Jahrgängen 5, 7-9 u. 11 aus und wird in den jeweils folgenden Jahrgängen nachgereicht. Im zweiten Jahrgang, 1891, wird eine folgende Abteilung *Grillparzer* angekündigt; diese erscheint jedoch lediglich im dritten Jahrgang 1892 (Rezensent: August Sauer).

9 Richard M. Meyer, *Die Methode der wechselseitigen Erhellung*, in: *Neue Jahrbücher für das klassische Altertum, Geschichte und deutsche Literatur* 23 (1909), S. 56-64, und inhaltlich bereits Eugen Wolff, *Geschichte rückwärts?*, Kiel / Leipzig 1892 (Deutsche Schriften für Literatur und Kunst 2/4). Vgl. Holger Dainat, *Von der Neueren Deutschen Literaturgeschichte zur Literaturwissenschaft. Die Fachentwicklung von 1890 bis 1913/14*, in: Jürgen Fohrmann / Wilhelm Voßkamp (Hgg.), *Wissenschaftsgeschichte der Germanistik im 19. Jahrhundert*, Stuttgart / Weimar 1994, S. 494-537; Rainer Kolk, *Berlin oder Leipzig? Eine Studie zur sozialen Organisation der Germanistik im 'Nibelungenstreit'*, Tübingen 1990. Zur Genese dieses Prinzips bei Wilhelm Scherer vgl. Einhauser (s. Fußnote 5), S. 133. Es steht dem Klischee entgegen, der Positivismus erschöpfe sich notwendig in antiquarischer Philologie und 'Faktenhuberei'. Vgl. Jürgen Sternsdorff, *Wissenschaftskonstitution und Reichsgründung. Die Entwicklung der Germanistik bei Wilhelm Scherer. Eine Biographie nach unveröffentlichten Quellen*, Frankfurt/M. / Bern 1979.

10 Rainer Kolk (s. Fußnote 9), S. 78, begreift den Nibelungenstreit als "Erschütterung des traditionellen philologischen Wissenschaftsbegriffs" und als Anlaß einer Umorientierung der Disziplin, die u.a. auch die Entstehung der Neueren deutschen Literaturwissenschaft zur Folge hatte. Eine ähnliche These vertrat Eugen Wolff bereits 1890 (*Das Wesen wissenschaftlicher Literaturbetrachtung*, Kiel / Leipzig 1890, S. 13).

nach angemessener Darstellung der neuen Wirklichkeit als auch die literarischen Engagements.

Selbst wenn man akademische Virulenz der Diskussion um das Junge Deutschland und Heine konzediert, erscheint die Dignität einer 'jüngstdeutschen' Arbeit über Heine zweifelhaft, da sich der Naturalismus vermeintlich in zugleich antiakademischer und antihistorischer Haltung gefällt. Damit wäre die Anspielung im Namen kaum mehr als eine gewollte Gemeinsamkeit ikonoklastischer Gestik.[11] Doch der antiakademische Habitus vieler Naturalisten ist lediglich ein antiphilologischer.[12] Etliche Naturalisten sind Germanisten[13], Brahm und Schlenther sogar Schererschüler. Vice versa ruft ein Literaturwissenschaftler, Eugen Wolff, im Verein *Durch* die Moderne aus.[14]

II.

Zu den Mitgliedern dieses Vereins gehört der Kulturwissenschaftler und naturalistische Programmatiker Wilhelm Bölsche.[15] Seine Studie *Heinrich Heine. Versuch einer ästhetisch-kritischen Analyse seiner Werke und seiner Weltanschauung*[16] kommt nach minutiöser Analyse der frühen Lyrik und

---

11 Vgl. Helmut Koopmann, *Die Klassizität der 'Moderne'. Bemerkungen zur naturalistischen Literaturtheorie in Deutschland*, in: ders. / J. Adolf Schmoll gen. Eisenwerth (Hgg.), *Beiträge zur Theorie der Künste im 19. Jahrhundert* 2, Frankfurt/M. 1972, S. 132-148.

12 Es gibt aus ihrem Kreis zahlreiche Stellungnahmen zu literaturwissenschaftlichen Fragen. Z.B. Conrad Alberti, *Natur und Kunst. Beiträge zur Untersuchung ihres gegenseitigen Verhältnisses*, Leipzig 1890; Hermann Conradi, *Zum Begriff der induktiven Litteraturpsychologik*, in: ders., *Gesammelte Schriften* 2, hg. v. Paul Ssymank / Gustav Werner Peters, München 1911, S. 96-123; darin auch ders., *Wilhelm II.* [!] *und die junge Generation*, S. 306-446, hier: S. 402-407.

13 Conrad Alberti, Leo Berg, Hermann Conradi, Max Halbe, Heinrich Hart, Felix Holländer, Ludwig Jacobowski, Johannes Schlaf.

14 Vgl. Brauneck / Müller (s. Fußnote 6), S. 58-61.

15 Wilhelm Bölsche, *Die naturwissenschaftlichen Grundlagen der Poesie* (1886), hg. v. Johannes J. Braakenburg, Tübingen 1976. Wir befinden uns in der Definitionsphase des Naturalismus. Zu Bölsche vgl. Wolfram Hamacher, *Wissenschaft, Literatur und Sinnfindung im 19. Jahrhundert. Studien zu Wilhelm Bölsche*, Würzburg 1993; Gertrude Cepl-Kaufmann / Rolf Kauffeldt, *Berlin-Friedrichshagen. Literaturhauptstadt um die Jahrhundertwende. Der Friedrichshagener Dichterkreis*, o.O. 1994; Rolf Lang, *Wilhelm Bölsche und Friedrichshagen*, Frankfurt/Oder 1992; Ferdinand Fellmann, *Ein Zeuge der ästhetischen Kultur im 19. Jahrhundert: Wilhelm Bölsche*, in: *Archiv für Kulturgeschichte* 70 (1988), S. 131-148; Antoon Berentsen, *Vom Urnebel zum Zukunftsstaat. Zum Problem der Popularisierung der Naturwissenschaften in der deutschen Literatur (1880-1910)*, Berlin 1986.

16 Wiederauflage als: Wilhelm Bölsche, *Heinrich Heine. Studien über seine Werke und seine Weltanschauung bis zum Tage seiner Abreise nach Paris*, Berlin 1888. Beide Ausgaben sind seitengleich und textidentisch. Meinen Ausführungen liegt die Berliner Ausgabe zugrunde; sie wird mit Seitenzahl im Text zitiert. Die Vorrede Bölsches ist auf Herbst 1887 datiert, der Text ist also in etwa zeitgleich mit der Programmschrift entstanden. Vgl. auch Wilhelm Bölsche, *Heine im Abendrot seines Jahrhunderts*, in: ders.,

Beschreibung der dramatischen und epischen Versuche zu den Reisebeschreibungen und endet nach einer (überholten) Darstellung der Heine-Platen-Kontroverse in scharfer Wendung gegen antisemitische Denunziation.[17] Ein angekündigter zweiter Teil, der die Pariser Jahre behandeln sollte, ist nie erschienen.

Aus dieser Tatsache mag der unbefriedigende Schluß herrühren. Bölsche bestimmt die Entwicklung von Heines Lyrik als Annäherung an einen Stil, der prosaistisch genannt werden könnte, aber keinen Gattungswechsel impliziert, sondern in Relativierung aller Formen und Gattungsgrenzen nur Präzision als formales Kriterium anerkennt. Wegen der Konvergenz der Gattungen steht die Lyrikanalyse pars pro toto für Heines Poetik. Das Resultat einer 'wechselseitigen Erhellung' historischer und ästhetischer Argumentation, wie sie auch Bölsche fordert[18], wird bereits zu Beginn benannt:

> Heine ist […] in all seinem Thun noch durch und durch ein moderner Dichter, ein Dichter, dessen Gaben, dessen Glück und dessen Schwächen enthalten waren in Dingen, die auch uns noch lebhaft bewegen (9).[19]

Hinter der Weltstadt. Friedrichshagener Gedanken zur ästhetischen Kultur, 6.u.7. Tausend, Jena / Leipzig 1912, S. 50-68. Brandes' Darstellung in *Ludwig Börne und Heinrich Heine* (s. Fußnote 6), S. 118, 128, beruht zu guten Teilen und ausgewiesenermaßen auf Bölsche, was vom Übersetzer noch unterstrichen (ebd., S. 127, 175) und von Elster angemerkt wird (in: JdL 1, IV,14,1 [S. 159]).

17 Bölsche wird in einer antisemitisch gefärbten Polemik von Xanthippus-Sandvoß scharf angegriffen (Xanthippus [d.i. Franz Sandvoß], *Was dünkt euch um Heine? Ein Bekenntnis*, Leipzig 1888), worauf Conrad Alberti als Mitstreiter Bölsches dupliziert (Alberti, *Eine Schmutzschrift gegen Heinrich Heine*, in: *Gesellschaft* 1888/5, S. 313-326. Wiederabgedruckt in: Kleinknecht [s. Fußnote 1], S. 76-90).

18 Bölsche eröffnet mit der Erörterung des 'Wesens der ästhetischen Biographie'. Er bemängelt gleichermaßen unkritischen Biographismus, der Gefahr laufe, Legendenbildung zu perpetuieren, wie bloß historisierende Ästhetik. Diese ermögliche zwar "Unbefangenheit des Urteils", aber: "aus dem Allesverstehen wird auch in der Ästhetik ein Allesverzeihen" (7). Dagegen fordert er eine "allgemeine Ästhetik", die als "regulierende Hilfswissenschaft" (8) in Anschlag zu bringen sei. Für diese gilt: "Die Gegenwart mit ihren augenblicklichen Gesamtanschauungen: das ist der wahre Boden, nicht eine metaphysische Angelegenheit, von der überall nichts gewußt wird" (ebd.). Literaturgeschichtliche Darstellung ist die Rekonstruktion des Gegenstands in der Perspektive bewußter Gegenwärtigkeit.

19 Zu Heine als Vorläufer der Naturalisten vgl. auch Elster in: JdL 3,IV,11,1; Saenger nach JdL 10,IV,11,24. Ich nehme durch aktualisierte Terminologie in Kauf, daß die historischen Grenzen der Bölscheschen Interpretation vernachlässigt werden. Dies erscheint mir nicht verfälschend, da die wesentlichen historischen Differenzen zur Bölscheschen Interpretation nicht die Darstellung der Poetologie betreffen, sondern aus einem normativen Verständnis einzelner Begriffe, z.B. der Natur oder der Sinnlichkeit, resultieren und der Konzeption zwar inhaltliche, jedoch keine konzeptionellen Grenzen setzen.

III.

Da Bölsches Heine-Studie von der Forschung kaum zur Kenntnis genommen wurde[20], möchte ich ihren Argumentationsgang exponieren, um abschließend die zentrale Passage zu kommentieren. Sie wirft nicht nur Licht auf das Junge-Deutschland- und Heine-Bild des Naturalismus, sondern formuliert eine weitreichende poetologische These.[21]

1. Zum Dichter

(a) Für den modernen Dichter ist Denken primordial. Zum jungen Heine bemerkt Bölsche: "der angehende Denker steht noch weit über dem angehenden Dichter" (33); er nennt Heine einen "kühne[n] Ästhetiker und Philosoph[en]" (91) und resümiert:

> Wenn der Ausdruck 'Philosoph' nicht beschränkt ist auf grübelnde Gelehrte, die Systeme aufgebaut haben, so kann man wohl sagen, daß Heine einer der unbedingt bedeutendsten Philosophen unserer Nation gewesen ist (111f.).

(b) Entscheidend für Modernität ist ein realistisches Postulat illusionsfreier Analyse der Wirklichkeit, die zur produktiven Transformation ästhetischer Konventionen befähigt. Sie qualifiziert Heine zum Proto-Naturalisten:

> In Heine war der Logiker, der Beobachter des Wahren und Vorhandenen in der Welt vollkommen ehrlich. [...] Gerade in diesen immer wieder erneuten Versuchen, das realistische Kolorit auch in der erotischen Lyrik zu wahren, die Dinge zu geben, wie sie sind, lagen Ansätze eines neuen Werdens, einer ästhetischen Entwicklungsphase, in die wir heute [...] endgültig eingetreten sind (79).

(c) Die Transposition der Analyse in Dichtung ist kein rationaler Prozeß, sondern vollzieht sich *am* Dichter. Dieser steht mit seiner Subjektivität dafür ein:

> Die subjektive Leidenschaft mit ihren Schmerzen und Seufzern begann dem Dichter mehr und mehr Mittel zur Kunst zu werden, hörte auf, Selbstzweck zu sein (42).

(d) Dichtung ist Vermittlung von historischem Logos und anthropologisch invarianter Empfindung:

---

20 Erwähnt in: Weber (s. Fußnote 1), S. XXIII u. 211.

21 Erforderlicher Kürze halber muß die Diskussion der Thesen im Kontext aktueller Heine-Literatur unterbleiben. Ich hoffe, daß Nähe und Relevanz evident werden.

Und doch ist die Leidenschaft eigentlich immer dieselbe geblieben, und der Fortschritt der Poesie lag thatsächlich auf dem denkbar ruhigsten Gebiete, – dem der Beobachtung (65).

2. *Zur Poetik*

(a) Einziges Qualitätskriterium ist Prägnanz: Heine schafft "Bilder von schneidender Wahrheit" (103; vgl. Punkt 2[b]).
(b) Prägnanz ist eine reflektierte Verdichtung poetischer Empfindung:

Das sind nicht mehr die Gefühle als unmittelbarer Ausfluß des Erlebten, das ist ein Extrakt, eine mit äußerster Beherrschung des Stoffes gewonnene Beschränkung [...] (42).

(c) Prägnanz führt Dichtung an die Grenze der Sprache:

Wie oft [...] hat sich das Empfinden eines Dichters an jener Schranke befunden, wo alles, Vers, Metrum, Bild, Sprache sich aufzulösen drohten, auch wohl wirklich für immer zerflossen sind. Heine mit seinem fast überall gleichmäßig sicheren logischen Kopfe ist der Einzige gewesen, der einen solchen Augenblick poetisch festgehalten und zu dauernden Gebilden umgeschaffen hat (81).

(d) Prägnanz negiert apriorische Formalismen und lizensiert sie lediglich als funktionale Mittel des Aussagewillens. Sie fordert lakonische Sprachökonomie:

Man braucht nur ein paar Nummern des Anfangs [des *Lyrischen Intermezzos*, L.S.] durchzugehen, um sich zu überzeugen, wie die prägnante Kürze, die der Dichter jetzt erstrebt, nun auch ein unerbittlicher Richter über alle weniger treffenden Gedanken wird (43; vgl. auch Punkt 2[b]).

(e) Bestand hat der Rhythmus als gattungsindifferentes akzentuierendes Kunstmittel:

Die nähere Betrachtung gerade dieser Heineschen freien Rhythmen, in denen ich – nicht die Erfüllung, – aber den Keim der Zukunft erblicke, mag jedem deutlich genug zeigen, wie die Poesie, je freier sie wird, desto strenger gehandhabt werden will und desto schwerer wird (99f.).
Je freier der Rhythmus, – desto schärfer und logisch fester der leitende Gedanke [...] (101f.).

(f) Charakteristisches Stilmerkmal ist der "kühne Tropus". Dieser ermöglicht es einer Aussage, zwischen Humor und Erhabenem zu oszillieren:

In dem kleinen Liedchen 'Im Walde wandl' ich und weine' ist der Vers bemerkenswert:

'Sie wohnen [!] in klugen Nestern,
Wo Liebchens Fenster sind.'[22]

Diese 'klugen Nester' sind ganz Heine. Seine Prosa [...] wimmelt von solchen Beiwörtern. [...] Immerhin hört man ihnen in der Prosa das Lyrische an, und der geringste falsche Strich droht ihnen eine komische Wirkung zu geben, weil man in der Prosa der Prägnanz des Ausdrucks und der tropischen Kühnheit nicht so viel nachsieht, gewissermaßen nicht gewohnt ist, so viel zwischen den Zeilen zu lesen, wie im Gedichte. Beliebt bei den Romantikern und geschützt durch die ungeheure Nivellierwalze der Hegelschen Dialektik, sind diese eigentümlichen Wendungen in der Litteratur höheren Schlages in Deutschland dauernd vertreten nur durch Heine, der eben durch seine eminente Begabung für das Komische nun andererseits, wenn er wollte, das Erhabene selbst im noch so kühnen Ausdruck [...] zu wahren wußte. [...] Die Nester sind nicht klug, sondern die Vögel. So einfach wäre das eine sehr grobe Vertauschung. Die Nester sind im angesetzten Falle Ursache der speziellen Klugheit der Schwalben in Liebesdingen, weil sie durch ihre Lage am Hause der Geliebten den Vögeln Gelegenheit zum Beobachten geben. So ist mit dem kurzen Beiworte das ganze Bild, Totes wie Lebendiges, in seinem Flusse von Ursache und Wirkung gezeichnet. Aber noch mehr: diese Klugheit ist zugleich etwas Menschliches, das in die Natur übertragen ist, die Schwalben in ein höheres Licht heraufrückt. So verknüpft das Bild weiterhin Nest, Vogel und menschliches Empfinden, tote Masse, Tier und Menschengeist, zu einer in ihrem Gewebe innig verschränkten Arabeske - und das mit einem einzigen Wort (65f.).

IV.

Die Formulierung "kluge Nester" wird zum Nukleus Heinescher Poetik. Das Epitheton wird zum Erkenntnismittel; zwischen ihm und seinem Subjekt entspinnt sich ein nuancenreiches dialektisches Spiel. Ein *categorial mistake* erzeugt dabei eine Spannung zwischen Subjekt und Attribut, die weder im Witz kollabiert noch zum metaphorischen Tenor harmonisiert werden kann, sondern sich im Situativen und Okkasionellen ihrer Prägung ein Moment von Differenz, einen Aspekt des Erhabenen bewahrt. Die Irritation bleibt irreduzibel. Damit eröffnet der 'kühne Tropus' einen Raum 'zwischen den Zeilen', der Reflexion und Rekonstruktion des Textes fordert.

Eines der beiden basalen Strukturmomente des bildhaften Aufbaus der 'lyrischen Situation' ist die metonymische Reihe Geliebte-Haus-Nest-Schwal-

22 "Im Walde wandl' ich und weine, / Die Drossel sitzt in der Höh'; / Sie springt und singt gar feine: / Warum ist dir so weh? // Die Schwalben, deine Schwestern, / Die können's dir sagen, mein Kind, / Sie wohnten in klugen Nestern, / Wo Liebchens Fenster sind" (Heinrich Heine, *Historisch-kritische Gesamtausgabe der Werke* 1, hg. v. Pierre Grappin, Düsseldorf 1975, S. 210). Der Tempusfehler in Bölsches Text ist singulär.

ben-lyrisches Ich. Ihr korresponiert und repliziert eine gegenläufige Projektionsreihe, die in fallender Skalierung das Attribut 'klug' von der Erkenntnis des Dichters bis zur materialen Basis und Bedingung seiner Möglichkeit – dem Beobachtungspunkt 'Nest' – und unausgesprochen bis zu seiner Privation im 'offenen Haus' und beim 'törichten Mädchen' verschiebt. Diese Reihe hebt ihre Subjekte in 'höheres Licht'. Anthropomorphe Attributierung verleiht durch quasi-personifizierende, 'geistige' Projektion den Gegenständen symbolischen Schein. Ohne nun auf das komplexe Verhältnis von Metapher und Symbol näher eingehen zu können[23], möchte ich sie als metaphorische Reihe bezeichnen.

Im Schnittpunkt der metonymischen und der metaphorischen Reihe steht die Formulierung 'kluge Nester'. Indem sie durch abstrakte attributive Metaphorisierung des Subjekts dessen Anschaulichkeit negiert, hebt sie die konventionelle Symbolizität des Bildempfängers 'Nest' auf. Dies ist der erste Schritt. Ihm folgt ein poetisch simultaner, reflexiv nachgängiger: Indem das 'Haus der Vögel' zur situationsgebundenen Metonyme reduziert wird, mahnt die Attributierung durch den – man muß paradox formulieren – abstrakten Bildspender Reflexion an. Im kühnen Tropus wird epistemisch-habituelle Symbolizität destruiert und eine neue, intensive und reflexionsheischende Poetizität konstruiert, die explizite Kontextualisierung, d.h. Interpretation fordert. Bölsche sieht in der reflexionsgebundenen De- und Rekonstruktion poetischer Topoi *das* innovatorische Moment von Heines Poetik. Reflektierte poetische Prägnanz ist ihm poetologisches Charakteristikum der Moderne.

Dem heutigen Blick auf die "selbsternannte Moderne"[24] des Naturalismus erscheint das Junge Deutschland als Vorgeschichte. Bölsche lieferte dann mit seiner Genealogie des Heineschen eine 'Urgeschichte' modernen Stils: Kühne Attributierung sei bei den Romantikern beliebt gewesen und werde geschützt durch die 'ungeheure Nivellierwalze der Hegelschen Dialektik'. Wo deren Vermittlungsleistung Wirklichkeit homogenisiert, wird der existenzielle Chorismos pazifiziert und in die Heilsgewißheit der Vernunft aufgehoben. Die Genealogie des Verfahrens 'reflexionsgestützter Metaphorisierung' signalisiert dessen Grenze und Gefahr: Der kühne Tropus ist kontextabhängig, angewiesen auf jene Geschichte, die er negiert, wie auf eine Reflexion, die ihn als gegenwärtig konstituiert. Verliert er sein Gedächtnis und wird zum *common place* metaphorischer Rubrizierung, so tritt an die Stelle 'erhabener' Differenz diffuse Plausibilität, die Reflexion meidet und seine Spannung in unscharfer Analogie a priori versöhnt.

---

23 Vielleicht kann man poetische Symbolizität als verschwiegene Metaphorisierung durch habitualisierte Kontexte beschreiben.

24 Uwe Japp, *Literatur und Modernität*, Frankfurt/M. 1987, S. 347. Sie wurde hier als coevolutionärer Prozeß von Naturalismus und Neuerer Deutscher Literaturwissenschaft verstanden.

Martina Lauster

A cultural revolutionary

George Eliot's and Matthew Arnold's appreciation of Heinrich Heine

1. British difficulties with Heine before 1850

In the wake of such as Coleridge and Carlyle, the appeal of Germany's Idealist culture for nineteenth-century British intellectuals had grown so powerful that Heine's attacks on his own German cultural heritage seemed to many unforgivable. No wonder, then, that the *Athenaeum*, which had published an exceptionally friendly review of the 1831 edition of the *Reisebilder* and shown an interest in Heine as a mediator of German culture, simply refused, in 1834, to print the articles which were to make up his *De l'Allemagne*![1] Here was somebody criticizing Goethe for his quietism, the very man who had been the focus of Carlyle's transcendental "German 'mission'"[2]; here was somebody breaking the bounds even of Goethe's immoralism, an attitude which was only just beginning to be viewed with lenience in Britain. Worse still, Heine's attacks on Christian asceticism and Romantic patriotism went hand in hand with a sensualist, pro-revolutionary and Francophile attitude. In the eyes of Abraham Hayward, the first of several British translators of Goethe's *Faust* in the 1830s[3], this is taking 'cosmopolitanism' clearly too far:

> It may [...] be as well to remind Mr. Heine and his friends, that patriotism, as well as glory, is like a circle in the water, which by too much spreading

1 Cf. Sol Liptzin, *The English Legend of Heinrich Heine*, New York 1954, pp. 10-20. Without naming the reviewer, Liptzin (p. 8f.) also gives the fullest account of Heine's very first review in Britain by Robert Pearse Gillies, dealing with *Harzreise* and *Ideen: Das Buch Le Grand*, in the *Foreign Quarterly Review* of Feb. 1828. Together with the 1831 review of *Reisebilder* in the *Athenaeum* and a politically sympathetic review of *De l'Allemagne* in the *Westminster Review* of Oct. 1835, it presents a mainly positive picture of Heine, very much the exception in Britain during the 1830s.

2 Rosemary Ashton, *The German Idea. Four English writers and the reception of German thought 1800-1860*, Cambridge 1980, p. 104. On Carlyle's hostile attitude to Heine cf. Liptzin (see n. 1), p. 28f.

3 Superseding Gower's *Faust* translation of 1823 (which was, "from considerations of decency", minus the *Prolog im Himmel*), all five new versions of the 1830s included the *Prologue in Heaven*. However, this was still seen as potentially offensive. Hayward, for example, only included it in an appendix. For all this information cf. Ashton, *German Idea* (see n. 2), p. 22. In 1831, Hayward, a lawyer and editor of the *Law Magazine*, had also translated Savigny's *Vom Beruf unserer Zeit für Gesetzgebung und Rechtswissenschaft* (1814). Cf. Walter F. Schirmer, *Der Einfluß der deutschen Literatur auf die englische im 19. Jahrhundert*, Halle/S. 1947, p. 104.

> may disperse itself to nothing. We much fear that *his* has already undergone this process, and that he has got simply a maudlin sort of French philanthropy, a feeling between vanity and egotism, in the place of it. As regards literature, we ourselves [i.e. the editors and critics of the *Quarterly Review*, M.L.] are cosmopolites, in the widest sense of the term, but the very notion of cosmopolitan patriotism is a baneful absurdity.[4]

Much in the manner of Heine's German enemies, the editor of the *Quarterly*, John Gibson Lockhart[5], seeks to draw a connection between Heine's 'un-German' revolutionary views and his Jewish background:

> [...] of all who speak the German tongue he [...] is the most likely to devote himself to the cause of a great social revolution in the German world. Though he may have utterly forsworn all belief in the religion of the Hebrews, he has that in his blood and being which prevents him from surveying religious systems in general with the cold indifference of a right German rationalist. He blends a rancorous personal spleen with the frigidities of the contemptuous metaphysician, and revives, in the apparent absence of all convictions, the bitter and sneering malignity of a crucifying Sadducee.[6]

Since Hayward and Lockhart agree that Heine's influence in Germany is mainly 'baneful' and 'malign', they seem to assume that their English readers, well-disposed as they now are towards German Classical and Romantic literature, will not judge Heine's views other than negatively. Many of the long excerpts from his works, presented in English translation, seem deliberately chosen to evoke the same 'horror' in the reader that the critics feel at Heine's personal diatribes against German literary celebrities, notably A.W. Schlegel who was highly regarded in Britain. Lockhart, sensing the explosive potential of Heine's writing with the infallible instinct of a Christian conservative, dwells at length on Heine's pantheism and sensualism. However, what both he and Hayward liberally acknowledge, and what they both expect their readers will, is the 'wit' and 'brilliancy' of Heine's judgements and the 'entertaining', 'lively', 'piquant' way in which he writes, hitherto absent in German literature with the exception of Jean Paul.[7] It is regretted that a stylistic and intellectual 'talent' such as Heine's is 'misapplied', and both critics express their hope that the author will one day regret his iconoclasm. A distinction is thus made between Heine's *Talent* and *Charakter*, and exactly at the

4 [Abraham Hayward,] *Art. VII. – 'Zur Geschichte der Neueren Schönen Literatur in Deutschland', von Henri Heine. Th. 1 und 2. Paris and Leipzig. 1833*, in: *Quarterly Review* 53/105 (Feb. 1835), pp. 215-229, quotation p. 223.

5 He was the son-in-law of Walter Scott, translated (in 1818) Friedrich Schlegel's *Vorlesungen über die Geschichte der alten und neuen Literatur* and was an important writer on Goethe before Carlyle; cf. Schirmer (see n. 3) p. 68.

6 [John Gibson Lockhart,] *Art. I. - 1. 'De l'Allemagne'. Par H. Heine. Paris. 2 vols. 8vo. 1835*, in: *Quarterly Review* 55/109 (Dec. 1835), pp. 1-34, quotation p. 2.

7 Cf. Hayward (see n. 4), p. 215.

same time when the same distinction was becoming common currency among Heine's German opponents.

The initial difficulties of British critics with the critic Heine reflect the lasting influence of an image of Germany which, being selective in the first place, was becoming totally untenable in the 1830s. If British enthusiasts of 'apolitical' German literature and philosophy were largely ignorant of the vitally important political side to German Romanticism, how could they possibly have grasped the full implications of Heine's criticism of the Romantic School or of his idea of the 'Endschaft der Goetheschen Kunstperiode'? As Schirmer remarks, the intellectual background and impact of the *Freiheitskriege* were unknown in England, a deficiency for which he partly blames Mme. de Staël's *De l'Allemagne*.[8] Although it was Heine's explicit intention to rectify the one-sided image this work had created abroad, notably in France, and to update it, he does not seem to have achieved his aim in England, at least not immediately. As to Heine's immoralism, even Englishmen who became fascinated with the author and the man in the 1840s, such as Richard Monckton Milnes or Julian Fane, never entirely lost their reservations.[9]

2. *'Modern spiritual east winds'*

It was only after the younger generation inspired by Carlyle had studied Hegel and the *Junghegelianer*, that Heine's purpose and significance could be appreciated in the context of German developments. More importantly, an intellectual movement within Britain itself, which is perhaps best described as free-thinking, led to a more enlightened view of Goethe's 'libertinism', and, consequently, to a much more sympathetic view of Heine after 1850.[10] This was a time of intense debate about the role of the Christian religion in an increasingly secular society, and about the 'replacement' of Christianity by practical philosophy and humanist ethics. It is characteristic of Britain that this philosophical *Säkularisierungsschub* happened later than in France or

---

8 Schirmer (see n. 3), p. 43.

9 Cf. [Julian Fane,] *Heinrich Heine, Poet and Humorist*, in: *The Saturday Review* (3. Nov., 1855), p. 13f.; Richard Monckton Milnes, Lord Houghton, *The Last Days of Heinrich Heine*, in: idem., *Monographs, Personal and Social*, second edition, London 1873, pp. 295-341. This is an extended version of an article on Heine in the *Edinburgh Review*, July, 1856.

10 If the moral reservations against Goethe are one indication of the strength of British Puritan sentiment, Carlyle's worship of Goethe as a 'religious' author is another. The final breakthrough to an unprejudiced judgement of Goethe was marked by George Eliot's article *The Morality of Wilhelm Meister*, in: *The Leader* (21 July, 1855), and G.H. Lewes's biography of Goethe (1855). Rosemary Asthon gives a fascinating account of the 'free-thinking' radical circles in which the young Marian Evans (and G.H. Lewes) moved: *George Eliot. A Life*, London 1996, pp. 33-56 and 77-107. Also Liptzin (see n. 1), p. 60f.

Germany, and therefore it went hand in hand with a lively reception of Continental philosophy of the 1830-1848 period. The influx of Comte's, Strauss's and Feuerbach's ideas is described by Basil Willey as "an irresistible tide of truth [...] reaching even the coasts of this provincial isle", and as "the modern spiritual *east winds*" blowing across from France and Germany.[11] The metaphor of the wind, signifying the progressive European *Zeitgeist*, had been particularly popular among German writers of the Vormärz period, but for them it was clearly a wind blowing from the *west*, a messenger of *political*, not so much of intellectual modernization.[12] It is perhaps appropriate to say that, with regard to the concerns of critical philosophy, Britain's *Vormärz* happened in the 1850s and 60s. By that time English intellectual life had been so imbued with the ideas and 'revolutionary' results of German speculative thought, as well as with the methodology of German historico-philological criticism, that George Eliot, the translator of Strauss's *Das Leben Jesu* and of Feuerbach's *Das Wesen des Christentums*, could write in 1865, "if anyone in the present day can be called cultivated who dispenses with a knowledge of German, it is because the two other greatest literatures of the world are now impregnated with the results of German labour and German genius" (390).[13] (With all her cosmopolitanism even she viewed things from a Eurocentric perspective.)

Among the British essays and reviews dealing with Heine in the 1850s and 60s, George Eliot's *German Wit: Heinrich Heine* (Westminster Review, January 1856)[14] and Matthew Arnold's *Heinrich Heine* (Cornhill Magazine, August 1863)[15] deserve a special place in the history of Heine criticism. They establish Heine's reputation in the English-speaking world as, to quote Nigel Reeves, the "great German humanist of the nineteenth century", thus ensuring "a tradition of Heine criticism even at times when his works were proscribed in Germany". Heine has in fact, according to Ritchie Robertson, "attracted a larger and finer body of English-language criticism and scholar-

---

11 Basil Willey, *Nineteenth-Century Studies. Coleridge to Matthew Arnold*, London 1949, p. 228 and 264 (my emphasis).

12 Cf. my contribution, *'O Wild West Wind': Variationen einer europäischen Zeitgeistmetapher*, in: Martina Lauster (ed.), *Deutschland und der europäische Zeitgeist. Kosmopolitische Dimensionen in der Literatur des Vormärz*, Bielefeld 1994, pp. 261-291.

13 Page numbers in brackets after Eliot quotations refer to *Essays of George Eliot*, ed. by Thomas Pinney, London 1963.

14 Apart from this long essay on Heine, Eliot had already, under the title *Heine's Poems*, reviewed Charles Leland's translation of the *Reisebilder* in *The Leader* (1 Sept., 1855), p. 843f. She then wrote two more short pieces on Heine: *Heine's Book of Songs* (a review of Wallis's translation), in: *Saturday Review* (26 Apr., 1856), p. 523f., and *Recollections of Heine* (a review of Alfred Meißner's *Erinnerungen*), in: *The Leader* (23 Aug., 1856), p. 811f.

15 The essay was incorporated into *Essays in Criticism* (1865). Unless otherwise stated, page numbers in brackets after Arnold quotations refer to vol. 3 (1962) of *The Complete Prose Works of Matthew Arnold*, ed. by R.H. Super, Ann Arbor 1960-1977.

ship than any other German author, even Goethe."[16] In the following I hope to show that Eliot's and Arnold's appreciation of Heine as a humanist is inseparable from their astonishing awareness of Heine's modernism in intellectual as well as stylistic terms, and that this awareness is in turn inseparable from their sensibilities as critics of British culture and society.

3. Heine's literary stature as Goethe's successor

The striking parallel between Eliot's and Arnold's essays is their portrayal of Heine as *the* great German writer after Goethe. In her section concerned with Heine's style, Eliot compares him to no other German poet or prose-writer except Goethe. She finds in Heine's lyric poetry the same perfection, i.e. 'simplicity' and 'grace' as in Goethe's, but ascribes to it a greater intensity of feeling and an unmatched affinity to 'pure music', while Goethe's carries more weight through an admixture of thought. In his prose she even places Heine far above Goethe, as the superior artist and unsurpassed master of varied registers. Heine's sheer variety of styles and his virtuoso management of them, combining "light and shadow", "epigrammatic pith, imaginative grace, sly allusion, and daring piquancy", mark him out as the more modern prose-writer compared to the "breadth and repose, and the calm development which belong to Goethe's style" (251). Heine is thus implicitly seen as the one great contemporary filling the void that Goethe left behind. What is implied in George Eliot's essay is made explicit in Matthew Arnold's. There, in a famous dictum, Heine is referred to as

> the most important German successor and continuator of Goethe in Goethe's most important line of activity. And which of Goethe's lines of activity is this? – His line of activity as "a soldier in the war of liberation of humanity" (108).

This startling literary genealogy, which precisely reverses the views of 'German culture' prevailing among the previous generations of British Germanists, results from the changed reception of German literature and ideas. For Coleridge and Carlyle, Germany had served as a model to support their conservative-revolutionary, transcendental mission, whereas for the generation *influenced by* Carlyle it became the model of intellectual modernization, a process seen, first and foremost, as a liberation from religious bonds. What is now perceived in Goethe is the intellectual and moral liberator, "that grand dissolvent", as Arnold calls him, whose "profound, imperturbable naturalism is absolutely fatal to all routine thinking" and whose humanism is more than anything else "really subversive of the foundations on which the old European order rested" (110). This profoundly un-Carlylean, in many ways

16 Nigel Reeves, *Heinrich Heine: Poetry and Politics*, London 1994, p. 4; Ritchie Robertson, *Heine*, London 1988 (Jewish Thinkers Series), p. x.

'Heinean', view of Goethe is at the core of a re-evaluation of German culture, as Arnold is well aware. He politely, but outspokenly criticizes his 'teacher' Carlyle for emphasizing the wrong aspects of Goethe, hence overestimating the importance of the German Romantic School as Goethe's true heir, and thus overlooking the rising star, Heine, at a crucial time in the 1820s and 1830s when it would have been possible, guided by Heine's very genius, to see the Romantics in true perspective. Arnold thus indicates that *he has* followed Heine in his interpretation of the Romantic School. However, he is also aware of the fact that Heine, although much fairer in his judgement of Goethe than "some of the vulgar German liberals" (109), would scarcely have placed himself in a straight line of descent from the 'unpolitical Sage' of Weimar.

4. Heine's modernism

Both critics concur not only in seeing Heine as Germany's most important writer since Goethe, but also in recognizing his modern European significance: "one of the most remarkable men of this age; no echo, but a real voice", Eliot calls him (261). Again Arnold puts it more pointedly, referring to Heine's

> intense modernism, his absolute freedom, his utter rejection of stock classicism and stock romanticism, his bringing all things under the point of view of the nineteenth century [...] (122).

Interestingly, what plays the least important role in arriving at this view is the political side of Heine which, although not ignored (in fact very sensitively commented on by George Eliot), is seen only as a manifestation of Heine's deep commitment to human liberation. To put it differently, their distance, geographically and historically speaking, from the partisanship of German *Vormärz* politics enables the two English critics to recognize what is truly modern about Heine. It is what Heine himself saw as his main, albeit veiled form of revolutionary activity: the philosophy *underlying* his politics.[17] Eliot thus draws attention to the modernity of Heine's wit, Arnold to that of his theory of sensualism and spiritualism. Seeing Heine's literary and intellectual achievements in the context of the history of German thought, both critics appreciate their revolutionary force. They recognize Heine's significance for a 'cultural revolution' terminating the age of Christian dogma in Europe, particularly in their own staunchly Protestant Britain.

17 Cf. Heine's letter to August Lewald: "Freilich, [die Leute] wissen, wie schlecht ich stehe mit den Jakobinern, und wie mein Streben kein politisch revolutionäres ist, sondern mehr ein philosophisches, wo nicht die Form der Gesellschaft, sondern ihre Tendenz beleuchtet wird" (8,739). Page numbers in brackets after Heine quotations refer to Heinrich Heine, *Sämtliche Schriften in zwölf Bänden*, ed. by Klaus Briegleb, Munich / Vienna 1976.

4. (a) George Eliot's focus: Wit

Eliot opens her essay with what, according to S.L. Wormley, "probably amounts to the most brilliant brief treatise on the differences of wit and humor ever written".[18] Wit, being nourished by abstract and complex relations and working without pictures, is described as the product of a more advanced stage of civilization than humour which depends on concrete situations and representation. While modern, i.e. post-medieval, humour is a faculty closely associated with human sympathy, wit attaches to reason and the pursuit of truth, or to the "ratiocinative intellect" (218). Humour is expansive and shapeless, a "delicious mixture of fun, fancy, philosophy, and feeling" (219); wit is contractive and "sharply defined as a crystal" (218). The contractive nature of wit shows in two ways: in its associative structure, bringing things together in an "unsuspected analogy" or suggesting a "startling" conclusion, and in the suddenness of its effect. "Wit is an electric shock, which takes us by violence quite independently of our predominant mental disposition" (219). Its independence from mental and moral modes is precisely what makes wit durable throughout the modern age, whereas humour, subject to moral sensibilities, ages. Eliot considers wit to be the decisive modern agent in writing, giving literature its ultimate refinement, but only in conjunction with humour,

> for wit is apt to be cold, and thin-lipped, and Mephistophelean in men who have no relish for humour, [...] and broad-faced rollicking humour needs the refining influence of wit. Indeed it may be said that there is no really fine writing in which wit has not an implicit, if not an explicit action (220).

The analogy of wit, "*reasoning raised to a higher power*" (218), with political revolution is implied in the metaphors of the electric shock and of the "scorching lightnings" (223) in which reason discharges itself, violently and irrespective of moral restrictions. Not surprisingly Eliot refers to the revolutionary nation, France, as the country where wit can be studied in its purest form; Voltaire is described as the representative of undiluted wit, i.e. wit without a trace of humour. German humour, on the other hand, is almost totally devoid of wit, an observation illustrated by reference to the endless meanderings of Jean Paul, "the greatest of German humorists" (221), of whom there are not many.[19] Eliot sees the fact that no German writer before

18 Stanton Lawrence Wormley, *Heine in England*, Chapel Hill 1943, p. 110f.

19 Ironically, Jean Paul had written about wit in terms very similar to George Eliot's. In *Vorschule der Ästhetik* he very clearly associates 'Witz' with political revolution, writing about the necessity of revolution in Germany under § 54, *Nothwendigkeit deutscher witzigen Kultur*: "Da dem Deutschen [...] zum Witze nichts fehlet als die Freiheit: so geb' er sich doch diese!" (234). George Eliot's excellent knowledge of German literature and theory must have included this work, for some of her observations seem to echo Jean Paul's. Even conceding that the metaphor of the lightning or electric shock, denoting wit,

Jean Paul achieved a European reputation as a humorist, let alone wit[20], and that Jean Paul himself lacks wit, as indicative of a national deficiency. What Germans on the whole lack in order to produce wit is "a sense of measure", "instinctive tact", "that delicate perception, that sensibility to gradation, which is the essence of tact and taste, and the necessary concomitant of wit" (221). And whilst they usually have a precise abstract concept for the things absent from their culture[21], the Germans, according to Eliot, only have an *enigmatic* concept of the one thing they possess in abundance, *Langeweile*. Lacing her own humour with witty comparisons, she rounds off her reflections on wit and humour with a satirical portrait of German manners which are so unconducive to wit:

> For *Identität* in the abstract, no one can have an acuter vision [than the German], but in the concrete he is satisfied with a very loose approximation. He has the finest nose for *Empirismus* in philosophical doctrine, but the presence of more or less tobacco-smoke in the air he breathes is imperceptible to him. [...] He has the same sort of insensibility to gradations in time. A German comedy is like a German sentence: you see no reason in its structure why it should ever come to an end, and you accept the conclusion as an arrangement of Providence rather than of the author. We have heard Germans use the word *Langeweile*, the equivalent of ennui, and we have secretly wondered *what* it can be that produces ennui in a German. Not the longest of long tragedies, for we have known him to pronounce that *höchst fesselnd* (so enchaining!); not the heaviest of heavy books, for he delights in that as *gründlich* (deep, Sir, deep!) [...] German ennui must be something as

---

was also used by Schlegel and by Heine (as well as later by Matthew Arnold in his poem *Heine's Grave*), Jean Paul's expressions "Blitz des Witzes" (197), "elektrischer Schlag" (231), "Wetterleuchten" (232) might have been particularly inspiring. More significantly, however, Jean Paul deals with the 'rational' quality of wit, pointing to its cognate 'wissen', as well as to its amoral and abstract nature: "Der Witz [...] ist von Natur ein Geister- und Götter-Läugner, er nimmt an keinem Wesen Antheil, sondern nur an dessen Verhältnissen" (234). He also stresses the freedom and subversiveness of its analogies, referring to wit as "der verkleidete Priester, der jedes Paar kopuliert" (200). Moreover, Jean Paul makes a clear distinction between 'Witz' which detects similarities, and 'Scharfsinn' which goes beyond wit, as "der Witz der zweiten Potenz" (199) – note Eliot's italicized formulation "reasoning raised to a higher power" (218). 'Scharfsinn', in Jean Paul's definition, is a higher potency of wit, finding dissimilarities in what has been wittily associated. I shall refer to this point again when discussing George Eliot's notion of cultural 'difference'. (*Jean Paul's sämmtliche Werke* 18, Berlin: G. Reimer, 1841).

20 Lessing, she says, did not owe his European reputation to his wit, and his one particularly witty comedy, *Minna von Barnhelm*, has not become a classic of the European stage.

21 Jean Paul makes a similar point in § 48, *Die Feinheit*, remarking on the German tendency to be over-explicit where subtlety is required: "Unter allen europäischen Zueignungen sind (wie die französischen die besten) die deutschen die schlechtesten, d.h. die unfeinsten, d.h. die deutlichsten. Denn der Deutsche setzt alles gern ein wenig ins Licht, auch das Licht; und zur Feinheit – dieser Kürze der Höflichkeit – fehlt ihm der Muth" (211).

> superlative as Barclay's treble X, which, we suppose, implies an extremely unknown quantity of stupefaction (221).

The cultural sophistication Germany possesses is not invested in manners and style, but in theory and metaphysics, and in poetry and music. In Eliot's view this is, after all, a good thing because otherwise Europe would be deprived of its most enlightened philosophy, some of the most advanced results in science, exquisite poetry and the 'divinest' music. Criticizing Germans for their lack of wit would therefore be as foolish as expecting a horse, "the finest of quadrupeds", to "lay his hoof playfully on our shoulder" (223).

The background is thus most effectively prepared for a discussion of Heine. If humour, and wit in particular, are inevitable results of cultural refinement, how brilliant must wit be, once it grows out of the "rich loam of thought" (249) provided by German philosophy! For Eliot, Heine's wit is precisely such a home-grown German product, as her title, *German wit*, suggests. This is in contrast to Arnold who refers to Heine's wit as 'French': "The wit and ardent modern spirit of France Heine joined to the culture, the sentiment, the thought of Germany" (122). Eliot, it is true, having characterized France as the country of wit, also associates Heine's "*esprit*" with France, but much more subtly by saying that it would make him move easily in Paris salons and among the most brilliantly witty Frenchmen. She also stresses that Heine's Jewishness, possibly favourable to his wit, is only – thanks to cultural assimilation – a particular side of his Germanness: "he is as much a German as a pheasant is an English bird, or a potato an Irish vegetable" (223).[22] This view could not differ more sharply from Lockhart's implication, twenty years earlier, that Heine's 'Jewish' intellect was the cause of his 'un-German', destructive tendencies.

Thus, for George Eliot, Heine's achievement is to create literature "of the highest order" out of a culture that has already reached that peak in the realm of ideas. Heine's art lies not so much in giving shape to ideas, but in shaping the unwieldy instrument of German prose so that it becomes as sharp, clear and refined as the ideas it conveys. In Heine's prose, unlike that of other German thinkers, there is not the slightest discrepancy between content and form. He makes the German language match the complexity of German thought, not by syntactic expansion and convulsion, but by means of abbreviation and contraction, the genuine qualities of wit:

---

22 In her earlier review of Leland's translation of the *Reisebilder* (see n. 14), Eliot makes a more distinct connection between Heine's wit and his Jewishness (p. 843). In this context it is also important to mention that Eliot, whose information on Heine's personal circumstances is otherwise admirably accurate (thanks to her close contacts with Varnhagen, the Stahrs, and information obtained from August Lewald), repeats a frequent error by saying that his mother was "not of Hebrew, but of Teutonic blood" (227). She mentions as his birthday "December 12, 1799" which may even be correct as regards the *year*, despite the now widely accepted view that it is 1797. Cf. Helmut Schanze, *Heines Geburtsjahre*, in: *Heine-Jahrbuch* 31 (1992), pp. 192-197.

> [...] in Heine's hands German prose, usually so heavy, so clumsy, so dull, becomes, like clay in the hands of the chemist, compact, metallic, brilliant; it is German in an *allotropic* condition. No dreary, labyrinthine sentences [...]; no chains of adjectives in linked harshness long drawn out; no digressions thrown in as parentheses; but crystalline definiteness and clearness, fine and varied rhythm, and all that delicate precision [...] which belong to the highest order of prose. [...] Heine has proved - what Madame de Staël seems to have doubted - that it is possible to be witty in German; indeed, in reading him, you might imagine that German was pre-eminently the language of wit, so flexible, so subtle, so piquant does it become under his management (250f.).

In Eliot's view there is no distinction between Heine's stylistic brilliance and his character - both are essentially that of (a) wit. She refers to the accusation of being "nur Dichter", hurled against Heine by his German enemies, as a "tribute" to the author's true qualities (247). For his eminence as a witty artist in poetry and prose 'makes' his human stature, with all its strengths and shortcomings. Having discussed the absence of wit from German culture beforehand, she also makes her reader understand the deeper reasons underlying the hostility Heine encounters, paradoxically, in a country whose intellectual culture flourishes, as nowhere else, in his very own wit. On the other hand, she bears out her own affinity with Heine, the affinity between England's most sophisticatedly witty, satirical and intellectual prose-writer and the subject of her appreciation, in her translations of long passages, mainly from *Reisebilder*, the *Börne-Denkschrift*, the epilogue of *Romanzero*, and from *Geständnisse*.

Eliot characterizes *Reisebilder* as Heine's "most poetic and specifically humorous" prose work. In contrast to Sterne's humour, Heine's is "never persistent", "not broad and unctuous" but "aërial and sprite-like, a momentary resting-place between his poetry and his wit" (251). Although his later prose works are more markedly witty, Heine already shows his mastery of unexpected combination in his early writing. His humorous, poetic grace, his flexible handling of every kind of stylistic register, enable him to make the 'transition' between what is seemingly incomparable and unrelated. This is illustrated by reference to a passage from *Die Stadt Lucca* (end of chapter V and beginning of chapter VI)[23]:

> "Alas! one ought in truth to write against no one in this world. Each of us is sick enough in this great lazaretto, and many a polemical writing reminds me involuntarily of a revolting quarrel, in a little hospital at Cracow, of which I chanced to be a witness, and where it was horrible to hear how the patients mockingly reproached each other with their infirmities: how one who was wasted by consumption jeered at another who was bloated by dropsy; how one laughed at another's cancer in the nose, and this one again at his

23 Indented quotations in double inverted commas indicate Eliot's or Arnold's translations of Heine passages.

> neighbour's locked-jaw or squint, until at last the delirious fever-patient sprang out of bed and tore away the coverings from the wounded bodies of his companions, and nothing was to be seen but hideous misery and mutilation."
> And how fine [Eliot comments] is the transition in the very next chapter, where, after quoting the Homeric description of the feasting gods, he says: "Then suddenly approached, panting, a pale Jew, with drops of blood on his brow, with a crown of thorns on his head, and a great cross laid on his shoulders; and he threw the cross on the high table of the gods, so that the golden cups tottered, and the gods became dumb and pale, and grew ever paler, till they at last melted away into vapour" (251 f.).

By combining the 'lazaretto' episode with the one describing the disappearance of the Classical gods in the face of the suffering Christ, Heine reveals the revolutionary truth about Christianity. In a sick world the Christian faith is bound to take root, and vice versa, the Christian faith is inextricably linked with an unhealthy human condition. On the other hand this condition generates a noble ethos, compassion and self-denial. This is both the sentiment inspiring the first passage Eliot quotes and - as can be inferred - the source from which Christianity derived the enormous strength to overcome the pagan civilization of Antiquity and to last to the present day, as a "trübselige, blutrünstige Delinquentenreligion", but also as a religion of "Mitleid" which Heine calls "die letzte Weihe der Liebe, vielleicht die Liebe selbst" (3,492).

Eliot emphasizes the provenance of Heine's thought from Hegel, although Hegel's philosophy of history itself does not openly advocate the pantheism that Heine famously describes as the master's secret. She translates the 'symbolic myth' from *Geständnisse* in which Hegel is characterized, in an "irresistably amusing" way (231), as someone who chooses not to be understood and therefore expresses himself incomprehensibly, prefers the company of blockheads such as Heinrich Beer, and, on the occasion when he does speak plainly, betraying his secret to his disciple Heine, looks around nervously lest someone might have overheard him:

> "[...] One beautiful starlight evening we stood together at the window, and I, a young man of one-and-twenty, having just had a good dinner and finished my coffee, spoke with enthusiasm of the stars, and called them the habitations of the departed. But the master muttered to himself, 'The stars! hum! hum! The stars are only a brilliant leprosy on the face of the heavens.' 'For God's sake,' I cried, 'is there, then, no happy place above, where virtue is rewarded after death?' But he, staring at me with his pale eyes, said, cuttingly, 'So you want a bonus for having taken care of your sick mother, and refrained from poisoning your worthy brother?' At these words he looked anxiously round, but appeared immediately set at rest when he observed that it was only Heinrich Beer, who had approached to invite him to a game of whist" (232).

Eliot expressly prefers the earlier, pantheistic Heine to the author of the *Romanzero* epilogue and the *Geständnisse* because "in those days he had something like real earnestness and enthusiasm, which are certainly not apparent in his present theistic confession of faith" (230). However, the Heine of the 'mattress grave', still alive when she wrote her essay, offers the most striking examples of wit, especially in the way he portrays his relationship to his philosophical teacher: "In his lately published 'Geständnisse' [...], he throws on Hegel's influence over him the blue light of demoniacal wit, and confounds us by the most bewildering double-edged sarcasms" (ibid.). In the self-irony with which the late Heine describes his earlier vain belief in himself as God because Hegel had taught him, one can still detect, Eliot says, an unmistakeable genuineness. The following in particular is a passage that would have struck a chord in the translator of Feuerbach:

> "[...] This foolish pride had not in the least a pernicious influence on my feelings; on the contrary, it heightened these to the pitch of heroism. I was at that time so lavish in generosity and self-sacrifice, that I must assuredly have eclipsed the most brilliant deeds of those good *bourgeois* of virtue who acted merely from a sense of duty, and simply obeyed the laws of morality" (230f.).

By contrast, the professed sincerity of Heine's newly-found faith in God is so utterly undermined by irony that it leaves the reader totally baffled. To illustrate this side of Heine's wit, Eliot quotes the 'Swedenborg' passage from the epilogue to *Romanzero* in which the belief in an after-life is thoroughly satirized, and the startling lines from *Geständnisse* in which God is described as the superior satirist, the "Aristophanes of Heaven", demonstrating "to me, the little, earthly, German Aristophanes, how my wittiest sarcasms are only pitiful attempts at jesting in comparison with His, and how miserably I am beneath Him in humour, in colossal mockery" (245). The "deep pathos" which Eliot finds in this passage stems from the notion of a punishing God who subjects the hubristic human satirist to the same mockery that was his trade-mark before his illness, when he fancied himself to be God. However, the "earthly Aristophanes" still sparkles with unbounded wit, comparing God to the great pagan comic poet and making the most daring comparisons between himself and God. His revolutionary intellect still reigns supreme. Eliot's solution to the conundrum of Heine's self-ironic theism is significant. Seeing Heine essentially as a wit, she considers his bitter witticisms of the mattress grave, not as proof of the fact that pantheism is unsuitable for those who suffer – as Arnold concludes and as Heine himself, after all, 'confesses' –, but that physical suffering perverts the fine organ of wit by depriving it of its vital worldly sustenance. However, she concedes that a moral judgement of Heine in his years of suffering is beyond anyone:

> For our own part, we regard the paradoxical irreverence with which Heine professes his theoretical reverence as pathological, as the diseased exhibition of a predominant tendency urged into anomalous action by the pressure of pain and mental privation – as the delirium of wit starved of its proper nourishment. It is not for us to condemn, who have never had the same burthen laid on us; it is not for pigmies at their ease to criticise the writhings of the Titan chained to the rock (245).

The reference to Heine as the Titan whose physical and mental torture cannot be judged by normal mortals, points to a very important element in Eliot's appreciation.[24] Heine's wit is seen as a Promethean gift, enabling him to revolt against the Gods and to bring fire to a world that has been darkened by the "false spiritualism and asceticism of Christianity" and been deprived of "true beauty in Art" as well as "social well being" (243). The epithets in which Eliot describes Heine's style thus stress its enlightening, sensual quality, as well as forming a link to the initial metaphor for wit, the lightning-flash: "a humorist [...] who sheds his sunny smile on human tears, and makes them a beauteous rainbow on the cloudy background of life" (223); "the light, delicate lucidity [...] of Heine's style (248); "he can flash a sublime thought over the past and into the future" (249); "in Heine's hands German prose [...] becomes [...] compact, metallic, brilliant"; its characteristics are "crystalline definiteness and clearness" (250).

Eliot also expressly refers to Heine's self-description as a 'Hellene' in the *Börne-Denkschrift* (238), and accordingly she portrays his style as 'Hellenic'. There is a group of images, associated with air, graceful movement and weightlessness, with which she characterizes the poetic, graceful (in Nietzsche's terminology, the 'Apollonian') side of Heine's Hellenism. For example,

> [...] why should we demand of Heine that he should be a hero, a patriot, a solemn prophet, any more than we should demand of a gazelle that it should draw well in harness? (247).

For Eliot, Heine's aversion to political partisanship and moral righteousness is part and parcel of his "mercurial" identity. He is a messenger of heavenly beauty, a beauty which consists, even in his poetry, of constant witty transitions from tears into laughter and laughter into tears, and of an unrivalled musicality. His poems "are so emphatically songs that [...] we feel as if each must have a twin melody born in the same moment and by the same inspira-

24 Titanic imagery seems to have been common among English reviewers with regard to Heine's politics, and then with *negative* connotations, whereas his poetry generally came to be seen as graceful and "unmarred". Cf. Liptzin (see n. 1), p. 54, on an article in *Fraser's Magazine*, Jan. 1854. Eliot stresses the Titanic element as a *unifying* force in Heine. Her negative view of Heine's 'recantation' of pantheism also clearly opposes the general British approval of it. On the positive response to Heine's deistic turn cf. Liptzin, ibid. and p. 56.

tion" (247). The veiled or direct references to Apollo and Mercury/Hermes and the one to Heine's "Homeric laughter" (242) portray the author as an Olympian, in other words, very much as the successor of Goethe to whom Eliot compares Heine in the section dealing with his poetry. However, Heine's Hellenism will not content itself with the serene, Apollonian balance achieved by Goethe, but will constantly challenge its opposite, Nazarenism, through wit and satire. Eliot finely remarks on the 'Dantesque conception' (251) of Heine's writing, that is to say, the fact that his wit needs the scope and contrasts of the entire Classical and Judaeo-Christian universe to reach its full impact.

The Hellenism of Heine's wit, therefore, is of a quality associated with the shocking, 'flashlight' nature of wit itself. It thrives on stark contrasts between Judaeo-Christian asceticism and Hellenic beauty, between suffering and well-being, the sublime and the ludicrous. It is surprising, provoking, disturbing, but also bewitching, intoxicating, inflammatory. Without, of course, making an explicit distinction between 'Apollonian' and 'Dionysian' Hellenism, Eliot very clearly describes Heine's wit as 'Dionysian'. The suddenness with which his humour takes the reader by surprise, "continually dashing down the precipice of a witticism" (251), pitching the reader's "emotion and expectation at such a height" that the "sudden fall" is all the more effective (248), has something Puck-like, demonic about it, related to the sudden fright caused by the horned, goat-footed Satyrs or by Pan:

> Nature has not made him of her sterner stuff – not of iron and adamant, but of pollen of flowers, the juice of the grape, and Puck's mischievous brain, plenteously mixing also the dews of kindly affection and the gold-dust of noble thoughts (247).
> […] all seems to have developed itself by the same beautiful necessity that brings forth vine-leaves and grapes and the natural curls of childhood (249).

Eliot's description of the poet's 'effeminate' charm, in combination with the Bacchantic imagery of fertility and intoxication (pollen, dews, juice, grapes), associate him with Dionysus, and so does the "dithyrambic" style in which he expresses his "democratic enthusiasm" (234). It is highly significant that Eliot devotes one of her longest translations to Heine's celebration of the July Revolution, written with hindsight in the 'letters from Heligoland' which form part of the *Börne-Denkschrift*:

> "The thick packet of newspapers arrived from the Continent with these warm, glowing-hot tidings. They were sunbeams wrapped up in packing-paper, and they inflamed my soul till it burst into the wildest conflagration […] I am the son of the Revolution, and seize again the hallowed weapons on which my mother pronounced her magic benediction […] Words like flaming stars, that shoot down from the heavens, and burn up the palaces, and illuminate the huts … Words like bright javelins, that whirr up to the seventh heaven and strike the pious hypocrites who have skulked into the Holy of

> Holies ... I am all joy and song, and all sword and flame! Perhaps, too, all delirium ... One of those sunbeams wrapped in brown paper has flown to my brain, and set my thoughts aglow. In vain I dip my head into the sea. No water extinguishes this Greek fire [...]" (234f.).

Apart from serving as an example of Heine's mastery of "dithyrambic writing", these passages are quoted to illustrate the revolutionary, democratic, humanist allegiance of his 'Greek' temper. The Promethean fire of his wit at once supports the revolutionary people and attacks palaces as well as false Gods.[25] Although the "boiling heat" of the imagination soon cooled, Eliot comments, when Heine saw the effects of the July Revolution, this only meant a "change in his political *temperature*", but not one of temper. He remains the Hellene firing his witty attacks at the same targets, to the disgust of the 'Nazarene' or "patriotic party" who had expected serious commitment to the republican cause. Thus, in Eliot's view, the conflict between Heine and Börne "seems to have resulted simply from the essential antagonism between keen wit and fanaticism" (236).

Appreciating the supreme refinement, the modernity of Heine's wit, George Eliot detects in it a revolutionary force which goes far beyond the political issues and confrontations of 1830-1848. It challenges the very foundations of Judaeo-Christian culture, and this applies even to the wit of the theistic Heine. Moreover, Eliot implicitly identifies several voices in Heine's Hellenism: those of the revolutionary Titan, the serene Olympian and the shocking Dionysian. In her judgement these do not conflict with one another, but blend together to make up the unmistakeable flavour of Heine's wit and humour.

4. (b) Hellenism and Hebraism: Matthew Arnold's thematic focus

Arnold's approach to Heine differs considerably from Eliot's in that he, the future author of *Culture and Anarchy*, is chiefly interested in Heine's ideas about Western culture. His essay is not so much a literary appreciation as a programmatic piece of writing in which Heine's theoretical achievements are appreciated. Hence his textual basis is much more selective than Eliot's, consisting of little more than *Reisebilder* (the majority of references being to

---

25 The link between revolutionary writing and the Dionysian force of music and satire as well as the Titanic revolt against the Gods is made by Heine himself, in the closing passage of *Die Stadt Lucca* which is similar to the one Eliot refers to. The 'song' is the Marseillaise: "Welch ein Lied! Es durchschauert mich mit Feuer und Freude, und entzündet in mir die glühenden Sterne der Begeisterung und die Raketen des Spottes. [...] Und du, holde Satyra, Tochter der gerechten Themis und des bocksfüßigen Pan, leih mir deine Hülfe, Du bist ja mütterlicher Seite dem Titanengeschlechte entsprossen, und hassest gleich mir die Feinde deiner Sippschaft, die schwächlichen Usurpatoren des Olymps. Leih mir das Schwert deiner Mutter, damit ich sie richte, die verhaßte Brut, und gib mir die Pickelflöte deines Vaters, damit ich sie zu Tode pfeife [...]" (3,529).

Englische Fragmente) and *Romanzero*. In his essay *Pagan and Medieval Religious Sentiment* which also deals with Heine's ideas, Arnold refers to *De l'Allemagne / Zur Geschichte der Religion und Philosophie in Deutschland* and to *Aveux d'un poète / Geständnisse*. As Ilse-Maria Tesdorpf has shown[26], the latter two were read by Arnold chiefly in French translation, which further testifies to the conceptual rather than stylistic and literary focus of his critique. Tesdorpf also points out that, although Arnold would have been able to avail himself of the first volumes of Adolf Strodtmann's edition of Heine's works (1861-66), he preferred using the unauthorized Philadelphia edition. He actually declined M.E. Grant Duff's offer to lend him the Strodtmann edition for his Heine essay, saying that "for the sake of a restricted *cadre*" he was going "to make my text the *Romancero* only [...] My object is not so much to give a literary history of Heine's works, as to mark his place in modern European letters, and the special tendency and significance of what he did"[27] – a statement he more or less repeats in the essay (117). This deliberate restriction has earned Arnold the criticism of later scholars[28], and has been seen in connection with his prejudiced understanding of Heine in general.[29] However, it is precisely Arnold's very pointed interpretation, based on a genuine affinity with many of Heine's assumptions, that has made his essay a classic in British Heine scholarship. Moreover, the crucial role of Heine's thought for the development of Arnold's cultural criticism cannot be underestimated, a criticism which in turn was highly influential in England and the United States during the 1920s and 30s and has, according to Stefan Collini, become "more central to the cultural debates of the late twentieth century than [it] has been at any time in the hundred years since [Arnold's] death".[30]

Like Eliot, Arnold sees Heine's chief merit in focusing Germany's literary and philosophical heritage so sharply that it becomes a powerful tool of modernization. Not only Germany, with its lack of acute modernism, has profited from Heine's achievements, but – as is implied – the whole of post-

26 Ilse-Maria Tesdorpf, *Die Auseinandersetzung Matthew Arnolds mit Heinrich Heine, des Kritikers mit dem Kritiker. Ein besonderer Fall von konstruktivem Mißverstehen und eigenwilliger Entlehnung*, Frankfurt/M. 1971, p. 34. A long overdue reassessment of Arnold's reception of Heine is currently being carried out in a doctoral thesis by Hanne Boenisch, *Matthew Arnold und Heinrich Heine*, at the University of East Anglia.

27 Tesdorpf (see n. 26), p. 39.

28 For example, that of E.M. Butler, *Heine in England and Matthew Arnold*, in: *German Life and Letters* 9 (1955/56), pp.157-165, esp. p. 159f.; Schirmer (see n. 3), p. 116.

29 Tesdorpf (see n. 26) considers Arnold's reception of Heine as a conglomerate of misunderstandings and distortions, a view which fails to do justice to the degree of bias inevitable in all criticism. Besides, given her own, narrowly political view of Heine (typical of the late 1960s and early 1970s), it is hardly surprising that she should arrive at this unjust judgement of Arnold. The artificial gulf she constructs between the two authors conflicts with many of the valuable observations she makes in her very last chapter where she shows Heine's influence on Arnold's philosophy of history.

30 Stefan Collini, *Matthew Arnold. A critical portrait*, second edition, Oxford 1994, p. 110.

Romantic Europe will benefit from "the power of modern ideas" at work in Heine's writing:

> He touched all the great points in the career of the human race, and here he but followed the tendency of the wide culture of Germany; but he touched them with a wand[31] which brought them all under a light where the modern eye cares most to see them, and here he gave a lesson to the culture of Germany,– so wide, so impartial, that it is apt to become slack and powerless, and to lose itself in its materials for want of a strong idea round which to group all its other ideas (119).

This statement is varied in Arnold's comment on *Romanzero* which stresses Heine's non-Historicist and un-Romantic, i.e. distinctly modern approach to history:

> [...] never does Heine attempt to be *hübsch objectiv* [...] to become in spirit an old Egyptian, or an old Hebrew, or a Middle-Age knight, or a Spanish adventurer, or an English royalist; he always remains Heinrich Heine, a son of the nineteenth century (125f.).

Nevertheless Arnold perceptively states the provenance of Heine's poetic and critical genius from German Romanticism, the very movement he could overcome because he had felt its attractions and limitations more keenly than anyone else:

> Heine, with a far profounder sense of the mystic and romantic charm of the Middle Age than Görres, or Brentano, or Arnim, Heine the chief romantic poet of Germany, is yet also much more than a romantic poet; he is a great modern poet, he is not conquered by the Middle Age, he has a talisman by which he can feel,– along with but above the power of the fascinating Middle Age itself,– the power of modern ideas (140).

Heine's 'modern' conquest of medieval sentiment is mirrored in his relationship to Judaism, a cultural background which also became the target of his modern, critical spirit, although (or because) he was firmly attached to it: "His race he treated with the same freedom with which he treated everything else, but he derived great force from it, and no one knew this better than himself" (127).

Arnold's attention to *Romanzero* can thus be explained by his interest in Heine's own critical concern with Judaism. This is an important side to Heine in the context of Arnold's view that

31 Cf. Eliot's use of the same image, with regard to the transforming power of Heine's humour: "a humorist, who touches leaden folly with the magic wand of his fancy, and transmutes it into the fine gold of art" (223).

> [Heine] himself had in him both the spirit of Greece and the spirit of Judæa [...] – the Greek spirit by beauty, the Hebrew spirit by sublimity. By his perfection of literary form, by his love of clearness, by his love of beauty, Heine is Greek; by his intensity, by his untamableness, by his "longing which cannot be uttered," he is Hebrew (127f.).

Although there is no evidence that Arnold actually read the *Börne* book, this passage clearly reveals an affinity to Heine's own distinction between *Hellene* and *Nazarener*. Arnold shows how Heine's "love of clearness", the "Greek spirit", makes him see both the limitations and the strengths of the "Hebrew spirit" in its most literal incarnation, Judaism. He translates the 'Moses Lump' passage from *Die Bäder von Lucca* which sheds a witty light on orthodox Jewish customs, in portraying them as a means for poor and uneducated Jews to keep themselves happy. The selected stanzas from *Prinzessin Sabbat*, *Jehuda Ben Halevy*, *Disputation* (all part of *Hebräische Melodien*, *Romanzero III*), show Judaism from a half-mocking, but increasingly serious perspective, culminating in the sympathetic characterization of the "old Hebrew genius" in "all its rigid defiant Monotheism" (130). Interestingly, Arnold never explicitly discusses Heine's turn to deism or the contradictions of his self-ironic faith. Hence the references to works from such vastly different periods of Heine's life are made without comment on the author's changing philosophical stance. For Arnold this change may be immaterial because he is concerned with the interplay of the 'Greek' and the 'Hebrew' spirit in Heine throughout his life. The dependence of these two on one another, under the leadership of the Greek spirit, forms the core of what Arnold sees as Heine's modernism. This becomes implicitly clear from Arnold's interpretation of the Renaissance. The modern age originated from "a double renascence – a Hellenic renascence and a Hebrew renascence". Both "have been great powers ever since" (127), shaping modernity as its antagonistic driving forces. This interpretation of the Renaissance as a momentous rebirth of Antiquity on the one hand, and an equally crucial Biblical revival in the Lutheran Reformation on the other, is of course Heine's very own, developed mainly in *De l'Allemagne / Zur Geschichte der Religion und Philosophie in Deutschland*, and Arnold makes it absolutely clear that he is only rendering what Heine "has excellently pointed out" (ibid.). However, the fact that he saves this observation up in order to round off his discussion of individual works, and that he then describes Heine himself in terms of the 'Greek' and the 'Hebrew' spirit, shows that he considers these concepts not only as the *non plus ultra* for an understanding of Heine, but also as keys to the interpretation of modernity which has its leading author in Heine. Heine has thus given to him, the critic Arnold, the burning glass of "modern ideas" with which all the "great points in the career of the human race" (119) are illuminated. He has also provided him with the most powerful instrument to attack the 'backwardness' of English culture, as will be seen later. Just how thoroughly Arnold's cultural thought is influenced by Heine, particularly his view of the Renaissance as the origin of modernity, can be gleaned from *Culture and Anarchy* and *Pagan and Medieval Religious Sentiment*, the essay written immediately after the one on Heine, and following it in Arnold's collection of 1865, *Essays in Criticism*.

Modernity, then, consists of a struggle between the revived forces of Hellenic sensualism and Judaeo-Christian spiritualism. Hellenism, however, the love of beauty and clearness, is the *major* modern force. It strives "to find the intelligible law of things, to see them in their true nature and as they really are. But many things are not seen in their true nature and as they really are, unless they are seen as beautiful" (5,184). Hebraism, which values "conduct and obedience" and therefore depends on conscience and a concept of sin (5,165, 168), has become a "side stream crossing the central current [of Hellenism] and checking it" (5,175).[32] The Hellenism of the Renaissance, which had, as a "carnal and pagan sense", even permeated the Catholic Church (226), was thus 'crossed' and 'checked' by Protestantism and Puritanism.[33] In the eighteenth century Hellenism then reasserted itself as the dominant current in the French Enlightenment[34] and in the Revolution, an event whose "living power" dominates the nineteenth century (265). In *Pagan and Medieval Religious Sentiment* Arnold calls Heine the most "brilliant champion" of this modern Hellenic, or "pagan", current (226). In this essay as well as in *Culture and Anarchy*, both works where Arnold – to use one of his favourite expressions – 'applies' Heine's ideas, he makes few direct references to Heine. When he does, they occur at strategic points, and always in order to distinguish his own position from Heine's, or even to criticize Heine from a moral point of view. Arnold's harshest moral verdict

---

32 Heine explicitly distinguishes his terms 'Spiritualismus' and 'Sensualismus' from their meaning in the French philosophical tradition where they refer to the different sources of human knowledge, the spirit or the senses. What *he* means are "jen[e] beiden verschiedenen Denkweisen, wovon die eine den Geist dadurch verherrlichen will, daß sie die Materie zu zerstören strebt, während die andere die natürlichen Rechte der Materie gegen die Usurpationen des Geistes zu vindizieren sucht" (5,533). Arnold only once, in *Pagan and Medieval Religious Sentiment*, has recourse to this particular terminological pair; in *Culture and Anarchy* he uses 'Hebraism' and 'Hellenism' instead. In his usage there is nothing of Heine's aggressive note, nor does he ever mention "die Rechte der Materie". The emphasis he gives to "senses and understanding" in his usage of the term 'sensualism' (226), and his later definition of 'Hellenism', point to the French (and English) usage from which Heine's deviates. The same applies to Arnold's association of 'spiritualism' with "heart and imagination" without stressing, as Heine does, the aspect of suppressing the senses. However, Arnold's 'sensualism/Hellenism' and 'spiritualism/Hebraism' are of course as much expressions signifying antagonistic 'Denkweisen' and cultural driving forces as are Heine's terms.

33 Cf. Heine's description of St. Peter's church as "ein Monument sinnlicher Lust", and the reference to Protestantism as "ein Krieg, den der Spiritualismus begann" (5,531ff.).

34 Cf. Heine's distinction of the German Protestant war against Catholicism, a war waged by Spiritualism, from the war of Sensualism against Catholicism which began in France during the Enlightenment (5,534).

on Heine occurs abruptly at the end of the Heine essay itself and will be discussed in my last section.

4. (c) Synthetic criticism: Arnold's literary focus

What Arnold says about the modernity of Heine's style corresponds in many ways to Eliot's observations. Like her, he concentrates on the prose-writer, commenting on Heine's excellence as a critic and wit. While Eliot's appreciation of Heine's prose reveals the affinity of the critic, translator and budding novelist, Arnold's response to Heine is very much that of the dissatisfied poet turned critic, an affinity which already expressed itself in his poem *Heine's Grave*, completed in 1863, two months before the lecture which formed the basis of his Heine essay.[35] After a statement about Heine's alleged lack of love[36] the poem deals with his lack of "charm":

Charm is the glory which makes
Song of the poet divine,
Love is the fountain of charm.
How without charm wilt thou draw,
Poet! the world to thy way?
Not by the lightnings of wit –
Not by the thunder of scorn!
These to the world, too, are given;
Wit it possesses, and scorn –
Charm is the poet's alone.
Hollow and dull are the great,
And artists envious, and the mob profane.
We know all this, we know!
Cam'st thou from heaven, O child
Of light! but this to declare?
Alas! to help us forget
Such barren knowledge awhile,
God gave the poet his song![37]

Dealing with Heine's lack of "charm" and his overpowering wit, this 'critical' poem itself scarcely helps the reader "to forget / Such barren knowledge" as is expressed in the italicized lines. The pronoun "we", representing "the world" which possesses "wit" and "scorn" and which shares the

35 Cf. Tesdorpf (see n. 26), p. 47.

36 Arnold renders Goethe's comment to Eckermann on an unidentified author, "ihm fehlt die Liebe", thought by contemporaries to refer to Heine. In the second edition of his *Gespräche* (1836) Eckermann revealed that the asterisks of the first edition referred to Platen. Arnold could have found this out from the index of the second edition which, according to Allott (see n. 37), he possessed. Cf. Tesdorpf (see n. 26), p. 53.

37 *The Poems of Matthew Arnold*, ed. by Kenneth Allott, London 1965, pp. 469-479, quotation p. 473f.

"barren knowledge", indicates that the first person singular of this poem regards himself very much as part of that world of critics whose knowledge the poet must transcend. Heine's inability to transform critical knowledge into Goethean charm, comfort and wholeness, is as much an inability of the 'I'; the poem in fact anticipates Arnold's own abandonment of poetry for criticism. This process significantly coincides with his intensified study of Heine, the poet-critic. Interestingly, in his Heine essay Arnold then ascribes to the poet precisely the "charm" that he found him destitute of in *Heine's Grave* (124, 125). This may be a sign of the fact that the emphasis of Arnold's overall picture of Heine had shifted within a very short time, reflecting his own new preoccupation with the business of criticism. In the essay he appreciates Heine, first and foremost, as a critic, and what seemed detrimental to Heine's poetic charm before – "the lightnings of wit" – is now considered as a positive feature. Poetry, no longer the genre in which Arnold himself attempts to find an answer to modern problems, is seen as a complement to the critical temper. Therefore the "charm" of Heine's poems can be acknowledged as one element within the range of styles which the critic draws on, without producing an altogether 'charming', comforting and rounded result. And vice versa, the clarity and complexity of his critical thought can be studied in the combination of modernism and sentiment which is characteristic of his poetry.

In other words, Arnold's expectation of wholeness, resulting in a negative judgement of Heine's art, has given way to an appreciation of synthesis. Heine is the master of uniting "clearness, lightness, and freedom" with "power of feeling" (122), "the most exquisite lightness and ease" with "the inborn fulness, pathos, and old-world charm of all true forms of popular poetry" (124), "wit" and "pathos" (115), "prose and verse, wit and seriousness" (117). Likewise, his 'keen wit' is modified by the sensitivity of the "born poet"; it is "full of delicacy and tenderness" (George Eliot might have called it 'humour'). Arnold illustrates this observation by quoting from the first chapter of *Englische Fragmente*, *Gespräch auf der Themse*, in which Heine gives his own twist to the witty utterance of 'der gelbe Mann' (in Arnold's abbreviated translation): "The Englishman loves liberty like his lawful wife, the Frenchman loves her like his mistress, the German loves her like his old grandmother", –

> "And yet, after all, no one can ever tell how things may turn out. The grumpy Englishman, in an ill-temper with his wife, is capable of some day putting a rope round her neck, and taking her to be sold at Smithfield. The inconstant Frenchman may become unfaithful to his adored mistress, and be seen fluttering about the Palais Royal after another. *But the German will never quite abandon his old grandmother*; he will always keep for her a nook by the chimney-corner, where she can tell her fairy stories to the listening children."

> Is it possible [Arnold asks] to touch more delicately and happily both the weakness and the strength of Germany;– pedantic, simple, enslaved, free, ridiculous, admirable Germany? (123).

The synthetic, 'blending' nature of Heine's writing is stressed particularly when Arnold writes about the different cultural or national strands united in it:

> The wit and ardent modern spirit of France Heine joined to the culture, the sentiment, the thought of Germany. This is what makes him so remarkable; his wonderful clearness, lightness, and freedom, united with such power of feeling and width of range (122).
> [...] in Heine's poetry, too, one perpetually blends the impression of French modernism and clearness, with that of German sentiment and fulness; and to give this blended impression is, as I have said, Heine's great characteristic (124).

These points quite clearly prepare the climax of Arnold's interpretation in the remarks about the 'Greek' and the 'Hebrew' spirit in Heine. Thus his 'Greek' "perfection of literary form", "love of clearness" and "love of beauty" corresponds to his 'French' "lightness", "freedom", "wit", "modernism", whereas his 'Hebrew' "intensity", "untamableness", "'longing which cannot be uttered'" has its equivalent in his 'German' "sentiment", "fulness" and "width of range". These parallels (French = Hellenic or sensual; German/Protestant = Hebrew or spiritual) are developed in Arnold's later critical works, as has been shown. Heine's achievement as a critic is thus a model for the critic Arnold, i.e. to synthesize, with regard to both content and form, the two great cultural powers that make up European civilization. Since the nineteenth century is a critical age, Arnold indicates in his essay *The Function of Criticism at the Present Time*, criticism may, for some time to come, remain the only "creative activity" possible in the field of literature. But he also assigns to criticism a major cultural role, that of synthesizing, binding together the European spirit from the Classical Age to the present day:

> [...] the criticism I am really concerned with,– the criticism which alone can help us for the future, the criticism which, throughout Europe, is at the present day meant, when so much stress is laid on the importance of criticism and the critical spirit,– is a criticism which regards Europe as being, for intellectual and spiritual purposes, one great confederation, bound to a joint action and working to a common result; and whose members have, for their proper outfit, a knowledge of Greek, Roman, and Eastern antiquity, and of one another (284).

Arnold's concept of criticism thus goes hand in hand with a decidedly European outlook. In seeing European national cultures as parts of a common heritage and as contributors to a common goal of human liberation, he reveals another side of his affinity with Heine. Europeanism and a keen eye for the weaknesses of England's insular culture are qualities which Eliot and Arnold share, and which make them sensitive to Heine's criticism of England as well as his cosmopolitanism.

5. The significance of Heine's criticism of England and of his cosmopolitanism

George Eliot's career as a novelist was preceded by her immersion in Strauss's and Feuerbach's criticism and by her work as a journalist and editor.[38] Matthew Arnold's beginnings as a poet were followed by his career as a critic. For both authors, criticism forms the threshold to literary maturity, and their essays on Heine belong to that crucial stage in their development. The vast majority of Eliot's reviews, including her four pieces on Heine, date from 1855 and 1856, and her first work of fiction, *The sad fortunes of the Rev. Amos Barton*, finished in October 1856, owes as much to her own critical efforts as to the encouragement she received from G.H. Lewes. Arnold, after his first bout of critical activity as a lecturer, was similarly engaged in reviewing and essay-writing between 1862 and 1864. The essays of these years, including *Heinrich Heine*, *Pagan and Medieval Religious Sentiment* and *The Function of Criticism at the Present Time*, were republished in the collection *Essays in Criticism* of 1865 and thus herald Arnold's turn to criticism as the chief creative activity in an age governed by the 'critical spirit'. This spirit, however, which is so manifestly at work in other European nations, has, in Arnold's view, not yet conquered England. At the core of his own as well as Eliot's concerns as critics there is a profound dissatisfaction with Britain's sectarianism, provincialism and resistance to intellectual modernism which they see as an inevitable result of the country's Protestant culture. German Protestantism, by contrast, produced generations of critical theologians and thus linked itself to the process of philosophical secularization – hence the importance of Strauss and Feuerbach for Eliot, and the German tradition of Biblical exegesis for both Eliot and Arnold.[39] Modernization in England, profound though it had been since the Middle Ages, happened "by the rule of thumb", as Matthew Arnold says in the long section leading up to his discussion of Heine,

---

38 Although she was officially Chapman's assistant editor, Eliot acted in practice as the editor of the *Westminster Review*. Cf. Ashton, *Eliot* (see n. 10), p. 2.

39 On the influence of nineteenth-century German theology in England, Schirmer (see n. 3), pp. 120ff., has valuable things to say, despite his terrible misjudgements particularly of Eliot. On Eliot's vast theological reading cf. Ashton, *Eliot* (see n. 10), esp. chapters 2 and 4; on Biblical criticism and Arnold's *Literature and Dogma* cf. Collini (see n. 30), chapter 6.

> what was intolerably inconvenient to [the English] they have suppressed, and as they have suppressed it, not because it was irrational, but because it was practically inconvenient, they have seldom in suppressing it appealed to reason, but always, if possible, to some precedent [...] which served as a convenient instrument for their purpose, and which saved them from the necessity of recurring to general principles. They have thus become, in a certain sense, of all people the most inaccessible to ideas [...] (113).

Through its inaccessibility to abstract ideas and principles England has, in Arnold's view, clearly cut itself off from European developments since the Renaissance, in other words, from what he was to call the Hellenic 'main stream' of modern culture. Puritanism, only a 'crossing side stream' from a European perspective, is viewed as the central current in England, not surprisingly, given the social dominance of its Evangelical and dissenting middle classes. Despite its unquestionable leadership in industrial modernization, Arnold and Eliot thus consider England to be lagging badly behind the rest of Europe with regard to intellectual modernization. In her scathingly satirical essay *Evangelical Teaching: Dr. Cumming*, Eliot calls English society "a Goshen of mediocrity in which a smattering of science and learning will pass for profound instruction, where platitudes will be accepted as wisdom, bigoted narrowness as holy zeal, unctuous egoism as God-given piety" (159f.). It is not surprising, therefore, that Eliot and Arnold should have responded favourably to Heine's even most mordant attacks on England and the English which aim at the Puritan roots of the country's civilization and thus essentially correspond to their own criticisms.[40]

Eliot's only comment on Heine's aversion to England is that it became stronger rather than weaker over the years, and that the nature of his attacks is as merciless as that of English satires on the Germans. This is a discrete allusion to the fact that all national image-making relies on the exaggeration of certain features, and it also perhaps points to Heine's own misgivings, repeatedly expressed, at indulging in gross generalizations about the English.[41] Eliot herself, of course, has, in the first section of her essay, drawn a satirical picture of 'the Germans', less harsh, but as incisive as the following vicious passage she translates from *Vermischte Schriften* [*Lutetia LI*]:

---

40 Cf. Arnold's words addressed to the dead poet in *Heine's Grave* which seem to speak for at least two generations of British intellectuals who have grown dissatisfied with their country's utilitarian culture: "I chide with thee not, that thy sharp / Upbraidings often assailed / England, my country – for we, / Heavy and sad, for her sons, / Long since, deep in our hearts, / Echo the blame of her foes" (*Poems*, see n. 37, p. 472).

41 Siegbert Prawer has pointed to Heine's technique of 'deconstructing' his own negative comments on England by providing the reader with a 'key' to the understanding of their prejudiced nature. In the case of the passage quoted by Eliot this key would be Heine's mention of certain momentary moods which tempt him to think of the English as a stereotypical 'mass'. S.S. Prawer, *Coal-smoke and Englishmen. A study of verbal caricature in the writings of Heinrich Heine*, London (Institute of Germanic Studies), 1984.

> "It is certainly a frightful injustice to pronounce sentence of condemnation on an entire people. But with regard to the English, momentary disgust might betray me into this injustice; and on looking at the mass, I easily forget the many brave and noble men who distinguished themselves by intellect and love of freedom. [...] The mass - the English blockheads, God forgive me! - are hateful to me in my inmost soul; and I often regard them not at all as my fellowmen, but as miserable automata - machines, whose motive-power is egoism. In these moods, it seems to me as if I heard the whizzing wheel-work by which they think, feel, reckon, digest, and pray: their praying, their mechanical Anglican church-going, with the gilt Prayer-book under their arms, their stupid, tiresome Sunday, their awkward piety, is most of all odious to me. I am firmly convinced that a blaspheming Frenchman is a more pleasing sight for the Divinity than a praying Englishman" (234).

The passage combines invectives against English pragmatism, liberalism and individualism, culminating in one against Anglicanism and Puritan morality. One of Heine's preferred satirical images of Englishness, that of the machine, automaton or mechanism, is here used with reference to absolutely every aspect of society (thinking, feeling, working, eating and praying). Furthermore, it points to the connection Heine makes between industrialization and Protestantism ("machines whose motive-power is egoism"; "mechanical Anglican church-going"). English socio-political and religious habits are seen as two sides of the same coin, i.e. of a materialist, thoroughly secular culture. If the secular aim of Luther's Protestantism, in Heine's famous interpretation, was to pave the way for German philosophy and its liberating pantheism, the wordly purpose of Anglicanism is both to encourage base "egoism" and to disguise its blatantly inhuman social results. Although Eliot does not interpret the passage at all, the fact that she selects this most acrimonious and comprehensive of Heine's numerous attacks on England is in itself significant. Allowing Heine to speak for himself, she very subtly speaks through him, lending him her superb translator's voice. Her general agreement with his criticism is only intimated in her remark that "bitters" of this kind "are understood to be wholesome" (234). However, the discerning reader will easily connect Heine's witty preference for a blaspheming Frenchman to a praying Englishman, because "the Divinity" will find the latter less pleasant, with Eliot's rejection of the later Heine's theism, her expressly sympathetic view of his pantheism and her fine portrayal of his Hellenism.

"Bitters are understood to be wholesome": If this is an indication that relentless criticism such as Heine's could 'cure' England of its national ills, German-educated or Jewish characters such as Will Ladislaw, Dr. Klesmer and Daniel Deronda certainly exert a "wholesome", if painfully disillusioning influence upon English characters in Eliot's novels. For the reader they throw into sharp relief the lack of intellectual enthusiasm and the insular backwardness of a society in which they are bound to be cosmopolitan outsiders. Eliot is thus much more alert than Arnold to *Heine's* role as a cosmopolitan outsider in Germany, and to the enmity he encounters by attacking German national prejudice. What she does not address in her essay is the obvious contradiction between her view of Heine's wit as the ultimate result of *German* culture, and the nationalist non-acceptance of this result in Germany. Later in her career she might have resolved this contradiction by turning her attention much more to Heine's Jewishness, and she might even have viewed his self-ironic embrace of the old monotheistic faith more sympathetically. Heine could have been reappreciated in the light of the quest for Jewish identity, subject of her last novel, *Daniel Deronda*, and of the thought expressed in her late essay, *The modern Hep! Hep! Hep!*, that it is a higher cultural achievement to discern difference within broad similarities than to see the likeness of things that are different.[42] Heine's wit would then perhaps not have been seen as that of an assimilated Jewish German, forced into exile because of his political convictions, but as that of a German Jew who is an exile in his own country from the start. From this perspective his wit would appear as a sadly failed attempt to graft onto German culture the element of modernism that it could not, despite all is potential, produce from its own stock.

Arnold's substantial section dealing with English intellectual backwardness is a piece of cultural criticism in its own right. It revolves around a discussion of the term 'Philistinism' which Arnold, like Carlyle to whom he refers in this context, borrows from the German – but not specifically from Heine. Arnold's declared aim is to naturalize the term in English. As he wittily remarks, "we have not the expression in English. Perhaps we have not the word because we have so much of the thing" (111). It is explained as an attitude valuing practical convenience rather than ideas for their own sake, and more generally as an opposition to truth, or the "light" (113). Arnold gives the term a political meaning by using it synonymously with "the liberals" (ibid.), accusing Cobbett under that category, and calling in Heine as a witness (the quotation is from *Englische Fragmente VII* and gives Heine's verdict on the English radical):

> "[...] He is a chained cur, who falls with equal fury on every one whom he does not know, often bites the best friend of the house in his calves, barks in-

42 Cf. Jean Paul's characterization of 'Scharfsinn' as the ability to see differences in what has been wittily associated, hence his description of it as "der Witz der zweiten Potenz", which resembles Eliot's description of "wit" as "reasoning raised to a higher power": "[...] der Scharfsinn, welcher zwischen den gefundenen Verhältnissen kommensurabler und ähnlicher Größen wieder Verhältnisse findet und unterscheidet, dieser lässet uns durch eine lange Reihe von Begriffen das Licht tragen, das bei dem Witze aus der Wolke selber fährt [...] Der Scharfsinn, als der Witz der zweiten Potenz, muß daher seinem Namen gemäß (denn Schärfe trennt) die gegebenen Ähnlichkeiten von neuem sondern und sichten" (*Werke*, see n. 19, p. 199). Eliot's concern with 'difference' and 'identity', particularly in connection with her support of Zionism, must be seen as an enlightened attempt to 'raise' Jewish emancipation 'to a higher power' and to challenge Liberalism's capacity for tolerance.

cessantly, and just because of this incessantness of his barking cannot get listened to, even when he barks at a real thief. [...] Poor old Cobbett! England's dog! I have no love for thee, for every vulgar nature my soul abhors; but thou touchest me to the inmost soul with pity, as I see how thou strainest in vain to break loose and to get at those thieves, who make off with their booty before thy very eyes, and mock at thy fruitless springs and thine impotent howling" (114).

Unlike Eliot, Arnold does not indicate omissions from his quotations, which is further evidence of his theoretical rather than literary and philological approach to Heine. What he has cut from this passage is Heine's admission that Cobbett "viel beredsamen Geist besitzt und daß er sehr oft [...] Recht hat" (3,571), particularly in pointing to the absurdity of the taxes levied by the aristocratic government to pay off the national debt (incurred through the wars against Napoleon), and to the crushing effect these taxes have on the poor. Nor does Arnold mention Heine's recourse to Cobbett's *Political Register*; not because he wants to conceal Heine's political sympathy with Cobbett, but because he feels he has said enough by mentioning Heine's and Cobbett's shared opposition to conservatism, the clergy and the aristocracy (113). Heine's criticism of Cobbett, like all his negative remarks on things English, is taken as proof of a "life and death battle with Philistinism" (111) in which Arnold obviously sees Heine as his close ally. Thus he comes up with a *Philistersatire* of his own, alluding to the Philistine giants slain by the Israelites, to describe how Heine portrays Cobbett: as "a Philistine with six fingers on every hand and on every foot six toes, four-and-twenty in number: a Philistine, the staff of whose spear is like a weaver's beam" (113).[43]

By not distinguishing his own usage of 'Philistinism', a key concept of his cultural critique of England, from the meaning Heine gives to 'Philister'[44],

43 This incorporation of Heine's comments into Arnold's own discourse about 'Philistine' England, and particularly his seemingly deliberate cutting and wayward interpretation of Heine's comments on Cobbett, prompted Ilse-Maria Tesdorpf (see n. 26) to consider Arnold's entire reception of Heine as an appropriation based on misunderstanding (pp. 82ff. on Arnold's term 'Philistinism'; pp. 90ff. on the Cobbett passage). I hope to have shown that this is not true with regard to his cultural thought and his view of the role of criticism, and I do not think that it applies to his criticism of England either. Since this is linked to Heine's comments on England in so many ways and the scope of this contribution is limited, I will concentrate on Heine's influence on Arnold's understanding of 'Philistinism'.

44 In Heine's famous reference (at the end of *Englische Fragmente XI*, quoted by Arnold 112) to France as the promised land of freedom and Germany as the land of Philistines, separated by the Rhine as the Jordan, 'Land der Philister' obviously alludes to the anti-revolutionary and anti-French nature of German liberalism which is responsible for the conceptual and political ineptitude of the German middle classes. Only in the sense of German nationalist liberalism can 'Philistinism' be seen as Heine's enemy in a "life and death battle": "[die] Partei der sogenannten Vertreter der Nationalität in Deutschland", "jen[e] falschen Patrioten, deren Vaterlandsliebe nur in einem blödsinnigen Widerwillen gegen das Ausland und die Nachbarvölker besteht, und die namentlich gegen Frankreich

Arnold's interpretation of Heine's pronouncement on Cobbett is foreshortened and certainly suits his own polemical purpose. However, seeing Heine's satire as an invective against unenlightened, indiscriminate and therefore 'Philistine' attacks on an enemy (the clergy and the aristocracy) whom the enlightened critic himself attacks, but "in the name of the idea" (113), is not a distortion of Heine's uncomfortable relation to democratic partisanship. In this respect Arnold is once more a kindred spirit.

The indebtedness of Arnold's notion of 'Philistinism' to Heine is evident, as usual, where he works so naturally with Heine's ideas that they have become his own. This is most strikingly the case in his critique of English pragmatism. The passage quoted earlier in which he refers to modernization "by the rule of thumb" and elimination of inconveniences rather than by observing principles, has two parallels in *Englische Fragmente*. The first describes the purely pragmatic nature of party alliances, Whig and Tory alike, the second the spirit in which Catholic emancipation is discussed in parliament:

> Von Prinzipien ist gar nicht die Rede, man ist nicht einig über gewisse Ideen, sondern über gewisse Maßregeln in der Staatsverwaltung, über Abschaffung oder Beibehaltung gewisser Mißbräuche, über gewisse Bills, gewisse erbliche Questions – gleichviel aus welchem Gesichtspunkte, meistens aus Gewohnheit. [...] In dieser Hinsicht liegt über dem Geist der Engländer noch immer die Nacht des Mittelalters, die heilige Idee von der bürgerlichen Gleichheit aller Menschen hat sie noch nicht erleuchtet [...] (3,573f.).
>
> Selten in ihren parlamentarischen Verhandlungen ist es den Engländern möglich ein Prinzip auszusprechen, sie diskutieren nur den Nutzen oder Schaden der Dinge, und bringen Fakta, die einen pro, die anderen contra, zum Vorschein (3,583).

These passages contain precisely Arnold's definition of English Philistinism: a valuing of practical convenience, an advancement by precedent and expediency rather than by adhering to principles, an inaccessibility to ideas derived from that 'sacred' source of modern thinking, the French Revolution. In this context Arnold very tellingly slips in an indirect reference to Heine who frequently mentions the grey English sky as a symbol of the oppressive 'greyness' of English life: "the born lover of ideas, the born hater of commonplaces, must feel in this country, that the sky over his head is of brass and iron" (113). One might even detect in Arnold's persistent attacks, in *Culture and Anarchy*, on the English notion of 'progress' as a series of ex-

---

täglich ihre Galle ausgießen", "unsre deutschen Maulchristen, die das Gegenteil predigen und üben": "ich haßte und bekämpfte sie Zeit meines Lebens" (9,233). The English radical Cobbett is therefore as little a 'Philistine' in Heine's sense as are the republican Börne or the communist Weitling whom he also attacked as narrow-minded or vulgar. Quite the opposite is true. He tended to see plebeian and egalitarian movements as unwelcome, but ultimately indispensable allies in his own battle against nationalism.

ternal, mechanical applications, Heine's favourite caricature of Englishness in the image of mechanisms and machinery.

Further parallels can be discovered between Arnold's notorious term "Barbarians" to denote the English aristocracy, and Heine's 'zivilisierte Barbaren' describing English (aristocratic) travellers in Italy; between the pattern of sensualism / spiritualism with which Arnold works in his critique of the aristocracy and the middle classes, and the contrast Heine builds up so effectively between the frivolity of London clubs and the drab asceticism of Northern chapels.

In Arnold's eyes, Heine's anti-Philistinism and anti-English sentiments are more or less synonymous with his Francophilia. Arnold attributes to French culture the role of a modern paradigm, not only because the ideas of the Revolution are the force from which nineteenth-century modernity originates, but because in France itself they have been absorbed by the whole of the population, even if the practical results are a far cry from the social aims of 1793: "France has reaped from [her passion for the things of the mind] one fruit,- the natural and legitimate fruit, though not precisely the grand fruit she expected: she is the country in Europe where *the people* is most alive" (265). It is only natural, in his view, that a passionate admirer of Napoleon and decided modernist such as Heine should have grown impatient with the slow pace of modernization in Germany, a process of intellectual 'dissolution' of the old order, the figurehead of which Arnold sees in Goethe. Heine did not need a country with revolutionary ideas and no practice such as Germany, but a country with a political culture that is imbued with 'modern ideas', and for Arnold there is only one to which this applies. Arnold therefore wholeheartedly agrees with Heine's description of France as the promised land; it is just that for him the 'land of Philistines' is England, not Germany. Thus Heine who, in his will, "declared that the great task of his life had been the endeavour to establish a cordial relation between France and Germany" is Arnold's model European critic. Heine demonstrates to other nations that it is necessary and possible to fuse the modern, i.e. "French spirit", with the "native spirit" (120) in order to create the intellectual basis for the institutional modernization Europe so badly needs (cf. 129). Thanks to his German background which provides him with a wealth of ideas, and with enough impatience to open himself up to France, Heine fares rather better than his English predecessors in spirit, Byron and Shelley. They threw themselves into the "main stream of modern literature" which carried the ideas of the Revolution, but had neither Heine's philosophical depth, nor an intellectual "theatre of operations" such as Germany. Their literary works are therefore far less memorable than their "Titanic" effort to bring modernity to Britain (122):

> [Byron] shattered himself [...] to pieces, against the huge, black, cloud-topped, interminable precipice of British Philistinism (132).

The fact that the same might almost be said about Heine and German nationalism obviously does not occur to Arnold. Quite unlike Eliot, he virtually ignores the provoking nature of Heine's satires on Germany, and he is oblivious to Heine's unpopularity in Germany in the wake of the *Börne* book. Although he knows of the personal and political feuds in which Heine was involved, he is not interested in their precise background. This nonchalance with regard to detail may be partly responsible for Arnold's negative judgement of Heine's overall stature as a writer and man.

6. Differences between Eliot's and Arnold's overall appreciation of Heine

The views of their own role as writers have a decisive influence on Eliot's and Arnold's overall appreciation of Heine. This is further qualified by their different awareness of the role of suffering in Heine's life and work.

If Arnold's imperfect knowledge of Heine's personal circumstances shows badly in his mention of Hamburg as Heine's birthplace, it borders on a critic's dereliction of duty when he asserts that until 1847 Heine's health "had always been perfectly good" (117). It is not surprising, then, to find Arnold (in *Pagan and Medieval Religious Sentiment*) substantiating his view that paganism depends on 'never feeling sick or sorry' by reference to Heine's 'healthy' bodily and mental state in the early 1830s, when he was "in the prime of life [...] amid the brilliant whirl of Paris" (227).[45] Mentioning Heine's illness, but omitting any consideration of his deistic conversion, he describes the 'Aristophanes' passage from *Geständnisse*, also discussed by Eliot, as the "last word of the religion of pleasure". He regards it as proof of the fact that only a super-human individual,

> [o]ne man in many millions, a Heine, may console himself, and keep himself erect in suffering, by a colossal irony of this sort, by covering himself and the universe with the red fire of this sinister mockery [...] (229).

Despite the admiration Arnold expresses in *Heine's Grave* and in the Heine essay for the poet of the mattress grave, he seems to be unaware of the explicit connection Heine himself made between his illness and his need to believe in a personal God. Arnold sees Heine as an unreconstructed Hellene right up to his death, despite the latter's deep insights into 'Hebraism' and his embrace of Judaism which Arnold discusses at length. Therefore Heine cannot serve as a model for the multitude who will find no comfort in 'paganism'. In Arnold's terms Heine has only provided "intellectual deliver-

---

45 The mistranslation, significant in this context, of "Religion der Freude" as "religion of pleasure" (227) is due to Arnold's use of the text of *De l'Allemagne* which has "religion de plaisir". Cf. Tesdorpf (see n. 26), p. 123f. It is of course also much closer to Arnold's understanding of 'sensualism' than it is to Heine's combative concept of 'Sensualismus' (see n. 32).

ance", the theoretical framework, but no "moral deliverance" (132), the practical ethic with which cultural modernization, particularly in Protestant nations, can be achieved. Closing his essay, amongst other things, with an indirect reference to Heine's words, "ein Schwert sollt ihr mir auf den Sarg legen; denn ich war ein *braver* Soldat im Befreiungskriege der Menschheit"[46], Arnold calls Heine "only a *brilliant* soldier in the Liberation War of humanity" (132, my emphasis). Thus he reiterates his earlier judgement, based on a mistranslation of the German 'brav', that Heine was not "brave" (107, 117). The nevertheless unexpected negative statement at the end of the essay, "He is not an adequate interpreter of the modern world" (132), seems plainly to contradict the repeated earlier celebrations of Heine as someone "bringing everything under the point of view of the nineteenth century" (122). For Arnold even this achievement is 'inadequate', not sufficient, a "half-result", because Heine did not have enough "dignity of character" (132) and sympathy for those to whom religion is a real help. In other words, he failed to see that the Hebraism of the suffering masses has to be the starting-point of a general Hellenic liberation. There is a deep significance in the fact that Arnold speaks of Heine's "blemished name" and "crying faults", i.e. his "intemperate susceptibility", "incessant mocking", "sensuality", "inconceivable attacks" on foes and friends alike, right at the end of his essay (131). His intention is to make absolutely plain the fundamental difference between himself, Arnold, the public moralist, and Heine, the untamable satirist, from whom he has learnt so much.

By contrast, Eliot chooses not to let her appreciation be influenced by 'morally unpleasant' aspects of Heine's character or work. She mentions them briefly at the beginning, and again touches on them in her discussion of the *Börne* book and the 'Aristophanes' passage.[47] But this happens in the spirit of the Realist's ethos of abstention from moral judgement, expressed at the beginning of her discussion of Heine:

> It is apparently too often a congenial task to write severe words about the transgressions committed by men of genius, especially when the censor has the advantage of being himself a man of *no* genius, so that those transgressions seem to him quite gratuitous; *he*, forsooth, never lacerated any one by his wit, or gave irresistable piquancy to coarse allusion, and his indignation is not mitigated by any knowledge of the temptation that lies in transcendent power. We are also apt to measure what a gifted man has done by our arbit-

46 3,382; my emphasis.

47 In *German Wit* Eliot has clearly come to an even more unprejudiced view of Heine than was evident from her preceding review. There, after praising "that wonderful human compound Heinrich Heine, a writer who is master of a German prose [...] as needle-pointed as Voltaire's French [...] and of a poetic style [...] as musical as that of Goethe's best lyrics", she reproaches him for being "destitute of the distinct moral conviction which often inspired Voltaire, and still more utterly destitute of the profound wisdom and the depth of love and reverence" which underlie Goethe's poetry. *Heine's Poems* (see n. 14), p. 843.

> rary conception of what he might have done, rather than by comparison of his actual doings with our own or those of other ordinary men. We make ourselves over-zealous agents of heaven, and demand that our brother should bring usurious interest for his five Talents, forgetting that it is less easy to manage five Talents than two (224).

Measuring Heine by what he 'might' or 'should' have done is exactly what Arnold indulges in at the end of his essay, after a passionate appreciation of what he actually *did*. The difference between Arnold's and Eliot's overall view of Heine is one between Idealist and Realist; the argument Eliot puts forward against moral judgement shows striking similarities to the question Büchner's Danton fires at his opponent Robespierre, "Bist du der Polizeisoldat des Himmels?" Even Eliot's allusion to the utilitarianism inherent in moral judgement could be turned, ironically, against Arnold, the champion of 'valuing ideas for their own sake'.

Eliot's ethos of empathy, or the aesthetics of the modern critic-narrator, informs her entire portrait of Heine. Herself not blessed with the most robust of constitutions, she sees in the delicate health of the young Heine a foreboding of his later suffering. In an almost physiognomical manner she implies a correspondence between the finesse of his wit and the fragility of his frame, herself not refraining from a satirical gibe at the all-too-healthy:

> [...] Heine [...] was left free from the persecution of tea-parties. Not, however, from another persecution of genius – nervous headaches, which some persons, we are told, regarded as an improbable fiction, intended as a pretext for raising a delicate white hand to his forehead. It is probable that the sceptical persons alluded to were themselves untroubled with nervous headache, and that their hands were *not* delicate. Slight details these, but worth telling about a man of genius, because they help us to keep in mind that he is, after all, our brother, having to endure the petty everyday ills of life as we have; with this difference, that his heightened sensibility converts what are mere insect stings for us into scorpion stings for him (232f.).

This relationship between the suffering Heine and the 'Philistine' public which is too unsophisticated to understand him, is almost the exact reverse of the one constructed by Arnold who views Heine's Hellenism as a religion of health, unfit for the suffering majority. Eliot's view of the poet wit as a higher human species, not to be judged by conventional standards, goes hand in hand, of course, with her view of wit as the most refined intellectual faculty which is independent of the mental modes of the time. In that sense she portrays Heine much more markedly as a modernist who is ahead of his time than Arnold does, with all his insistence on Heine's "intense modernism" which is then morally criticized as being only a "half-result". Although Eliot does not approach Heine programmatically as a modernist, she draws much more attention than Arnold to the modernism of his actual writing. There could not be a finer appreciation of the nuances of Heine's subversive 'Hellenic' wit.

* * *

Arnold's moral reservations do not seem to have harmed the reception of his extremely positive judgement of Heine the modernist[48], nor stopped a considerable body of Heine's thought from permeating his own cultural criticism and thus becoming a point of reference for Anglo-Saxon cultural theory to the present day. Absorbing and dispersing the potential that Heine's criticism offers for a revolution of Puritan culture, Eliot and Arnold bring to a close the intensive reception of German culture in nineteenth-century Britain. Their achievement is to have seen, in Heine, the Europeanness and futurity inherent in a culture that had earlier been perceived as a blissfully unmodern island of thought. Their appreciations of Heine as the critical prose-writer, the challenging wit, the cultural thinker are themselves masterpieces of modern criticism, both with regard to their perceptiveness and execution, and stand as evidence of Heine's significance for modern European thought.

48 On the surge of 'Hellenism' in England during the 1870s and 80s, often with direct reference to Heine, cf. Liptzin (see n. 1), chapter 4: *Hellenist and cultural pessimist*, pp. 82-102.

Personen- und Sachregister

Komödie (comédie) 232
Eisenbahn- 79-80
Revolutions- 81-89, 91f.
Konterrevolution (counter-revolution) 98ff., 143
s. auch Reaktion
Koopmann, Helmut 33
Körner, Theodor (1791-1813) 66, 269
Koselleck, Reinhart 59
Kosmopolitismus 43, 158, 166, 171, 212, 281f., 302f., 306
Kotzebue, August v. (1761-1819) 85 Fn.13
Krakovitch, Odile 237
Kritik 284, 312
Paradigma der Moderne 300-310, 313
s. auch Journalismus, Religionskritik
Kuranda, Ignaz (1812-1884) 63, 65
Kürnberger, Ferdinand (1821-1879) 15, 57ff., 71f.

Lacan, Jacques 117
Lamartine, Alphonse de (1790-1869) 238, 246
Lamennais, Hugues - Félicité - Robert (1782-1854) 246
Landauer, Gustav (1870-1919) 34
Landesmann, Heinrich (Pseud. Hieronymus Lorm, 1821-1902) 13, 15, 67, 69ff., 72
Lang, K.H. Ritter von (1764-1835) 93
Latouche, Henri de (1785-1851) 222f. Fn.48
Laube, Heinrich (1806-1884) 22, 244
Leipzig 67, 76, 137, 139f. u.Fn.38, 159, 241
Lenau, Nikolaus (1802-1850) 67f., 77
Lengauer, Hubert, 73, 77
Lessing, Gotthold Ephraim (1729-1781) 49, 160, 288 Fn.20
Lewald, August (1792-1871) 23, 244, 289 Fn.22
Lewald[-Stahr], Fanny (1811-1889) 289 Fn.22
Lewes, George Henry (1817-1878) 283 Fn.10, 303
Liberalismus 62
Deutschland 13ff., 16, 23f., 37f., 74, 96, 158, 286, 307f. Fn.44
England 105f., 306ff. u.Fn.42
Hamburg 105f., 158-166
Manchester 105f., 150-158, 165f.
Österreich 15
Lichtenberg, Georg Christoph (1742-1799) 200
List, Friedrich (1789-1846) 64, 138 Fn.31
'literarische Industrie'
s. Massenliteratur
Liverpool 149
Locke, John (1632-1704) 87, 214f. Fn.27
Lockhart, John Gibson (1794-1854) 282, 289
Locomotive. Volksblatt 226 Fn.61
London 42, 180, 191, 309
Lorm, Hieronymus
s. Landesmann, Heinrich
Louis Bonaparte
s. Napoleon III.
Louis-Philippe ('Bürgerkönig', 1773-1850) 9, 46, 169, 223, 229, 238, 262
Loutherbourg, Philipp de (1740-1812) 127 Fn.13
Luden, Heinrich (1780-1847) 219f. u. Fn.38
Ludwig I. v. Bayern (1786-1868) 31 u. Fn.33
Ludwig XIV. v. Frankreich (Louis XIV, 1638-1715) 60
Lukács, Georg 54, 116
Luther, Martin (1483-1546) 49, 61, 298, 305

Macaulay, Thomas Babington (1800-1859) 150
Mallarmé, Stéphane (1842-1898) 255
Manchester 124, 127 Fn.13
Arbeiter(bewegung) 147, 152
Bürgertum 105f., 146-158, 165f.
Liberalismus 150-158, 171f.
Presse 146f.
Radikalliberalismus 147, 151-154, 157 u.Fn.22, 165
Tories 147f., 148-150, 152-155, 165
Whigs 147f., 149, 151f., 154-156, 165
s. auch Anti-Corn Law League; *Chartismus*; *Cobden*; *Katholizismus*; *Peterloo Massacre*; *Protestantismus*
Manchester Chronicle 146
Manchester Courier 146, 148-150, 155
Manchester Guardian 146, 150, 152ff.
Manchester Literary Society 157 Fn.22
'Manchester man' 106, 156f., 158
Manchester Times 146

Mann, Thomas (1875-1955) 34, 111, 117, 199
Marianne 265
Markt
literarischer 167, 206, 224ff.
s. auch Massenliteratur
Martignac, Jean-Baptiste Gay Vicomte de (1778-1832) 236 Fn.11
Martini, Fritz 115
Marx, Karl (1818-1883) 13f., 22, 26-28, 29, 31f., 34, 37, 95f., 145, 191
Maschine 111f., 127f., 305, 309
Massenliteratur (*'literarische Industrie'*) 125, 168, 219ff. u.Fn.28, 223-228 u.Fn.66, 241f.
s. auch Fabrik, Übersetzungs-; Pfennigmagazine; Roman
Mechanics' Institute *(Manchester)* 156, 165
Meißner, Alfred (1822-1885) 66ff.
Melancholie
neuzeitliche 228
s. auch Revolutions-
Menzel, Adolph (1815-1905) 127 Fn.13, 133 Fn.10
Menzel, Wolfgang (1798-1873) 22, 245f.
Mercier, Louis-Sébastien (1740-1814) 179, 181, 191
Merck, Johann Heinrich (1741-1791) 211, 220f. Fn.41
Messianismus 13f., 26, 35f.
s. auch Revolution: 'neues Jerusalem'
Metternich, Clemens Fürst (1773-1859) 31, 36, 57, 73, 75f., 79, 82, 93
Meyer, Richard M. (1860-1914) 273 u. Fn.9
Meysenbug, Malwida v. (1816-1903) 93
middle class 105, 127f., 129, 143-166, 252, 260, 264, 266, 304, 309
s. auch Bürgertum; Bourgeoisie
Milnes, Richard Monckton, Baron Houghton (1809-1885) 283
Minerva 180
Le Miroir 198
Mnemotechnik 179-182, 187
Mode 208 Fn.6, 221, 226f. u.Fnn.34,66
Moderne 104, 167, 170, 172, 213f., 226f. u.Fnn.64,66, 274, 279, 299f.
u. Kritik 172, 284, 300-310
-Poetik 170ff., 276-279
Modernisierung 63ff., 73ff., 145, 172, 284f., 303f., 309, 311
u. Nationalismus 72, 212f., 215, 219f.
Molière (1622-1673) 196
Montalivet, Mathe-Camille Bachasson, Comte de (1801-1880) 237
Morgenblatt für gebildete Stände/Leser 132, 139f., 193, 198, 200, 262
Moritz, Karl Philipp (1757-1793) 219 Fn.37
The Morning Chronicle 124
Mühsam, Erich (1878-1934) 34
Müller, Wilhelm (1794-1827) 54
Mundt, Theodor (1808-1861) 9, 22, 167f., 209, 223-228, 245
Murray, Sir George (1772-1846) 152f.
Muston, Alexis (1810-1884) 246 u.Fn.31

Nachmärz 15f., 48, 171
Nadler, Joseph (1884-1963) 68f., 71
Napoleon (1769-1821) 23, 43, 49, 51f., 62, 70 u.Fn.29, 143, 215, 233, 269, 309
Napoleon III. (1808-1873) 66, 101, 143
Napoleonische
Kriege 21, 66, 161, 215, 283, 307
Zeit 159f., 161
Le National 261
'Nationalgeist' 210, 213, 219f. u.Fn.38
Nationalismus 24, 65f., 72, 80, 169f., 267, 307f. Fn.44, 310
Preußen 14, 37
Nationalmythen 170, 267-270
Nationalökonomie 210
Nationalstaat 15, 72
Nationalstereotyp
s. Dt. Michel; John Bull; Marianne
Naturalismus 170f., 172, 271-279
Nazarenertum 29, 32, 295, 298f.
s. auch Spiritualismus
Nestroy, Johann Nepomuk (1801-1862) 15, 44, 79f., 81, 82-85, 88
Neue Bonner Zeitung 95f., 99
Neuzeit 209-214, 299f.
Nietzsche, Friedrich (1844-1900) 171
Nodier, Charles (1780-1844) 246
Novalis (1772-1801) 211, 220f.

O'Connor, Richard 102
Oesterle, Ingrid 208
öffentliche Meinung (public opinion) 32, 38f., 150, 182, 207 u.Fn.3, 213
Öffentlichkeit (public sphere) 165, 182
bürgerliche 167, 218

Scherpe, Klaus 111, 116f.
Schiller, Friedrich (1759-1805) 87, 92, 98, 179f. Fn.3, 196, 253
Schirmer, Walter 283
Schlegel, August Wilhelm (1767-1845) 282
Schlegel, Friedrich (1772-1829) 190, 226f. Fn.64, 287f. Fn.19
Schlenther, Paul (1854-1916) 274
Schlesien 119
Schlözer, August Ludwig (1735-1809) 208 Fn.6
Schnitzler, Arthur (1862-1931) 118
Schoelcher, Victor (1804-1893) 264
Schriften in bunter Reihe 209, 223 u. Fn.49
Schulz, Wilhelm (1797-1860) 249
Schurz, Carl (1829-1906) 16, 93-102
Schuselka, Franz (1811-1886) 64
Schweiz 54, 71, 100
Scott, Sir Walter (1801-1847) 222 Fn.48
Scribe, Eugène (1791-1861) 82, 232, 238
Second Empire 255
Sengle, Friedrich 114f., 230
Sensualismus 49ff., 282, 298f. u.Fn.32, 302
s. auch Hebraism; Hellenism; Spiritualismus
Shaftesbury, Anthony Ashley Cooper, Seventh Earl of (1801-1885) 156
Shakespeare, William (1564-1616) 32, 97, 104, 119, 127, 144, 170, 252 u. Fn.5
Shelley, Percy Bysshe (1792-1822) 309f.
Sigel, Franz (1824-1902) 101
Société des Auteurs 238
Solger, Reinhold (1817-1866) 87 Fn.17
'soziale Frage' 96
u. Schriftsteller 104, 112ff., 121-130
Sozialismus 46, 96, 98, 114, 128
Spanien 152
Sperber, Manès (1905-1984) 26
Spielhagen, Friedrich (1829-1911) 95, 97
Spinoza, Baruch (1632-1677) 28, 30
Spiritualismus 49f., 294f., 298f., 302
s. auch Hebraism; Nazarenertum
Staat
christlich-monarchischer 14, 22, 36f.
u. dt. Gelehrtentypus 195
u. Gesellschaft 27
neuzeitlicher 210 u.Fn.12
s. auch Judentum; Nationalstaat
Stadt 88, 92, 99f., 103, 104f., 133f., 167f., 179-206
als 'Aufschreibesystem' / 'Lesbarkeit' 116f., 198-206
Staël-Holstein, Anne-Louise-Germaine de (1766-1817) 283, 290
Stahl, Friedrich Julius (1802-1861) 14, 36f.
Stahr, Adolf (1805-1876) 289 Fn.22
Stendhal (Henri Beyle, 1783-1842) 230
Sterne, Lawrence (1713-1768) 290
Stifter, Adalbert (1805-1868) 15, 59, 69f. u.Fn.28
Stirner, Max (1806-1856) 94
Strauß, David Friedrich (1808-1874) 284, 303
Strodtmann, Adolf (1829-1879) 296
Stuttgart 190, 241, 243
Sue, Eugène (1804-1857) 123
Suttner, Bertha v. (1843-1914) 93

Talleyrand, Charles Maurice de (1754-1838) 61
Taylor, Isidore Justin Séverin, Baron (1789-1879) 235 u.Fn.9
Telegraph für Deutschland 158
Tesdorpf, Ilse-Maria 296 u.Fn.29, 307 Fn.43
Teutscher Merkur 220f. Fn.41
Thackeray, William Makepeace (1811-1863) 156
Tieck, Ludwig (1773-1853) 91f.
Toller, Ernst (1893-1939) 34
Tories 308
s. auch Manchester
Toussaint, Hélène 259ff., 263, 265f.
Tragödie (tragédie) 92, 232f.
Treitschke, Heinrich v. (1834-1896) 58
La Tribune 261
Tschabuschnigg, Adolf v. (1809-1877) 112
Tschechen 68, 80
Turk, Horst 116
Türken 254
Turner-Verein *(Hamburg)* 162f. u.Fn.31

Ubersfeld, Anne 248
Uhland, Ludwig (1787-1862) 98
Ungarn 101
Utilitarismus 106, 157, 166, 303-312

Varnhagen, Rahel (1771-1833) 23, 26, 181, 191

Zu den Autorinnen und Autoren

David Bellos, geb. 1945, studierte Romanistik und Germanistik und promovierte in Oxford. Von 1972 bis 1982 Lecturer in Edinburgh, dann Professor in Southampton. 1985 Professor of French Studies an der University of Manchester, 1996 Ruf nach Princeton. Für den Vormärz relevante Forschung vor allem zu Balzac. Erhielt 1994 den *Prix Goncourt de la Biographie* für seine Biographie Georges Perecs.

Eduard Beutner, geb. 1949 in Zell am See, studierte Germanistik, habilitierte sich 1992. Ass. Professor für Neuere deutsche Literatur an der Universität Salzburg. Publikationen zur österreichischen Literatur des 18. und 19. Jahrhunderts, zur Rezeption des Josephinismus und zur Gegenwartsliteratur.

Eoin Bourke, geb. 1939 in Dublin, studierte Germanistik und promovierte in München. Professor of German am University College Galway, Westirland. Deutsch- und englischsprachige Publikationen zur Vormärzliteratur, u.a. zur Reiseliteratur, zum Irlandbild deutschsprachiger Schriftsteller und zu vergessenen Autoren.

Helga Brandes, geb. 1940, promovierte 1973 in Münster und habilitierte sich 1988 mit einer Arbeit über das Junge Deutschland. Apl. Professorin für Neuere deutsche Literaturwissenschaft an der Universität Oldenburg. Publikationen im Bereich der Literatur und Publizistik der Aufklärung und des Vormärz, zur Geschichte der Frauenliteratur und zur Herausbildung einer literarischen Öffentlichkeit.

Thomas Bremer, geb. 1954, studierte Romanistik und Germanistik in Gießen, Freiburg und Bologna. Promotion und Habilitation in Gießen, seit 1994 Professor für Romanische Literaturwissenschaft an der Universität Halle. Forschung im Bereich des Vormärz vor allem zu Hugo, Gautier, der französischen Arbeiterliteratur der Julimonarchie und den deutsch-französischen Ästhetikdiskussionen in sozialgeschichtlicher Perspektive. Publikationen zur italienischen, französischen und lateinamerikanischen Literatur des 19. und 20. Jahrhunderts.

John Breuilly, geb. 1946, studierte Geschichte und promovierte in York. 1972 Lecturer in Manchester, 1996 Professor of History an der University of Birmingham. Lehrte 1992/93 als Gastdozent an der Universität Bielefeld. Forschungsgebiet: Vergleichende Geschichtswissenschaft, Schwerpunkt: Liberalismus und Arbeiterbewegung Deutschlands im europäischen Vergleich. Mitglied eines Forschungsprojekts zur bürgerlichen Kultur Manchesters, Lyons und Hamburgs im 19. Jahrhundert.

Anita Bunyan, geb. 1967, studierte Geschichte und Germanistik am Trinity College Dublin. Promotion 1996 in Cambridge mit einer Arbeit über Berthold Auerbach. 1992 Lecturer an der University of Sussex, seit 1993 Fellow am Caius College, Cambridge. Publikationen zur jüdischen Kultur Deutschlands und Großbritanniens und zum Frührealismus.

Jürgen Eder, geb. 1955, studierte nach Ausbildung zum Verlagskaufmann Germanistik. Promotion in Augsburg mit einer Arbeit über Thomas Manns Essayistik. 1993 DAAD-Dozentur in Vancouver, Kanada. Derzeit Wissenschaftlicher Assistent am Lehrstuhl für Neuere deutsche Literaturwissenschaft in Augsburg; demnächst Habilitation zum Thema Literarisierung und Geselligkeit. Publikationen über Thomas und Heinrich Mann, Oskar Seidlin, Rosa Luxemburg und das Drama des 18. Jahrhunderts.

Ian Hilton, geb. 1935, studierte Germanistik in Southampton, promovierte und lehrte ab 1960 als Lecturer am University College of North Wales, Bangor. Seit 1971 Senior Lecturer. Zahlreiche Gastprofessuren in Kanada und Südafrika. Publikationen zur deutschen Literatur des 19. und 20. Jahrhunderts.

Helmut Koopmann, geb. 1933, studierte Germanistik, Anglistik und Philosophie in Bonn und Münster, promovierte 1960 in Bonn und habilitierte sich 1968 mit einer Arbeit zum Jungen Deutschland. O. Professor für Neuere deutsche Literaturwissenschaft an der Universität Bonn (1969-1974) und seit 1974 an der Universität Augsburg. Zahlreiche Gastprofessuren in den USA und in Südafrika; Herausgeber und Mitherausgeber zahlreicher Editionen. Publikationen auf dem Gebiet der Vormärz-Literatur zu Heines politischer Metaphorik, zu Reflexen der Französischen Revolution, zu Börne, Immermann und zur Literaturkritik des Jungen Deutschland.

Martina Lauster, geb. 1953, studierte Germanistik und Politikwissenschaft in Marburg und promovierte 1980. 1980-1989 Lektorin in Oxford und Keele, seit 1993 Lecturer an der Keele University. Forschungsgebiet: Vergleichende Literaturwissenschaft mit Schwerpunkt 19. Jahrhundert. Komparatistische Publikationen zur Vormärz-Literatur über Gutzkow, jungdeutsche Metaphorik, Essayistik und Kritik, Literatur und Öffentlichkeit.

Hubert Lengauer, geb. 1948, studierte Germanistik in Wien. Promotion 1972, Lektor in Neapel 1972-1973; Assistent in Wien. Seit 1980 Ass. Professor an der Universität Klagenfurt. Forschungsgebiete: österreichische Literatur im Vormärz und in der liberalen Ära, außerdem Publikationen zur Jahrhundertwende und zur Gegenwartsliteratur.

Günter Oesterle, geb. 1941, studierte Germanistik und Philosophie in Tübingen, Freiburg und Gießen und promovierte 1971 in Würzburg. Seit 1974 Professor für Neuere deutsche Literaturwissenschaft an der Justus-Liebig-Universität Gießen. Gastprofessuren in Marburg und Madison (USA); Mitglied im Kuratorium Romantikforschung, München. Für den Vormärz relevante Publikationen zu Heine, Büchner und Immermann, zur romantischen Ästhetik, zum Zusammenspiel von Literatur und bildender Kunst.

Ingrid Oesterle, geb. 1940, Studium der Germanistik, Philosophie, Geschichte, Soziologie in Gießen und Würzburg, Promotion 1989 in Amsterdam. Publikationen u.a. zu Arnim, Büchner, Carus, Görres, Kleist, Fr. Schlegel, Tieck, Fr. Th. Vischer, im Bereich der Brief-, Reise- und Stadtliteratur, insbesondere der Metropole Paris, deutsch-französischer Kulturvermittlung, Publizistik, Mode, Theorie der Zeit, ästhetischer Theorie und Poetik, speziell der Körpergefühle Schauer und Schmerz.

Michael Perraudin, geb. 1950, studierte Germanistik, Niederlandistik und Romanistik in Cambridge, Freiburg und Amsterdam, promovierte in Birmingham. 1977-1978 Lehrtätigkeit am Trinity College, Dublin. 1978-1994 Lecturer, seit 1994 Senior Lecturer an der University of Birmingham. Gegenwärtiges Forschungsgebiet: Heines *Reisebilder*; deutscher Frührealismus. Publikationen zu Heine, Büchner, Mörike und Storm.

Judith Purver, geb. 1947, studierte Germanistik und Romanistik in Cambridge und promovierte dort 1976 mit einer Arbeit über Eichendorff. 1977 Lecturer, seit 1994 Senior Lecturer an der University of Manchester. Forschungsgebiet: Literatur der Romantik, besonders Eichendorff, Tieck, Caroline v. Fouqué und Bettine v. Arnim, sowie Übergänge zwischen Romantik und Vormärz.

Hugh Ridley, geb. 1941, studierte Germanistik in Cambridge und promovierte dort 1966 mit einer Arbeit über Nationalsozialismus und deutsche Literatur. 1966-1980 Assistant Lecturer, Lecturer und Senior Lecturer an der University of Kent, Canterbury. Seit 1980 Professor am University College, Dublin. Publikationen u.a. zu Industrie und Technik in der deutschen Literatur des 19. Jahrhunderts, zu Weerth, Wienbarg, Nietzsche, Feuerbach und Wagner.

Eda Sagarra, geb. 1933 in Dublin, studierte Germanistik und Geschichte in Dublin, Freiburg, Zürich und Wien. Promotion 1957. 1958-1975 Lecturer in Manchester, seit 1975 Professorin am Trinity College, Dublin. Mitglied zahlreicher renommierter akademischer Körperschaften und Trägerin internationaler Preise. Publikationen im Bereich Vormärzliteratur u.a. zu Judentum und Katholizismus, sozialgeschichtlichen Apekten der Literatur und zu Schriftstellerinnen.

Harald Schmidt, geb.1959, studierte Germanistik, Geschichte und Psychologie in Gießen. Promotion dort 1994. 1992-1996 Mitarbeiter am trilateralen DFG-Projekt *Differenzierung und Integration*. Zur Zeit Mitarbeiter am Institut für Neuere deutsche Literatur der Justus-Liebig-Universität Gießen mit dem DFG-Projekt *Ideenzirkulation*. Veröffentlichungen zur Reiseliteratur zwischen Spätaufklärung und Romantik, zu Georg Büchner, E. M. Arndt, Kulturkonzepten der nationalen Romantik und Adalbert Stifter.

Lothar Schneider, Studium der Literaturwissenschaft, Philosophie und Sprachwissenschaft in Gießen. 1991-1994 Lektor in Lòdz/Polen. 1993 Promotion (*Reden zwischen Engel und Vieh. Zur rationalen Reformulierung der Rhetorik im Prozeß der Aufklärung*, Opladen 1994). Aufsätze über Walther Rehm (mit Annedore Schubert), Adalbert Stifter und Wilhelm Bölsche. Z. Zt. Habilitationsstipendiat der DFG.

Wulf Wülfing, geb. 1934, studierte Germanistik, promovierte in Bonn über ‘Schlagworte des Jungen Deutschland’. Lehrt an der Universität Bochum. Forschungsgebiete: Kulturelle Vereine, literarische Mythen und Moderne-Symbolik im 19. Jahrhundert. Buch- und Aufsatzpublikationen zum Jungen Deutschland, zu nationalen Mythen und Symbolen, zu Vereinsbildungen, zur Reiseliteratur, zu Gutzkow, Heine, Büchner und Fontane.